中国的1948年
两种命运的决战

刘 统 著

生活・讀書・新知三联书店

Copyright © 2006 by SDX Joint Publishing Company.
All Rights Reserved.
本作品中文简体版权由生活·读书·新知三联书店所有。
未经许可,不得翻印。

图书在版编目(CIP)数据

中国的1948年:两种命运的决战／刘统著. —北京:
生活·读书·新知三联书店,2006.1 (2024.10重印)
ISBN 978 – 7 – 108 – 02350 – 6

Ⅰ．中… Ⅱ．刘… Ⅲ．第三次国内革命战争－史料
－1948 Ⅳ．K266.06

中国版本图书馆CIP数据核字(2005)第122587号

责任编辑	舒 炜 曾 诚
装帧设计	罗 洪 薛 宇
责任印制	卢 岳
出版发行	生活·讀書·新知 三联书店
	(北京市东城区美术馆东街22号)
邮 编	100010
网 址	www.sdxjpc.com
经 销	新华书店
印 刷	北京隆昌伟业印刷有限公司
版 次	2006年1月北京第1版
	2024年10月北京第8次印刷
开 本	635毫米×965毫米 1/16 印张36.75
字 数	440千字
印 数	36,001－39,000册
定 价	68.00元

目次

前言 1

第1章　土地改革的暴风骤雨 1

第2章　上海的社会风潮 37

第3章　南京的政治戏剧："行宪国大" 57

第4章　厉兵秣马，准备决战 81

第5章　鏖战西北，逐鹿中原 101

第6章　改造俘虏，化敌为我 135

第7章　建立解放区的新经济基础 167

第8章　解放区军事工业的创办 201

第9章　蒋经国上海"打虎"：国民党经济改革的失败 223

第10章　从豫东之战到济南战役 249

第11章　战略决战前的运筹 279

第12章　辽沈战役（一）攻克锦州 305

第13章　辽沈战役（二）辽西大会战 329

第14章　陈布雷之死 361

第15章　从"第三条道路"转向革命的知识界 381

第16章　淮海战役（一）徐东大血战 407

第17章　淮海战役（二）歼灭黄维兵团 439

第18章　淮海战役（三）风雪陈官庄 471

第19章　车轮滚滚的支前大军 501

第20章　东北野战军入关 523

第21章　将革命进行到底 553

征引文献 569

前 言

1

1946年9月,中国北方阴霾密布。用美式飞机大炮装备起来的国民党军队步步进逼解放区,占领了上百座城市和县城,并声称要在几个月内消灭共产党。这时候,上海诞生了一份政论周刊——《观察》。主编储安平先生在发刊词《我们的志趣和态度》中写道:"我们这个刊物第一个企图,要对国事发表意见,意见在性质上无论是消极的批评或积极的建议,其动机则无不出于至诚。"这个杂志集合了一批著名的知识分子,他们要以"民主、自由、进步、理性"的立场,来关注中国的前途和命运。《大公报》主笔王芸生先生在这期创刊号上发表了《中国时局前途的三个去向》,以颇为自信的文笔,预测了中国的三个前途:

(一)南北朝。这是中共所要做到的。在去年秋胜利到来之时,毛泽东先生应邀到重庆,国共谈判了四十多天,未曾谈得拢。其中距离最远的有两个问题：一是重划军区问题，另一个是关于解放区地方政府问题。这里边重划军区的计划，实际可以说是一个江淮为界的南北朝。双十纪录发表之后，毛泽东由重庆飞返延安，中共的军事行动就转趋积极了。在江南的共军，迅速撤至江北。在广大的北方，打山西的上党区，打绥包，打同蒲东段，积极向山东扩张，大量向东北渗入。那时共军的高潮，大有不能取之于樽俎的，而必得之于疆场，以实力做到其所要的。绥包之败，山海关之挫，使这个计划受到了一些阻挠。到今年一月停战令下，政治协商会议举行，衣裳之会，隐蔽着戎车行动。无论停战令下，或者政协协议，军事实未曾停。北方一直在打，而到了一个新的高潮。及至四平街决了战，共军连弃四平街、公主岭、长春三大据点，复趋低潮。于是停战运动大起。南京的谈判，宣布了东北停战十五天，又延长停战八天。这二十三天的停战都过去了，更是大打起来。半个中国，烽火连天，无论高潮低潮，紧打慢打，一个南北朝的运动，是在有力的进行着。这是中国时局前途的第一个去向。

（二）十月革命。中共现在还没有这么大的野心。因为他们的主观力量还没有这么大，但是客观的条件却在骎骎的进展着。一、政治搁浅到解体。今天国民政府治下的政治，一片搁浅现象，恹恹无生气。循良的公务员待遇低薄到无以维持肚皮，相对的就是贪污公行，滔滔天下，廉洁成了难能之事。再不振作，再不有为，则弄到政治解体，实非不可能。二、经济恐慌到崩溃。这问题更深刻了。今日中国的经济，一面倒的靠洋货输入，国家的财政，又一面倒的靠通货膨胀。物价狂涨，工资奇昂，人民憔悴，工业窒息，独独发了官僚资本与买办阶级。政府天天在饮鸩吸毒，人民天天在挣扎呻吟，如此下去，则洪水到来，经济崩溃，已经不是太意外的事了。三、最后是军事。现在国民政府的声光，实际是靠着中上级军官对中共还有一股敌忾之气,但这是不很可靠的。因为抗战既经胜利,中国人打中国人,实在不能持久维持士气,尤其士兵生活之苦,拖久了,难免要生变化。士兵一声撂枪,中国的十月革命马上出现,就是国家大乱。这可能是中国时局前途的又一个去向。

(三)政协协议之路。政治协商会议的五项协议,原是当前中国极理想而又很艺术的前进之路。不知怎的,刚刚签字的协议,墨迹未干,便你吵我闹,弄成一文不值,一条也不曾实行。第一步的改组政府未曾实行,至于开国民大会,修订宪法,更加谈不到了。政协洽议的政府改组,因为各党派都参加,是联合性的;用这个政府筹开国大,以制定宪法,然后实施宪政,举行民主大选,所以这个政府也是过渡性的。由政治协议的路线过渡到民主宪政的大路,这是中国时局前途最好的一个去向。

以上三个去向,毫不踌躇的,我们希望能够走上政治协议的路线。

然而,历史事实证明,王大主笔的三个预测,一个也没猜对。短短三年之内,中国发生了翻天覆地的变化。蒋介石指挥的八百万国民党军队,在一个接一个的战役中被消灭殆尽。中国共产党取得了最后的胜利,在广阔的中国大陆上建立起一个新政权。

当我们冷静地回顾这段历史的时候,不应当苛求前人。王芸生的文章确实代表了当时大部分知识分子,尤其是受过西方民主教育的"自由"知识分子的思想。在他们眼里,国民党再不好,毕竟是正统。对于共产党,他们既不了解,也不信任,对中国共产党的政策和主张充满了疑虑。因此,他们希望中国的政治在以国民党为主体的基础上进行改革,走西方民主化的道路。他们希望战争尽快停止,国共双方达成妥协,使人民免遭战争之苦,国家得以生养休息。

中国的 1948 年：两种命运的决战

这些愿望是善良的，但却是蒋介石不可能接受的。他要依靠强大的军事实力和经济实力，彻底消灭共产党，消灭解放区，巩固统治。随着政治协商的破裂和美国调处的失败，国共双方开始了全面的战争。随着战局的发展和战争规模的扩大。到1947年底，一个完全出乎王芸生等人预料的新局面出现了。

经过一年多的战争，人民解放军逐渐扭转了不利局面，由战略防御转为战略反攻。东北野战军在1947年秋季攻势中收复城市15个，控制了东北大部分地区，迫使国民党军队收缩在中长、北宁铁路沿线的几个孤立的大城市里，丧失了进攻的能力。中原的刘邓、陈粟、陈谢三路大军完成了战略展开，开辟了广大的中原解放区。华东、晋冀鲁豫、晋察冀解放区部队收复了大片失地。国民党军则由战争初期的全面进攻转为向陕北、山东解放区的重点进攻，在进攻不能奏效后，开始向铁路沿线的大中城市收缩。据1948年2月的统计，国民党军队总兵力下降为365万人；而解放军的总兵力则上升到249万人，武器装备质量也有了很大的提高。战争的形势发生了转折。[1]

经过一年多的战争，国民党统治区和解放区的经济状况也呈现出鲜明的对比：在战争消耗下，国统区经济迅速恶化。百业凋敝，物价飞涨，工人、学生、市民不断爆发反饥饿、反迫害的抗议浪潮。国民党政府内的腐败现象更趋严重，贪污无处不在，派系斗争愈演愈烈；蒋介石政府一面向美国寻求更多的经济和军事援助，一面制定种种控制经济恶化的措施，但收效甚微，反而招致社会和民众更

---

[1]《中国人民解放军战史》第3卷，军事科学出版社1987年版，第184页。

多的指责和反抗。解放区则轰轰烈烈的进行土地改革运动,广大的农民分到了土地。新式的民主政权实行了灵活的经济政策,使社会生产和经济秩序得以恢复,被战争破坏的工商业得以复苏,并建立起新型的经济体制。在新解放区,共产党各级干部以其模范行为和廉洁自律赢得了群众的拥护,使他们看到了新生的希望。

当中国走过1947年,迎来1948年的时候,我们听到了两种不同的声音。

在南京,蒋介石发表元旦文告。他承认"前线国军一直在波动中作战,也一直在孤立中应战,以至在一年之间,屡受损失,将士牺牲,至为惨重",对于经济上的问题,他说:"我们的经济危机,并非人力所不能挽救,毋宁说是工商界对于共匪祸害与国家危机以及个人利害生死关系认识不清,以至对经济国策不能诚心拥护,甚至阳奉阴违,惟利是图。这种行为不仅害国,实亦无异于自杀。"他许诺在新的一年中实行宪政,并"以昨死今生之决心,实行剿匪建国总动员"。要求民众"拥护戡乱国策,加强自卫武力,巩固社会秩序,维护经济安全,扑灭危害国家的共匪,扫除我们统一复兴的障碍"。[1]然而国统区的群众反应冷淡,他们更关心的是自己的生计问题。1月5日《申报》上发表一首打油诗《新年颂》:"新年好,新年好,菩萨座前先跪倒。万物价从八木(米)腾,新年人比旧年老。未靖烽烟莫断肠,世事如此管他娘。眼前但见私囊饱,卯岁已空寅岁粮。"诗中反映了国统区人民痛恨当局的贪污腐败,渴望安定的心态。

1947年12月底,中共中央在陕北米脂县的杨家沟召开会议。在这次会议上,毛泽东作了《目前形势和我们的任务》的报告。他指出:"中国人民的革命战争,现在已经达到了一个转折点。""这是一个历史的转折点。这是蒋介石的二十年反革命统治由发展到消灭

---

[1]《中华民国史档案资料汇编》第5辑第3编政治(一),江苏古籍出版社1999年版,第168页。

的转折点。这是一百多年以来帝国主义在中国的统治由发展到消灭的转折点。这是一个伟大的事变。"他总结了人民解放军的作战经验,提出了著名的"十大军事原则",提出了土地改革的方针政策,并提出了建立新中国人民民主政权的政治纲领。[1]按照毛泽东的指示和中共中央的战略部署,中国共产党的全体党员和干部、中国人民解放军全体指战员从政治、军事、经济等方面做了大量准备工作,迅速形成了强大的综合实力基础,使得1948年成为与国民党进行战略决战的关键年头。

如果说1947年是转折的一年,1948年则是决战的一年。在这一年里,中国的形势发生了翻天覆地的变化。在当年下半年连续进行的辽沈、淮海、平津三大战役中,国民党的重兵集团被解放军一个个歼灭,国民党方面完全丧失了进攻的能力,转而求和。共产党则更加坚定了决心,要打过长江,夺取全国的胜利。

战场上的胜负是决定一个旧政权消亡,一个新政权诞生的主要原因。但是战争是政治的体现,尤其是人心的体现。就是占最大多数的工人、农民、士兵、知识分子、商人究竟拥护谁,反对谁,愿意跟着谁走向光明,不愿意跟着谁走向黑暗。我们从1948年的历史中可以看到,蒋介石和国民党绞尽脑汁,采取了一切可以使用的手段,来挽救政权的衰败;毛泽东和他领导的中国共产党依靠人民,艰苦奋斗,赢得了战略决战的胜利。

在两个中国、两种命运的大决战中,人民作出了抉择。中国共产党的政治纲领、路线和政策符合最广大人民的利益。农民分到了

---

[1]《毛泽东选集》第4卷,人民出版社1991年版,第1224页。

土地，工人当家做了主人。知识分子和民主党派看到了民族和国家的光明前途。人心的转变形成了实力的转换。

在解放区，百业复兴，东北、中原、华北、华东解放区连成一片，控制了中国主要的粮食和棉花产区。新解放的大中城市使共产党政权掌握了工业资源，建立了自己的军工和后勤基地，具备了与国民党进行战略决战的经济实力。战场上被俘和起义的国民党军士兵经过教育，被补充到解放军的队伍中，掉转枪口作战，大大加速了双方军事力量对比的转换。成千上万的民工为支援前线作战，推着小车，顶风冒雨输送物资，体现出人民战争的宏大场面。

国民党政权在战争中耗尽了最后的资金和资源储备，物资的短缺引起物价飞涨，投机盛行，致使国统区的百姓每日生活在恐慌之中。国民党政府发行金圆券，限制物价等经济改革举措，不但没有稳定经济形势，反而变成了政府对民众财产的掠夺，搞得民怨沸腾，丧失了对国民党的最后一点信任。政治的腐败直接影响到军队的士气，一个没有斗志的军队，再好的武器也不能挽救其失败的命运。当他们在战场上整团整师地放下武器时，美国政府也改变了立场，认为蒋介石已经无法挽救，采取了任其垮台的态度。历史就是这样不以人的意志为转移地向前发展着，而且步伐越来越快。

让我们回顾1948年中国经历的风风雨雨。用历史事实说明从战场到后方，从农村到城市，从生活到经济，从舆论到思想，都发生了什么样的变化。

1 土地改革的暴风骤雨

1

1948年初,解放区开展的土地改革运动,进入到一个关键时期。

土地改革的目的,正如1946年5月4日《中共中央关于土地问题的指示》所说,是"在反奸、清算、减租、减息斗争中,直接从地主手中获得土地,实现耕者有其田"。从1946年起,在中共中央的领导下,由各分局具体负责,新老解放区广大农村中陆续开始了土改。1947年7月至9月全国土地会议之后,特别是10月《中国土地法大纲》的颁布,把土改运动推向了高潮。

中国农村有长达两千年的封建社会基础,地主和乡绅是维持封建关系的核心。美国学者费正清描述他们的地位和作用时说:

在地方上,绅士们左右着众多的事情。他们共同主管各种公共事务,如修桥梁、设津渡、建围墙和寺庙,筹措学校和书院的费用,发起和印刷地方志,参与地方的祭祀活动。当发生骚乱时,他们可以在皇帝的认可下资助、招募甚至统率民团。在所有这些活动中,地方上层人物运用他们在民众中的声望和与政界的关系,还运用他们对儒家行动准则和地方行政的知识,既提供钱财,又发挥个人的领导作用。他们构成了地方官吏和官府统治的基础,没有这个基础,官府是不能有所作为的。他们对官府施加影响和免除劳役或肉刑的特权被审慎地维护着。绅士们有一派绅士风度来表明他们的身份——长袍,长指甲,能诗善赋,有欣赏艺术的闲情逸致。总之,过着一种与老百姓脱离的生活。这些地方上层人士,即统治阶级,有着强烈的自觉性和内聚力。他们的理想就是组成一个内有若干庭院的大家庭,几世同堂,婢仆成群,共同聚居在一起。[1]

---

[1] 费正清主编:《剑桥中国晚清史》上卷,中国社会科学出版社1993年版,第15页。

土地改革的暴风骤雨

土改工作人员把《中国土地法大纲》抄写在墙壁上,向农民宣传

中国共产党领导的革命,在经历了大革命时期城市革命失败的教训后,毛泽东走出了一条以广大农村为基础,农村包围城市的武装革命道路。农村是中国共产党生存发展的基础,广大贫苦农民是共产党依靠的基本力量。要动员千千万万农民拥护革命,全心全意地参加革命,就必须摧毁封建地主阶级在农村的统治,使贫苦的农民得到土地。抗日战争时期,由于统一战线的原因,抗日根据地实行的民主改革是减租减息,在维持原有土地关系的基础上,尽可能使贫雇农的生活有所改善。虽然有些地主采取了开明合作的态度,参与抗日民主政权,自愿减少租税和献出部分土地,但他们在农村中的地位和影响依然存在。地主以其经济实力、知识、宗族关系等优越条件控制着乡村的一切,不是改良和妥协能够改变的。中国共产党要依靠农村完成新民主主义革命,就必须确立在农村的各级政

权。要建立一个新的社会,就必须铲除地主阶级在农村的基础。这是一场彻底的现代民主革命。

中共中央领导人在讨论由刘少奇主持起草的"五四指示"时,毛泽东强调:"解决土地问题,是一个最根本的问题,是一切工作的基本环节,全党必须认识这一点。"[1]从1946年起,陕甘宁、华北、山东的老解放区就陆续开始了土改。1946年"五四指示"发布后,各解放区掀起了土地改革运动的高潮。各级干部组成工作队,深入农村开展反奸清算斗争。在大大小小的斗争会上,面对贫雇农血泪的控诉,那些平日在村里不可一世的地主低下了头。他们的土地被没收,财产被抄查。1947年6月15日太行区党委《关于太行土地改革的报告》记述了农村的变化:

> 翻身以后的农村,完全换了一副崭新的面目。砖瓦门楼好房子里,完全住上了一辈子辛勤的老农民。他们家家户户去掉了灶王爷,挂上了毛主席像,门口的横联是"劳动门第"而不是"诗书门第"。广大农民自己欢欣的呼喊着:"有了房子地,摆上桌子柜,头顶的足踏的都是自己的。"旧历正月的时候,五六十岁的老太婆和老头子,也穿上了自己分到的好衣服,到处扭起秧歌来,歌唱着翻身以后衷心的快乐,颂扬自己的翻身斗争。

广大农民怎样对待地主呢?一句话说完就是革命的暴力。农民起来诉苦,控诉地主阶级的罪恶,团结与教育自己的队伍,给地主阶级以无情的镇压,从地主手里收回自己的土地、房屋、血汗。"土地还家","换房子、挖瓢子","要血汗",即不但拿回来土地、房屋、牲口、耕具、粮食、衣服、家具,而且追出他的隐蔽财产来。为了达到这一目的,农民对地主进行了不断的追击,反复检查。发动落后,挖防空洞,放包袱,挤封建。广大农民深深地体会到,"有

---

[1]《毛泽东年谱》下卷,中央文献出版社1993年版,第78页。

钱就有势",不把地主搞光了,他便不会真正屈服。而且广大农民完全懂得这是合理的正义行动。壶关树掌镇群众把地主叫到会场,问他:"你会盖房子?""我不会。""你会种地?""我不会。""你既不会盖房,又不会种地,你的财产从哪里来的?"一切都是劳动人民的,群众理直气壮的向地主阶级追赃。

地主在广大农民革命暴力的制服之下,终于战栗了,屈服了。有的地主一听开大会就往裤子里屙屎。武安县山村地主孙佩武,在群众斗争之前,让他老婆把他吊到梁上试试,看能不能坚持,刚刚离地便大叫"不行、不行",主动的拿出他的财产来,并且每次开会之前总要找群众征求意见:"有什么意见尽管提出来。好好给我洗洗脸,连骨头也洗一洗。"发动"落后"之后,地主暗地的活动也没有了市场。虽然有些还偷偷记"变天账",可是有组织的反攻是很困难的。一部分小地主,则完全承认了这个现实。磁县某些村在去年年底举行过一次备战演习,预先以其他名义收了民兵的子弹,什么人都不知道是演习,都认为真是还乡团来了。当时地主的动态是:大地主不跑,欢迎"还乡团",小地主坚决跟着群众跑,有的地主表现左右为难,全家痛哭,甚至有上吊死的。[1]

毛泽东早在1927年的《湖南农民运动考察报告》中就说过:"革命是暴动,是一个阶级推翻一个阶级的暴烈的行动。"在短短时间内,土地改革运动打破了农村几千年来的旧秩序。昔日的尊卑关系被颠倒过来,地主老爷一下成了被贫农斗争的对象。解放区的土改,在国统区引起了很大震动。国民党的报纸天天宣传共产党的残忍,说农民如何用种种酷刑残杀地主及其家人。在好奇心驱使下,一些有机会到解放区的人很想看看农村土改究竟是怎么一回事。1948年3月出版的《观察》杂志第4卷第3期上发表了江沙的《在菏泽解

---

[1]《中国土地改革史料选编》,国防大学出版社1988年版,第368页。

放区所见》，描述了他亲历的"斗争、翻身、倒苦水"的场面：

在我们离开菏泽以前，那里曾开展了大规模的斗争会。一天都有好几处，我们也就天天去看热闹。据当局告诉我们，现在我们要限期斗争完毕，过此限期，不准再斗。所以那时这些被斗者在接到通知后，各个神魂不安。有一次，就在我们办公附近场地上，看见一个放高利贷的人被斗争，于是一批赤脚的儿童团上去把此放高利贷者劈劈啪啪打一顿。打过之后，被斗者对主持斗争会者说："你我都是熟人，为何不劝一劝？"主持者说："儿童团要打你，我哪里能劝！"看情形，是事先安排好请他吃苦的。还有一次，我们晚饭后出去散步，见有一场上在开斗争会，当时"讲理"已毕，正由主持者在致"闭幕词"。他说："我们穷苦老百姓一向低头受人欺侮，有苦向肚里吞，从来不敢在地主面前辩论说话。现在共产党来了，给了我们与人平等的权利，可以和这些欺侮过我们的人公开的讲道理，一方面把我们的苦水倒一倒，一方面要这些人知道我们也是人。"

我们在菏泽城内，尚无残酷杀人之情事发现。但斗争杀人之事，冀鲁豫日报上是有记载的。据鄄城县长刘传朋说："凡凶恶地主害人太劣的，有时会被当场杀死。"他说："某处曾有一地主，恶毒不堪，曾弄死别人的丈夫，强奸他人的女儿，占有人家的土地，这是大家知道的。但在以前，官僚与地主是相勾结的，谁敢在他面前放个屁。但被欺者的怀恨是不会消灭的，在斗争会时，这个受欺负的老妈妈一句话也不讲，上去就是一刀。刺过之后，自己就说："我愿意抵命，我的气出了。"

作者写到这里，大为感慨地说：

我们对于共产党的讲理、翻身、倒苦水等，都尚无恶感。但对于斗争的方法和有些杀人案件，却认为很不妥当。但回头一想，也觉得不能免。照我们中国的社会组织，摆着士大夫架子的绅士，是农村的无冕统治者。而种田的农民呢，永远站在下风。而共产党的确抓住了这一点，使多数的穷苦农民也登到台上去，说一句人应该说的话。他们天真，他们诚恳，他们尝到了一些人的味道，未免感情奔放，手足无措，不无越轨行动发生。我们须知物极必反，所以我是同情他们的。我的一位小地主朋友，在郓城县政府当民政科长。他告诉我："开会时，乡下老婆子也会上台讲话，可见老百姓的力量如已引发出来，是了不起的。"

无独有偶，1947年11月的《时与文》杂志第2卷第12期上发表了一荣的《河北战区的农村面》，记录了作者采访一个解放区来的地主出身青年的对话：

问：你们村中有因斗争而致死的吗？

答：有，而且我的姑丈也在内。说起来当然是不太光荣的，不过我这位姑丈的确素来对农民太苛刻一点。在斗争他之前曾开过一个诉苦大会，农民诉说直接间接死在他手中的人有一百多。一个老太婆牵着他十岁的孩子来诉苦，据说一家有六七口人全死在我姑丈手中，如今只剩下老幼二人了。

问：这话确实吗？

答：我不愿说自己姑丈的坏话，但我以为农民不会都在胡说的，尤其是一个老太婆和孩子——中国的老太婆向来是心肠很软的。

问：财产斗完了，一家人吃什么呢？

答：治标的办法，村中每天每人发二十几两小米。治本的办法，每人仍有份田。所谓斗光，并不是真的斗得空空如也。

问：你是不是觉得这种过激政策是坏政策呢？

答：我的家庭是地主，如果从我家庭立场来看，那当然侵犯了我的财产。但时代如此，如果忍痛一时能换得来日安定，便也很难说是非。我以为这种残酷和过激，老实说是由于一般人的无知，而一般人的无知，又是由于我们读书人一向不走到平民中去。归根究底，还是我们读书人一向走错了路，只顾自己，忘了人民。如果我们多一人走入人民群，我们就可以减少一分时代的残酷。

土地改革既然是一场前所未有的革命，就不可避免地会产生许多问题。首先是政策界限，什么人是地主，什么人是富裕中农？什么人该斗争，什么人该保护？地主家的财产抄到什么程度为止？抄出来的牲口、农具、衣服怎样分配？这些都是很具体的问题。但是在暴风骤雨的形势下，来不及对这些问题作深入细致的考虑。土改运动越发展，斗争就越升级。东北解放区在1947年上半年完成第一阶段的平分土地后，发现多数地区的土改不彻底。于是再来第二遍，叫做"煮夹生饭"。东北局1947年11月给中央的报告中说：

煮夹生饭中发现了两个问题：一个是去年冬季群众没有衣服，一个是今年春耕群众没有马匹、种子。各地又用挖财宝解决了春耕困难。在春耕时发现地主留地太多，在煮夹生饭中发现，单分掉地主土地还不能打倒地主的封建经济基础。因地主家庭财产相当大，在分土地后地主并不在乎。有地主还说：再过三年又可翻身。挖财宝后地主的威风才真正的打下去了，狗腿也不靠地主，地主的亲戚也散了。各地都提出了新问题，于是又来了一个砍大树挖底产运动。对中小地主总是照顾太多，这些除一般富农不挖底外，大中小地主及恶霸富农大富农都挖了底产，多余的土地分了。

于是运动的方向一转，从平分土地转到挖财宝去了。东北的"砍大树挖财宝"运动是从1947年6月开始的，当时是为了解决春耕中的资金问题。但是领导没有把握好政策，反而提出了"大胆放手就是政策"的错误口号。北满的县乡很快掀起了抄家风潮，村里的地主财物被抄干净了，群众就成群结队到县城里斗地主、起浮财。《东北日报》1947年7月18日报道："由于领导干部在思想上认识了走群众路线和大胆放手的结果，一个月来，双城全县轰轰烈烈普遍展开的深入斗争，其规模之大、范围之广和运动之深入性，为空前未有。四乡农民结队成群手执扎枪，进城起运浮物。每天总有几百辆大车从四门涌进涌出，每乘阴雨坏天，则更纷纷冒雨踏泥前来，吆喝连成一片。构成一幅翻身群众气势豪壮的新图景。据初步不完全统计，全县卷入这场斗争的村屯达百分之七十以上，起出浮物底产总值共约二十一万万零五百万元，并有枪支若干。群众响亮地提出了'割尾巴'，'挖大树根，油水要光，威风要倒，天下是咱们的！'等口号。在群众威力下，地主的地产、浮物与贵重物品，从最隐蔽的地方追了出来，挖了出来。"在这次斗争中群众提出了"打不死地主，就算是对地主的照顾了！"

斗争很快升级，抄家挖窖成了各村的头等大事，为了把地主的财物彻底挖出来，五常县总结了一套经验。地主为了逃避斗争，预先将财富转移。埋藏的地方有炕洞里、锅台、鸡窝、茅厕下、猪圈

中国的 1948 年：两种命运的决战

和祖上的棺木里，花池、大树、小庙、墙壁中间。甚至把贵重东西藏在女人裤子里，有的地主全家分散逃跑，有的将家产化整为零，报为中农成分，要求照顾。有的将东西藏起来，让家人天天在村里讨饭装穷。有的与狗腿子串通好，搞假斗争。会上狗腿子又打又骂，地主又哭又闹，群众白白等了两天，也没分到东西，还耽误了铲地。有的去找当干部和在部队的亲属、朋友，寻求保护。有的守财不要命，打死也不说。有的以自杀来吓唬群众。总结了这些现象，就是告诉群众：要深挖细找，反复斗争。只有挖出财宝来才是斗争胜利，不获全胜决不收兵。[1]

"砍挖运动"将土改变成了对农村私有财产的没收和抄查。许多本来不是斗争对象的富农和中农也被抄家，一些军队干部战士的家属也受到冲击。这些过左的行为使许多干部对运动产生了疑问和反感，许多人还记得五十年代拍摄的一部反映土改运动的影片《槐树庄》，里面有个地主的儿子崔治国，从部队跑回来阻止农会清算他家。这种情况在当时确实发生过。东北民主联军总政治部1947年9月发过几个通报，批评个别单位的干部战士干涉土改。

一个《浓河七团油坊武装干涉土地改革的经过》的通报说，这个油坊是部队搞生产的单位，有个地主李存仁的儿子在那里当兵。当群众要斗争李存仁时，油坊的排长给区政府打电话说："李存仁的东西愿意全部交出，希望不要打人。"区里答复说："群众要打政府也不能拦。"这下把油坊的战士惹火了，放出话说："谁打军属一下，将来打他十下；打死一个，将来打死十个。"区政府把李存仁的老婆抓了起来，油坊的战士十多人拿着皮带去找区长。战士对区长说："只要不打军属，其他一概不管。"还说："别说你一个小区长，县长也打得满街跑。"区里只好把李的老婆放了。后来农会又到街里来抓人斗争。油坊战士跑出来，将屯里来的人围在街里乱打。

---

[1]《东北日报》，1947年7月18日。

还抓了几个农会的积极分子打了一顿。结果吓得政府和区队的人不敢出门,群众都躲到地里不敢回家。直到军区政治部得到报告,派专人去处理,没收了七团的油坊,抓了为首的三人交群众处理,才把事件制止住。[1]

东北民主联军总政治部得知这些消息后,非常重视。于1947年8月22日发出《关于贯彻土地改革教育的指示——纠正非阶级意识和丧失阶级立场的行为》。指出:"在解放区进一步深入土地改革,基本群众起来斗财宝、挖地窖,解决生产困难,彻底打垮封建势力的时候,在我们军队的干部战士中,则有个别发生阶级意识模糊,失掉阶级立场的现象。"其表现是:"对农民起来斗财宝、挖地窖的正当行动,不表示同情,不予以赞助,反而认为群众运动'过火'或'过左'。对地主装穷装苦、死皮赖脸的阴谋诡计,不表示愤恨,不予以揭露。反而认为地主被斗得可怜,生怕地主受了委屈。"总政治部指出,之所以产生这些问题,是由于政治认识上的模糊、剥削阶级思想在头脑中的影响以及部队思想教育放松而造成的。要求各部队普遍开展关于土地改革的政治教育,通过诉苦运动来启发干部战士的阶级觉悟。要支持土改运动,为农民撑腰。凡是发现个别人干涉运动、包庇地主,视情节之轻重,给予严厉处罚,直到交给群众公审。对地主家庭出身的分子,应加强教育;不改变立场的则应进行斗争,直到开除党籍军籍。《指示》最后规定:"我军各级干部,在解放区内,不得与地主阶级礼尚往来,不许接受他们的礼物,不赴他们的宴会,不得与地主女儿结婚。在蒋占区行动时,除政治机关外,亦不得与地主私人来往,并严格警惕和镇压地主阶级的各种阴谋诡计。"[2]

东北是新解放区,共产党在农村的基础还很薄弱,土改出现了偏差和问题都是不可避免的现象。山东解放区是老区,经过多年的

---

[1] 中共中央东北局编:《群众》第18期。
[2] 同上。

减租减息，农村中的贫富差别已经不是很大。大恶霸地主早已被打倒，剩下的只是一些中小地主了。因此土改运动中，渤海区对中小地主和地主中的开明士绅、抗日军人、干部家属等，在斗争方式和土地分配的数量和质量上，给予适当照顾，对富农的自耕地不动。渤海区的政策，叫作"中间不动两头平"，即中农的土地不动，把地主和富农的土地全部没收，按贫雇农和地主、富农的人口实行平分。经过土改运动，渤海区农民分得土地的情况，据部分县的统计为：土改前贫雇农人均占有土地不到2亩，土改后人均占有土地达到3.8亩，中农人均占有土地4.1亩；富农土改前人均占有土地9亩，土改后降为3.9亩；地主土改前人均占有土地24亩，土改后降为2.8亩。应该说，渤海区实行的政策，是比较温和与切合实际的。[1]

各解放区的土改运动发展不平衡，一些地方出现了混乱和复杂的情况。1947年7月，中央工作委员会在河北平山县西柏坡村举行全国土地工作会议。各解放区的代表团分别汇报当地的土改情况，代表们反映，土改中出现的打人杀人、强迫命令、贪污果实、包庇坏人等问题在各地都不同程度地存在，主要原因是干部队伍不纯，有些地方是坏人当道，群众并没有真正当家。主持会议的刘少奇经过反复思考，于1947年8月4日给毛泽东起草了一个报告，分析土改运动中的问题和错误倾向，提出解决问题的办法和原则。

对土改形势总的估计，刘少奇认为：

全国土地改革只有晋冀鲁豫及苏北比较彻底，山东、晋察冀、

---

[1]《景晓村纪念文集》，中共党史出版社1997年版，第401页。

晋绥均不彻底，尚须进行激烈斗争，才能解决问题；东北、热河新区情况尚好。

……关于土地改革本身各种问题，大体均有各地成熟经验，已无重大原则问题需要解决，我们当与各地代表商讨解决之。但关于民主则有重大原则问题待解决，故特请示。

刘少奇所说的民主问题，实际上是针对干部队伍中出现的问题。他指出：

从晋绥到阜平，我即注意考察土地改革不能彻底的原因，在阜平反对了领导上的右倾后，很快就看到冀西的左倾急性病。干部在乡村中的无限权力，强迫群众到会，付表决、呼口号，在斗争地主及所谓国特时，强迫群众打人杀人，并用强迫办法做到形式上的百分之九十向上级作报告。我用坚决态度停止了冀西的这种运动，即细心考察党内与干部情况。在土地会议又与各地代表谈话并听了许多报告之后，发现党内及干部中严重的不纯洁状态，作风不正与领导上的官僚主义及缺乏具体思想教育，是晋察冀及其他地方土地改革不彻底与工作落后的基本原因。在晋察冀(晋绥亦大体相同)党政民县以上干部地主富农家庭出身者占很大百分比。区村干部及支部党员中农是主要成分，其中地主富农成分直接间接占统治地位者不少，雇贫农抗战初期虽在党内占多数，但现在一般只占少数，且不起作用，他们仍系最受压迫阶层。中农贫农出身的区村干部，完全不受党内党外地主富农影响者不多。军队干部多数是本地地主富农出身，老干部亦大多娶地主女儿作老婆，在土改中有帮助其岳父者。晋察冀军队中曾有反土地改革高潮，现已纠正。老根据地地主富农完全与我干部无亲朋联系者，几乎没有。许多地主得我干部帮助降低了原来成分,他们主要是利用我们各种组织形式来保护自己,压迫群众。本地地主富农出身干部,在土改中多少不一对地主有些包庇,每次群众起来,他们叫嚣过左;每次反左纠正偏向,他们乘机报复,镇压群众。

……区村干部多年未改选,大多是完全不对群众负责,不受群众监督,在工作中强迫命令,其中自私贪污及多占果实者甚多。他们大多不当兵,不服抗勤,负担较少,降低自己社会成分。而以当兵、派抗勤、出负担、定成分去打击其反对者,照顾其拥护者。选举开会完全包办,村干部有的分成二三个宗派,互相反对,轮番上台,但各派作风大多一样,群众则是中立的冷淡。少数最坏者则为新恶霸,各种罪都犯。脱离群众最甚者,常为村中五大领袖,即支书、村长、武委会主任、治安员、农会主任。一般党员、一般村干虽不都是坏的,内部也常有矛盾,但多为坏干部统治,没有党内民主,正派人受压制,不能得势,邪风上升。

刘少奇告诉毛泽东:

两个月我即考虑如何解决这个问题,现在所发现的惟一有效方法,只有上述经过贫农团和农会,发动群众放手发扬民主,以彻底完成土地改革,改造党政民组织与干部,并造成树立民主作风的条件。但这个方法,又是如此激烈的一个斗争过程,若在全国实行,必致有数十万党员及大批干部被群众抛弃,或被批判斗争与审判;若干事变,亦将不可避免要发生。因此这是一个需要十分负责的重大原则问题。然而土改必须彻底完成,农民民主自由必须保障,作风必须改变,脱离群众的干部必须撤换,犯罪者必须受到应有处分。[1]

---

[1] 《刘少奇年谱》下卷,中央文献出版社1996年版,第87页。

毛泽东正与胡宗南的大军在陕北周旋，天天转移，来不及仔细考虑。他于8月13日复电说："我们完全同意你的意见，我们认为你们提出的原则是正确的。"[1]

刘少奇指出的现象在老解放区确实存在。但他对于干部队伍不纯和负面情况的估计，则是过于严重和扩大化了。所以他提出改造各级组织和干部的建议，甚至准备有几十万党员被群众抛弃，这种急于纯洁党组织的用心是可以理解的，但是土改运动却由此走向了另一个极端：贫雇农打江山坐江山，党员干部则处于被审查、靠边站的地位。这与土地改革最终目的——使农民得到土地，发展壮大解放区和人民军队——是不符合的。土地会议之后，各地的重点转向审查基层干部，康生在晋绥蹲点搞土改时，搞极"左"路线，把对干部的审查扩大发展到"搬石头"，伤害了一大批党员。在全国土改工作会议上，康生的"村村点火，家家冒烟"、"分浮财"、"挖地财"、"搬石头"等做法，都成了会议的正面经验。不仅如此，康生还亲自到山东解放区主持整党，拿渤海区作为典型来打击。1947年7月，原渤海第三军分区司令员赵某，听说其同族姐姐沈赵氏(地主小老婆)被斗，夜间擅自带领骑兵班到沈赵氏所住沈介营村，捆绑村干、群众十余人，骑兵战士误将村支书开枪打死。这个事件被定为严重的"阶级报复"，并追究渤海区委的领导责任。区委书记景晓村又被查出"包庇地主家庭与汉奸恶霸分子"问题。据景晓村同志自己检查交代，1947年9月间，其岳母说景的岳父(地主)被县政府扣押，一再要求景写信问一下。景晓村写了一封信给临淄县长询问处理情况。县长回信说已经释放了。景的岳父土改中被定为地主分子，在日伪军干过事，但未定为汉奸恶霸分子。这种人之常情的事，也被康生上纲上线。1947年11月中旬，康生来到渤海区领导土改整党会议。他不作任何调查研究，全盘否定渤海区土改运动的

---

[1] 《毛泽东年谱》下卷，第219页。

中国的**1948年：两种命运的决战**

成绩，说渤海区的土地大部分还掌握在富农、地主手里。说干部包庇土匪敌特，死了多少多少人，说干部中地主、富农成分严重，宗派势力强大。到了1948年2月会议结束时，康生对渤海区党组织、党员干部及土改运动做了完全脱离实际的错误评价，强加给渤海区党委三项罪名，即所谓在土改中"坚持富农路线"、组织上的"宗派主义"和剿匪反特中的"右倾机会主义"。并撤销景晓村区党委书记兼军区政委的职务，受到株连的干部多达六十余人。[1]这个事件在解放区轰动一时，许多干部受到错误打击，更助长了土改"左"倾错误的发展。

1947年底到1948年初，各解放区土改出现了不同程度的"左"倾错误。东北产生了一股"扫堂子"的风潮，据说是从呼兰县长岭区兴起的。据《东北日报》报道，12月21日这天，各屯贫雇农都扛着红旗、敲着锣鼓、坐着爬犁整着队伍，六千多人聚集在刘泉井开大会。县长和书记动员后，群众立即分头行动起来。布置岗哨，禁止行人出入。各屯都连夜动手，先扫清本屯。再互派代表，参观检查，联合斗争。各屯搜挖底产，规模越搞越大，农民纷纷成群结队进城串乡，想搞哪里就搞哪里，想斗谁就斗谁，有的赶到几十里外去扫荡，几天几夜不回家。

就在东北"扫堂子"之风刮得极为猛烈时，张闻天所在的合江省却顶住了这股潮流。他的夫人刘英回忆："在全国土地会议之后，东北一些地方出现了一种'左'的倾向，刮起了一股'扫堂子'风，即让地主、富农净身出户，把他们的财物都挖出来分掉。这些地方在充分满足贫雇农要求的口号下，为了更多地挖浮财，开始在村内'扫堂子'，后来发展成以区甚至以县为单位的联合'扫堂子'。这就大大地扩大了打击面，使一些中农特别是富裕中农也被当作地主、富农斗了，财产被分了。当时《东北日报》和有的省报大量报

---

[1]《景晓村纪念文集》，第105页。

道'扫堂子'的经验，号召效仿这种做法。合江有些干部也沉不住气了，责问省委为何不发动'扫堂子'，甚至怀疑、埋怨省委右倾。闻天当时非常坚定。他毫不含糊地表态：'扫堂子'的做法是'左'的东西，不能搞。"[1]他说："扫什么堂子？你扫我的，我扫你的，人吃马料都扫光了，明年的生产怎么搞？抢来小米，牵来马，用小米喂马，这是糟蹋物资，这么搞，不都把大家搞穷了？"张闻天认为打破村屯界限，联合'扫堂子'，反复'扫荡'，只能引起纠纷，制造矛盾，造成混乱。这样搞打击面容易宽，阶级阵线容易搞乱，侵犯了富裕中农就必然会动摇中农，同时也会动摇贫雇农，使贫雇农担心分了土地将来富裕起来也保不住。就在这个时候，合江省桦川县三区在呼兰等县'扫堂子'经验的影响下，一夜抓了几十人。其中除个别确是漏划地主、富农外，绝大多数是上中农，甚至还有一般中农。张闻天听到这个情况，亲自下去做干部群众的工作进行了纠偏，并及时做出团结中农的指示。

"左"的风潮不仅在老解放区内盛行，而且影响到新解放区。刘邓大军挺进大别山，粟裕指挥华东野战军进鲁豫皖苏，所过之处都进行了土改分地工作。原来希望以此发动群众，得到群众的拥护和支援，使部队能在新区站住脚。但是由于执行了"走马点火"、"分浮财"等错误做法，不但没有实现初衷，反而使各部队在新区陷入困境。1947年底，华野各纵队抽出两千多名干部，划分区域进行土改。由于缺乏地方工作经验，受到老区的影响，在豫皖苏新区的土改中出现了不少偏差。1948年底华东局曲阜会议《关于新区工作的总结》中这样写道：

从平汉路破击战后到临颍政工会议前为止，时间主要为（1947年)12月，约一个月左右。这一时期内，环境相对稳定，各级领导

---

[1] 程中原：《张闻天传》，当代中国出版社1993年版，第537页。

及全体指战员对开辟与建设新解放区的任务有了初步认识。群众工作普遍开展，造成轰轰烈烈的热潮，但普遍的犯了过左及急性病的偏向。例如：发动群众的粗糙、不细致、不深入，流行所谓"轰起来"、"走马点火"的方法，二小时分浮财，三天分土地。组织群众建立政权，虽然提出"带头干"的口号，而实际上则多是包办代替，群众未能真正发动起来。因而群众运动的领导权常常为地富分子及其狗腿或流氓分子所篡窃。同时，没有按地区的性质不同，采取不同的组织形式与工作方法。……对地主的斗争不分大、中、小，富农也一般的受到同样的打击，中农也受到某些损失。对旧政权乡保甲长，采取"一扫光"的办法；对帮会、迷信团体及其武装，一般的采取了一律打击搜缴的政策，并因搜缴枪支，发生了捆绑吊打的现象。未能按党的政策分析具体对象，分别轻重，采取不同的对待，因而扩大了打击面，促成敌人的暂时团结，并使中间阶层发生某些恐慌畏惧现象。

普遍的、毫无限制的分粮、分浮财、开仓济贫，虽然在积极一方面救济了一部分贫苦群众，解决了他们短时间的生活问题，争取了群众一定程度的好感与拥戴，部队给养、装备也得到部分解决。但另一方面，由于实施时的无组织无纪律，人人有权，个个动手，不看对象，不顾条件，造成了粮食、物质、资财的严重损失与浪费。群众虽得到若干利益，但一般未将救济与发动群众相结合，或联系得非常粗糙，以致对群众的实际帮助不大，对部队的影响也不好。加上无限制无制度的"以粮换菜"(在特殊情形下，有限制有制度的经过一定机关批准，实行以粮换菜是必要的)，及随意取用没收物资，形成一般的大吃大喝，浪费粮食，并便利了某些贪污腐化分子的趁火打劫，助长其享乐腐化行为，相当的削弱了部队的纪律与艰苦奋斗的作风，造成以后部队给养供应上的困难，被迫向基本群众借粮,损害了一部分基本群众的切身利益。

毛泽东在陕北不断接到各地报告,有的任意提高成分,打击中农,有的将干部当"石头"搬掉,基层组织陷于瘫痪;有的进城没收商店,导致工商业的混乱;更严重的是不少地区任意处决和打死人,其中许多人是家属或有些问题但罪不当死的。在抗日战争期间与我党密切合作的开明绅士,也受到不同程度的迫害。晋绥临时参议会的参议员牛友兰被批斗致死,副议长刘少白则在斗争他的大会上被当场宣布撤职。毛泽东对此极为忧虑,这样搞下去,不但不能实现土改平分土地、建立解放区农村新经济基础、壮大解放区力量的初衷,反而引起了农村基层的混乱。如果任其发展下去,不要说共产党在农村的基础建立不起来,甚至会出现更危险的局面。毛泽东与任弼时等日夜研究商量,如何扭转这股"左"风。1947年12月米脂县杨家沟的中央扩大会议在谈到土改斗争政策时,大家反映了各地土改中发生的种种"左"的倾向。毛泽东意味深长地给大家谈起历史的教训。他说:内战时期(指土地革命战争)主要的特点是"左",在城市中不但被孤立,而且后来也立不住了。农村中赤白对立,对中小资产阶级的过左政策,片面的工人利益,把工商业很快搞垮。地主不分田,富农分坏田,损伤了一部分中农。对于土改中的"搬石头",毛说:"对学生、知识分子不要犯冒险政策,延安审干(指康生的"抢救运动——作者注)是一个宝贵的教训。"[1]

如何纠"左",毛泽东根据各地反映的材料,感觉最关键的是成分划定问题。他在晋绥分局驻地的山西兴县蔡家崖村进行了调查

---

[1] 《毛泽东年谱》下卷,第262页。

研究，这个地方是老区，而且是晋绥军区机关驻地。全村有552户，被定为地主和富农成分的有124户，占总户数的22%。据一般的估计，在旧农村中地主的户数应该是3%左右，富农占5%左右，总计不过8%。在老解放区内，许多地主和富农已经起了变化。有的参加了劳动，有的成为开明绅士，还有的地主子女参加了革命工作。这样，地主富农的比例应该更少些，绝不可能达到如此高的比例。毛泽东感觉到了这个问题的普遍性和严重性。土地改革是革地主的命，但谁是地主，什么样的条件才够地主，是最基本的问题。如果把成分划错了，把不该打击的人打击了，那就犯了方向性的错误。毛泽东想起1933年在江西中央苏区搞查田运动时，他曾写过一个小册子《怎样分析农村阶级》。还有苏区政府颁发的《关于土地斗争中一些问题的决定》，都比较明确地讲过划分阶级成分的问题。他嘱咐任弼时找这两个文件。当时陕北战争，机关迁移，许多文件都处理掉了。任弼时四处打听，终于在陕甘宁边区政府主席林伯渠那里找到了。毛泽东决定将这两个文件略加修订，发往各解放区。与此同时，任弼时电告各分局将当地划分成分的政策性文件和调查材料报告中央，供中央领导同志研究。

根据杨家沟会议达成的共识，中央起草了一个决议。提出了土改运动中避免对中农、小工商业、知识分子采取冒险政策，照顾开明绅士，区别解放区中劳动致富的新富农与旧富农的界限，不应过分强调斗财产，对地主富农给生活出路，严禁乱打乱杀人等十项政策。为了详细解释这些政策，他委托任弼时准备一个报告。1948年1月12日，在杨家沟小学的大教室里，任弼时向西北人民解放军前线委员会扩大会议作了《关于土地改革几个问题》的长篇报告。这个报告经毛泽东修改审定，讲了分析阶级的标准，坚固地团结全体中农，正确对待工商业、知识分子和开明士绅，以及反对乱打乱杀六个方面的问题。

根据什么标准划分阶级呢?任弼时说:"标准只有一个,就是依据人们对生产资料的关系的不同,来确定各种不同的阶级。"在农村,由于对土地、耕畜农具、家屋等生产资料占有与否,占有多少,如何使用,自耕、雇工或出租,因而产生的各种不同的剥削被剥削关系,"是划分阶级的惟一标准"。这关系到毛主席告诫我们的"要划清界限,分清敌我,孤立敌人,分化敌人,不要孤立自己"问题。但蔡家崖行政村却错误地加上了历史、生活和政治态度三项内容,所评定124户地主富农中,有50多户差错的,他们被"算到敌人阵营里面去了,这不是孤立了敌人而是孤立了自己;把自己队伍里面的人,送到敌人方面去,是多么严重的错误!"在此,毛泽东加写了一段话:"一切解放区的领导同志们及所有从事土地改革工作的同志们,均必须严肃地检查这个划分成分的问题,公开地明确地更改自己所犯的错误。哪怕只是划错了一个人,也必须改正。"

关于团结中农,任弼时说:"中农是我们的永久同盟者。"中农的比重"在老解放区,一般占了50%上下。在彻底平分土地以后,则农村中绝大多数人都成了中农"。他们在过去打日本人和现在打蒋介石,出钱出力不少,支援战争有功劳,现在我们解放军中有百分之三十到四十是中农。在新民主主义经济建设中,在由个体经济到集体合作经济的发展过程中,主要依靠新老中农。在将来,中农还可以同我们一道进入社会主义。因此,错定成分,侵犯中农利益,排斥中农,办事不要中农参加等错误倾向,"必须坚决纠正",不然,"就会使自己陷于孤立,使革命趋于失败"。在这里,毛泽东又补充道:侵犯中农利益,"是一种反马列主义的极端的'左'倾冒险主义倾向","无论如何,只应该把打击面放在真正的封建剥削阶级的范围以内,绝对不许可超出这个范围。在人民解放军所到的原先是国民党统治的地方，打击面还要缩小些。在那里，首先只打击大地主、豪绅、恶霸、地主武装、保甲制度和特务分子，依照战争胜利与根据地巩固的情况，依照群众的觉悟程度与组织程度，逐步地发展到消灭全部封建制度。"

关于正确的斗争策略和方法，任弼时指出：把地主当作一个阶级来消灭"是一场恶战"，需要很细致的很艺术的领导，真正把群众发动起来，"绝不能用简单而性急的方法去进行"。为保障斗争胜利，他提出了三个"区别"对待：对地主与对富农，斗争应有所区别；对地主的大中小，恶霸与非恶霸应有分别；对新式富农和旧式富农的财产处理又应有所区别。把富农与地主一样对待，不但混淆了政策，过火地打击富农，是会引起中农惧怕的。对大地主及恶霸，斗争严厉些，打下其威风，"是必要的"，中小地主与非恶霸，只要拿出土地财产来，政治上低头，"服从了政府和土地法就可以"。新富农的生产，是在民主政府帮助下发展起来的，"过去我们鼓励这种富农，例如吴满有那样的人们，发展其生产，对于稳定中农，刺激中农的生产热情起了很大的作用。我们今后的政策，还是应当如此"。

谈到工商业政策，任弼时说："对工商业不要采取冒险政策。陕北神木地区的高家堡当被我军收复时，连小商贩也没收了，这是一种自杀政策。""党的政策是仅仅没收官僚资本与真正的大恶霸、反革命分子的工商业，归国家和人民所有，其中凡是为国民经济所需要者，必须使之能够继续营业，不得停闭，更不得破坏和任意分散。""这些政策不仅适用于原有解放区，也适用于将来解放的新区域。"地主过去减租减息时期，将土地变卖而投资工商业者，是否没收呢？他说："不可以的。我们过去和现在都是保护和鼓励这些工商业，因为这样对于繁荣中国的经济是有利的，是需要的。"农民从眼前利益出发，要求没收分配，应加以说服教育，"如果我们批准这样做，形式上看来是走群众路线，实质上是犯了尾巴主义的错误，要受处罚"。毛泽东加写道："土地平分后要号召农民勤劳生产，改良农业技术，发展互助合作运动，求得农民自己生活上的改善，求得民主政府与人民解放军有足够的公粮以利于战胜反动派，并求得日益增多的当作商品出卖的粮食及原料，使城市人民与工业获得足够的农业产品。"

关于知识分子和开明士绅政策。任弼时说："我们对于学生、教员、教授和一般知识分子，必须避免采取任何冒险政策。教授、教员、科学家、工程师、艺术家等，他们大多是地主、富农、资本家家庭出身。可是他们自己干的事业，是一种脑力劳动"，"他们的知识和技能是可以为着新民主主义的中华人民共和国国家服务的"，地富家庭出身现在农村的知识分子，如果他们还没有事做，只要他们遵守政策法令，愿意为人民服务，"就可以让他们出来工作"。他重申，在抗战时期实行减租减息，吸收开明绅士参加"三三制"政权"是完全正确与必要的，对全国起了良好的作用，怀疑这种成功是错误的"。毛泽东加写道："有这样的人参加民主政府，使民主政府成为共产党领导的各革命阶级的代表人物联合组成的政府，而不是共产党一党包办的政府，这样对于团结中国百分之九十以上的老百姓一道奋斗是有利益的。"

任弼时谈到了打人杀人问题。他说："共产党是坚决反对乱打乱杀与对犯罪者采用肉刑的。为什么把打人杀人当作严重的问题提出来呢？就是因为在土改运动中，发生了不少打死人和逼死人的事实。有些罪不该死的人，被打死杀死了，这值得引起我们的严重注意。"毛泽东加写道："多杀了人，错杀了人，不但不能解决问题，而且可能推延问题的解决，甚至可能引导到革命遭受暂时的失败。

这是因为多杀人必然要失去人民群众的同情,遭到很多人的反对。"

在谈到干部问题时,任弼时说:"我们的地方工作干部中很多是艰苦奋斗,为人民所忠诚拥护的","但其中也有不少人做了许多对不起群众的事"。对他们的错误应当有分析,属于完全违背领导机关历次指示的,如多分果实,贪污腐化,假公济私,横行霸道等,"那是要干部本人负责的";属于强迫命令,作风不民主,甚至在催粮草、派担架等紧急任务中,打骂了群众,"这样的事不能完全由下面地方工作干部负责,上面领导机关交给任务太多,时间规定太急,平时对民主作风的教育太少,也有责任"。这些区别群众常常不容易分得清楚,审查时,一面要准许群众放手批评,但不准动手打人;同时要被审查的干部向群众承认错误,不许报复。在审查会上"准许被审查者有充分说理之权,不准说理是不民主的"。毛泽东加写道:"无论在农村中,在城市中,在军队中,在机关和学校中,在任何审查党员或干部的会议上,被审查者都有申述理由的权利,这种民主作风决不可少。"

任弼时的这篇讲话,是土改纠"左"的纲领性文件。毛泽东给予高度的重视,他指示新华社:"用明码电报开始拍发,争取两天或三天发完,由新华社转播全国各地,立即在一切报纸上公开发表,并印小册子。"[1]

杨家沟会议期间,中央工委送来《关于执行土地法大纲的指示》(草案),1948年1月14日毛泽东致电刘少奇,"中央十二月会议着重讨论了中农、中小资产、党外人士、知识分子、打人杀人等项问题,主要目的是纠正'左'的偏向"。并建议"不发这个书面指示"。刘少奇接受了毛泽东的意见。

1月18日,毛泽东为中共中央起草了《关于目前党的政策中的几个重要问题》的指示(又称《中央一月决定》),指导全党纠正某

---

[1]《任弼时传》,人民出版社1994年版,第659—663页。

些"左"的倾向。特别是土改政策,毛泽东指出:"'贫雇农打江山坐江山'的口号是错误的。在乡村,是雇农、贫农、中农和其他劳动人民联合一道,在共产党领导之下打江山坐江山,而不是贫雇农单独打江山坐江山。在全国,是工人、农民(包括新富农),独立工商业者,被反动势力所压迫和损害的中小资本家,学生、教员、教授、一般知识分子,自由职业者,开明绅士,一般公务人员,被压迫的少数民族和海外华侨,联合一道,在工人阶级(经过共产党)的领导之下,打江山坐江山,而不是少数人打江山坐江山。""土地改革的中心是平分封建阶级的土地及其粮食、牲畜、农具等财产(富农只拿出其多余部分),不应过分强调斗地财。"[1]但毛泽东审定修改了任弼时的讲话后,3月17日又电告刘少奇:"我们决定发表弼时同志的一篇讲演,不发表一月决定草案,因为弼时同志的讲演比一月决定充实得多。"

毛泽东不仅领导着老解放区的土改纠左,也关注着新解放区的土改进程。1948年1月初,陈毅到达陕北米脂县杨家沟,见到了毛泽东。陈毅向毛泽东汇报了华东野战军一年来解放战争的成绩和经验,也汇报了他在山东、河北、山西沿途经过时看到的土改运动种种左的过火行为。正好此时粟裕向毛泽东请示有关新区土改的问题,1月22日,毛泽东给粟裕写了一封长信,阐述新区土改政策。信中说:"你的布置极为适当,惟土改工作不能性急。我们去年曾告诉你们一年内彻底平分土地,你们应当灵活执行。你们应当按照消灭敌人武装力量的情况,领导土改干部的多少强弱,群众的觉悟程度与组织程度,决定土改工作的速度。大体上长江以北各区三年内积极努力,工作得法,不犯大错误,能够全部按土地法分配土地,就是极伟大的成绩。""所谓积极努力,工作得法,不犯大错误,是说依照全国土地会议的决议及其后中央及中央工委所发有关土改的

---

[1] 《毛泽东选集》第4卷,人民出版社1991年版,第1268页。

指示,有步骤地启发群众的觉悟,团结全体农民,达到平分土地之目的,不犯大的'左'右倾错误,而主要是不犯'左'的冒险主义错误。"

毛泽东告诉粟裕,新区土改应当分为两个阶段:第一阶段是没收分配地主的土地,中立富农,组织以贫农为主、包括中农在内的农民协会;第二阶段才是平分一切封建阶级的土地。"在群众觉悟有很大区别的新区与老区,例如陇海以南与陇海以北,土地法的应用必须有所区别。这就是说,平分土地是反封建斗争的最高目标,必须经过几个阶段、几番手续,才能达到目的,不是一次可以彻底完成的,老区的经验正是如此。""为了这个原故,你们不应对于全区几十个县的一切区乡同时动手,而应选择若干条件适当的县,每县先从一至二个区做起,做出成绩,取得经验,影响其他地区,然后逐步推广。必须认识,群众工作、土改工作是极细致的工作,必须研究领导艺术。""绝大多数群众真心愿意平分土地,然后才能行动;否则,就会犯冒险主义错误,被地主、富农及坏干部利用,乱打、乱杀、乱斗、乱分阶级,乱定成分,土地分不好,又要走回头路。""因此,我们应当坚决采用逐步推广的方法,不用普遍动手的方法。逐步推广的运动,看来很慢,其实是快;普遍动手的方法,看来是快,其实是慢。"[1]

从1948年1月到3月,毛泽东亲自起草了一系列党内指示,仅编入《毛泽东选集》的就有《关于目前党的政策中的几个重要问题》、《在不同地区实施土地法的不同策略》、《纠正土地改革宣传中的"左"倾错误》、《新解放区土地改革要点》、《关于工商业政策》、《关于民族资产阶级和开明绅士问题》等六篇。毛泽东反复强调,大声疾呼,在全党全军中引起高度重视。毛泽东的指示和任弼时、周恩来等领导人的讲话、指示对纠正"左"的偏向,将土地改革运动健

---

[1] 《毛泽东文集》第5卷,人民出版社1996年版,第35页。

土地改革的暴风骤雨

康深入地发展下去,起了重要的指导作用。

但是,左倾造成的恶果还是表现出来。新解放区首当其冲,由于在南下开辟新区的过程中犯了急性病,在土改和分浮财时打击面过大,引起百姓恐慌。刘邓部队在大别山区的处境日益艰难。

1948年最初的两个月是刘邓大军在大别山最艰苦的时期。长时间处于国民党军重兵包围之下,得不到补充和休整。在这种环境下,根据地建设和土改自然无法顺利开展,而且还出现了"左"的错误。其表现就是分浮财和乱杀人。据邓小平1948年7月给毛泽东的报告说:"中原各区的'左',大体上都是两个月左右。1月间开始纠正。纠正的过程略有不同,但颇费力。特别是(1947年)12月起敌情严重,故'左'的原形暴露得也最厉害。但在1月以后,因环境不许可,实际上已经停止了土改。"

李雪峰带领晋冀鲁豫分局的干部南下工作队到大别山后,奉命到淮西(沙河以南、淮河以西以北)地区领导开辟根据地和土改工作。他目睹了一些"左"的情况,1948年1月18日给刘少奇写了一个详细的报告。报告反映:我们派往地方的干部在建立武装过程中,主要采取收编地主武装的形式,称之为"拉铺"。这些武装严重不纯,干了很多坏事。"有一个县大队有一二百条骡马,两个月吃了百姓两百条猪。随便向群众征收强派,甚至抢劫,群众呼为'土八路'。严重地破坏我军声誉,造成群众怀疑与疏远我们。我军到各村,群众误为'土八路',坚决不开寨门,且有不少半夜鸣枪的。经我艰苦说明并证实后,群众才开门,并向我们诉苦。看来,这样的招兵买马'拉铺'成立武装,是一个失败的教训。"

关于分浮财,李雪峰写道:"分浮财是群众一般的迫切要求。我们一进大别山,地主即纷纷将粮食出口。当时我们采取快分办法,先把粮食分到群众手里。在淮西,一则大军过路搞了一下,工作未接下去;二则两月来又未认真领导群众分,把地主警觉了。群众未跟上,发生粮食大批出口,浮财分散,加以各方贪污浪费,在这样的产粮区已有春荒之虞。在分浮财的地方缺乏组织,阶级阵容不清,形式是一村一村辗转去分,实际是吃大户,叫做'嗡'。好处是满足了群众一些要求,启发了群众进一步分地的要求。但流氓、地富狗腿及伪装分子大批混入,浪费很大。这村打那村,引起了群众之间的纠纷。大别山还有所谓'越界打土豪',甚至出县去打,去打的人是一部分群众,分子也很复杂。"

邓小平也认识到"左"的错误给大别山斗争造成的重大危害。他指出:走马点火和分浮财的政策虽然暂时满足了一些群众的利益,但"因为社会财富的过早分散和大量浪费,使军队供给很快发生困难(特别是粮食),很快地把负担全部加在农民身上,引起农民的不满。我们在错划阶级、分浮财、杀人等问题上,都曾打到中农,而尤以军粮供应上损坏中农利益最大,甚至还损害到贫农的利益"。

由打土豪、分浮财引起的另一恶果是"全区军队和地方无例外地违背了中央的工商业政策,没收地富的工商业部分,任意假借没收官僚资本反动分子的帽子,去没收那些本来不应该没收的工厂和商店;对生产资料的严重破坏;过重的而且是极其混乱的税收办法;社会秩序的不安定和无政府的混乱状态,已经严重地破坏和停滞了社会经济,市场凋敝和工商停业的现象极其普遍"。

"我们对于城市乡村的公共建筑物、工厂、作坊、学校、文化事业、教堂、庙宇,乃至地富的房屋、家具、树木等等,作了相当普遍严重的破坏，且以军队为最严重，引起人民的极大反感。"

邓小平总结说："一般同志到新区后，苦于无后方作战的困难，急于建设一个后方，安置伤员和机关，也促成了急性病的发展。""因为实行了'左'的政策，打击面很大，树敌很多，反使后方常常受到袭击。敌情最严重、政策最'左'的地方，更是无法获得后方。"[1]

在老解放区，为了纠正"左"的错误，使土改运动重新健康发展，各分局根据中央的指示，再次派出工作队下到各地农村，落实政策，恢复遭到"搬石头"打击的基层党组织，并继续进行土改和组织生产。

在东北，各地根据中央发布的《怎样分析农村阶级》等文件，对成分的划定进行审查和重新评议。结果发现原来划的地主成分有许多是错误的。呼兰县长岭区是"扫堂子"的发源地，东北局工作组到长岭的梁家屯作蹲点调查，解剖一只"麻雀"。全屯被斗争的共26户，真正的大地主只有两户。其他被斗争户，多数属于成分定错。富农被定为地主，中农被定为富农。工作组根据他们的家庭经济状况，对成分进行了重新划定。

例如，韩某一家13口人，两人劳动，自有28垧地，又租入20垧。雇4个工，有6匹马、8间房。村里定为中地主，是错的。因为家里有人劳动，是区别地主和富农的主要标志。工作队将其定为富农。

王某家里16口人，三个下地劳动，有16垧地，雇一个工，有4匹马、14间房。原定为小地主。工作队认为：不能把雇一个工就当成地主。按他家实际收入平均算，生活水平并不高，只能定为富裕中农。

梁家屯26个被斗争户中，还有6户中农。中农是政策明令保护

---

[1]《邓小平文选》第1卷，人民出版社1994年版，第111页。

的，怎么也被斗争呢?工作队调查了被斗原因，井某在日本投降时从仓库里扛了四支枪，农会要起他的枪，斗了他。工作队指出：如果他真有枪，可以追枪，但不能斗经济。因为他的枪是拣敌伪的，如果他自动交出，还可给予适当价钱。吴某家里没房没地，租四垧地，自家种三垧，转租出一垧。村里说他吃租子，把他定为佃中农。他在会上喊定错了，村里说他捣乱会场，就把他斗了。工作队认为：在会上说他阶级划错，不能算捣乱会场，这是每个农民应有的权利。斗争他是错的，后来村里把他改为贫农是对的。在对呼兰长岭区梁家屯全部被斗户进行逐个分析和重新划定成分后，东北局将这个调查报告全文发表，并要求各地根据梁家屯重新划定成分为样板，认真检查前一段土改运动中"左"的错误。并明确指出：划错成分的要纠正过来，斗争过的要退赔，并给予补偿。[1]

根据中央的土改政策和东北局的具体指示，各地党政领导认真进行纠偏和重新划定成分的工作。大批被错定为地主、富农的家庭被纠正过来，恢复了原有的权益。在划定成分的同时，进行了平分土地的工作。算起来，这已经是第三次分地了。与前两次不同的是，经过两年的曲折反复，群众开始成熟了。他们学会了当家做主，掌握了中央政策。这次分地，各村都普遍实行了"个人提，互相比，大家评"的民主方式。全村的地分为几等，好坏搭配；中农保证"只进不出"，地主家有劳动能力的也同样分一份，让他们生产。政策对了头，工作就顺利。在不到一个月的时间内，平分土地工作就圆满完成了。

1948年2月，东北局发出生产指示，由土改转入春耕。将各地土改干部与工作团及时转变为春耕工作团，省、县干部纷纷下乡，就地加强生产的领导。领导向群众宣布政策："停止土改，保障人权、财权，确定地权，划回与补偿斗错的中农，宣传生产发家，奖

[1]《东北日报》，1948年2月16日。

励增产的生产政策与合理的负担政策。"东北农村由动荡转向稳定，掀起了春耕生产的热潮。

在晋冀鲁豫区，工作队的任务首先是要恢复村里的党组织。在去年"搬石头"运动中，多数村干部都被斗争，情绪低落，基层组织陷于瘫痪。在"贫雇农打江山坐江山"的口号下，分浮财把地方搞得一塌糊涂。1948年初，河北永年县委书记李新带着工作队下乡，搞土改复查和整党工作。刚到施庄，就碰上一件事，他在回忆录中写道：

一个中年妇女抱着一个孩子走进来，一见我就哭喊道："李政委，救救孩子吧！孩子烧了好几天，没有医生，没有药铺，怎么办呀！"我问："医生呢？药铺呢？"派出所所长回答："上次土改复查，说土改不彻底，于是大伙儿把工商店铺里的东西全分了，连药铺里的药也分了。药铺没有了，医生只好走了。"正说着，妇人的丈夫来了。我又问："这些药都分给了谁，有账吗？还能不能找得回来？"他说："有账，谁分了药都没有用，找得回来。"我又问："医生到哪里去了？能找得到吗？"他说就在路西的亲戚家，不远，能找到。我转身对派出所所长说："快去找医生，就说我请他给孩子看病、治病。救人是好事，共产党绝不反对，当医生，开药铺，是合法的。看病抓药要给钱，医生的收入政府要保障，医生的生活应该好一点。请他快回来，保证他没事。"我又让派出所所长立即告诉村长和农会主任，赶快把分了的药按账单收回来，送回药铺去。另外又叫病孩子的父亲快回去要支部开个会,请支部书记按我的意见办理。说也奇怪,我的这些意见很快都付诸实行了,把孩子的病治好了。我想:区村干部不是都躺倒不干了吗?为什么恢复药铺能马上见效呢?因为它符合人民的要求,符合客观实际情况。

土改把药铺都分了,李新体会到当时"分浮财"的"左"。在区党员干部会上,他首先拿这个例子来教育大家:"平分土地不是平均主义,谁叫你们把药铺都分了?结果孩子病了急得团团转。这叫什么彻底,这叫透底。好比一口锅,把锅底都砸透了,还能煮饭吗?"他又说:"对于干部,我们一方面要严格要求,同时也要特别爱护。谁说他们是'石头',要搬掉?你们看见中央有这样的文件吗?这是造谣,这是胡来!同志们,整党是教育,是治病救人,不是整人,更不是把人整死!谁说整党是搬石头,那他就是石头,我们大家先把他搬掉,你们说好不好!"他的话赢得了全体党员干部的热烈掌声。

1948年春季,各解放区不同程度地发生了春荒。土地无人耕种,牲口大量死亡。这里有天灾,也有人祸。特别是1947年下半年的"左"风,使农村经济遭受了很大的破坏。在分浮财运动中,地主、富农家的牲口都被没收。有的地主知道自己的牲口家畜都保不住,就不再好好喂养。不少地主把猪杀光。马牛让群众拉走时,就已经饿瘦许多。分马时工作也没有搞好,全村的牲口集中好几天,没有专人喂养。贫农家没有马棚、草料,也缺乏饲养经验。马匹得不到照顾,在冬季严寒或春季缺粮时就出现了大量死亡现象。

粮荒的原因与自然灾害有关,但主要的原因是前一段时期农村的生产几乎陷于瘫痪。人们都忙着斗争地主、分浮财。整天斗来斗去,还有几个下地劳动的?就是分了地也没时间种,原来有地的中农看到许多家被斗争,想想自己的土地也未必保得住,也不会好好种地。这样该耕地时没耕地,该积肥时没积肥,缺牲口耽误了播种,土地没分好谁也不知该种哪块。尽管从2月起上级就号召抓紧春耕生产,但在许多地区并没有真正落实。

1948年春季,河北永年县出现了十万需要救济的灾民。当时行署拨来的救济粮只有五十万斤,根本不够吃的。李新和县委的同志们研究生产救灾。大家议论纷纷,说了许多搞副业和经商的办法,关键是没有资金作本钱。经过反复思考,李新决定依靠农村纺织来解决问题。他委托当地干部李长生组织了生产推进合作社,由公家把棉花贷给村民,织成布以后由公家组织销售到东北解放区。资金周转回来后还上贷款,再购买棉花织布。同时开展了多种经营。在灵活政策的指引下,永年的生产救灾工作,搞得很红火。李新写道:

只捕鱼一项,就成效卓著。开始因捕鱼的渔具不够,每天捕鱼不超过千斤。李长生亲自到临清一带收购了大批渔具。然后由生产社贷给渔民,以后由渔民们交鱼偿还。这样一来,每天捕鱼量大增,少则千斤,多则几千斤。问题是销售跟不上。于是长生又到临清请来南方会制干鱼的师傅,这样才解决了问题。与捕鱼业发展的同时,其他如制蒲、制苇等与水产有关的手工业、副业和商业都发展起来了。当时永年与河北各地及山西、陕西的陆路交通已畅行无阻,而且由滏阳河行船,可达天津附近各地。天津虽尚未解放,但天津以外都是解放区了,从这些地方渡海到东北,非常方便。东北当时除沈阳、长春、锦州外,已全部解放,东北与关内的商旅也已络绎于途。永年的布匹和一些土特产行销很快,和粮食的比价非常有利,因此通过滏阳河再越海到东北这条路的贸易,给永年生产社带来了厚利。1948年夏天,发生了一件奇怪的事:永年城南滏河岸,从东

中国的 **1948年：两种命运的决战**

土改中老贫农分得土地，面带喜悦

北运来了一大批粮食，上写交永年生产推进社收。有人去问长生，长生说东北的账早已消了，怎么还会有粮食运来呢？后来一打听，原来是算账在前，布匹运到在后，等布运到时粮食价下跌了，布价等于上涨了。当地收购部门按运到时的价格算账，所以又给补送来这一大批粮食。这件事说明当时解放区的道德风尚很高，就是商业部门也大有君子之风。[1]

中共中央正确的方针政策，切实纠正了各种"左"的错误倾向，使土地改革运动走上了健康发展的正轨。贫农分到了土地，中农受到了保护，工商业也在政策扶持下得到了发展和繁荣。更重要的是，通过参与土改运动，广大农民的觉悟有了很大的提高。这些淳朴的农民学会了参与社会事务。他们开始关注身边的事情，开始在会议上发表意见。他们不再是任人宰割的弱者，而是具有新思想、新意识的革命者。这是一个历史性的巨变。一个美国人韩丁（William

---

[1] 李新：《回望流年》，北京图书馆出版社1998年版，第52—68页。

Hinton）当时在晋冀鲁豫区的华北大学任教，1948年春，他申请作为观察员随土改工作队到山西潞城县的张庄，亲身体验土改运动。他与工作队的同志一起住在破旧的民房里，和老乡们一起吃莜麦面疙瘩汤，学着大家脱下棉袄抓虱子。艰苦的生活不仅没有使他感到痛苦，而是天天饶有兴趣地观察农村中发生的巨大变化。他参加成分评定的会议，看那些不识字的农民在认真计算各家的财产，分析各家的经济状况。街上张榜贴出了评定成分的结果，每个农民都在认真地关注自己的成分。他参加妇女会组织的会议，听一位女青年诉说包办婚姻给她造成的痛苦，要求政府批准她离婚。他参加了干部公开整党的会议，看那些农民们批评干部在村里打骂群众的错误，并看到干部们站起来作检讨。在短短几个月内，韩丁看到了一个发生着巨大变化的农村，这不仅仅是获得一些土地和财产的革命，而是一场彻底改变农村面貌和农民精神世界的革命。他认为用"翻身"这个词来形容这场革命是非常贴切的，他写道：

  每一次革命都创造了一些新的词汇。中国革命创造了一整套新的词汇，其中一个重要的词就是"翻身"。它的字面意思是"躺着翻过身来"。对于全国几亿无地和少地的农民来说，这意味着站起来，打碎地主的枷锁，获得土地牲畜、农具和房屋。但它的意义远不止于此。它还意味着破除迷信，学习科学，意味着扫除文盲，读书识字，意味着不再把妇女视为男人的财产，而建立男女平等关系；意味着废除委派村吏，代之以选举产生的乡村政权机构。总之，它意味着进入一个新世界。[1]

  土地改革彻底改变了农村，改变了农民的命运。这些千年来受压迫的穷苦大众，第一次获得了政治地位，当家做了主人。土改消

---

[1] 韩丁：《翻身》，北京出版社1980年版，第6页。

中国的 **1948年：两种命运的决战**

灭了农村的封建关系，改变了经济结构，从而极大调动了农民的革命和生产积极性。他们在自己的土地上耕作，为保卫自己的政权而战。在1948年下半年国共双方的战略决战时，有上百万的农村青年踊跃参军，成为解放军中的骨干力量。更有几百万农民参加了各种支前活动，为解放战争的胜利流汗流血。毛泽东在1950年6月9日中共七届三中全会的讲话中，对土地改革运动的胜利作了充分的肯定：

> 土地改革要肯定它。这是一万万六千万人(不包括城市在内)的土改的问题。我们的胜利是从哪里来的呢？就是靠这一万万六千万人打胜的。这一万万六千万人给了他们什么东西呢？他们为什么能够发动起来呢？为什么能够组织这么大(三百万)的军队呢？就是因为在这一万万六千万人中间进行了土改。我在晋西北讲话的时候就答复了这个问题。要肯定这个伟大的胜利，有了这个胜利，才有了打倒蒋介石的这个胜利，如果没有这个胜利就没有这个胜利。[1]

---

[1]《刘少奇传》，中央文献出版社1996年版，第594页。

2 上海的社会风潮

中国的1948年：两种命运的决战

1

在阴沉黯淡的气氛中，国统区迎来了1948年的元旦。蒋介石在元旦致辞中继续"戡乱建国"的老调，社会的反映则是冷淡而低调。上海《大公报》1月5日的社评《一年之计》开篇就说：

第一个感受得到的问题，无过于人民生活，物价指数不断往上涨，人民的生活程度是在往下沉。有人挣扎着活过去，有人是活不了。以上海所见而论，流浪着的四处难民，成千成万人露宿风餐，随时随地有饥饿死亡的危险。公教人员原说是清苦的，辛苦劳力之所入，就永远跟不上生活，连举债都不可能。工商阶层呢，职工的收入，表面上看是有生活指数计薪的办法在调和，然而工商事业的本身，在这时候就有随时停摆的可能。主持人无一不在叹气。固然，这其间也有少数乘难发财的人，但究竟不占主要成分。生活在同一社会中，牵一发而动全局，没有一个安分守己的人在这困苦的环境中，能够脱离现实而独荣的。

女记者彭子冈更不客气，她在元旦专稿《岁末话北平》中尖锐地披露：

这年头是逼着人民见阎王去就是了。沈阳有一个车夫包了饺子毒死全家的新闻，北平则多是上吊新闻，而且那么多的叫煤毒熏死的人是不是存心自杀也是问题。四十四斤一袋的面粉涨到九十万，棒子面八千一斤了，三轮车份儿(租)半天涨到两万五了。碰到四五千元一趟买卖，车夫会告诉你："半斤棒子面，您哪！"不胜哀求的意思。城门洞里住着晚上才敢出来拉车的老头,因为他的裤子破得没有裤裆了。末了,告诉您一声,自有新闻记者去访问了卖血领袖计福山后,许多大中学生及公务员都找上门去,请他介绍卖血,北平的人血也供过于求了。

但蒋介石关注的是在战场上如何挽回国民党军的颓势,在国统区则是如何平息学生市民的反抗浪潮。鉴于前段风起云涌的学潮和"反饥饿、反内战"抗议活动,1947年12月25日,他下令颁发了《戡乱时期危害国家紧急治罪条例》,宣布十条罪状可判死刑或十年以上徒刑。其中第十条是"意图妨碍戡乱扰乱治安或扰乱金融者"。而参加反国民党的团体或集会者,则判五年徒刑。[1]命令下达后,各地国民党军警宪特都加强了对学校、工厂的监视和管制。

在1947年的学潮中,各大学的学生自治会起到了领导作用。国民党政府为了压制学潮,12月16日由教育部颁布了《修正自治会规则》,规定各高校的学生自治会必须得到校方的批准,由校方组织选举。自治会不得参加校外各种团体或活动。对违反校规的自治会,校方有权将其解散。这个规定遭到多数学生的反对。上海同济大学学生自治会在1947年12月的劝募寒衣救济难民的活动中起到了带头作用,在市民中留下良好的印象。1948年1月,自治会举办一年一度的选举,同济大学校方根据《规则》,干预学生选举,把校方认为"合适"的候选人强加给学生。学生则坚持自主选举,一场斗争在所难免。

同济校长丁文渊是早年留学德国的医学博士,后来任国民党政府驻德国大使馆的外交官。因为背后有教育部长朱家骅支持,他的态度非常强硬。1月11日,各系学生自行组织召开了代表大会,通过了自订的学生会章程,选举学生自治会负责人。丁文渊下令将教

---

[1]《中华民国史档案资料汇编》第5辑第3编政治(一),江苏古籍出版社2000年版,第199页。

育部的《规则》张贴在布告墙上。学生们不服,将其撕毁。于是丁文渊以"损害公物,侮辱师长"为由,开除了学生会负责人杜受百、何长城。这下激怒了学生,1月15日,工学院一千六百多学生集会,抗议校方开除学生。中午学生到校长办公室请愿时,突然发现一个形迹可疑的男子在办公室里打电话。学生包围他盘问,当场从他身上搜出手枪、子弹、警察局的证件、命令,还有一枚同济大学校徽。此人承认是四川路警察分局派来监视学生动向的特务,学生抓住他时,他正在向上边报告情况。[1]

在校长办公室里抓到了国民党特务,学生的情绪如同火上浇油。学生会宣布从19日开始罢课,如交涉无结果,全体同学到南京请愿,罢免丁文渊。丁文渊也不让步,18日宣布开除五名学生,21日又开除四名学生,处分三十人。并发出《告学生书》,逼迫学生结束罢课,恢复秩序。教育部次长杭立武表态支持丁文渊,并盼学生"持缓和态度"。26日,教育部长朱家骅赶到上海,与丁文渊等密谈。朱说,此次学潮非一般罢课事件可比,具有严重之政治性,从学生要求修改部颁自治会规则可以概见。希望学生从速复课,如再坚持,不惜解散同济大学。[2]鉴于矛盾已经不可调和,学生会决定:如果28日交涉仍无结果,同济学生将于29日全体到南京请愿抗议。28日深夜,上海市警察局长俞平叔来到同济,做最后的劝阻,遭到学生拒绝。

29日凌晨,国民党军警将同济工学院团团包围,禁止学生走出校门。四辆装甲车把住了各个路口,骑警的马队虎视眈眈。千余名同济学生在校门口高呼口号,复旦、交大等学校前来送行和声援的学生站在街上,与同济学生隔着墙互相喊话,表示支持。相持几小时后,10时20分,同济学生冲出校门,来到其美路上与军警对峙。眼看学生要冲破封锁,市长吴国桢出面了。他向学生喊道:你们同

---

[1]《申报》,1948年1月16日。
[2]《申报》,1948年1月28日。

济的事，我一直很关心。到南京请愿，可推举代表十人，我可以保护。但是不能集体请愿，这是违法的。学生高呼：根据宪法，人民有请愿的自由。吴国桢说：根据维持社会秩序紧急法，请愿不能超过十人。然后，他叫学生代表一起到旁边的康陇酒坊谈判。从十一时到午后三时，谈判一直在拖延。吴国桢谈笑自如，而丁文渊一直不露面。这显然是拖延时间，要把学生累垮。在学生群中的中共地下党员吴学谦、乔石等商量，不能上当，要采取行动。这时，一个学生与警察发生冲突被捕，学生顿时愤怒起来，集体向前冲。吴国桢出来时，学生们向警察马队抛掷石块，一时形势大乱。有学生抓住吴国桢，打掉了他的帽子和眼镜。并将他推倒在地。这时警察高喊：市长被打了！掏枪准备射击。吴国桢怕酿成血案，赶紧喊：不准开枪！这时，担任谈判代表的地下党员冯立文感到如果事态发展下去，将会导致严重后果，使学生在政治上处于被动。他一把拉起了吴国桢，立刻有警察赶来把吴护送走。[1]

警察的马队在学生群中往来冲撞，挥舞棍棒，打伤踏伤学生多人，还有部分学生被警察捕去。手无寸铁的学生难以与武装军警对抗，学生会指挥学生和外校同学退入工学院内。这时，吴国桢指着学生代表说：像这种行为，简直是有意造成事件。他强硬提出：交出今天带头闹事的学生，交出被开除的学生，立即复课。指挥军警的上海警备司令宣铁吾也气势汹汹地说：殴打行政长官，应当严办。这时，丁文渊才来到。他根本不是来解决问题，而是配合吴国桢、宣铁吾镇压学生的。[2]

学生们退回校内后，在体育馆集合，大家高呼"要生一起生，要死一起死"等口号，与包围他们的军警相持。午夜12时，宣铁吾下令动手，军警特务冲进体育馆内，对学生拳打脚踢，将他们强行

---

[1] 浦作：《同济大学一·二九斗争》，《文史资料选辑》上海解放三十周年专辑（中），上海人民出版社1979年版，第142页。

[2] 上海《大公报》，1948年1月30日。

拉出体育馆,检查证件,按学校在操场上分别集合,等其校方前来认领。丁文渊明令开除的学生,按名单逮捕。在其美路与吴国桢谈判的学生代表冯立文、黄克鲁等,也被下令逮捕。有一同济机械系的学生龚某,将革命刊物带在身上。特务们见上面有毛泽东的《目前形势和我们的任务》一文,认定他是共产党领导人,立刻抓起来。同德医学院学生瞿某,被特务指认是打了吴国桢的人,也予以逮捕。还有个清华大学学生陈某,被特务认为是从北平来搞学运的。还有一些没有学生证的,都被抓了起来。当天夜里,军警一共逮捕了二百多名各校学生,又制造了一起震惊全国的镇压学生运动的事件。[1]

国民党当局镇压学生的暴行,激起了全国的愤慨。香港进步刊物《群众》连续发表了《其美路上的血案》等几篇报道,声援同济学生,抗议国民党当局。北平各大学学生三千多人于2月7日在北大集会,声援同济同学,保卫民主的学生自治会。许德珩教授因病未能出席,请学生代他宣读讲话:"同济同学要自治,竟然发生血案,上百的同学被捕去,数十个同学受了伤。试问这是根据宪法哪一条?他们究竟犯了什么罪?我们现在要问当局,究竟要不要我们安心读书?如要我们安心读书,那么赶快把被捕的学生释放出来。如果当局要我们不安,那么谁也保证不了自己的安全。我们只有团结起来,组织起来,有一个坚强有力的力量抵抗当局的迫害。"他的话得到了学生的热烈拥护。[2]

吴国桢觉得靠镇压恐怕不能解决问题,2月3日召集杜月笙等大佬开会,请大家募捐建立"清寒学生奖学金"。他说:"青年人被利用,当然是由于不满现状。为什么不满现状,是由于物价高涨,生活不安定,许多青年没有办法。"宣铁吾马上补充说:"募集清寒奖学金,可以减少学生不满。"《大公报》主笔王芸生说:"小孩子真太淘气了,但希望还是要多发挥祥和之气。就拿同济事件来说,

---

[1] 浦作:《同济大学一·二九斗争》,第147页。
[2] 《群众周刊》(香港)第2卷第7期,1948年2月26日出版。

市长被学生打了,这件事固然很刺激,难得的是挨打者的态度。九一八事变后,大批学生到南京请愿,蔡元培先生被学生打了。蔡先生是青年导师,最爱护青年的。后来新闻记者问蔡先生,蔡先生回答:打得好,打得好。这是民主精神里最重要的宽容精神。吴市长在同济被打,而叫警察不要开枪,这样的理智,使大惨剧没有发生,就是市长的大成功。这种精神真了不起,这种贤明处置,就带了祥和之气。"[1]他把学生争取民主自治的斗争叫做"淘气",把几千军警镇压学生说成"大惨剧没有发生",这正是"小骂大帮忙"的又一表态。香港《群众》周刊针锋相对地发表了《大公报向上海学生挑战》一文,抨击《大公报》的伪善立场。

一·二九被逮捕的学生,在警察局经过审讯后,大部分被交保释放。剩下三十名学生被送往看守所。其中冯立文、黄克鲁等十一人被认为是"要犯",向法院提起公诉。3月15日,上海地方法院开庭审理同济学潮案。学生闻讯后,各高校一千多学生聚集在法院门前,要求旁听。国民党当局害怕局面失控,不许学生入内。学生会在路对面的茶楼上组织了临时指挥部,安上扩音器,学生们齐声高唱:"为什么公审不能旁听?我们要旁听!听听听听听!"审判开始后,法官主要询问两个问题:谁打了吴国桢?谁下令冲出校门?在场的学生一个也不承认。后来警察局黄浦分局副局长出庭作证,说他看见其中两个学生打的。两个学生都不承认,原来报纸上登的是瞿某打的,他也当庭否认。法官又叫来几个被捕的学生问话,他们都说没看见。学生的辩护律师说既然证据不足,要求无罪释放。法官见无法继续,宣布休庭。[2]这时,在旁听席上的两位女学生突然展开两面红旗,上面分别写着"英勇奋斗,意志坚强"和"钢铁是这样炼成的"。一个女生手持鲜花一束,献给被捕学生。十一个学生受到鼓舞,在法庭上鼓起掌来。外面的学生见斗争胜利,便整队

---

[1] 上海《大公报》,1948年2月4日。
[2] 上海《大公报》,1948年3月16日。

返校。一路高呼口号,散发"我们的控诉"等传单。[1]

同济学潮案成了块烫手山芋,抗议的声浪一直不息,越拖对国民党当局越不利。4月,蒋介石召开了"国民大会",要在国统区显示出太平气氛。16日,上海地方法院对同济学潮案作出判决:黄克鲁等四人作为"主谋",判刑六个月。其中一人是同济排球队员,要参加5月的全国运动会,提前保释。四人判两个月,因羁押期已超过,也释放了。冯立文等证据不足,宣布无罪释放。

同济学生在争取自治会民主的斗争中表现了顽强不屈的精神。但是上海地下党从领导角度反思了急躁轻敌思想,策略上不灵活的教训。比如,在同济校方开除第二批学生后,立即采取无限期罢课的斗争方式,这就很不策略,造成被动,不利于争取中间同学和教师。在集体"晋京请愿"的问题上,对斗争的复杂性估计不足。有急躁轻敌倾向。当时的形势下,国民党当局对请愿行动是必定要阻挠压制的,如果硬拼,是一定会镇压的。而且上海学生系统地下党领导同志和许多大学中学的党员、积极分子,一起涌到现场,有些人还没有合法身份,如果不是国民党当局的疏忽,损失还可能更大。[2]

与同济一·二九事件仅隔两天,上海又发生了舞女捣毁社会局的事件。平素形象柔弱的舞女居然敢砸政府机关,着实让全国为之震惊。

这件事情,也是冰冻三尺,非一日之寒。蒋介石提出"戡乱建国"的方针,其中一条是勤俭戒奢。他在1947年双十节训话时说:

---

[1]《申报》,1948年3月16日。
[2] 中共上海市委党史征集委员会主编:《解放战争时期上海学生运动史》,上海翻译出版公司1991年版,第148页。

"我们必须先要做到勤劳和节俭。不能勤俭就不能更生，奢侈是亡国的祸根，浪费是建国的敌人，像目前上海那样浪费奢侈，纵有更好的建国条件，也不能完成建国使命，而且还有亡国的危险。"[1]行政院副院长王云五提出在上海"禁舞"的建议。他认为上海有众多舞厅，每日跳舞的多为各级官员，既奢侈浪费又败坏社会风气。王的建议很合蒋介石的心意，于是由行政院通知上海社会局，要他们具体实施禁舞令。

当时上海有登记的营业舞厅28家，从业的舞女有四千多人。加上舞厅的乐师、侍者、工作人员，不下两万人。消息传来之后，舞女们万分忧愁。她们不知道今后的日子将怎样度过。《申报》记者为此采访了一些舞女，一位叫孟燕的小姐诉苦说："我是因为没有饭吃才来做舞女的。我母亲老了，不能挣钱；我弟弟还小，不能做工。现在要我赚钱来供他读书。要是一旦禁舞，我拿什么养活这一家呢？"有人建议她们可以改做其他行业。孟小姐表示，有文化的舞女，或许有改行的可能，像她这样没读过书的女子，改行恐怕很难。她想过去做工，但现在工厂不是倒闭就是裁员，想进去不容易。就算谋到了工作，能不能养全家还是问题。去当女佣吧，自己的生活可以解决，家人怎么办呢？再说现在市面如此不景气，物价飞涨，大户人家也要节俭了。想来想去，孟小姐情绪激动地说："我希望用自己的双手来养活自己，假如饭吃不够，连吃粥都情愿，但是总得给我们一条路走！敌伪时期，尚有一口'户口米'吃，现在政府禁令如铁，叫我们往何处去！"另一位舞女孙致敏说，她已经找了三个月的工作，至今还没找到。现在如此萧条，一个人找工作都不容易，哪里能容得下这几千人！转业是相当悲观的。她们不愿意去做"花瓶"式的职员，更不愿去给人做妾。记者感到，这些舞女的生路，真成了严重的社会问题。[2]

---

[1]《中华民国史档案资料汇编》第5辑第3编政治（一），第160页。
[2]《申报》，1948年1月16日。

社会局方面起初也很头痛，但是经过舞业界多次请求之后，社会局动开了脑筋，想把它做成一笔好生意，于是制订了分批淘汰的抽签法。规定1948年1月31日进行首次抽签，抽中者停业。局长吴开先暗地里与各舞厅老板打招呼，谁交上5亿到10亿法币的赎金，可以继续营业三个月，等下一轮再抽签。舞厅老板们都认为敲诈太甚，根本吃不消，逼得资方和舞女员工们联合起来，为了生存而斗争。

1月31日，抽签的日子到了。吴开先采取打击大舞厅，分化小舞厅的手段，控制抽签，实际是由他圈定将14个大舞厅停业。"抽签"结果公布后，百乐门等大舞厅首当其冲。中午，全市的舞业员工，加上他们的家属共一万二千多人，在江宁路新仙林舞厅集会。老板说："这是什么政府，贪污不到铜钿，就这样蛮横的胁迫我们吗？要停一起停，大家请愿去！"[1]会场上群情激愤，大标语醒目地写着："逼良为娼谁的罪过！""跳舞不成跳火坑！""宪法宪法我们没法，民主民主没有饭吃！"上海舞业公会理事长孙洪元讲话说："社会局的抽签是非法的。宪法规定人民有选择职业的自由，为什么单独要禁舞？一定要政府收回成命，舞厅要继续营业下去！"各舞厅的代表们相继上台发言，会场的气氛越来越激动。一位舞女陈雪莉主动要求发言。她以惨痛颤抖的声音说："一家老小八口都靠我伴舞过活，这是政府在逼我们出卖灵魂，逼我们去做娼妓。"她说着就痛哭起来，台下的舞女也都流着眼泪。大家高呼："我们不愿意做妓女！""到社会局去，情愿流血！"这时，警察局的装甲车已经开到会场门前，舞女们看到政府来镇压，一致决定到社会局请愿去。大家走出会场，化整为零，或徒步，或乘车，下午3时半到达社会局广场前集合。

这时，社会局长吴开先正和议长潘公展、副议长徐继颛等人在

---

[1] 江华：《记舞业员工的流血惨案》，《群众周刊》（香港）第2卷第6期，1948年2月18日出版。

上海的社会风潮

舞女冲进社会事务局

楼上开会。群众推举了十位代表进楼请求接见,在楼下房间里等了半小时,一个人也不来。外面广场上几千群众在寒风中等待许久,不见回音,在前面的群众不断往楼梯上拥。警察将群众向台阶下推,并用警棍殴打群众。舞女们愤怒了,用旗帜的竹竿猛打警察,前赴后继地向上冲。警察终于抵挡不住,群众如潮水一般冲进社会局大楼。到了二楼局长办公室,将室内的门窗桌椅全部捣毁,碎玻璃从二楼纷纷落下。吴开先见势不妙,从后门逃到地政局躲避。潘公展正要给宣铁吾打电话,两个舞女冲进来,险些把他撞倒。潘公展大叫:"你们暴动,你们造反!"群众回答:"我们要吃饭,才来请愿。你们在里面装着不理,叫警察来打我们,要我们等死吗?"徐继顺正要训人,被一个痰盂迎面击中,水浇了一头一脸,狼狈逃走。愤怒的群众进一间,砸一间,将桌椅用具抛出窗外。粮食科长在办公室里高喊:"这里是办理你们吃饭的地方!"群众喊:"你们不让我们吃饭,打!"

下午四时五十分,附近警察分局的数十名警察赶到,与群众对打起来。棍棒来回乱飞,舞女们的哭叫声连成一片。不少舞女被警察打伤,摔倒在地。群众与警察搏斗,有三个警察的手枪被群众夺下。大家高喊:"反正是死路!"坚持斗争。五时左右,警察局长俞平叔带领全部刑警和装甲车赶到,他命令警察与群众脱离,然后架起机枪,将群众包围。在枪口的威逼下,群众被男女分开,挨个搜查。当场逮捕四百余人。经一夜审讯后,第二天警察出动囚车抓人,共逮捕群众779人,各看守所一时人满为患。上过报的舞女代表孟燕等也都在被捕之列。[1]

第二天是星期日,吴开先来到狼藉一片的社会局大楼。走廊上的窗户没有一块整玻璃,办公室也被毁坏一尽。家具没剩几件全的,工商登记卡、粮食科的统计材料和文件大部散失。估计损失达50亿元法币。舞女那边的情况更为凄惨,代表金美虹被捕,她的老娘跑到新世界大楼舞业公会办公处要人,又哭又闹。各看守所挤满了几千探视的家属,情景非常凄惨。受伤的舞女包扎好伤口,陆续出院。上海警备司令宣铁吾大发雷霆,发誓要严办。先把舞业公会的三个头头抓起来,审问他们是不是主谋。三天之后,大部分关押的人被保释,还有116人继续关押。其中舞女31人,男职工85人。

上海舞女的行动,震惊了全国。各界对她们的遭遇纷纷表示同情和声援。2月6日出版的《时与文》杂志刊登碧遥的文章说:"娉娉袅袅,被人搂腰的舞娘,前天竟然暴动了!她们随着万余同业,和

---

[1] 《大公报》、《申报》,1948年2月1日。

军警大起冲突,把一个社会局打得稀糟。这真是破天荒,破地荒啦!看到了舞女陈雪莉上台诉苦的记载,我也哭了。她这一声哭是可以断肠的。断肠的苦痛,在还忍受得了时发为哭泣,到忍受不了时拳打脚踢,呼天撞地。如果再有横来的刺激,发生什么事是说不定的。于是我理解了她们拼命冲撞,回手打军警,打社会局,是怎样演变来的了。西洋有句俗语,女人是弱的,母亲是强的。这次舞女的暴动,原因即在于此。我们可以说,女人是弱的,踏在死线时是强的,可不是么!"[1]

舞女砸社会局的案子,交到了上海特别刑事法庭。特刑庭是1948年4月为贯彻执行蒋介石的《戡乱时期危害国家紧急治罪条例》而设置的,握有生杀大权。宣铁吾要"严办"舞女们,就是根据《条例》中的第10条"意图妨碍戡乱扰乱治安或扰乱金融者"。特刑庭是阎王殿,进去凶多吉少。社会各界都十分关注舞女们的命运,纷纷发表同情的言论。3月4日,上海参议会开会期间,一些议员提出这个问题。说:"戡乱期间,安定第一。上海舞厅历史悠久,从业人员众多,在职工和舞女转业问题未能妥为解决前,请暂缓执行禁舞令。"吴开先也觉得众怒难犯,一再表示如果南京不表态,他绝不主动执行。[2]在舞女的反抗下,政府终于缩回去了。既然禁舞令不算数了,那特刑庭还有什么理由审判舞女呢?5月28日,特刑庭开庭审判捣毁社会局案。当时出庭的在押人员有28个职员、9个舞女。还有交保的32人。舞女们向记者诉苦:有钱有关系的都保出去了,就剩下我们这些穷人关在监牢里。她们在法庭上纷纷陈诉,说是集体请愿无人接见,群情激愤才造成事件。无论法官如何问,众人都说自己没有动手砸社会局。法官没有证据,只得草草收场。6月3日宣布:此案本庭不受理。将皮球踢给了地方法院,当一般案子处理了。[3]

---

[1] 《时与文》,第2卷第18期。
[2] 《申报》,1948年3月5日。
[3] 《申报》,1948年5月29日、6月4日。

中国的 1948 年：两种命运的决战

国民党当局禁舞的初衷，是想制止奢靡之风，改变社会的腐败现象。但是当局采取强硬措施，没有解决舞业人员的生计问题，致使矛盾激化，酿成一场前所未有的舞女暴动。

继学潮、舞潮之后，2月2日上海申新第九纱厂又发生了工人抗暴的工潮。这次工潮是因工厂劳资双方为年终奖金和配给粮食、生活用煤等问题引起的。物价飞涨给工人的心理造成极大压力，申新九厂的生产效益是不错的，但资方寻找种种借口，拖欠和克扣工人的工资和福利。例如，为了缓解涨价的损害，许多工厂都按时配发米、油、煤球等生活必需品。年关将近，别的厂子已经发过了，而申新九厂迟迟不发。还有年终奖金，按照月薪打了八折。就是这八折的钱，还要分两次发。第一次在1947年12月底发了60%，余下的40%到1948年1月15日才发。在这短短半个月内，米价已经从120万法币涨到164万法币一担了。当时接近年关，物价涨势凶猛。到了发工资的日子，工人家属都挤在工厂门外，他们焦急地等待家人把工资从铁栅栏中递出来，然后飞快地赶到市场，购买生活必需品。如果等到下班再去，可能就会损失好几斤米。厂方拖延发给工人配给物品和奖金，无形中又使工人受到不少损失。工人们的反抗情绪不断上升，为了维护工人自身的利益，反对资本家的剥削压迫。申新九厂中共地下党组织的30多名党员研究决定，在年关将近时发动一场斗争。[1]

地下党组织通过工会，向资本家提出借薪一个月、尽快发放配给物品的要求。资方借口资金紧张，到外地购米不易，不予理睬。各车间工人商定，于1月30日午夜开始罢工。这天资方发觉情况不

[1] 陈杰：《上海申新九厂工人流血惨案真相》，《群众周刊》第2卷第8期，1948年3月4日出版。

对：本来夜班应该在晚上八时接班，但不到七时夜班工人就聚集在工厂门口，要求进去。进入车间之后，日班和夜班工人会合在一起，到午夜时相继停车，罢工开始了。

这下资方慌了手脚，要求与工人谈判，社会局也派了个官员来。工人代表提出了七项条件：1. 每人预支两个月薪金，度过年关；2. 11月和12月扣除的薪金所得税，照1月份生活指数发还；3. 年终奖金照1月份生活指数发给；4. 女工休产假不得扣除工资；5. 尽快发给配给物品；6. 工厂管理规定以后要劳资双方同意；7. 去年开除的工人准许复工。这些条件，主要是考虑到物价上涨的原因，要求工资奖金随生活指数上调，不能生活指数涨了工资不涨，使工人利益受损。然而资方认为前几个条件不能接受，双方谈判破裂。[1]

谈判期间，外面来了两个自称"新闻记者"的人。工人们欢迎采访，领他们进厂。这两个人鬼鬼祟祟，东张西望，根本不像采访的样子。工人们要这两个"记者"出示证件，后面一个人突然掏出枪来。工人们一拥而上，夺下他的手枪，严加盘问，他们才承认是普陀区警察分局派来的特务。激愤之下，工人们占据了厂房，关闭了大门，宣布无限期罢工。[2]

罢工开始后，工人们自动组织起来，遵守秩序，加强团结。他们在厂里贴上标语，表示斗争到底的决心。积极分子编排了活报剧，教工人们唱新编的歌曲："你，你，你这个坏东西，别人配给都已发，只有你囤积在家里。你只管发财肥自己，工人痛苦你是不管的！你，你，你这个坏东西，不发煤球不发米。都是你，你的良心和煤球一样的！"这歌曲唱出了工人的心声，激发了大家的斗志。[3]

当局害怕申新九厂的罢工持续下去，会引起连锁反应，导致全市性的工潮，于是吴国桢、宣铁吾等决定武力镇压。2月2日凌晨，

---

[1]《大公报》，1948年2月3日。

[2]《杨光明供词》，《申报》1948年2月13日。

[3]《申新九厂二·二斗争纪要》，《文史资料选辑》上海解放三十周年专辑（中），上海人民出版社1979年版，第19页。

中国的 1948 年：两种命运的决战

普陀区警察分局几百名警察包围了申新九厂，实行戒严。工人们退入厂房内，将第四道大门紧锁，与警察对峙。一个警长带了几个警察剪开大门上的铁丝，进去抓人，被工人们夺去手枪，赶了出来。清晨5时，宣铁吾和警察局长俞叔平带领着大批军警和数辆装甲车来到。工人们看见警察逼近大门，站在饭厅大楼和车间房顶上，居高临下地将砖头、瓦片、空油桶往下砸。警察被砸得纷纷后退，宣铁吾大怒，对左右说："在此局面下，惟有开枪！敢抗拒者，格杀勿论，一切由我负责！"他下了杀人命令，军警开始发动进攻。先向房上发射多枚催泪弹，然后用装甲车撞开铁门。一个工人开了一辆卡车，来阻挡装甲车，但没有成功，被装甲车撞到一边。工人们仍然用砖头、木棍向警察投掷，食堂的饭碗也成了自卫的武器。军警们开始向楼上射击，密集的枪声中，几十个工人当场倒地。军警

警察看守着在纺织厂示威斗争中受伤流血的罢工工人

撞开大门,并沿着楼梯边开枪边向房顶上冲。由于绝大多数是女工,又手无寸铁,申新九厂在一小时后被军警占领。在军警枪口威逼下,工人们被男女分开,警察挨个搜查,当场逮捕三百余人。在这场斗争中,三名女工当场死亡,六十多人受伤。警察也伤了三十多人。

从1月29日到2月3日,短短五天之内,上海连续发生大规模的学潮、舞潮和工潮,令当局大为震惊。吴国桢在当天的记者招待会上公开宣称:"上海五天内连出三事,表面上看起来互不相关,而实际则互有联系。今日申新工潮,工人将机器拆下与石块铁桶等同作投掷武器,此种行动,不能视作普通工人,显属暴徒有计划之阴谋。故本人完全赞同宣司令意见,将来如再发生同样事情,定必当场格杀。以后再遇暴动时,军警再有开枪,政府不负责任。"[1]

上海的学潮、舞潮和工潮在市民和全国人民中产生了极大影响。他们同情那些被军警殴打、逮捕的学生和舞女、工人,对当局的倒行逆施表示了强烈的愤慨。中共地下党领导的上海工人协会发表《为申九惨案宣言》,号召全上海的工友们向申九被难的工友们致敬,募捐慰问申九工友,全上海工人团结起来,反对一切无理剥削,坚决为争取工人合理待遇而斗争。[2]

新闻界也对群众运动表示同情。《大公报》2月3日的社论对"治乱世用重典"的说法提出质疑。指出:

目前情况,法令之多,真有"如毛"之感。同济事件与舞女风

---

[1]《申报》,1948年2月3日。
[2]《群众》周刊第2卷第6期,1948年2月19日出版。

潮，追本溯源，就是个立法下令的问题。同济事件起于教育部的修正学生自治会规则，舞女风潮则起于行政院的禁舞令。这两件法令，在立法下令之始是否都已考虑周全，是很成问题的。例如禁舞令，政府认为是节约，而在上海的确因此会有成千上万人失业。在转业与善后问题上没有妥善安排之前，那是有问题的。

《申报》2月4日的社论也抱怨说：

天下本来是可以无事的，何必一定要作"庸人"而"自造"出一些事故来呢？本来人家可以在那里暂时安居、暂时乐业的，为什么一定要在这个时候使他们失去了职业，敲破了饭碗呢？前年冬天，政府雷厉风行的要取消摊贩，后来幸而中枢当局顾念民生，在此非常时期，暂从宽办。并且说凡足以影响小民生计的，概从缓办，社会因此减少了若干骚动的因素，这才是识大体的政治家。

三大风潮的原因，绝不仅仅是政府机关"考虑不周"的问题，而是国民党的统治激起了越来越多的人民、越来越广泛的社会阶层的反抗。香港《群众》周刊发表署名文章，总结上海群众运动的特点说：

今天在蒋管区反蒋反美的爱国民主运动，一天天扩大而深入起来。人民对蒋政府的态度，已不是什么乞求而是干脆的打倒这个坏政府了。第二，有组织的群众斗争和自发形式的群众斗争，已日渐密切联系而又渗透起来了。已直接走上相互鼓励推动，相互影响发展的阶段了。第三，当前的群众运动，其规律是从分散到集中，然后又从集中到分散的。在表面上看，是分散与集中不断的重复着循环，而实质上每次循环都有每次的不同，都有每次的发展。第四，今后群众运动中，武装斗争的方式将出现。反动派这次有了武器占了点"便宜"，但这点"便宜"不是好占的。它已经给上海人民上了一课，教给他们以后斗争也需要使用武器。今后群众运动将会有更高级的斗争形式出现，这是毫无可疑的事。[1]

　　三大风潮过后，中共上海市委总结了经验，研究了对策。在解放战争形势越来越有利的局面下，应该坚持隐蔽斗争，做好扎实的工作，迎接解放。中共上海市委确定的指导思想为："以巩固力量，重点发展，训练干部为主"，"除客观形势有特别变动外，一般不采取大规模斗争形式"，在斗争方法上，确定"斗争性质共同化，斗争方式多样化，斗争口号个别化，斗争目标统一化"；"先求广泛，后求提高"；"不僵持，不冻结"；"利用矛盾"，"推波助澜"等原则。1948年下半年，中共上海地下党组织分批安排了学校、工厂中的党员和积极分子撤退到解放区，保存了实力。留在上海的地下党员则动员群众保护工厂和人民财产，准备迎接解放。[2]

---

[1] 子明：《从上海四大运动中可以看出什么来》，《群众》周刊第2卷第9期，1948年3月11日出版。
[2] 中共上海市委党史征集委员会主编：《解放战争时期上海学生运动史》，上海翻译出版公司1991年版，第166页。

3 南京的政治戏剧:"行宪国大"

1948年3月下旬，在美国的压力下，国民党筹备多时的"国民大会"即将召开。1947年7月美国特使魏德迈来华，对国民党政府统治下的政治、经济状况作全面考察，为美国政府是否继续向蒋介石提供军事援助做出决策。在一个月的考察中，美国人对国民党当局的表现非常失望。魏德迈在回国后向美国总统提交的报告中说：

国民党领导权的反动本质、它的统治的高压性质和文武官员中普遍的腐败，从人民对政府的信任和支持而言，使政府受严重的损失。现在普遍相信，在目前情况下，除非国民政府厉行改革，它将经缓慢逐渐的过程而告瓦解。

在这个大前提下,魏德迈建议不急于向国民党政府提供大笔援助，而采取"观望"政策。他认为："采取观望政策可能会使蒋委员长终于要实行真正改革，因而可使美国展开其有效的援助。"而"真正的改革"是什么呢？魏德迈开出了以下的条件：

1. 实行有效率的政治；
2. 保护人民基本自由，免受专横压制；
3. 民政不受军人的控制；
4. 谋致人民福利。

这些措施中，可包括以下几点改革：把国民党从政府中完全分出，使蒋委员长成为国家的领袖而非党的领袖；改组国民政府，包括行政院和国府委员会的改组使负责任的人士不分党派可以参加,防止政府的事务及政策为一人所独揽,鼓励能干及进步而现在不愿在政府中服务的人士进入政府工作。[1]

其实,美国的立场是非常明确的。它的"改革"绝不是支持共产党进入政府机构,也没有提及被国民党强迫解散的民主同盟等民主党派。它认为的"进步人士"只是那些亲美的"中间力量",美国希望有这些人加入政府,可以牵制蒋介石的独裁,并改变国民党政权的腐败形象,有利于美国进一步控制中国。

对于蒋介石来说,他根本不需要什么"宪政"。但是没有美援,国民党就无法维持,更谈不上打仗了。因此,蒋介石下令召开"国民大会",进行总统竞选。从1947年11月开始,国统区各地开始了参议员和国大代表的竞选活动。

在国民党腐败政治体制下,竞选从开始就是乌烟瘴气。《观察》杂志刊登了胡慎明写的《一个参加竞选人的自白》,活生生地描述了他参加某市参议员竞选的伤心之旅。

竞选是由下而上的基层工作。我参加的一区正是×市最繁荣的一区。凑巧区长是我中学时候的同学,他指示我十一个保长、一百多个甲长都要认识一下,这是最重要的工作。跟着我去拜访我们的市长,他是我的老大哥。我告诉他我要参加竞选,请他支持。他满面春风,说绝对帮忙。

警察局长也是一个不能漏掉的单位,他掌握着全区的户籍警,都是与老百姓直接有关的。经过朋友的介绍,我第一次开始请客。请的有市府的科长、警察局长、区长、商会主席、几个地方上有力的士绅。大家酒醉饭饱,哈哈一阵,都说"绝对帮忙"。至于各人

---

[1]《中美关系资料汇编》第1辑,世界知识出版社1957年版,第789页。

心里如何，只有天晓得。

这时各竞选人纷纷出动了。几家大的餐馆，全是我们竞选最激烈的十几个人轮流包了。照例帖子发出去，于是短袍长袍、打铁的、卖香烟的、拉板车的……各式各样的甲长们都来了。竞选的人都当过不大不小的官，官架子摆大了，他们不乐意；对他们太卑躬折节，他们又说你不够格。于是敬酒敬烟，鬼吹一顿，呼叫笑闹，然后自己讲一讲竞选的话，总之要请全力帮忙。等到吃完了，出了餐厅门，你就可以听到他们的高谈阔论："这个人像很行的样"，"活见鬼，吃了几十顿，帮谁忙，我自己也不知道"。"明天是×××请客"……

投票的一天终于到了。果然坏了。第一场，参加竞选的是一位将级军人，带了四五百名伤兵。可是他们投过了票，也不离开，在选场中威胁吓诈。老百姓进场投票，伤兵代替他们写名字。你报的是×××，他们却写成另外的人。我赶忙告诉区长，叫他设法。可是他有什么办法，市长也没有办法！

第三场是×××一人的天下。听说他头一天晚上就派了几个保的保甲长，收了一晚上的公民证，大约一千几百张。同时准备了男子五十女子五十，组成两个投票队。清晨在一家餐馆吃早点后，轮流顶替着去投票。为他工作的人在做着护航的工作，选举场内监视的、代书的、发票的，全是半睁半闭的眼，任你去各显神通。[1]

如此，这位先生的竞选，必然以失败告终。有些花了钱没选上的人则大呼舞弊，与市长闹上法庭。各地告状的信件如雪片飞往南京，蒋介石于1947年11月20日下了一道《饬行政院制止全国各地竞选流弊训令》："此次大选，关系地方利害，国家安危至深且巨。当选举兴办之日，即宪政实施之时，亦即民主政治进展之始。过去政治由上而下，现在政治由下而上，倘运用不良，败坏道德，紊乱

---

[1] 胡慎明：《一个参加竞选人的自白》，《观察》第3卷第4期。

秩序，不仅为地方之害，且将贻国家之忧，自宜早加防范，免酿选灾。盖自政府筹备选举以来，各地从事竞选者风起云涌，流弊所及，甚至有挟其来历不明之金钱，广事招徕；募致流氓、地痞为爪牙，为之奔走，设处招待，设席宴会，诱以嗜好，投以物品。凡此所为，类似行贿。……各参加竞选人员，均应恪遵法令，依循正轨，以争取选民之同情，不得稍有威胁利诱或其他舞弊情事。"[1]然而各地舞弊竞选者已经把生米做成熟饭，都声称自己是合法当选。蒋介石的训令成了马后炮，没有任何作用。

"国大代表"选举之后，麻烦接踵而至。蒋介石想把大会开成显示他"民主"的会议，原来参加旧政协和国民参政会的民主党派，多数与国民党划清了界线，不参加这个伪"国大"。如果只有国民党一家开大会，岂不成了笑话？国民党想方设法拉了青年党和民主社会党两个小党派参加国大，这两个小党顿时牛气起来，向国民党漫天要价。在与陈立夫讨论未来立法委员名额分配时，"青年党李璜等表示，立法委员共有773名，青年党最低限度要120名，不能折扣，并坚持须比民社党多20名，态度甚坚决。(但最后表示，总要比较多一点)。民社党张君劢等表示，最低限度为100名，并坚决表示，倘青年党比该党多出一名即不接受，但允再为商量，态度似尚缓和"。国民党高层商量结果，"与友党商谈原则，其让给名额以不超过立法委员总额五分之一(总名额773名，五分之一约合155人)为限"。[2]然而选举结果，两个小党在各地的竞选全部失败，一个"国大"代表也没选上。第一步做不到，下一步的立法委员选举就更别提了。蒋介石倒真着急了，党外人士一个都没有，实在尴尬。于是他召集亲信商议，要求从已当选的代表中让出部分名额，满足两个小党的需要。

让当选的人把代表资格让出来给没当选的人，谈何容易！在这

---

[1]《中华民国史档案资料汇编》第5辑第3编政治(二)，江苏古籍出版社2000年版，第751页。
[2]《国民党中常会关于与民青两党商洽对立法委员名额分配问题会谈纪要》，同上书，第752页。

中国的 1948 年：两种命运的决战

次竞选过程中，国民党内部派系之争演得热火朝天。《观察》记者分析："党方本来想包办，选出他们所希望选出的人物，无奈一部分党员不受约束，党不提名，他们却以签署的方式从事竞选了。竞选而未当选，自然不成问题。成问题的就是未经政党提名而实际上业已当选，党在党纪的立场上不愿承认这批代表，但当选者在选举法的立场上却不愿被人取消他的当选资格。这个纠纷闹了几个月，一面抬出了'党纪'的大帽子，一面抬出了'国法'的大招牌。"[1]面对僵局，蒋介石使出"一箭双雕"的办法。不给"签署代表"发当选证书，劝他们体面退出，把名额让给青年党和民社党的人。这下引起轩然大波，"签署当选人约六七百人，到京的有216人。他们组织民选代表联谊会，也和国大代表一样办理登记报到手续。中央已经让了一步，即对中央提名人可以不让，不过还有二十几名中央提名落选者，属于小圈子以内，必须要当选。可是签署人依然拒绝。对于友党应让的总额为164名，中央坚持要让，说这是政治问题。签署当选人认为这是宪法问题，让选以后将丧失宪政意义。"[2]

争来吵去，最后2月27日由蒋介石亲自出面发表谈话，一些签署代表终于退让了，把名额让给了青年党和民社党。不料有14名代表就是咽不下这口气，决心来南京大闹一场。其中有个天津商人赵遂初，依靠了当地三青团，四处拉票，弄虚作假，获得5万张选票，当选国大代表。谁知国民党当局用了指派的手段，把赵遂初耗尽心血捞到的代表资格取消了。取代他的是绥远地区民社党代表杨凌云，而杨在当地只得了16票。赵遂初不仅精神上大受打击，而且竞选欠下的钱也血本无归。他左思右想，决定打着"护宪"旗号，自称"民主烈士"，抬着棺材到南京国民大会会场示威。到了南京，还有颜泽滋等10名代表声称要绝食抗议。蒋介石大为恼火，将赵

---

[1]《国大召开前夕》，《观察》第4卷第4期。
[2]《国代和立委选举纠纷》，《观察》第4卷第6期。

遂初等人召来训话。赵遂初回忆：

> 蒋介石坐在正中一张铺着虎皮褥子的沙发上，身后围坐着陈立夫、吴铁城、谷正纲等人，代表们背后站着许多便衣侍卫。蒋介石用示威的姿态，虎视眈眈地扫视着我们，开口就说："赵遂初，你晓得我是党的总裁吗？"我反问说："你知道我不是国民党员吗？"蒋闻言愕然，立即转头向陈立夫问道："怎么搞的，把社会贤达搞到这里来了？"陈答说："他不是国民党员，是青年团员。"蒋才松了一口气说："团员就是党员。"我说："团员就是党员，为什么还搞党团统一？"蒋语塞，回顾坐在他左右的签署代表说："大家要知道，今天不能单纯讲理，也不能单纯讲法，为了政治上的关系，要迁就事实。"各代表闻蒋言，都感到惊讶。我接上去说："还政于民，关系百年大计，国家元首能说不讲理、不讲法吗？"蒋不理会我的话，怒气冲冲地转向其他代表说："谁愿退让，我自有办法！"那十几个代表都一致表示坚决不退让。有一代表说："我宁愿牺牲厅长，也要当选证书。"又有一代表说："我现在对总裁声明脱党，我是人民签署当选的代表，根本与党无干。"谈话陷入僵局。各代表返回钟南中学办事处，立即集合全体代表，报告会谈经过。全体大哗，群情激愤，一致通过决议，于28日(国大开幕的前一天)由颜泽滋等10个代表，进入国民大会堂实行绝食，阻止大会开幕。[1]

蒋介石当然不会容忍这些人闹事，在国大开幕前夕，派人将这些代表骗回驻地，由警察宪兵保卫软禁起来。然而这些人却一闹到底，绝食好几天，最后要出人命，在出席国大的代表呼吁下，总算发给这十几人代表证书，让他们列席了两天会，国大就结束了。

---

[1] 赵遂初：《陈棺竞选国大代表》，《文史资料选辑》第113辑，中国文史出版社1989年版，第233页。

2

历经周折,南京"国民大会"终于开幕了。上海《申报》4月2日的报道还特意说:"民主政治是尊重异端,寻求大同。民意的表现正贵乎有分歧。国民大会三天来的预备会议充满了争执、叫嚣,乃至紊乱,正显示着它代表民意。"然而没几天,大家都无法承受和忍耐会议的吵闹了。4月2日主席团预备会为通过一项选举办法的决议,代表们你争我吵,闹到中午12点还不能一致。这时一个代表跳上台,大喊:"我们在这里开会一天,国库公款要损失70亿以上。我们怎么能开一天会没有结果?今天不管开到什么时候,也要讨论完毕。"这时主持会议的乘机提议表决,不让其他代表再无休止地讲下去了。几天下来,代表们都哀叹国大是"窒息性的疲劳"。

在这次大会上,蒋介石作政治报告,国防部长白崇禧作军事报告。代表们提起东北局势,都痛骂刚被解除东北行辕主任的陈诚。有的要求杀陈诚的头以谢天下,有的提出要借几个人头提高士气。但是没有一个人拿出切实可行的办法。有位原籍松江省的代表孔宪荣,因其"抗日义勇军"被解散,家乡又成了解放区,感到无家可归。悲观绝望之下,竟于4月15日在代表驻地的旅馆里自缢身亡,着实令国大蒙上了一层阴影。

《观察》主编储安平旁听了几天会议,感到极为失望。他写道:

这次国大开会的情形很糟,糟到连国民党的党报都不得不出面指责。我们应当指出,天下的事情,不像样也有一个不像样的限度,在限度以内,大家可以原谅,超过了某种限度,便使人难于缄默。像这样一个二千多人的会议,要希望每一议事,每一发言都按规就矩，有条有理，自然未免求之过高。但是动辄起哄，随便喊打，亦未免失之过分。本人目睹会场情形，一言不合，四座喊打，意气之徒，直奔讲坛，若无职员劝解，定必扭成一团。偌大一个会场，东一簇，西一簇，乱哄哄，气冲冲，尽管主席嘶哑喉咙，要求维持秩序，可是无人理会，一片喧嚣，一团乱糟。使我们这些旁听之士，除了微微一笑之外，简直无感可想。

储安平认为，会议糟到这种程度，不能全怪代表素质不高，教育水平不够，而是国民党二十年训政的失败。他写道：

众所周知，这次国代和立委的选举，弊端百出，弄到发生命案、选官被控、绝食抬棺，笑话之多，开中外古今纪录。选举的成绩如此，国民党对于这二十年来"训政"的这段历史，何以交代？再说代表素质，今日国大代表的素质，难道都是理想的吗？难道都够得上国家的水准吗？假如国内还有素质更好的公民，何以那些素质更好的公民无法产生，因之使国家的政治水准得以随之提高？国民党对于此点，有何自解？我们很坦白地说，从这次国大选举和国大开会情形来论，国民党二十年的训政是彻头彻尾的失败了！[1]

"国大"真正的重头戏，是总统和副总统的选举。蒋介石明知美国人不喜欢他，于是以退为进，宣布自己不参加总统竞选，推举胡适任总统候选人。胡适是个明白人，马上推辞不就，并联合吴稚晖等一批国民党元老推举蒋为候选人。其实蒋是嫌宪法赋予总统的权力太小。储安平倒是毫不客气，一言点破：

蒋主席是喜欢负责任的人，宪法给总统权力加上种种限制，这

---

[1] 储安平：《国大评论》，《观察》第4卷第9期。

中国的1948年：两种命运的决战

一点，就蒋主席的性格来说，是他受不了的。同时，至少在蒋主席看来，在目前政治局面下，仍须由他来主持，总统既无权，他只好改任有权的职位。无奈国民党的党人不了解他这一政策，这一策略，还是哭哭啼啼的认为他们的蒋总裁不出任总统，他们的党就完了。听说蒋主席这次非常生气，认为他们的党人不仅不能帮他的忙，甚至还不能了解他。但是结果呢，各种实际形势，仍然要求非由蒋主席出任总统不可。而其救济的办法是通过"动员戡乱时期临时条款"，授总统以非常的大权。现在"权力"的问题既然有了补救办法，蒋主席自然可以"俯顺舆情"，出任总统了。

事实果真如此。当时的报刊是不敢将国民党的内幕捅出来的。李宗仁的秘书程思远出席了当时国民党召集的中常会，他回忆：

4月4日上午九时，我去丁家桥中央党部礼堂出席国民党第六届中央执行委员会临时全体会议，讨论总统及副总统候选人问题。蒋介石亲自主持会议，他说，他不愿意出任总统候选人，并主张首届总统应由国民党提出一位在学术上有地位的党外人士为候选人。当时会上很多人都认为他所提的人选就是胡适，蒋讲话后，便离开了会场。

上午大会由孙科主持，会上戴季陶、居正等都主张仍应推蒋介石为总统候选人，只有黄埔系少数人主张应当尊重蒋的意见。最后决议推定陈布雷向蒋报告，仍推请他为总统候选人。下午继续开会，陈布雷说，总裁仍不赞同他为总统候选人。于是临时全会采纳张群的建议，此一问题交中央常务委员会研究后，再行决定。

4月5日上午，我出席中央常会。会上贺衷寒、袁守谦和其他与"三青团"有关的常委，都主张接受蒋的意见，张道藩、谷正纲和其他与CC有关系的常委则一致拥护蒋做总统，争辩得异常激烈。孙科当主席，当他准备提出表决时，张群忽然站起来说："总裁并不是不想当总统，而是依据宪法的规定，总统并没有任何实际权力，他只是国家元首，而不是行政首长，始自然不愿任此有名无实的职位。如果常会能想出一种办法，赋予总统以一种特权，则总裁还是愿意当总统候选人的。"听到张群这么一说，常会于是决议：推张群、陈布雷、陈立夫三人向总裁征询意见。

下午三时，常会继续开会。陈布雷说：我们三人已经问过总裁，如果我们能够如张岳军先生在上午会上所说的那样，在常会上提出一套补救办法，则总裁仍愿出任总统候选人。于是有人问道："有什么补救办法，不妨公开提出来！"

王宠惠这时站起来了，他说："补救办法，有是有的。我们可以避开宪法条文的规定，在国民大会中通过一项临时条款，赋予总统在特定时期得为紧急处分的权力。这等于我们有了一座大房子，还要一间小房子，宪法是大房子，临时条款是小房子，两间房子互相为用。"有人大声嚷道："但是这间小房子的作用超过大房子！"登时全场哗然大笑起来。

真如做戏一样，陈布雷从衣袋里取出一条决议文，他宣读道："总裁力辞出任总统候选人，但经常会研究结果，认为国家当前的局势，正迫切需要总裁的继续领导，所以仍请总裁出任总统，以慰人民之望。常会并建议在本届国民大会中，通过宪法增加'戡乱时刻临时条款'，规定总统在戡乱时期，得为紧急处分。"

4月6日全会，由张群提出常会对本届总统候选人提名问题的研究报告。他说，常会建议本党总裁为本届总统候选人，但党不提名。至于副总统候选人，本党同志得依法联署提名，参加竞选。全会即宣告闭幕。[1]

---

[1] 程思远：《政坛回忆》，广西人民出版社1983年版，第180页。

蒋介石的这套把戏,不比当年袁世凯当大总统的手段高明多少。但是他不能自己单独当候选人,总要拉一个陪衬。国民党元老居正充当了这个角色。居正自知无力与蒋竞争,4月8日通过各大报刊,发表声明放弃竞选总统:"余不揣腐朽,偶听朋友劝告,出面竞选总统。嗣经记者围绕,率作片段谈话,虽曰吹笙引凤,识者已窃笑矣。兹幸经本党全会深切研究,郑重决议,一致恳请总裁出面应选为第一届总统候选人。余身为党员,立即服从党议,再不做竞选言说以淆视听,特此声明。"这个声明被人讥笑为"胡闹"。最后,居正还是陪着蒋介石跑了一回龙套,让蒋介石在没有竞争的局面下,当选了"总统"。

"国大"的高潮,也是真正的角逐是副总统的竞选。大会还未召开,李宗仁、孙科、程潜、于右任、莫德惠等人就对报界公开宣布参加副总统竞选。当时有人开玩笑说:于右任适合当副总统。第一他有一把胡子,第二他能写一手好字,第三他是国民党前辈,第四最重要,他是北方人。大总统既然是南方人当,那副总统最好选个北方人。玩笑只能是玩笑,于的实力显然没法和李、孙等人相比,但是于右任则宣称不放弃。他说自己"须子虽白,但是为国家贡献力量之抱负,则与日俱进,未敢稍懈。"[1]

这几个候选人中,蒋最中意的是孙科,最不中意的就是李宗仁。可是李宗仁偏要出来竞选不可。因为他得到了美国的暗中支持。程思远回忆:

---

[1]《申报》,1948年4月9日。

1947年10月,我突然接到北平行辕主任李宗仁电,要我立即赴平一谈。经过长谈之后,我才知道他要在明春举行的第一届国民大会中竞选副总统,要我在南京为他部署一切。五天后,我飞返上海转回南京,带着李宗仁致蒋介石、吴忠信的两封亲笔信,李在函中表达其准备竞选副总统之意,但又说,军人以服从为天职,如何还听蒋的裁决。另有一封致美国驻华大使司徒雷登的英文信,红火漆密封,李嘱我交给司徒雷登的私人顾问傅泾波。所有这些函件我都照交无误,并与吴忠信保持紧密接触。

后来我才知道李宗仁所以要竞选副总统,完全是出自司徒雷登的策动。原来在马歇尔来华调处国共冲突期间,马歇尔实际上是帮蒋的,惟望国民党政府能采取一种必要的改革措施,以期取得人民的支持与信任。马歇尔回美担任国务卿之后,司徒雷登继续向蒋表示同一意向,希望南京政府全面改革,以防止自身力量的分散,而对美援予以有效的运用。但因国民党当局囿于保守思想、封建意识、自私企图、褊狭成见,对于上述建议迄未有接纳和实行的表示。

当国共战争进入第二个年头,人民解放军已转守为攻,打进国民党统治区去了。南京政府面临一个非常艰谈的前景。马歇尔派魏德迈来中国进行一个月的调查。1947年8月24日,魏德迈离华前夕,在蒋介石官邸举行的茶会上,宣读了一篇访华声明,指责国民党政府"贪污无能","麻木不仁","中国的复兴,惟有待于富于感召力的领袖"。

与此同时,司徒雷登为了调查清华、燕京及北大的学生的思想状况,还特地到北平去作了一次"旅行"。回到南京后,司徒雷登于9月8日向美国国务院提出了一份特别报告,在报告内,他认为

中国的 1948 年：两种命运的决战

"在一般学生心目中，象征国民党统治的蒋介石，其资望已日趋式微，甚至目之为过去人物者"。而"李宗仁将军之资望日高"。这意味到了这个时候，司徒雷登已把他的注意力从蒋介石转移到李宗仁了。

李宗仁的幕后活动，蒋介石看得一清二楚。多年来他对李一直怀有戒心。李是桂系首领，有军事实力，是国民党内能与他分庭抗礼的人物。蒋介石对李宗仁和白崇禧完全是利用关系：要用他们打仗，但绝对不是亲信。所以，蒋介石宁愿选择孙科当个挂名副总统，也不愿意让李宗仁坐这个位子。在国大开幕之前，他就授意陈立夫暗中组织支持孙科竞选。另一方面利用党内的舆论，迫使李宗仁放弃竞选。当李宗仁不愿从命时，蒋甚至亲自出马威胁李宗仁。到了图穷匕见的时候，李宗仁也破釜沉舟，决心干到底了。他在回忆录中写道：

在一批策士密议之下，他们便想以由党提名的方式，把我的名字自候选人中剔出。因而召开第六届中央执监委临时联席会议。表面上是为将来行动交换意见，事实上是想使我接受"由党提名"这一主张。一日，正在开会休息的时候，洪兰友忽然走到我跟前轻声地说，请我到某休息室去，有事相商。我乃起立前往，内心猜测必有枝节发生。到了休息室门口，推门一望，见于右任、居正、吴稚晖、程潜、吴忠信、张群、陈果夫、孙科、丁维汾各人已在里面。他们见我进来便一齐起立，请我坐下。这说话会的重心似乎就在我身上，此时已见端倪了。张群站起来，说是奉总裁之嘱，特请诸位先生来此谈话的。他推吴稚晖说明其中原委，吴先生亦未谦辞，略谓，本党一向是以党治国，目前虽准备实行宪政，不过国民党本身须要意志统一，才能团结。这是本党内部的事，与实行宪政还政于民是两回事，不可混为一谈，故蒋先生认为本党同志参加正副总统的竞选应尊重本党意旨，由党提名。这办法确实公允，应该照办的。他又讲了一套似是而非的大道理。时谈话会中同人早已不耐烦听他胡说八道，张群乃起立将他的话头打断，而以非常亲切的口吻解释蒋先生的苦衷说，总裁深恐由于副总统竞选引起党内的摩擦，为防患于未然，总裁有意使总统和副总统候选人由党提名。如果大家同意，我即去另一间休息室报告总裁。于是，吴忠信即征询孙科的意见。孙说，他绝对服从总裁的意旨。吴氏乃问我的意见如何。我心中极不以为然，乃申明不赞成这项办法。选举正副总统既是实施宪政的开端，则任何国民都可按法定程序参加竞选，如果仍由党来包办，则我们的党将何以向人民交代？我更强调说，以前在北平时，我便向总裁建议从缓行宪，先将国内政局稳定再说，总裁当时并没有考虑我的建议，只说：解决今日问题一定要行宪。现在既已行宪，本人主张一切应遵循宪法常规办理，任何其他办法，本人将反对到底。程潜也发言，表示与我的意见一致。

他们见我辞意坚决，立论又无懈可击，遂不再多言。最后居正站起来打圆场，说，我看德邻先生既不赞成这项办法，那就请岳军兄去回复蒋先生罢。才结束这一尴尬场面而相率离去。

然而蒋先生并未因此罢休。不久他又单独召见我，还是希望我放弃竞选，以免党内分裂。我说："委员长，我以前曾向你请示过，你说是自由竞选。那时你如果不赞成我参加，我是可以不发动竞选的。可是现在就很难从命了。"

蒋先生说："为什么呢？你说给我听。"

我说："正像个唱戏的，在我上台之前要我不唱是很容易的。如

中国的 1948 年：两种命运的决战

今已经粉墨登场，打锣鼓的、拉弦子的都已叮叮咚咚打了起来，马上就要开口而唱，台下观众正准备喝彩，你叫我如何能在锣鼓热闹声中忽而掉头逃到后台去呢？我在华北、南京都已组织了竞选事务所，何能无故撤销呢？我看你还是让我竞选罢！"

蒋先生说："你还是自动放弃的好，你必须放弃。"

我沉默片刻说道："委员长，这事很难办呀。"

蒋说："我是不支持你的。我不支持你。你还选得到？"

这话使我恼火了，便说："这倒很难说！"

"你一定选不到。"蒋先生似乎也动气了。

"你看吧！"我又不客气地反驳他说："我可能选得到！"

蒋先生满面不悦，半天未说话。我便解释给他听，我一定选得到的理由。我说，我李某人在此，"天时"、"地利"都对我不太有利。但是我有一项长处，便是我是个诚实人，我又很易与人相处，所以我得一"人和"。我数十年来走遍中国，各界人士对我都很好，所以纵使委员长不支持我，我还是有希望当选的。

蒋先生原和我并坐在沙发上促膝而谈。他听完我这话，满面怒容，一下便站起来走开，口中连说："你一定选不到，一定选不到！"

我也站起来，说："委员长，我一定选得到！"

我站在那儿只见他来回走个不停，气得嘴里直吐气。我们的谈话便在这不和谐的气氛中结束。[1]

4月23日，副总统竞选首轮投票开始。结果李宗仁得754票，排第一；第二是孙科，559票；第三是程潜，522票。于右任、莫德惠等得票靠后，退出了竞选。由于前三名都没有过半数，还要进行新一轮投票。

---

[1]《李宗仁回忆录》，广西人民出版社1988年版，第622—624页。

4

就在4月23日第一轮投票之后,南京城里突然发生一件怪事:张发奎、薛岳两位上将指挥一群广东籍国大代表,开车到闹市区的《救国日报》社,大打出手,将报社捣毁。《救国日报》社长龚德柏,外号"龚大炮",以专发偏激言论著称,其报纸也很有读者。堂堂国大代表居然去砸报社,究竟出了什么事?程思远说:

23日各代表入场时,座面上都有一份《救国日报》。大家一看第一版头栏赫然刊着孙科与蓝妮的丑闻。蓝妮原是孙科的如夫人,抗战初期,与孙科住在重庆两浮支路旁的"园庐",后来潜往上海、南京敌后城市,同陈公博、周佛海往来密切。抗战胜利后,中央信托局在上海没收了一批德国进口的颜料,作为敌伪财产处理。可是孙科却函国民大会秘书长洪兰友,说这批染料为"敝眷"蓝妮所有,要求发还。洪兰友又写信给中央信托局局长吴任沧,说蓝妮是孙院长(立法院)的如夫人,要吴看在孙院长的面上,将颜料发还她。不知怎样,这些材料落到龚德柏手中,而令发表出来,登时轰动了整个会场。广东代表气愤之余,就马上把《救国日报》捣毁了。事后李宗仁过意不去,把四根金条托我转交龚德柏,借以弥补《救国日报》的损失。

广东代表砸了一气之后,还不解恨,张发奎等写了个报告给国大,先告龚德柏一状:

查救国日报言论荒谬,造谣挑拨,甚至公然侮辱元首。本月廿

中国的1948年：两种命运的决战

三日又登载一个广东代表来函声明，捏造事实，妨害我广东全体代表名誉及广东三千五百万人民。同人等当向该报提出质问并请交出原函，乃该报社长龚德柏匿不见面，唆使该报职员恶言相向。继则动武，将我代表唐耕诚等击伤，似此造谣生事，公然侮辱代表，除依法诉请办理外，谨将经过情形报请查照。

龚德柏吃了大亏，也咽不下这口气，一纸诉状告到国大主席团：

国民大会全体代表公鉴：本月23日上午11时55分，忽有国民大会交通车(3094及3067号)二辆，载国民大会广东代表百余人到社门首下车，一部在门前守候，一部涌入社内，捣毁电话，剪断电线，逢人便打，遇物便毁，并将本社营业部及二三两楼所有家具、门窗、文具、桌椅、图书资料等捣毁一空，并殴伤本社职员胡云龙等八人。是时警察赶到，在门首者口称我们是国民大会广东代表，住华侨招待所，你们不必管。至12时20分始啸聚至本社曾公祠印刷所，捣毁大门，推翻字架，轧坏机器，割断机器上之皮带，并将本社职员李原白架上汽车，至曾公祠始释回。值此行宪开始之时，国大代表中竟有如此暴行，实属有辱大会尊严。除由本社依法起诉外，特电恳大会主持正义，严予谴责，以维宪法精神，而允公道。救国日报社社长龚德柏叩。[1]

谁也惹不起张发奎、薛岳这批军人，此事只好不了了之。

24日再次投票，形成了李宗仁和孙科两大竞选阵营。《申报》记者报道：

---

[1] 《中华民国史档案资料汇编》第5辑第3编政治(二)，第773页。

南京的政治戏剧:"行宪国大"

李宗仁1163票,孙科945票,选战进入白热化

　　李宗仁挟着昨天战胜的余威,带着胜利而又含着紧张心情的微笑,老早就和夫人郭德洁来到了会场。仍然和昨天一样,站在大会堂门前和代表们一个个的握手。郭德洁在门内站立着,每一个代表来时,都逃不过她的视线,马上就热烈的握手。今天她显得比以前更高兴乐观了,"请帮忙,帮忙,帮忙"的声音,不绝的从她口中发出来。见到熟识的代表,就亲切的拍拍肩膀,连连地喊着"心照,心照,心照不宣啊!"一个代表报功似的对她说:"我昨天投的李先生,今天还投李先生。"[1]

　　孙科夫人陈淑英也在门口向代表致意,但明显不如郭德洁活跃。第二轮投票下来,李宗仁得1163票,孙科紧随其后,得945票。副总统还是没有选出,选战却达到白热化程度。前日对国大漠不关心的人,此时也被吊起了胃口,看看究竟谁能笑到最后。

[1]《申报》,1948年4月25日。

中国的 1948 年：两种命运的决战

副总统的竞选变成了李宗仁和孙科两人的较量。实际是李宗仁与蒋介石的较量。当人们等待结果时，4月25日突然传出消息，李宗仁、程潜宣布放弃竞选，留下孙科为惟一候选人。下午，孙科也宣布退出，国大成了"空城计"，只好暂时休会。司徒雷登密切关注着局势发展，他当天给美国政府的报告说："李宗仁的拥护者以广告形式发出声明，说他的退出是为了国家和谐合作的利益，并且是为了证明那些说他意欲逼迫蒋委员长离开中国的下流谣言的无稽……我们对于这些发展的初步反应认为，李氏受到国民党的机构和黄埔系的极重压力。他以退出竞选来反抗这种压力。在一个自由而不受左右的选举中，李宗仁几乎是必然得到多数票的。大多数的代表希望实现有效的政府，但被控制着大会的党政机关所挫败，他们认为李氏的当选，即等于满足了他们的目的。下面一句话可以看出最近发展对于代表们情绪的影响，这句话说：'这比推举曹琨的选举还要坏，曹琨至少还是出了钱的。'"

此时，司徒雷登支持李宗仁的立场已经明朗化。由于不愿看见李宗仁当选，蒋介石的亲信在代表中游说威胁，要代表把票投给孙科，并逼迫投程潜票的代表把票转给孙科。李宗仁的助选团研究对策，黄绍竑提出"以退为进"之策，宣布退出，激起代表公愤和社会的同情。这一着果然奏效，孙科也被迫宣布放弃，蒋介石陷入尴尬局面。"国大"真正变成了一场闹剧。为了安抚人心，稳定局面，蒋介石把白崇禧找来，让他转告李宗仁继续参加选举。并于26日夜里召见李宗仁，重申"对副总统选举决实行自由竞选"的态度。

这一回合下来，局面基本明朗了。4月29日进行第四轮投票，在逆反心理影响下，原来投程潜票的代表把票改投李宗仁。下午宣布结果，李宗仁以1438票战胜孙科，当选副总统。这时，李宗仁的助选团欢呼跳跃,把夫人郭德洁抬了起来。李宗仁与程潜紧紧握手,孙科则是一副无所谓的样子,反正他是被蒋推上前台的,败了也不是他的错。最愤怒的是蒋介石,李宗仁的回忆录这样形容:

当第四次投票达最高潮时,蒋先生在官邸内屏息静听电台广播选举情形,并随时以电话听取报告。当广播员报告我的票数已超过半数依法当选时,蒋先生盛怒之下,竟一脚将收音机踢翻,气喘如牛,拿起手杖和披风,立刻命令侍从备车。上车之后,侍卫忙问:"委员长,开到哪里去?"蒋仍一言不发,司机因蒋先生烦闷时总喜欢到陵园去,乃向中山陵开去。刚刚驶进陵园道上,蒋先生忽高叫:"掉转头,掉转头!"司机乃开回官邸。蒋先生才下车,立刻又上车,再度吩咐开车出去。随从侍卫见蒋先生如发疯一般,恐怕他自杀,乃加派车辆随行。蒋先生的座车刚进入陵园,他又吩咐掉转头。转回之后,又令司机开向汤山去。真惶惶如丧家之犬,不知何去何从,却苦了侍从人员。此消息后来由总统府扈从卫士透漏出来,我亦为之怏怏不乐,早知蒋先生如此痛苦,我真就不干算了。

当选翌日,我陪内子德洁至蒋先生黄埔路官邸拜候,并谢他向白崇禧所说支持我的盛意。内子和我在客室中枯坐了三十分钟,蒋先生夫妇才姗姗而出。相见之下,彼此都感十分尴尬。我表示谢意之后,遂辞出。[1]

司徒雷登对选举结果则非常满意。他密切关注选举情况,频繁

---

[1] 《李宗仁回忆录》,广西人民出版社1988年版,第629页。

中国的1948年：两种命运的决战

中华民国行宪后第一任总统就职典礼合影。前排左起：王宠惠、戴季陶、居正、孙科、郭德洁（女）、宋美龄（女）、蒋介石、李宗仁、张群

地给马歇尔国务卿写报告。在5月3日的报告中，他对南京"国大"作了一个总结。他写道：

> 李宗仁在竞选中成了不满分子及进步分子的象征和聚集的中心，这些人对于控制政府的人丧失了信心，他们要求新的人物和新而更有效的政策。李氏代表着要求有效率的政府而异于丧失信用的当权集团之缺乏成就。他的拥护者缺乏经验或组织，他们向国民党组织挑战而获得了胜利。
>
> 在另一方面，委员长是个重视实际的人，也是一个政客。据报，他对李氏当选非常愤怒，可能他现在真的是太老了。加之专权过久，使他自己不能适应。或者他亦可能再度演出他自己仍然是中国的头号政客。一切决定在于他自己。

然而，李氏之当选也给予这个要求以合乎宪法的及法律上的地位，而可能这种情况会迫使蒋委员长在他的政府中容纳新的人才，并采取以社会变革为抵抗革命的政策。[1]

1948年5月20日，蒋介石、李宗仁在南京宣誓就职。蒋介石穿着长袍马褂走在前面。李宗仁则穿着上将军装，很不自然地跟在后面。他们根本不会想到，仅仅一年之后，解放军就占领了南京，把红旗插上了"总统府"。然而共产党预见到了。6月在香港出版的《群众周刊》第2卷21期转载了新华社《旧中国在灭亡，新中国在前进》的社论，对南京"国大"做了分析：

蒋介石在1946年10月排斥共产党，单独发出"国大"召集令的时候，他就已经在人民中把自己孤立起来，而走了下坡路。然而他当时还迷惑于暂时的军事进展，还幻想着他前面的良辰美景。但仅仅隔了一月，当他实行召开所谓"制宪国大"的时候，他的短促的好梦就完全破碎了。到了这一次召开所谓"行宪国大"，当所谓"大总统"，宣布他所统治的中国为"宪政国家"的时候，就已经是他的统治走向灭亡的时候。

新民主主义革命不只是要彻底推翻蒋介石的个人统治，而且要彻底推翻蒋介石统治的基础，即彻底肃清帝国主义在中国的特权以及中国的封建主义与官僚资本主义的制度，使任何蒋介石式的统治永远不能复活，永远不能借尸还魂。

中国历史现阶段的基本特点，决定了中国大地主大资产阶级不能参加中国民主的行列，决定了这个行列只能由无产阶级及其政治代表中国共产党来领导。从1946年政治协商会议失败以来，两年间的历史，虽然只是短短两年的历史，却把这个真理证明的如此生

---

[1]《中美关系资料汇编》第1辑，世界知识出版社1957年版，第868页。

动,如此丰富!中国人民现在普遍地由自己的经验认识到这个真理了,这就保证了反动派的旧中国不能不灭亡,人民的新中国不能不胜利!

4 厉兵秣马,准备决战

1948

Liangzhongmingyundejuezhan

中国的 1948 年：两种命运的决战

1

当中国进入1948年的时候，国共双方的实力对比确实已经发生了很大变化。根据1948年1月的统计，解放军已经发展到223万人，其中野战部队有40个纵队，106万人。武器装备的质量也有了很大提高，全军拥有长短枪64万支、机枪4.6万挺、火炮9338门。

国民党军方面，根据1948年2月的统计，总兵力为365万人，其中正规军有104个整编师，279个旅，181万人。比去年虽然增加了番号与人数，但战斗力并未增强。所增加的旅中，有29个旅只有空番号。其余250个旅中，有132个旅是曾被解放军歼灭过，或者是遭受过解放军歼灭性打击的。还有许多部队是由新兵和地方部队升级编成的，战斗力不强。但是国民党军在武器装备方面，尤其是火炮、坦克以及空军、海军方面，仍然占有明显的优势。[1]

从作战方面来说，国民党军在1947年对陕北和山东发动的重点进攻，并未达到预期的效果。而刘邓大军挺进大别山，华东野战军进军豫皖苏，东北野战军发动的秋季攻势，使战略格局发生了重大转折。解放军变战略防御为战略进攻，将战争引向国统区，使国民党军穷于应付。《观察》杂志回顾1947年的战局说："1946年7月到1947年6月中间国军所获得的面积，到1947年底，除了几个少数的大据点，差不多又完全被共军拿回去了。为了打通南北道路，争取沿海，进兵山东，到现在沂蒙山区还有共军，胶济线依然不通。延安虽仍在国军控制下，而中共中央还没有离开陕北。至于东北共军，在一年的七次攻势中，使得铁路寸断，工矿破产，除了几个富有象征意义的大据点外，不但是'面'没有了，'线'也没有了。国军在东北所控制的面积，仅占东北全面积的百分之六七。照这样说，

---

[1] 军事科学院军事历史研究部编著：《中国人民解放军全国解放战争史》第3卷，军事科学出版社1996年版，第241页。

起码是打了一年多,只有军队的调动,而解放区的大小在实质上是没有受到损害与变动的。"[1]而国民党为了进行战争,已经消耗了抗战后接收的国统区大半经济实力,造成了全面的通货膨胀和经济衰退。经济的恶化则导致了国统区人民反饥饿、反内战的抗议浪潮。人心的丧失,从根本上动摇了国民党的统治基础。而解放区则随着土地改革的深入,经济基础发生了重大变化。广大农民分到土地后,生产积极性明显提高,使解放区的经济实力在不断上升。

这一退一进的变化,使毛泽东对1948年的前途充满了信心。他与前来汇报工作的华东野战军司令员陈毅谈话时,对时局的发展作了分析和展望。毛泽东说:"自日本投降后,特别是1947年这一年发生了根本变化,可以说是一个伟大的事变。敌我双方的形势都有了根本的改变。政治方面,人心动向完全改变,人心向我,把希望寄托在共产党身上,对蒋介石深恶痛绝。""军事上,1947年7月我们转入进攻以来,蒋介石转入防御地位,于是军事上完全改观。""经济方面,蒋介石的经济1947年比1946年更严重,美国帮助也不能解决问题。我们的经济也有问题,但自转入进攻,主力移出,负担减轻,恢复了大块土地,办法更多了,我们的经济问题解决了。蒋没有土改,我有土改。1948年蒋介石将更加困难。1948年再搞一年,可以有根据地说,更大的胜利一定要来的。战争应不使其间断,要一直进行到底,不使敌人有休息机会。""以前只能讲'有利于我',现在可以讲'胜利到手'。这不是估计,而是事实。"[2]

这个形势,蒋介石也看得很清楚。从1947年底到1948年初,他不停地组织"戡乱建国训练班"、军官训练团和各级军事会议,检讨一年来作战的得失。他得出的最大教训是:战争绝不是单纯的军事行动,而是与政治、经济、政府组织、群众心理等都有密切的关系。他在1947年11月军事会议的讲话中承认,共产党的长处"归

---

[1] 《从战局看政局》,《观察》第4卷第1期,1948年2月28日。
[2] 《毛泽东年谱》下卷,中央文献出版社1993年版,第274页。

纳起来约有四端：就是(1)宣传、(2)组织、(3)主动、(4)保密。这四个长处都属于精神方面的，决不是单凭武器和物质所能做到的。我们要赶上他，压倒他，也要从精神方面努力，也就是先要从政治工作做起。我以前曾提出过'三分军事，七分政治'的口号，这个原则不仅适用于地方行政与军事相配合，同样也适用于军中政治工作与作战业务相配合。"[1]

对于共产党的四个长处，蒋介石是反复研究的，并且非常希望国民党也能学过来。他在各种会议上不厌其烦地宣讲，为的是提起部下的高度重视。关于共产党的组织，他说："'共匪'的惟一长处，就是有组织。对于每一个人都可以藉组织的力量指挥监督，使之确能遵守命令，负责尽职，而不敢有丝毫的违抗命令或贪污不法。甚至他们盘踞区内的民众，经过他们组织以后，都能统一管理，指挥运用。与我们比较，真可以说他们一个兵能当十个兵用，一万人能当十万人用。反观我们国军所以遭受如此的牺牲，人民所以遭受如此的痛苦，都是由于没有组织或组织松懈所造成的。"[2]

关于共产党的思想政治工作，蒋介石说："一方面是他们有牺牲一己为党奋斗的精神，一方面还是由于他们的工作得法，所以能发生效果。他们无论办什么事情，都是用科学的方法。他们对于一切业务，每天都不断地调查统计、检讨研究。今天发现了缺点，今天立刻要研究改进的办法，明天就要付诸实施；明天发现缺点，又立刻再求改进，如此不断改进，工作自然日有进步。他们不仅对机关业务如此，即对个人的思想精神、生活行动亦复如此。到斗争某人的时候，即令平时和他思想感情很好的人，亦不能不破除情面，照实检举，将他的缺点尽量暴露出来。这样，他就不能不立刻改正，否则就不能在团体里面立足了。他们用这个方法，使一般党员彼此警

---

[1] 《国军围剿大别山区应注意之事项》，《总统蒋公思想言论总集》第22卷，国民党中央委员会党史委员会印，第329页。
[2] 《运用组织发挥力量完成剿匪任务》，同上书，第395页。

觉,互相监督,确能刺激一般党员的精神,维持他们党的纪律。"[1]

关于保密,蒋介石说:"保守他们的秘密,探取我们的秘密,这是在实力上我们胜过他们而在战斗上他们胜过我们的最大关键。'共匪'对他们的军队,尤其是对政工人员最重要的教育和最严厉的纪律,就是保守秘密。所以他们能够行动飘忽,难以捉摸。而我们的军队,无论是在教育上、在纪律上,都没有注意到秘密的条件,所以我们部队尤其是一般的高级司令官的行踪,都被'共匪'侦探得了如指掌。人家保守秘密,我们不守秘密,就好像人家站在黑处,把他们的企图隐藏起来;我们站在亮处,把自己的一举一动都暴露无遗。这样,人家可以打中我们,而我们打不到人家,自然要立于必败之地。"

蒋介石承认国民党在四大方面不如共产党,他还清醒地认识到,国民党失败最主要的原因就是腐败。他一提起这个话题,气就不打一处来:"在精神方面,我们军队也有许多缺点,最重要的是说我们部队的官长腐败。生活与士兵脱节,不恤士兵疾苦。我们自己反省一下,是不是确有这种现象?一般干部是不是染上了过去官僚军阀的习气,不知体恤部下,毫不安慰伤病士兵的痛苦呢?如果是这样的,那就是把我们国民革命军过去的精神丧失无余了!如果不赶快挽救,就是没有'共匪'攻击,我们也要自趋灭亡!"[2]

虽然意识到危机的严重,蒋介石依然自信不会失败。毕竟他还有优势的军事力量和经济力量,加上美国的支援。他总结了1947年"重点进攻"战略的失败教训,决心以"三分军事,七分政治"的思想重新制定战略战术。在与部下多次研究之后,他提出了"总体战"的方略。"总体战"的主要内容,分为军事战、政治战、经济战、思想战四个部分。

军事战,在与解放军作战的区域内建立绥靖区,实行党政军一

---

[1] 《政工人员负责尽职之要道》,同上书,第339页。
[2] 《剿匪制胜的技术条件与精神力量》,同上书,第355页。

元化制管辖。由绥靖区司令官统一指挥辖区内的军事、政治、经济、党务，发挥总体战斗力。绥靖地方，举办清乡，并协同主力进剿部队之作战。各绥靖区实行自卫自给自足政策，彻底控制辖区内兵员粮食等物资。训练地方武装，一为保安团，二为警察，三为自卫队。国民党军统帅部把西北、中原和华东战场重新划分为二十个"绥靖区"，从第1到第20绥靖区顺序，司令部驻地分别为扬州、济南、贾汪、开封、信阳、商丘、淮阴、合肥、海州、兖州、青岛、新乡、南阳、阜阳、襄阳、咸宁、常州、宝鸡、酉县、宜昌。这些绥靖区有的互相连接，有的直接面对解放区，区划大小也很不一致。为了统一指挥正规军和绥靖区部队，蒋介石从1947年底到1948年5月，又相继建立了东北、华北、徐州、华中四个"剿匪总司令部"，以得力干将坐镇指挥。各"剿总"的司令官，东北是卫立煌，华北是傅作义，徐州是刘峙，华中是白崇禧。除了常败将军刘峙被大家嗤之以鼻，其余三位算是国民党军中能打仗的将领了。

政治战，就是严密各种组织，掌握辖区内一切人力、物力、财力、征兵、征粮，枯竭解放军的兵源、粮源。其办法，第一是建立保安城寨，将物资、壮丁，集中于保安城寨内；第二是强化地方组织，严密保甲组织，确实控制民众。政治战另一个内容，就是所谓"整饬纲纪，严惩贪污，及惩治土劣"。

经济战，主要包括两方面内容，一是土地政策。蒋介石对于中国共产党先行在解放区实行土地改革非常担心，他说："如果共产党真正能够实行其土地政策，我们社会民生的基础，也一定会被他破坏。"因此，蒋介石也决心实行土地改革。与共产党土改政策不同的是，由国民党政府贷款给佃农，使之向地主分期还本，若干年后，佃农即可领得耕地，而成为自耕农。这种政策地主与佃农双方都可以接受，看来似乎可行。但是由于各级地方官吏腐败，没有人热心推行改革。更由于1948年军事上的失败和经济的崩溃，国民党的土地政策实际上是刚出生就夭折了。直到蒋介石在台湾站稳了脚，才在五十年代实行了土地改革。这也是有鉴于他在大陆的失败教训。

思想战，主要是强化对国民党军官兵的思想控制，对解放区民众发动宣传攻势，并注重策反共方人员。

蒋介石用心良苦，细心研究共产党的政策和策略，推出一个"总体战"来对付。应该说他设计的这一套办法确实费了很多心血，但是见不见效，全看下边的官员怎样落实了。就华北来说，傅作义算是有能力的将领。1946年国民党军进攻时，华北国民党军实行"扫雪战术"，由正规军向解放区进攻，不但要占"线"，还要占"面"，企图把解放区分割成零块，再有乡镇的"还乡团"配合清剿。但是1947年下半年之后，形势变了，《时与文》杂志有篇报道说：

好景不长，不到半年，各地还乡团就已毛病百出了。正规军镇守城市，几十个人都不敢出城。用傅作义批评当时的话说，就是分散了国军力量，陷在挨打的境地。而各地地方团队之类，则勒索绑架，无所不为。到前年冬天，许多还乡团退守城镇，把枪支都卖给共方了，又到天津请领新的，官方不知道是继续发给好，还是停止发给好。

基层政治的腐化与干部之间的倾轧，在很多地方都是存在着的事实。而地主阶级无论在乡村和城市的，大部分都有厌战情绪。在乡村中，他们是苛捐杂税的目标，用今天流行的政治术语来说，叫做"殷实户"。这些殷实户在胜利时对国军抱过莫大的希望，希望重过战前的岁月。不料战争引起的贫困和不均已不容他们再存幻想，只须一道指令，摊派多少款项、粮食和枪支，到期没有，就羁押刑讯乃至处死。他们在迫害和榨取之下更逐渐穷困了，许多人只希望做个富农或中农。比较大的地主多半因居城市,有的在城市有着商业和小工业。至于那些城市中无所依靠,赖典当为生的地主,虽然怨恨八路,可是也不能满足于一天到晚荡马路的生活,所以石家庄易手之后,愿意还乡耕种的地主竟有十余万人之多。这些地主正因为地方性浓厚,不能去上海、香港及美国,所以更对上层统治有怨恨不平的心理。这应当就是共方在边缘地区停止土改,对统治阶级采取"动摇下层,孤立上层"的策略的一大原因了。[1]

东北战局的变化,使国民党仅仅控制着中长铁路沿线的几个大城市,处于被动地位。几座孤城之中,吃喝生存都成了问题。东北行辕主任陈诚为了紧缩开支,下令1947年底以前关闭沈阳的所有高校。那么上万青年学生到哪里去呢?陈诚又下了一道指令:在1948年1月开办"冬令营",所有学生必须参加军训,否则取消其公费待遇,开除学籍。学生们打听到,国民党当局的用意有四:1.防止学生逃往解放区;2.万一东北不保,就随军撤入关内,然后补充到"青年军"中;3.必要时协助警察维持治安;4.协同国民党军守城作战。这其实就是"总体战"的措施。学生们听说要他们当炮灰,都拒绝入营受训。有的为了自己的公费和平价米,表示受训也可以,但是要在学校里,绝不进军营。为了控制学生,行辕副主任楚溪春亲自坐镇,并下令逮捕了几个学生,开除了几个学生,"冬令营"才算开了张。在刺刀下接受这种训练,其效果和士气自然可想而知。[2]

就在国民党当局推行"总体战"的同时,解放区一边深入进行

---

[1] 裴仁:《从华北看"总体战"》,《时与文》第3卷第9期,1948年6月11日。
[2] 高超:《沈阳冬令营的风波》,《观察》第4卷第2期,1948年3月6日。

土改，各部队也开始了冬训和新式整军运动。

　　1947年军事形势的转折，使解放战争从战略防御转入战略进攻。这一重大的变化也产生了许多新的问题。解放区土改的深入，解放区的不断扩大，新解放的城市越来越多，共产党各级领导和部队面临许多新的考验，需要制定新的政策。原来的各自为战、各行其是的旧办法，显然不适应新形势的需要。特别是在新解放区开展的土改运动，出现了比较严重的"左"的错误。毛泽东在纠正土改"左"的错误倾向的同时，大声疾呼必须重视党的政策。1948年3月6日，他在给刘少奇的电报中严肃批评："许多下级党部擅自决定其自以为正确其实是错误的政策，不但不请示中央甚至也不请示中央局。例如很多地方的乱打乱杀，就是如此。但是，各中央局，自己在某些政策上犯了错误的也不少。例如晋绥分局，对于在定成分上侵犯中农，对于征收毁灭性的工商业税，对于抛弃开明绅士，都是自己犯了错误的。但是这类'左'倾错误犯得比较严重的似乎还不是晋绥而是华北华东华中各区（从日本投降后开始，投降前也有），晋绥的严重程度似乎还在第二位。是否如此，请你们加以检讨。"[1]

　　1948年3月，华东野战军山东兵团在攻打潍县之前，曾宣布了对敌人的政策。其中一条是对国民党军政要员，只要他们放下武器，也可以将功折罪，既往不咎。毛泽东看到华东局的报告，认为这个政策违背了中央惩办首恶分子的精神。由此，毛泽东认为随着形势的发展，中央必须缩小各战区指挥员的自治权，将一切权力统一于中央。他在4月10日给华东局的电报中全面论述了集中统一的重要性：

　　中央不止一次地向各地各军领导同志指出，中央的一切政策必

---

[1]《政策和经验的关系》，《毛泽东文集》第5卷，人民出版社1996年版，第75页。

须无保留地执行，不能允许不得中央同意由任何下级机关自由修改。但在日本投降以后的两年多时间内，不少地方在关于土地改革的政策方面，在关于工商业及工运的政策方面，在关于打人杀人的政策方面，在统一战线的政策方面，在宣传教育的政策方面，以及在其他某些方面，地方党和军队的领导机关不得中央同意，甚至不得中央委托的领导机关(即各中央局、中央分局、前委及其他中央委托的领导机关)的同意，自由地迫不及待地粗率地冒险地规定及执行明显地违背中央路线和政策的某些政策。地方主义的和经验主义的恶劣作风，事前不请示事后不报告的恶劣作风，多报功绩少报(甚至不报)错误缺点的恶劣作风，对于原则性问题粗枝大叶缺乏反复考虑慎重处置态度的恶劣作风，不愿精心研究中央文件以致往往直接违反这些文件中的某些规定的恶劣作风，仍然存在。所有这些不良现象，中央要求一切受中央委托的领导机关的负责同志严肃地注意加以改变，并指导所属中级及下级领导机关的负责同志同样严肃地注意加以改变，一遇此类现象，立即明确地毫不含糊地予以指出并予以纠正。我们这样做是完全合乎中国革命形势的要求的。中国新的革命高潮的到来，我党已经处在夺取全国政权的直接的道路上，这一形势要求我们全党全军首先在一切政治上的政策及策略方面，在军事上的战略及重大战役方面的完全统一，经济上及政府行政上在几个大的区域内的统一。"[1]

怎样实现中央的统一领导，防止各部队和解放区发生政策偏差呢？毛泽东采取了两大措施：一是重新颁布中国人民解放军的"三大纪律八项注意"，强调集中统一，服从命令听指挥。二是1948年1月7日，毛泽东为中共中央起草了《关于建立报告制度》的指示："为了及时反映情况，使中央有可能在事先或事后帮助各地不犯或

---

[1]《毛泽东文集》第5卷，第86页。

少犯错误,争取革命战争更加伟大的胜利起见,从今年起,规定如下报告制度。"即:各中央局和分局,由书记负责,每两月就该区军事、政治、土地改革、整党、经济、宣传和文化等各项活动的情况,向中央和中央主席作一次综合报告。各野战军首长和军区首长,除作战方针必须随时报告和请示,并且照过去规定执行外,"从今年起,每两个月要作一次政策性的综合报告和请示"。报告和请示的内容是:关于该军纪律,物质生活,指战员情绪,指战员中发生的偏向,克服偏向的方法,技术、战术进步或退步的情况,敌军的长处、短处和士气高低,我军政治工作的情况,我军对土地政策、城市政策、俘虏政策的执行情况和克服偏向的方法,军民关系和各阶层人民的动向等。[1]3月25日,中共中央发出《关于建立报告制度的补充指示》,"为使中央充分明了情况起见,除已规定的报告制度务须严格遵守外,兹规定:(一)你们对于下级发出的一切有关政策及策略性质的指示及答复,不论是属于何项问题(军事,土改,财政,经济,整党,政权,外交,工青妇运,宣传,组织,文教,城工,肃反,打人杀人及对待中间人士等),不论是用电报发出的或用书面发出的,均须同时发给中央一份。(二)下级向你们所作政策及策略性的报告,其内容重要者,亦须同时告知我们,文长者摘要电告或函告。(三)每一个中央委员中央候补委员均有单独向中央或中央主席随时反映情况及陈述的义务及权利。"[2]

中央指示下达后,各中央局的书记和野战军首长都向中央报告当地的情况。邓小平在大别山斗争最艰苦的日子里,从1月起就定期给中央写综合报告。在中原局和中原野战军成立后,除邓小平继续作综合报告外,刘伯承、陈毅、邓子恢分别就作战、军区工作和经济工作向中央提交报告。中原局的认真态度受到中央的表扬。东北局有半年时间没有按时向中央报告,毛泽东进行了严肃批评。当

---

[1] 《毛泽东选集》第4卷,人民出版社1991年版,第1264页。
[2] 《中共中央文件选集》(1948年),中共中央党校出版社1992年版,第132页。

中国的 1948 年：两种命运的决战

东北局作了检讨，并按时提交报告后，毛泽东在8月22日的复电中说：

> 你们这次检讨是有益的，这样，你们就可以脱出被动状态，取得主动。在这个问题上如果没有像你们现在所作的这种认真的自我批评，就不可能脱出被动，取得主动，就不可能克服完全不适用于现在大规模战争的某种严重地存在着的经验主义、游击主义、无纪律状态和无政府状态，就不可能克服在你们领导之下的各部门各党委(首先是军队)同样存在着的这种不良现象……这一问题的性质是如此重要，即只有解决这一问题，才能由小规模的地方性的游击战争过渡到大规模的全国性的正规战争，由局部胜利过渡到全国胜利。这是许多环节在目前时期的一个中心环节，这一个环节问题解决了，其他环节就可以顺利解决。[1]

通过这些重大举措，中共各分局、军区和各野战军部队在政治、军事上形成了高度的集中统一。中共中央的指示和政策得到了有力的贯彻，各战略区在作战上形成了相互配合、相互支援，具备了与国民党进行战略决战的力量。

在土改过程中，军队内部发生了一些问题。西北野战军在1947年11月进行整顿时发现，有些地主家庭出身的干部对土改不满，在战斗中进行破坏，致使部队遭受损失。华东军区副司令员张云逸向朱德总司令汇报，渤海军区部队整顿中战士们揭发出许多问

---

[1]《毛泽东文集》第5卷，第125页。

题：干部克扣战士，个别的还毒打战士，连级干部有小厨房，每餐几个小菜，而战士只喝盐水汤；新战士自家里带来的钱，要替班排长买好吃的，打仗时干部却躲在后面"督战"；有的地方武装一遇敌情严重即溃散、叛变。原因就是干部中有地主富农。有一个团，经战士提出需要撤换、调换的连排干部多达八十余人。1948年1月28日，毛泽东对渤海军区的整军情况报告作了批示，指出："在一切官兵关系恶劣，纪律不好，战斗力薄弱的部队，应采取渤海整军经验，组织士兵，放手发动士兵群众的民主运动，只有好处，没有坏处。"

1947年9月全国土地会议期间，朱德作了《整军问题》的报告，提出部队需要三查。他说："我们军队需要从思想上组织上加以整顿，需要一个查阶级、查思想、查作风的运动，使军队在思想上达到一致拥护土改，组织上纯洁严密。"他直截了当地批评部队有些干部沾染了封建社会的不良习气。他说，过去我们没有作假报告的，现在有了，贪污腐化也有了，浪费民力、物力现象很严重；官兵关系，军政、军民关系发生了不少问题。他指出，这些恶习的传染源，"是地主富农思想，容许这种思想侵入军队中，是很危险的，必须扫除"。根据中央的指示，全军各部队都利用1947年底至1948年初的冬训，开展了深入的"三整三查"新式整军运动。

最先进行"三整三查"的是西北野战军，通过诉苦等阶级教育方法，干部战士，尤其是新解放的战士阶级觉悟得到很大提高。通过查思想、查作风，部队普遍开展了批评与自我批评，纠正了干部的不良作风，军队的政治民主、经济民主得到发扬，官兵关系密切了，斗志高昂了。在1948年3月的宜川战役中歼灭国民党军两万多人。毛泽东高度评价了新式整军的成绩，并向全军推广西北野战军的经验。[1]

---

[1] 傅钟：《我军政治工作的重要发展》，中国人民解放军历史资料丛书《解放战争战略进攻·回忆史料》，解放军出版社1997年版，第33—43页。

中国的 **1948** 年：两种命运的决战

各野战军在整训过程中，根据自己的具体情况开展"三整三查"。1948年3月中旬到6月初，华野一兵团全体干部战士的濮阳整训是华野部队组建以来时间最长、最彻底的一次思想、组织和军事上的整训。在解放战争中，华野部队战功卓著，战绩辉煌，但也存在很多问题。如"少数干部单纯军事观点和军阀残余作风有所抬头，骄傲自满、官僚主义、厌倦战争、享乐思想也有滋长，违犯纪律、政策的现象时有发生。由于部队的迅速发展，大量新成分包括大批解放战士涌入部队，旧思想作风没有得到改造，少数阶级异己分子也乘机混入了部队"。因作战频繁，这些问题一直没有得到很好解决，在战略反攻阶段暴露更为突出。陈毅司令员结束了在中央的汇报工作，请朱德总司令和他一起到濮阳，与粟裕副司令员共同主持整训。华野前委扩大会议经过两个月严肃认真的批评和自我批评，解决了许多思想问题，并通过了《关于反对军阀主义倾向的决议》，部队作风有了很大进步。这次濮阳整训，成效是显著的。"首先，干部、战士阶级觉悟和政策水平普遍提高，积极支持土地改革斗争，支持贫下中农的正义要求，推动了解放区土地改革的发展，激发了广大指战员为彻底推翻国民党反动统治而战的自觉性。其次，部队不良倾向得到有力纠正，一度滋长的军阀主义、官僚主义、山头主义、本位主义、个人主义的思想作风受到严肃批判，违反政策、破坏纪律等现象得到克服。"[1]

东北野战军的整训，不仅注重整顿思想，更重视军事素质的全面提升。为了使各级指挥员更好地掌握毛泽东提出的"十大军事原

---

[1]《中国人民解放军第三野战军战史》，解放军出版社1996年版，第238页。

则"，在冬季作战的间隙，抽调各级干部到军政大学轮训。1948年2月17日，林彪从双城总部来到哈尔滨，为军政大学学员作了一天的报告，讲述了自己总结的"四快一慢"战术。他首先指出："四快一慢不是我们新发现的，世界上有战争以来，就有了这条道理。追击、遭遇不需要它，打滥杂部队、以绝对优势打劣势不需要它。但打堂堂之阵，针锋相对的部队，就要准备好。中国外国的战术原则，都有这一条。"

什么是"四快一慢"？林彪说："第一，向敌前进要快。譬如打某个地方，怕敌人跑了，前进时要快。要奔袭抓住敌人，使敌人跑不了。敌人是按普通的时间计算，例如距离敌人二百多里，敌人估计我们四天；距离敌人一百多里，敌人估计要二天。敌人以为我们这里分散一个团，那里分散一个师，集中起来还要费些时间，临时跑也跑得及。可是我们不按照他的算法，白天也走，晚上也走，一下子扑到他面前，使他来不及应付。他就是撤也得要个时间，这就是快的原则。第二，抓住敌人后进行准备工作要快。看地形、选突破口、构筑工事、捆炸药、动员、调动兵力、布置火力等等，忙个满头大汗才好，这要快。第三，突破后扩张战果要快。第四，敌人整个溃退了，离开了阵地，我们追击时要快。这时就不管三七二十一，也不管白天黑夜，追呀！这时应一面追击一面报告，如这时要准备呀、报告呀，敌人就会跑掉。"

林彪说："以上四种情况就慢不得，慢了敌人就跑掉了。"

"一慢是指什么时候慢,什么事情上慢呢？是指总攻发动时机这一下要慢(但总攻开始以后就要快)。在这一问题上要沉住气，上级催骂，派通讯员左催右催，这就要沉着，反正我要准备好才打。所以战役指挥员催促下级快，应放在准备工作方面，不应放在快打响方面。下级指挥员要沉住气，自己准备要快，但上级不要轻易发起总攻击。"林彪把复杂的战术思想用非常简单的语言总结出来，使文化不高的连队干部也能掌握。"四快一慢"与以前提出的"一点两面"、"三三制"战术相结合，成为东北野战军在决战阶段克敌制胜的法宝。

1948年3月东北冬季攻势结束后，东北解放军的整体实力已经超过了国民党军，以后的战役规模将越来越大，一个战役就要调动一二十个师的兵力，有的攻坚，有的打援，有效地指挥这些部队，需要正规化、高效率的指挥机关。各级指挥员认识到：提高部队的战术水平是一方面，更重要的是提高各级司令部机关的业务水平，使之适应大兵团作战的要求。解放军师以上的指挥机关，过去一直是很小的班子，作战时首长带上几个参谋上前方亲自指挥就行了。现在战场广阔，部队众多，情况千变万化。建立强有力的司令部机关，培养出素质好、业务好的参谋人员，成为最紧迫的任务。

1948年3月23日，东北野战军总部命令各纵队、师两级参谋长37人率领本部的作战、侦察、通讯、管理、机要五个科的科长257人，聚集到双城总部，召开野战军参谋会议。林彪报告的题目是"如何使司令部成为能干的指挥机关"，他指出，当前战争的主要特点，是我军转为大兵团的攻坚战。"大兵团是客观的变化，攻坚战也是客观的变化。不攻坚则无仗可打，因为敌人不来增援。为着适应大兵团攻坚战的需要，就必须正规化。没有正规的制度，就不能准确地执行任务。所以我们在主观上要特别努力以正规化来适应大兵团攻坚的任务，要从游击战的水平提高到能够正规的攻坚战的水平上来。特别是司令部，应成为实现军队正规化的中心机构，由低级提高到正规，使我们各方面的工作均通过司令部去执行。故必须在组织上、制度上、权力上、威信上都要有适合于走向正规化的一套。要把作风搞好，使司令部成为一个有科学头脑的、有组织能力的、能干的指挥机关。只有这样才能掌握各种较复杂的工作，完成复杂的任务。现代的战争单靠指挥员来掌握是不可能的，用手工业的方式去指挥现代战争是不行的。"讲到这里，林彪特别强调说："今天摆在我们面前的工作，就是要把司令部的工作，扎扎实实搞出个规模来！"[1]

会议以业务分工方式，分别举行作战、侦察、通讯、管理、机要会议。大家结合本部门、本单位的情况，总结经验，吸取教训，反映出不少问题。大家认识到，现在的大兵团作战，司令部的工作越来越繁重，处理的情况也越来越复杂。每次战斗，作战科要汇集各部队的行动情况，随时报告首长，标好作战地图，记录和起草作战指示，传达到各部队。侦察科要通过各种手段，如派侦察员、监听敌军电话、审问俘虏等获得最新最准确的情报，供首长定下作战决心。通讯科要保障电话线路的畅通，使上级命令能迅速传达到基层，保证各部队的协同作战。管理科则要做好司令部机关的后勤保障工作，让大家吃好住好，一声令下就能拉起机关转移，保证司令部工作的正常运转。司令部工作犹如一台机器，缺了哪个部门也不行，更不敢出差错。但是由于过去没有正规化的意识，在战斗中出漏洞。有些教训是很深刻的。例如：

4师11团侦察队在四平西南的大洼遇到两个班敌人，误报为敌军大部队，结果使整个部队出动扑空。

冬季攻势开始时，总部规定以八、九纵东进越过大凌河的时间为北线主力开始行动的准则，但八、九纵出发后整整两天没有汇报，大大影响了主力发起攻势时机之确定。

四纵在沈阳西部作战时，总部机要处把电报漏掉了16个字，差点闹出大乱子。

---

[1] 军事科学院编：《林彪军事文选》。

战地通讯始终是个大问题。部队突破敌人前沿阵地后,因通讯联络跟不上,指挥员无法了解纵深的战斗情况,而导致指挥脱节。有的属于管理混乱,架设电话线时许多线路混在一起,又没做记号,以致出现事故后很难查。严重影响了部队之间的联络。

这次野战军参谋会议开了整整18天,刘亚楼参谋长认真听取大家的意见,最后作总结发言。他以总部提出的"大兵团、正规化、攻坚战"建军作战方针为指导,指出今后司令部的中心工作是:

一、掌握大阵地攻坚、大纵深作战的组织和保证,确实掌握炮兵,掌握各兵种协同动作之计划、组织与保证。切实贯彻"四快一慢"的原则,不打无准备之仗,不再打莽撞仗。

二、使司令部真正成为有科学头脑、有组织能力的能干的指挥机关,成为实现正规化机构。要在各级干部中反复说明参谋工作的职责、需要,提高对参谋工作的认识,来改进其工作,发挥其作用。

三、健全组织与培养人才。要从部队中新的知识分子和基层干部中选拔质量较好、有相当条件的人才,经训练后充实到司令部各科。

四、强调集中统一,遵守制度,提高纪律。

刘亚楼特别突出强调了集中统一和纪律问题。他指出:"在实行统一的制度方面,我们部队中常常误解所谓机械与机动问题。认为要他严格的执行统一的制度则是太机械,认为随便改变统一的制度就是机动。这种偏向必须坚决纠正。必须指出我们不能要求制度去适应和满足每一局部和每一个人的需要和要求,而应要求每一局部、每一个人去适应去遵守整个的制度。过去我们不是太机械而是太机动了,这种机动成了各自为政的根据了。""制度是法规,没有一定机关的批准是不能变动的,不是任何人、任何机关都可以伸缩和变动的。"

这次野战军参谋会议历时23天，大家交流了经验，明确了今后的努力方向，查找了缺点，统一了认识，开成了一次卓有成效的会议。司令部工作的改进提高，为后来的辽沈、平津等战役大兵团作战指挥，提供了有力的保障。[1]

与此同时，东北野战军各部队开始了政治整军和军事训练。总部关于"大兵团、正规化、攻坚战"的作战建军方针层层传达，深入人心，练兵运动掀起前所未有的热潮。

根据总部首长的指示和野战军军事会议的部署，各部队开始了以"攻坚纵深作战"为目的的军事训练。1947年夏季四平攻坚战，六纵17师发明了"四组一队"新战术。把一个连分成火力组、突击组、爆破组和支援组，互相配合进行巷战。在战役中，17师的突破比其他部队都快，被称为"攻坚老虎"。林彪与师长龙书金谈话后，非常重视，把"四组一队"的经验推广开来，认为这是纵深战斗中很好的作战方式。他要求连、排干部学会"四组一队"的战术运用，火力、爆破和突击的三结合。要求每个步兵连达到"尖刀连"的水平，每个营都要有重点的培养出一个"尖刀连"。各部队在军事训练中注重从实战需要出发，借助城市郊区旧有的敌军工事，组织攻坚纵深作战的演习。

这次大练兵，使东北野战军连队的攻坚能力，战士们的射击和爆破水平大大提高，培养出一大批特等射手和爆破能手。许多部队还演练了爬城墙、打坦克，学习各种防御工事的构筑。炮兵在认真提高射击技术的同时，还练习单炮掩护步兵巷战的新战术。通过全面的正规化训练，解放军指战员的战斗素质明显提高，具备了步炮协同、打大规模攻坚战役的能力。司令部工作的建设，使解放军在指挥系统的技术和质量上与国民党军队的差距缩小，并且体现出小型、高效、灵活等特征，与国民党军队指挥机关庞大、部门互相掣

---

[1] 东北野战军司令部：《第二届野战军参谋会议总结》。

肘的官僚作风形成了鲜明对比。在以后的辽沈战役等决战中,解放军在攻坚防御上都胜过国民党军队。这不仅体现了解放军高昂的斗志,也是军事技术过硬的表现。

5 鏖战西北，逐鹿中原

1948

Liangzhongmingyundejuezhan

中国的**1948**年：两种命运的决战

1

1947年秋，解放军从战略防御转入反攻。9月，陈赓部队由晋南挺进豫西，切断陇海线，威胁洛阳。蒋介石急令胡宗南抽调兵力出潼关救援。胡宗南停止了对陕北的"重点进攻"和寻找中共中央机关的行动，10月将驻守延安的裴昌会兵团四个师调出，对付陈赓。在陕北国民党军实力大为减弱的情况下，彭德怀指挥西北野战军部队连续出击，围攻榆林，攻克清涧城，歼灭廖昂的整编第76师。陕北地理环境差，人口稀少，粮食供应困难，也不适宜大军久驻。权衡利弊，胡宗南决定将主力撤回关中，在陕北只保留了几个点：刘戡率整编第29军第27、第90师集结在洛川、黄陵地区为机动兵团，用以北援延安、东援宜川；整编第76师一个团驻守韩城和禹门口，以阻止黄河以东的解放军西渡；整编第76师第24旅(欠第72团)驻守宜川；何文鼎率整编第17师两个旅、一个保安团驻守延安；邓宝珊部继续困守榆林。

西北野战军在1947年冬第二次攻打榆林之后，主力集结在绥德、米脂、安塞地区休整。彭德怀和野战军负责同志研究下一步作战方向。1948年1月9日，毛泽东给刘邓关于中原地区作战部署的电报中说："彭(德怀)张(宗逊)主力(八个旅)于本月休整完毕，下月初开始向延安、宜川线出击(该线有胡军七个旅)，得手后向该线以南、渭水以北进击，以建立渭北根据地为目的。"[1]

1948年1月20日，彭德怀在米脂县杨家沟召开的西北野战军前委扩大会议上，作了《关于我军转入外线作战的基本任务和进入蒋管区的各项政策》的报告。毛泽东、周恩来、任弼时等中央领导同志均到会作了指示。毛泽东讲到陕北形势时说："我们去年取得

---

[1] 《毛泽东军事文集》第4卷，军事科学出版社1993年版，第370页。

了伟大的胜利,一个是打仗,一个是整训,后方工作也搞得好。河东河西统一起来了,大家有把握打胜仗,前方缴获了很多东西,后方接济了充足的粮食和炮弹。"[1]他指出:"现在的问题是应该准备力量去迎接全国的胜利,陕北和其他战场的我军主力都要转入外线作战,到国民党统治区去,打它,吃它,不让敌人得到喘息的机会。"[2]

会议决定,解放军立即转入外线作战,把战争引向蒋管区,为解放大西北创造条件。1月29日西北野战军司令部研究进攻方向时,大家意见不一。彭德怀认为:国民党军占领延安近一年,修筑了坚固的工事,又有一万多兵力守备,攻打延安要付出较大的代价,还不到火候。向陇东出击,路上缺乏粮食;同青海马步芳的骑兵打仗,可能打不成歼灭战,胡宗南过来两头一夹击,我们就会打消耗战。他分析了敌我态势,提出向延安以南出击,打宜川,调洛川国民党军增援;歼灭刘戡部,收复延安[3]。

宜川东临黄河,西连洛川、富县,北连延安,是陕东的一个战略要地。胡宗南以整编第76师第24旅两个团防守。这里地处黄龙山脉之中,沟谷纵横,道路崎岖。尤其是通向洛川方向的王家湾、瓦子街一带,两侧层峦耸叠,低洼处沟谷错综,有利于埋伏。公路是狭窄的土路,遇上雨雪天气则泥泞难行。彭德怀派人四出侦察地形情况和国民党军的兵力部署,从而制定了一个"围城打援"的战役计划。先打宜川,引诱洛川的刘戡前来增援,然后在半路的山谷里伏击歼灭之。

"围城打援",关键是要准确预见刘戡究竟会走哪条路来增援。彭德怀分析,刘戡要增援宜川,行军路线有三条:一是沿洛宜公路,经瓦子街到宜川。这样走距离近,增援快,但有遭伏击的顾虑。二是经黄龙和圪台街到宜川,虽然也走公路,但路况差,比第一条路

---

[1]《毛泽东文集》第5卷,人民出版社1996年版,第26页。
[2] 军事科学院军事历史研究部编著:《中国人民解放军全国解放战争史》第3卷,军事科学出版社1996年版,第447页。
[3]《彭德怀传》,当代中国出版社1993年版,第346页。

远一倍。三是沿第一条路以北的进士庙梁到宜川,这是一条山间小道,地形复杂,翻山越岭,大部队不易通过。

那么,援敌究竟会走哪一条路呢?彭德怀反复思考着,自言自语地问:"来不来呢?可能从哪条路来呢?"他和参谋估计刘戡不敢走小路,决定把部署打援的重点放在第一条路线上。决心定下,彭决定集中西北野战军第一、第二、第三、第四、第六五个纵队,发起宜川战役。2月12日,西北野战军第一、第三、第四、第六纵队,分别由保安(今志丹)、绥德、米脂地区向宜川开进。在晋南的王震第二纵队奉命西渡黄河,策应野战军主力作战。

几天后,守卫宜川城的整编24旅旅长张汉初接到胡宗南和刘戡发来的通报说:共军主力部队由延川经延长南下集结到临镇一带,意图不明;同时由禹门口渡河的王震纵队有向西北进攻模样。当时,胡宗南和刘戡等高级将领都在西安过春节。得知王震部渡河的消息,胡宗南作出了错误的判断:认为王震的目标是北上夺取延安,彭德怀只有三个纵队,南下是牵制刘戡,绝不敢来吃掉刘戡这个大部队。[1]胡宗南命令刘戡等紧急返回洛川,并交代张汉初必须坚持一个星期,以待援军。

2月23日,西北野战军第三、第六纵队开始对宜川外围攻击,完成了对宜川城的包围,至27日将24旅压缩于城内。彭德怀电告指挥员许光达:"攻城要猛,但攻而不克,以逼敌呼救求援。围城是手段,打援才是目的。打援要战无不胜,这是此次战役的原则。"此时,第一、第四纵队已进至瓦子街以北指定地域待机;第二纵队向宜川西南南圪台街地区开进。

战斗开始后,张汉初见情况危急,连连向刘戡呼救,并电请胡宗南迅速派兵增援。胡宗南低估了西北野战军的力量,他认为彭德怀只有五个纵队,又无重炮,不能攻坚。他判断王震纵队渡河后必

---

[1]《宜川之役的检讨》,《观察》第4卷第6期。

鏖战西北，逐鹿中原

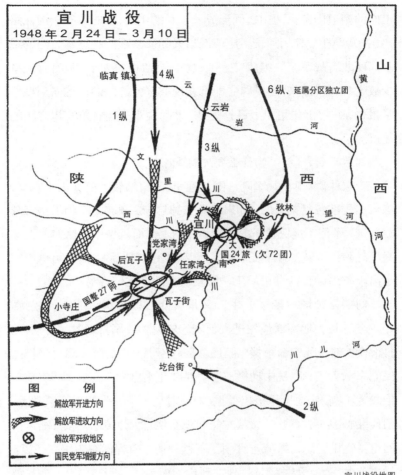

宜川战役地图

先取韩城、合阳，不可能用在宜川方面。其余四个纵队，可能以三个纵队围攻宜川，一个纵队用于阻援。胡宗南命令张汉初在宜川坚守待援，令刘戡率整编第27、第90师四个旅的兵力，即日前往解围。刘接命令后，连会都没有来得及开，就下达出发命令。2月26日，国民党军由洛川、黄陵出发，沿洛宜公路行进，27日进到瓦子街。

瓦子街是洛宜公路的咽喉，距宜川约25公里。公路两侧是东西走向的两道山脉，两山之间形成一条长约 15 公里的狭谷，沟深路狭，荆棘丛生。27 师师长王应尊派出去的侦察部队在宜富公路的观亭同西北野战军第一纵队交上了火，一个营损失大半，只有营长率少数士兵逃了回来。王应尊立即把发现共军大部队的情况向刘戡作了报告，并提出先集中力量打观亭，然后由观亭前往解宜川之围的建议。

刘戡听后，问："为什么要先打观亭？"

王应尊说，现在共军既包围了宜川，又集结较大的兵力于观亭，这显然是准备打援兵的，如果先不去掉这一翼侧威胁，仍沿洛宜公路前进，不但不能完成解宜川之围的任务，而且解围部队本身亦必遭受危险；如果先打下了观亭，不仅解除翼侧威胁，而且可以由观亭沿一条山梁直抵宜川城下，解宜川之围是比较容易的。[1]

刘戡是黄埔一期毕业生，又是蒋介石极为赏识的一名战将。1947 年 3 月，他率部最先进入延安。尔后解放军打蟠龙、打榆林、打清涧，都是他奉命救援，但是总是赶不上，不是解放军已经把国民党军消灭了，就是主动撤离了。刘戡几次出力不讨好，胡宗南对他颇为不满，使他思想负担很重。刘戡对瓦子街一带的地形很熟悉，怕西北野战军打伏击，想从左侧向观亭绕进。他请示西安，胡宗南回电：宜川紧急，按原定计划，不顾一切，兼程向东驰援。还说：过去找共军大部队找不到，现在到你们面前了，不打还行！刘戡只得服从命令。但他还是比较谨慎，派 27 师占领公路两侧的山梁，掩护谷底的主力部队前进。

2 月 28 日晨，彭德怀调整了部署，以三纵、六纵各一个旅继续围攻宜川，全军集中九个旅的兵力，在瓦子街至铁笼湾之南北高地设下埋伏。令二纵队集结于圪台街与瓦子街之间，准备由南向北侧击瓦子街及以东的国民党援军。

---

[1] 王应尊：《蒋军整编 29 军瓦子街战役就歼记》，《文史资料选辑》第 36 辑，文史资料出版社 1963 年版，第 32 页。

当天，刘戡率援军继续东进，在任家湾、丁家湾地区遭西北野战军三纵、六纵部分兵力的阻击。刘戡判断共军只有几千人，命令部队继续攻击前进，限于当天到达宜川。这样，连其后续部队均于当日进入瓦子街以东的隘路。下午，天气由毛毛雨转成小雪。入夜，鹅毛大雪漫天飞扬。刘戡下令部队就地宿营，明晨继续向宜川前进。这一夜给解放军提供了合围的时机，西北野战军第一、四纵队和第三、六纵队各一部，冒雨雪由预伏地区隐蔽前进。

2月29日晨，彭德怀致电中央军委："敌整编27师、90师进到宜川西南之王家湾、任家湾以南高地。昨晚大雪数寸，本晨敌未动。我无粮不能等待，故决向该敌围攻。"6点，一纵攻占瓦子街，切断刘戡后路。国民党军队拼命争夺瓦子街以南高地，一纵358旅与国民党军反复肉搏，占领了阵地。到黄昏，西北野战军五个纵队主力陆续赶到，将刘戡全军压缩在乔儿沟、任家湾、丁家湾一带东西10公里长，南北宽约5公里的狭小地区内，形成合围的态势。

这时，刘戡感到事态严重，召集参谋长和王应尊、严明两位师长举行紧急会议，商讨对策。当时提出三个方案：1. 继续前进，击破当面共军，解宜川之围；2. 将部队向南撤退，以免被包围；3. 集中全军兵力，在王家湾与共军决战，等待援军到达后，再向宜川前进。刘戡考虑，第一案因大雪天寒，山路崎岖，重炮和车辆无法登山，如果炮兵辎重受损，战斗力锐减，就无法作战了。第二案是逃跑，肯定也要损失重武器，回去没法交代。刘戡当时问：突围出去，谁向胡长官负责？意思是要师长们和他共同承担责任。但众人也怕胡宗南，让刘戡个人下命令。逼得刘戡只能采取第三案，就地坚持，与共军决战。[1]

刘戡走的是一步死棋。他怕完不成救援宜川的任务和重装备损失而不敢撤退，选择了就地作战的下策。在四面被围的情况下，近

---

[1] 台湾国防部史政局编：《宜川战斗》，1959年印刷，第21页。

中国的1948年：两种命运的决战

三万国民党军被压在狭长的谷地，天又下着大雪，下场可想而知。当天夜里，解放军也冒着大雪在山顶露营，不顾疲劳饥饿，积极准备第二天总攻。

3月1日拂晓，彭德怀下达总攻命令。各纵队沿公路及其两侧高地，从几个方向发起总攻。枪声、炮声、军号声、冲杀声，震天动地。刘戡部队顽强抵抗，与西北野战军反复争夺于公路两侧和东南山。困兽犹斗，国民党军的团长、旅长已端着步枪，与解放军拼起刺刀。彭德怀在当天的电报中写道："每攻一山峰，须反复数次，用刺刀才能取得。"经过一天激战，国民党军在人数占优势的解放军居高临下的攻击下，终于丧失斗志，争相逃生。刘戡和90师师长严明绝望自杀，27师师长王应尊和一万多士兵被俘。下午5时，增援宜川的国民党军全部被歼。

3月2日，西北野战军包围宜川的部队发起总攻。3日上午全歼宜川守军，旅长张汉初逃跑时腿摔坏被俘。至此，宜川、瓦子街战役结束，歼灭胡宗南集团1个整编军部、2个整编师部、5个旅共2.9万多人，取得了西北战场的空前大捷。

西北野战军在打扫战场时，发现了刘戡、严明的尸体。彭德怀交代："要把尸体包裹好，在掩埋的地方做个标志，我们还要通知胡宗南和死者的亲属来认领。"不久，陕北新华广播电台受野战军司令部的委托，通告刘戡、严明的家属和亲友说，如来运回刘、严的尸体，解放区军民将予以方便。这使胡宗南十分难堪。他认为这是中共的一颗"政治炸弹"，目的在瓦解其军心。但不去接运，又无法向全体将士及死者家属交代。不得不派人把刘戡、严明的棺材运回西安，予以厚葬。

宜川战役对蒋介石、胡宗南的打击是沉重的。西安市顿时陷入恐慌之中，有人逃跑，有人抢购。《观察》杂志说："胡宗南苦心培植的一点威望，被宜川之役洗刷得一干二净。"败讯传到南京，正要召开"国民大会"的蒋介石极为震怒，给胡宗南以撤职留任的处分。3月13日，蒋介石给胡宗南的电报悲叹："宜川丧师，不仅为国军剿匪最大之挫折，而其为无意义之牺牲。良将阵亡，全军覆没，悼痛悲哀，情何以堪！"

宜川战役后，西北野战军大举南进黄龙山地区，开辟了大片新解放区。胡宗南被迫将潼关以东的裴昌会兵团调回西安，保护关中。这就减轻了中原野战军的负担，有力地配合了中原战场和其他战场的战略进攻。毛泽东在3月7日发表的《评西北大捷兼论解放军的新式整军运动》一文中写道："这次胜利，改变了西北形势，并将影响中原的形势。"[1]

解放战争的形势已经发生了根本的变化，中共中央也没有必要继续留在陕北了。毛泽东在杨家沟对战争今后的发展趋势、土改和新区的各项政策、新中国的初步规划等重大问题，作了许多思考。为了更好地指挥解放战争，他决定离开陕北，东渡黄河到华北，与刘少奇、朱德领导的中央工委会合。3月21日，毛泽东、周恩来、任弼时率领中共中央机关工作人员告别了陕北的乡亲，从米脂杨家沟出发，由吴堡县川口村东渡黄河，经山西前往河北平山县西柏坡。从撤离延安到东渡黄河，毛泽东在陕北坚持了整整一年。

宜川战役刚结束，西北野战军没有进行休整，彭德怀就作出了攻打洛川的决定。为什么如此仓促呢？最主要的原因是部队严重缺粮。中共中央要晋绥解放区为西北野战军运送粮食，以便支持他们

---

[1]《毛泽东选集》第4卷，人民出版社1991年版，第1291页。

继续作战。但是晋绥的情况也不富裕,加上路途遥远,又要过黄河,后勤保障绝非易事。所以彭德怀考虑,还是要多打开几个县城,以便获得粮食和物资,补充部队。

洛川是咸(阳)延(安)公路上的军事重镇,胡宗南的物资供应基地。它作为连接西安与延安的中介站,也是胡宗南留在陕北的最后两个孤立据点之一。洛川城周围沟壑纵横,塬上地面平坦,视野开阔。国民党军利用陡峭的沟壑,构筑坚固的工事,挖掘深达几米甚至十几米的峭壁外壕,设置多层铁丝网,埋设了大量地雷,成为易守难攻的堡垒。

3月9日晚,第三、第六纵队向洛川发起攻击。洛川国民党守军依靠坚固城池顽强抵抗。加之连日下雨,西北解放军两次攻城都不顺利,只好改为修筑工事、近迫作业,进入相持。

3月15日,毛泽东给彭的电报告诫他:"你们攻洛川时,必须注意同时部署打援。"次日,彭德怀等向中央军委报告了部队攻打洛川的情况后表示:"三、六两纵攻克洛川后,即开至南线,休整就食,主要靠河东接济。一、二两纵队攻延安,求得四月底至五月上半月解决延安之敌,然后出陇东、陇南就粮。""野战军在黄龙区再筹六千石,即可解决打延安战役粮食问题。否则,只有暂时放弃打延安的计划。"粮食,还是粮食,成了制约彭德怀作战的关键性问题。

3月21日,毛泽东电告彭德怀:中央即将离开陕北。还告诉彭:"陕甘全局,除陈谢一个旅在陕南外,由你们独力担任。"[1]

那些日子里,西北野战军三纵和六纵多次向洛川城发起攻击。因城外地形开阔,国民党守军工事坚固,火力密集,连续攻了22天,进展很不顺利。解放军伤亡一千五百余人。除了装备太差,没有重炮之外,轻敌也是一个原因。当时四纵司令员王世泰就说:洛川城

---

[1] 《毛泽东军事文集》第4卷,第444页。

地形复杂,易守难攻,自民国以来没有人打下过,应放弃攻打。彭当即质问王:"你说这话是什么意思?"王说:"我是洛川人,应该如实反映所知道的情况。"但这些意见彭都未能采纳。[1]

彭德怀见强攻不下,又准备组织打援。但是胡宗南在宜川战役时吃了大亏,这次增援洛川,命令裴昌会兵团谨慎小心。从4月5日开始,裴昌会以4个整编师的兵力,从铜川出发增援洛川,他采取缓进的方针,7天仅前进了52公里至宜君。西北野战军未获得歼敌机会,"攻洛打援"的计划不能实现。在这种情况下,彭德怀不得不重新考虑作战计划。经过分析研究,大家认为,胡宗南把主力集中于渭河以北、洛河以东地区,而西府地区兵力较弱,应该抓住这一时机,向西府地区挺进。

西府是指西安以西,泾河和渭河之间地区,包括现在宝鸡、咸阳等市县,地处陕西关中、汉中和四川的咽喉要冲。该地区十余县,兵力比较空虚,胡宗南的重要基地宝鸡也仅有整编第76师(清涧被歼后重新编成的)师部及两个团共两千多人防守。

在讨论作战计划时,许多同志都认为应该大踏步地向敌人后方挺进,夺取宝鸡,并调动延安、洛川守敌和裴昌会兵团,寻找战机消灭敌人。彭德怀开始顾虑深入国统区,远离解放区于我不利。但是,西府是关中的富庶地区,可以解决粮食和物资问题。大部分人主张打宝鸡,彭德怀没来得及仔细考虑,就决定发起西府战役。4月16日,西北野战军一、二、四、六纵队兵分三路,渡过泾水向宝鸡挺进。

当西北野战军逼近宝鸡时,胡宗南大为震惊,命令裴昌会兵团从富平、三原地区分三路驰援宝鸡。同时,青海马步芳的整编第82师也由陇东南下长武,向亭口急进,企图堵击。这时,胡宗南感到兵力实在不够用了,他不得不考虑放弃延安。当时正赶上南京"国

---

[1]《王世泰回忆录》,中央文献出版社2002年版,第336页。

中国的 **1948年**：两种命运的决战

彭德怀在动员大会上号召部队向西府进军

大"召开，蒋介石要在会议上发表讲话，表明国军仍然有力量，现在还占领共产党的政治中心延安。为照顾蒋的面子，胡宗南不得不推迟放弃延安的行动。直至4月18日蒋介石来了命令："为集中兵力，以及改变不利态势，乃决定放弃延安。"

4月21日，天还没有亮，延安城内的国民党整编第17师开始弃城南逃了。城内烈火冲天，南关的面粉、黄米、衣物等乱撒在公路两旁。胡宗南为了加强防御运来的两门榴弹炮，一炮没响过就被抛弃了。官兵争先恐后地经甘泉一直向洛川跑去。国民党守军南逃后，贺龙指挥的陕甘宁晋绥联防军区第1军分区部队立即进驻延安。被胡宗南占领一年的延安，又重新回到解放军手中。延安城内城外一片欢腾。路口、崖畔、窑洞、街头，到处都是欢呼的人群。人们兴奋地互相道贺："延安，我们回来了！" 4月24日，中共中央为收复延安给彭德怀、贺龙及西北野战军全体同志发了贺电，贺电中说："庆祝你们收复延安的伟大胜利。去年3月19日国民党匪军占领延安的时候,我们就断言这种占领将标志着国民党匪军的失败和中国人民的胜利,一年多以来一切事变,充分地证明了这一断言。"

彭德怀获悉延安收复的消息,非常高兴,决定抓住机会猛攻宝鸡。但是他没有考虑到胡宗南收缩兵力,是为了与他决战,也没有考虑到裴昌会兵团主力和马步芳的骑兵正在两路并进。4月25日深夜,第一、第二纵队向宝鸡发起攻击,4月26日上午就结束了战斗。彭德怀报告中央军委:"宝鸡城已全部攻占,惟南关处车站尚有少数敌人据守,今晚可解决。缴获军火仓库已发现者,即有四窑洞,其他物资亦极多。现正组织向千阳、凤翔以北山地运输中,惟物资颇多,运输需时,且须临时动员民夫。此次出征老区无一副担架,一个民夫,深感不便。"

此时,裴昌会兵团正加速向宝鸡前进,其先头部队在扶风杏林镇地区和西北野战军执行机动防御任务的第四纵队发生战斗。第四纵队由于兵力分散,很快被裴昌会兵团突破。四纵来不及请示彭和通知友邻部队,即自行撤退到岐山东北,致使国民党军长驱直入。4月27日,裴昌会兵团逼近虢镇、凤翔,距西北野战军司令部仅十多公里。与此同时,青海马步芳整编第82师在其儿子马继援的率领下突破了长武、亭口等地,直逼崔木镇,这样,彭德怀的司令部和宝鸡城里的第一、第二纵队便处于胡宗南、马步芳军队的联合夹击之下,处境十分危险。彭德怀命令第二纵队在凤翔地区阻击裴昌会兵团,第一纵队及第二纵队第359旅炸毁转运不及的军火物资,于4月28日拂晓前全部撤出宝鸡,向陇东转移。

裴昌会兵团的迅速西进与马继援整编第82师的迅速增援,大大出乎彭德怀的意料之外。西北野战军左路阻援未成,右路抗击也受挫。撤出宝鸡后,马继援率整编第82师的骑兵又截断了西北野战军回陕甘宁根据地的退路。5月3日,西北野战军在甘肃平凉、泾川之间通过西兰公路，涉过泾河继续北进，分兵夺取肖金镇、荔镇、西峰镇等地，企图歼灭第82师。但是六纵队教导旅进抵屯子镇时，即被由镇原出动的82师包围。人员遭到很大伤亡，重武器和行李马匹几乎全部毁弃。这时，南北两面国民党军更加逼近，将解放军压缩于屯子镇、荔镇、肖金镇之狭小地区，陷入三面包围之中。此时，彭德怀感到形势严峻，6日夜里下令部队向荔镇以东实施转移。第二纵队在肖金镇顽强防御了一整天，才掩护了主力安全突围。5月12日，西北野战军向东转移到关中的马栏、高王镇地区，才摆脱了胡、马两部的追击，16日，回到黄龙、韩城地区后进行休整。西府、陇东战役结束。

这次战役是西北野战军遭受的一次重大失利。原来进军关中、取得粮食和物资的目的没有达到，还损失了一万三千余人。5月26日，彭德怀在洛川县土基镇主持召开了西北野战军前委第二次扩大会议。会上，彭德怀对西北野战军自2月11日南下以来的作战进行了总结。他说：我军向西府进攻的战役方针是正确的，取得了收复延安、夺取洛川、扩大和巩固黄龙新解放区、歼灭敌两万余人、一度攻克县城14座、摧毁敌人西北供应基地宝鸡等战果，但是，却"未能完成建立麟(游)千(山)根据地及收复陇东、三边的任务"。对此，他作了严肃的自我批评："这是因为我们在战役指导上犯了若干错误和缺点，特别是我应负主要责任。第一，是我对胡、马两军密切配合与马军实力认识不足(青马有正规军骑兵五个团，步兵四个团)，对胡宗南可集中的兵力估计过低(此次共集中十三个旅)。第二，战役配合有很大缺点，个别纵队部署不当，不完全明了敌情，亦不完全明了我情。"[1]二十多年后，彭德怀回忆起这件事时还说："当时想乘胜进攻宝鸡，破坏胡宗南后方，缩短西北战争时间。这就是思想上急躁病，产生了轻敌思想。""这样的教训在我的战斗生活中，

---

[1]《彭德怀传》，当代中国出版社1993年版，第359页。

过去就有几次,但都没有这次深刻。过急求成,在思想上是主观主义,在行动上是冒险主义,而且往往发生于连续大胜之后。"[1]

西府陇东作战,还造成了另一方面的损失。当时西北野战军奋力突围,随军支前的陕北民工没有跟上,多数被国民党军俘虏。其中有个特殊人物——陕甘宁边区劳动英雄吴满有。在1941年大生产运动中,吴满有以其勤劳致富的业绩被评为边区第一名劳动英雄,毛泽东曾多次号召边区农民走吴满有的道路。他多次出席边区的重大集会,戴着大红花,还被选为延安的参议员,与中央领导一起商讨大事。国民党军进攻延安后,地种不成了,吴满有随西北野战军六纵行动,任担架队副队长。虽然已经五十多岁,他跟着部队转战陕北,吃苦耐劳。没想到西府战役中由宝鸡向陇东转移时,在邠州(今彬县)与众多民工一起被俘。当时他没有暴露身份,自称是"民工班长王希成",被收容到西安郊区的国民党"爱国青年训练总队"受训。在审查过程中,国民党军官对这个老头产生怀疑,看他不像个普通农民。有人举报说他是吴满有。在延安的荣誉和知名度致使认识他的人太多,很难隐瞒身份。胡宗南闻讯,立即在官邸召见他。吴在谈话时还是不承认,胡宗南打发他走后,对部属说:"他就是吴满有!因为他一坐到沙发上,就架起了腿,态度自若,相当镇静。这工夫绝对不是一个班长能有的态度。"[2]消息传开,轰动一时。胡宗南特地把吴满有送到南京,向蒋介石表功。为了宣传需要,国民党当局逼迫吴满有于9月26日发表广播讲话,自称受了共产党"欺骗",要大家"团结戡乱"。吴满有大字不识几个,哪能说出"戡乱"这样的国民党语言来?一看就是国民党写好了稿子,教给他念的。西安解放后,吴满有回到家乡。组织上把他定为"叛徒",剥夺了一切荣誉称号。这位大生产的模范,在痛苦中了其残生。

西府陇东战役后,胡宗南一扫宜川、延安失败的晦气。国民党

---

[1]《彭德怀自述》,人民出版社1981年版,第256页。
[2]《申报》,1948年7月3日。

报刊称:"胡将军连日于军事会议中聆悉各方捷报,笑逐颜开。"西安各报发出号外,大肆吹嘘"泾渭河谷大捷",声称彭德怀部"基本被消灭"[1]。这次战役反映出:国民党军虽然屡遭失败,但胡宗南部还是具有相当实力的。西北野战军在1947年的战争中虽然有很大发展,但受到地理环境和资源条件的限制,比起东北、华东、中原野战军来,彭德怀的部队仍是人数最少、装备最差的。在黄土高原地区,利用沟壑纵横的环境打伏击歼灭战,还能取得胜利。到了平原上,与优势装备的国民党正规军进行运动战和攻坚战,西北野战军缺乏重武器、机动速度慢的弱点就都暴露出来了。这就不是战术问题,而是实力的差距。看来,彭德怀和胡宗南之间,还要有几个回合的较量,才能分出高低胜负。西北解放战争,还要经历艰苦曲折的路程。

再来看中原战局。1947年10月刘伯承、邓小平率领晋冀鲁豫野战军挺进大别山,牵制了国民党军白崇禧集团33个旅的兵力。刘邓确定了"以小部消耗大敌,以大部歼灭弱敌,发展外线,开辟新区"的策略,以主力与国民党军周旋,分出一部分兵力,在地方党组织配合下,积极开辟根据地。几个月内,以大别山区为中心,在淮河以南、平汉路以东的罗山、光山、经扶、黄陂、麻城、立煌、商城、潢川、蕲春、广济等20个县建立鄂豫军区。在安徽淮西的宿松、太湖、潜山、望江等县和桐城、巢县、六安等县部分地区建立皖西军区。在豫西的邓县、枣阳、唐河、新野等6个县建立桐柏军区。在湖北京山、随县、天门、钟祥等县建立了以大洪山为中心的

---

[1] 《申报》,1948年5月8日。

江汉军区。

刘邓大军在长江北岸展开，国民党统帅部极为忧虑，生怕解放军渡过长江。11月7日蒋介石命令成立"国防部九江指挥部"，由国防部长白崇禧坐镇指挥。华中是白崇禧的老巢，为了将解放军消灭在大别山，他调集了15个整编师，共30万人的兵力，加上空军、海军的配合，试图分进合击，彻底摧毁大别山根据地。

刘邓分析了敌我情况，考虑到国民党军占有绝对优势，而且密集靠拢，解放军难以捕捉战机。大别山区山高路险，不便于大部队机动。这一带人口稀少，粮食也很困难，因此不能采取硬拼的打法。刘伯承回忆：

> 我军跃进大别山后，从全局战局来说，我们是处在外线作战。但是，就大别山这个地区来说，敌人集中重兵对我进行围攻，我们则又是处在外线中的内线了。斗争是复杂的，局势是严重的。但是，小平同志指出："敌人对大别山的疯狂围攻，是垂死挣扎的表现。大别山是敌人的战略要害地区，敌人越是接近死亡，越要拼命争夺。敌人已经没有战略进攻，只有战役进攻了……我们跃进大别山，正是要吸引大量的敌人向我进攻。把敌人吸引来的越多，我们背得越重，对其他兄弟战略区进行大规模的反攻和进攻就越有利。而各兄弟战略区的反攻和进攻，也正是对我们坚持大别山斗争最有力的支持。"[1]

12月初，国民党军的包围圈越缩越小，形势日见严峻。8日到9日，刘邓在礼山(今湖北大悟)县门前湾开会研究对策。决定采取"避战"方针，部队分头行动，跳出包围圈。一部转移到淮河以北，一部在江汉、桐柏区展开，分散国民党军的兵力。为了便于指挥，刘

---

[1] 《千里跃进大别山》，《刘伯承军事文选》，战士出版社1982年版，第780页。

邓决定将机关分为前方和后方两个指挥所。邓小平、李先念、李达带领"前指"和二、三、六纵在大别山地区坚持斗争,刘伯承、张际春带领"后指"及中原局机关和一纵向淮河以北转移到外线作战。

刘伯承这一路11日夜经宣化店、定远店去光山。13日,刘伯承等行军到光山北向店附近的何小寨宿营。这时有一股国民党军路过,与解放军同住一村。当时天黑雾浓,刘伯承的通信员发现两个身背卡宾枪的国民党士兵,机智地叫他们和自己一道走,到院子里将二人俘虏。一问才知道是国民党军主力整编11师。刘伯承派侦察员向村中摸索,无意中闯进国民党军的团部,双方惊异之下都操枪就打。这时,刘伯承身边没有部队,他接到通信员和跑回来的侦察员报告,判断国民党军尚未摸清底细,果断下令随行人员乘着大雾掩护,迅速脱离危险地带。急行军十几里,到达一纵20旅驻地。等国民党军发觉,刘伯承命令一纵阻击,掩护后指机关转移。双方打了一夜,11师也不知有多少共军,没有追击,一场惊险的遭遇战就这样结束了。事后刘伯承说:"我带着直属队、中原局机关一大摊子转移,好比是李逵背娘。这回差一点当了李逵,让老虎把娘吃掉,可要记取教训啊!"[1]

为了缓解大别山的严重局面,支援刘邓。中央军委指示陈粟、陈谢两路大军在中原出击,大破陇海、平汉路,吸引国民党军增援。没想到白崇禧不为所动,坚持对大别山的清剿。12月22日,刘邓致电军委:"此次我陈粟、陈谢大破平汉、陇海,战绩辉煌。但敌仍图保持其大别山的重点主义,而不抽兵北援。故大别山的形势在长期内虽时紧时松,必较严重……因此我们认为陈粟、陈谢对大别山的支援不宜急躁,而作较长期的打算,主要是争取在一两个月内歼灭敌两三个师,使敌人不能不从大别山抽兵。只要抽出两个师,局面即可改观。我们在大别山背重些,在三个月内,陈粟、陈谢能

---

[1]《刘伯承传》,当代中国出版社1992年版,第425页。

大量歼敌，江汉桐柏及豫陕鄂区、淮河以北地区能深入工作，对全局则极有利。"

要在大别山坚持，粉碎国民党军的清剿，但是又不能硬拼。邓小平提出"避战"的方针，与国民党军周旋。他回忆说：

> 大别山战略机动范围不大，容不下更多的部队，特别是我们习惯于在平原地区搞大开大合的作战，到这里感到很拘束。所以，把部队分开建立军区、军分区以后，主力就逐步向北面转移。中间还有些插曲，就是部队的同志着急，总想打个把歼灭战。我们开了个会，我讲的话，提出要避战。因为那时打不得败仗，一败就不可收拾。后来刘邓分开了，伯承率领一纵和野战军的司令部、直属队到淮河以北，指挥全局。南下大别山的两个后续部队王宏坤、张才千的十纵和十二纵，也不在大别山，向桐柏、江汉两区展开。就是我一个，先念一个，李达一个，带着几百人不到一千人的前方指挥所留在大别山，指挥其他几个纵队，方针就是避战，一切为了站稳脚。那时六纵担负的任务最多，在大别山那个丘陵地带来回穿梭，一会儿由西向东，一会儿由东向西，今天跑一趟，明天跑一趟，不知来回跑了多少趟，调动敌人，迷惑敌人。别的部队基本上不大动，适当分散，避免同敌人碰面。[1]

白崇禧指挥三十多个旅对大别山进行一个月的清剿，却始终没抓住刘邓主力。蒋介石又生一计，12月29日他在汉口召集将领开会，说："现在要讲到今后大别山区剿匪的计划，据我近来研究的结果，认为有一个方法绝对可以打破匪军占'面'的阴谋。这个方法就是古人所谓'筑寨并村'的方法。即就地理形势，选择重要的地区，将其中已有的一个村落加以扩大，并构筑防御工事，然后将

---

[1]《对二野历史的回顾》，《邓小平文选》第3卷，人民出版社1993年版，第341页。

其附近十里或二十里的村落并入，而形成中心寨。其他的村落并不必拆毁，而且匪军不来时人民仍可在原有的村庄居住。不过要将粮食物资集中于中心寨，加以严格的管理。一旦匪军窜入，则附近村落的人民必须进入中心寨，共同防御。这就是并村筑寨的大意。"[1]

国民党军残酷的"清剿"，使刘邓部队的生活非常艰苦。陈再道上将深有感触地回忆："部队进入山区，首先碰到的是住房困难。山区村庄和平原地区不同，什么李家湾、张家湾，实际上就是一两户或两三户人家，一个排也住不下。再者，部队集中到一个地区，筹粮吃饭就很难解决。部队在富裕地区筹借些粮食，离开时每人背一米袋口粮，以便备用，我们纵队几个领导的身上都背有一袋米。到了贫苦地区或山区，筹不到粮食时，就吃米袋里的口粮。不然你借不到，买不到，部队没饭吃，最令人头疼。在内线作战时，有根据地广大人民支援，吃饭、穿衣全不用操心。现在是在新区作战，才尝到无后方作战的苦头。"[2]

到1948年2月，鉴于陈粟、陈谢大军已在中原展开，可与刘邓形成配合。其他战场上我军已转入全面反攻，刘邓主力在大别山区的牵制任务基本完成。刘邓分别请示中央，希望转向中原机动。2月17日毛泽东复电邓小平、李先念："我的意见，大别山全区交李先念指挥，小平率领应集中的部队，现在就渡淮北上，与伯承会合，统一指挥三军合组的野战军(共有二十二个机动旅)。"[3]

2月24日是旧历元宵节，这天刘伯承和邓小平分别率领后指和前指机关行军数十里，在安徽临泉县南的韦寨会合。经历了75天艰苦的日子，刘邓大军完成了跃进大别山和创建大别山根据地的战略任务，付出了相当大的代价。据统计，从鲁西南出征时全军共124000余人。1948年3月出大别山时，野战军直属机关加四个纵队

---

[1]《清剿大别山区匪军之方针》，《蒋公思想言论总集》第22卷，国民党中央委员会党史委员会印，第361页。
[2]《陈再道回忆录》第37章，解放军出版社1991年版。
[3]《毛泽东军事文集》第4卷，第391页。

还有58600人。减员中有行军掉队的、伤病就地安置的、作战阵亡的、留在地方工作的,当然还有逃亡的。武器装备山炮、野炮、榴弹炮等重炮都损失了。[1]

离开大别山回到平原地区,算是"山重水复疑无路,柳暗花明又一村"。可是许多干部打不起精神。当时大家都闹情绪,认为在大别山付的代价太大,还没坚持住。有的干部说:"你看看,我们连队进军时近200人,现在还不到100人,这是什么伟大胜利?不懂。"还有的讲怪话:"现在脚算粘住地了,大别山,再见吧。"刘伯承听到这些思想情况,就到各纵队作报告,为大家打通思想。

4月17日,刘伯承为三、六纵队干部作报告,开口就说:"有人问:我们究竟是不是战略反攻?如果是战略反攻,为什么没有像去年那样多的歼灭敌人?"

他说:"蒋介石的反革命战略就是要扭在我们解放区里打,消耗我们的人力、物力、财力,使我们趋于枯竭,走向失败。毛主席的战略指示:开始第一年是内线作战,歼敌120万以后,转入外线作战。古人说'中原逐鹿',现在中原就是逐鹿场。当时我们说三把锥子向中原锥,南到长江岸是一把,豫陕鄂是一把,豫皖苏也是一把。大家还记得,跃进的任务是一个险关,毛主席当时就给我们估计了三个前途:一个是付了代价,到了长江以后,站不住脚;二是付了代价站不稳,在内围打转转;三是付了代价站稳了脚。这是我们在歼敌九个半旅后,准备反攻时讲的。现在实现了第三个前途,敌人打也打不出我们了。当然,完成一个作战任务,不付出代价那只有唱戏,头一天'杀'了第二天又活过来。可是有些同志看到付点代价就不看全局,我们饿了几顿饭,走了几天路,仿佛革命就没有前途了。"

他说:"我们对全国是尽了责任的。我们被指定的任务是很光

---

[1] 军事科学院军事历史研究部编著:《中国人民解放军全国解放战争史》第3卷,第361页。

中国的 **1948**年：两种命运的决战

荣的，推车子我们在第一位，走在前头。这是釜底抽薪，是厉害的，但是要不怕烧手，釜底抽薪要不烧手那是开玩笑。蒋介石是地主阶级的代理人，我们几个兄弟来打他，你一拳，他一脚，其中一个兄弟被他咬掉一个指头，抓破一点皮，就认为不得了，这是什么思想方法！同时，如果不打出来，我们自己的人力、物力、财力就一定消耗大，牛被人家牵走，房子被人家放火烧掉，树被人家锯掉。现在我们解放区，街头上已听不到飞机的声音，娃娃生得胖胖的，为什么有的同志不这样想？只觉得自己吃了亏，只见自己的脚走烂了，饿了几顿饭，就那样狭隘？"

刘伯承强调："我们要学习毛主席的战略，这是人民的战略，在政治上军事上是完整的一套，是马克思主义的中国化。毛主席的思想，我们要好好学习。把自己的历史好好想一想：有枪的和没枪的打，没枪的胜；枪好的和枪坏的打，枪坏的胜；枪多的和枪少的打，枪少的胜；有飞机大炮和没飞机大炮的打，没飞机大炮的胜。这是什么道理？这就是毛主席说的人心向背的问题。1937年八路军只有几条烂枪，说我们一定胜利，谁相信？1946年说蒋军必败，谁相信？今天是人民战争，这是基本形势，这点都看不到，我们太够不上毛主席的学生了。"

刘伯承慷慨激昂地说："在这时候，我们要忠实于党，忠实于人民。我们在入党时、入伍时，就要打倒帝国主义和封建主义，现在要称一称你这个布尔什维克是否足秤？我们一定要把思想弄清楚，仍旧是执行基本任务。现在我们是有成绩的，蒋介石一天一天走向失败，他表现失败情绪是有根据的。我们个别同志也表现失败情绪就不对了。二人打架，他说他失败，你说你失败，究竟是鬼胜利了？我们一定要弄清楚。以前我们在大别山思想混乱，现在要充分弄清楚。要站队看一看是不是男子汉？真正的黄帝子孙。不算的，就让他去吧!'勇'是男子头上戴一顶光荣的帽子。现在我们是在毛主席领导之下,敢不敢胜利?我想我们是敢于胜利。饿一顿饭,多走点路,那有什么问题!"[1]

刘伯承的报告,澄清了大家思想上的疑团,使大家看到了几个月来艰苦奋斗的成绩,看到了解放战争的胜利前景,极大鼓舞了士气。休整期间,全军上下开展了新式整军运动,部队进行了补充,积极准备在中原战场投入新的战斗。

1948年初,蒋介石为了贯彻"总体战"的方针,对国民党军队和战区编制进行了重组。中原国民党军主力编为六个机动兵团,担负机动作战任务。邱清泉兵团驻商丘,孙元良兵团驻郑州,张淦兵团驻九江,张轸兵团驻信阳,胡琏兵团驻驻马店,裴昌会兵团驻洛阳。这六个兵团各辖两三个师,分布在平汉和陇海铁路上。一旦有事可以快速调动,相互支援。蒋介石开始集中兵力,改变以前以师为单位作战,互不统属和贻误战机的弊端。中原的绥靖区和机动兵团的总兵力为37个整编师,连同非正规军共86个旅,66万余人。蒋介石要凭借这些本钱,来与解放军中原三路大军抗衡。

关于中原作战的战略方针,中央军委于1948年2月指示陈粟和刘邓,要求华东野战军陈士榘、唐亮兵团和陈赓、谢富治兵团与刘邓配合,"由刘邓统一指挥,采忽集忽分战法,机动歼敌。"[2]这时,战争形势发生了新的变化。3月,胡宗南调裴昌会兵团撤回关中,陇海线潼关以东到洛阳段已无国民党正规军防守。陈唐、陈谢立即定下打洛阳的决心,得到中央军委的批准。

[1]《关于大别山斗争与全局问题》,《刘伯承军事文选》,第532页。
[2]《毛泽东军事文集》第4卷,第385页。

中国的 1948 年：两种命运的决战

洛阳战役指挥员陈士榘（左）和陈赓在前线

　　洛阳是九朝古都，中原战略要地。这么大一个城市，守军国民党青年军第 206 师加上杂牌不满两万人。陈唐、陈谢两个兵团有四个纵队、28 个团，占据明显的优势。华野有重炮几十门，火力上也有压倒优势。大家认为："由于裴昌会兵团已西调，无力东顾，胡琏兵团正在北开许昌途中，回援需七天行程，孙元良兵团两个旅已抵汜水、黑石关之线，但势孤力单，估计不敢单独增援。如等胡、孙两兵团靠拢后再打，不仅援敌难打，又误了攻城时机。因而决心以速决战法，在国民党军来援前先攻取洛阳，尔后视机转用兵力寻歼援敌。"为了避免出现战斗中双方互相谦让贻误战机的现象，中央军委命令陈士榘、唐亮统一指挥华野和陈谢的部队，以陈士榘为战役指挥员。[1]

---

[1]《中国人民解放军第三野战军战史》，第 200 页。

3月7日，陈唐下达洛阳战役命令。华野三纵和晋冀鲁豫四纵主攻洛阳城。扫清外围后，11日黄昏发起总攻。解放军集中了三十多门火炮猛轰，为突击部队开辟攻城道路。担任突击的1营营长张明将突击队分成三个梯队。在炮火支援和机枪火力掩护下，战士们踩着肩膀，搭成人梯往上攀登，占领东门城楼。守城的国民党206师师长邱行湘犯了一个致命的错误，没有组织强大的预备队向东门反冲锋。黑夜大雨中他也不知道进来多少解放军，缺少作战经验的国民党军陷入恐慌，纷纷躲进民房。东门战斗整整进行了七小时，为我军攻克洛阳开辟了胜利的道路。战后，华野司令部授予1营"洛阳营"的光荣称号。

12日晨，三纵已有6个团攻入城内，与国民党军展开巷战。邱行湘一面向蒋介石呼救，一面集中尚存的五千余人进入西北运动场和河洛中学的核心工事，准备固守待援。这时，郑州、漯河方向的国民党援军正向洛阳急进。胡琏的18军乘火车到许昌后，经禹县、登封向洛阳行进。一路上大雨滂沱，道路泥泞。13日到达龙门以东的伊洛河岸。忽然大雨滂沱，伊河水陡涨，不能徒涉，激流中无法架桥。这里距离洛阳只有三十多里，耳闻洛阳方向传来激烈枪炮声，胡琏心急如焚！工兵团团长向胡琏报告水流湍急，架桥困难。胡琏按捺不住焦躁情绪，伸手给了团长一记耳光。待浮桥架成，已迟了两天时间，洛阳方面只闻稀疏的枪声，战斗已经结束了。[1]

14日解放军集中四十多门火炮，向城西北隅国民党军核心工事发起总攻。邱行湘回忆："炮弹像急雨般地倾泻在纵横不过百米的地区。工事打塌了，五座大楼都燃起熊熊之火，砖石乱飞，硝烟弥漫。南面两座高楼首先倒塌，据守在那里的总预备队无处容身，到处乱钻，院子里的吉普车也炸得满身窟窿。伤亡越来越多，我的头部也被弹片炸伤，核心阵地的预备队几乎全部葬身在火海中。这时官兵

---

[1]《杨伯涛回忆录》，中国文史出版社1996年版，第146页。

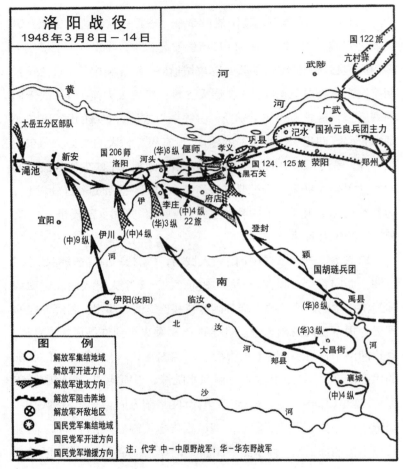

洛阳战役地图

都吓得呆如木鸡,谁也不敢露头。"解放军集中炮火施行毁灭性射击后,各突击部队迅速由东面及西面突破,未及一小时解决战斗。洛阳战役历时七昼夜,解放军全歼国民党青年军第206师及保安部队约两万人。俘虏师长邱行湘、洛阳专员刘焕东以下一万五千余人。

邱行湘是穿上一身破旧的士兵服装想逃跑时被俘虏的。战斗结束后他受到陈赓的召见。陈赓对他说:"你是邱行湘,黄埔五期的吧。我是陈赓。"邱行湘望着这位黄埔一期的学长,羞愧难当。陈赓安慰他说:"放下武器,就是朋友。"两人聊起往事。邱行湘说:"我是江苏溧阳人,家里是贫农,陈毅将军在我家住过。"陈赓说:"如果真是这样,你家的成分倒不错。可惜你是为大地主大资产阶级服务,而且成了他们忠实的帮凶。"邱行湘无言以对,陈赓指示将他和一批被俘的将领送往解放区。临行时还送了一些罐头给他们路上用。[1]

战役结束后,解放军抓紧时间清理战场,转运物资。部队规定了严格的城市纪律和政策,成立了中共洛阳市工作委员会,统一领导城市工作。3月12日召开的工委第一次会议决议指出:"洛阳是个很重要的地方,可能还要经过反复争夺,但最后一定是我们的。因此我们的各种工作应该从长期打算着眼,在工作上要以慎重为主,宁可放过一个,不要搞错一个;宁愿少做一点,不要做错一点。"城市接收和善后工作"一切要求统一,不能各自为政"。工委抽调了二百名政工干部搞接管工作。派人到处张贴布告,安定民心。对城市工商业予以保护,对工商业者不借款、不没收,鼓励其正常营业。接收国民党政府的资产、银行、仓库等,清查逮捕城内的国民党特务、骨干和反动军官。对一般的军政机关职员和编余军官,只要向我政府登记、并保证不做违法的事,可以宽大处理。保护学校和知识分子,保护宗教的财产(教堂、寺院)和外国传教士,保护名胜古迹、图书、古物和艺术品。对遭受战争损坏的城市贫民予以救济,对俘虏官兵一律不杀害不侮辱等。4月陈唐给中央军委《关于洛阳城市工作总结》中说:"部队纪律是空前的好。例如少数战士鞋子跑掉了(因为连日大雨),见到成批敌人遗弃的鞋子不拿。有的部队一天来未吃到饭,见到饼干不吃。检查一个团,只有几个拿了茶碗的。询问五百多俘虏,只有一个人少了大衣、三个人少了钢笔。

---

[1] 邱行湘:《洛阳战役蒋军就歼纪实》,《文史资料选辑》第17辑,中华书局1961年版,第17页。

中国的 1948 年：两种命运的决战

接收到银行 430 多万法币，原封移交，并有敌人化装时留下的表。攻城时在关外吃了群众粮食，战后绝大部分已归还。突击丢掉背包，空人回来。很多人拾了钢笔、金戒指，自动随时上交。战士发现敌人物资，马上到工商局报告。典型例子很多，市民呼我'仁义之师'"。对以往"开仓济贫"的方式，陈唐认为应当制止："抢风一起，常没收商家与富户，人心惶惶，市容难以恢复。今后须有足够兵力保护物资，实行有组织、有计划救济，严防抢劫行为，甚为重要。"

3月17日胡琏的18军接近洛阳东郊，陈唐命令部队彻底平毁城内工事后，主动撤离。国民党军占据洛阳后，因平汉路、陇海路东段形势吃紧，18军于3月底又被调回驻马店，加强平汉路防御。洛阳只留下两个团。陈赓请示军委：抓住战机，再克洛阳。当解放军迫近时，洛阳守军于4月5日晨弃城向东逃跑，解放军再克洛阳，取得了这座中原大城市。

刘邓主力由大别山转至中原后，中共中央为了统一和加强各大区的领导，根据实际情况和形势发展的需要，决定调整和改变原有的大区体制。原晋察冀、晋冀鲁豫和山东的渤海区合并为华北解放区，由华北局领导。中原解放区的部队和地方机构，由新的中原局和中原军区领导。5月9日，中共中央和中央军委任命邓小平为中共中央中原局第一书记，陈毅为第二书记，邓子恢为第三书记。刘伯承为中原军区司令员，邓小平为政委。陈毅为第一副司令员(仍兼华东野战军司令员和政委)，李先念为第二司令员。邓子恢为副政委，张际春为副政委兼政治部主任，李达为参谋长。中原军区下辖豫鄂、皖西、豫皖苏、豫西、桐柏、江汉、陕南七个军区。晋冀鲁豫野战军南下部队改为中原野战军，下辖第一、第二、第三、第四、第六、第九、第十一等7个纵队。原晋冀鲁豫十纵和十二纵已改为桐柏、江汉军区部队，西北民主联军第38军改为陕南军区部队。华东野战军陈唐兵团(辖三纵、八纵和十纵)暂归中原野战军指挥。华北解放区派出大批干部到中原,加强地方工作和新政权建设。经过这次调整,中原解放区的力量大大加强,中原解放战争进入了一个新阶段。[1]

5

与此同时,粟裕指挥的华东野战军主力加入了中原地区的作战。为了配合华野行动,刘邓决定向平汉路以西发展,开拓豫西根据地。5月初,中野二纵、四纵采取远程奔袭、围攻搜剿等方式,先后攻克南阳以西的邓县、镇平等九个县城,消灭了大批地主武装。南阳古称宛城,这次战役又称为"宛西战役"。5月下旬,华野进行豫东战役,中央军委指示中野牵制临颍的胡琏兵团,使其不能出援。刘邓又发起宛东战役,包围确山,吸引胡琏的18军南下。当18军出动后,被中野九纵阻于漯河。南阳的张轸兵团三个师也出动增援,准备配合胡琏与刘邓在平汉路上决战。我军在宛东布下口袋,准备合围张轸兵团。不料行动泄密,张轸得到风声,快速向南阳收缩,我军只打上一个尾巴。这次战役称为"宛东战役"。两个战役打下来,张轸兵团轻易不敢出南阳,我军在平汉路以西的行动更加自如。

宛东战役结束后,中原野战军司令部于6月5日在南阳彰新庄召开纵队领导干部会议。刘伯承司令员作了《中原区的任务和行动方向》的报告。他说:"中原区的任务是将战争引至蒋管区。利用敌人的人力、物力消灭敌人有生力量,并把这个区域变为向东、向南、向西进攻基地。"他分析敌情说:"白崇禧集团是其战略守势的最后防线,此点突破必将全盘瓦解。敌人有三怕:一怕进关,二怕过江,三怕入川。中原区就有敌人的两怕,汉水区是其最大弱点。

---

[1] 《中国人民解放军第三野战军战史》,第203页。

此地既可渡江，亦能入川，且是敌之接合部无法弥补。"

如何打开汉水区局面？刘伯承把目标指向襄樊、老河口。会议经过热烈讨论，一致同意打襄樊。刘伯承最后作结论时，提出"在战略上是打强的，在战役战术上是打弱的。打法是挟其额、揪其尾、截其腰，置于死地而后已。打一点吸引敌全来，我啃其一边。""集中指挥用于打死猪，分割指挥用于打野猪"的思想。[1]

襄樊地处汉水上游，联接荆豫，控扼南北，地理位置十分重要。襄阳古城在汉水南岸，城池坚固，三面环水。与樊城隔汉水相望。三国时期，这里是曹操、刘备、孙权三方争夺的军事重镇。曹操得荆州，便可南下威胁江南，西进夺取巴蜀。刘备或孙权得荆州，便可北图中原。以后历代南北争端，襄樊都是兵家必争之地。清代地理学家顾祖禹在《读史方舆纪要》中说："襄阳者，天下之腰膂也。中原有之可以并东南，东南得之亦可以图西北也。"

当时，襄樊是国民党第15绥靖区驻地。司令官康泽，黄埔三期，长期担任国民党特务组织"复兴社"头目。他没什么实战经验，手下也没有嫡系部队，蒋介石把川军的163、164旅交给他指挥。川军的两个旅是老兵老枪，没有重武器。原驻老河口的104旅都是新兵，宛西战役时被我军吃掉一个团。用这些兵守卫襄樊地区，实在捉襟见肘。[2]《观察》杂志的文章描述说："这三个旅中，一个旅是二线兵团，百分之百的鄂北新兵，毫无作战的经验。一个旅是民国十几年老装备的四川烂兵，子弹上了膛可以从枪口里溜出来。只有一个旅是军风纪战斗力都相当好的，可是这个旅是属于一个整编师的，而那个整编师的指挥权九江指挥部始终坚持着不肯放松。"城里的情况也是一塌糊涂，"仅仅一个绥靖区的组织和编制就变了四次。就在这朝令夕改之下，班子的人事始终没有确定，最后甚至连参谋长都远在贵州。同时，在这个班子里，除了康泽自己是兢兢业业的在做事

---

[1] 《刘伯承军事文选》，第547页。
[2] 董益三：《襄樊战役康泽被擒记》，《文史资料选辑》第17辑，第37页。

鏖战西北，逐鹿中原

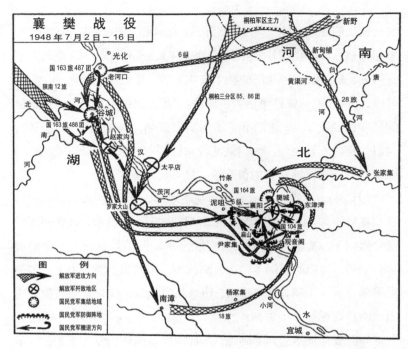

襄樊战役地图

外，其余的人都过着最腐化的生活。打扑克、嫖窑子是大家公私不分的消遣，还有些及时行乐的青年军官包着唱河南坠子的姑娘。这一切，连总统特派战地视察组的周组长都十分清楚，只瞒着康泽一个人。像这样一个指挥机构，明眼人早就知道是会终于垮台的。"[1]

6月21日华野陈唐兵团攻克开封后，白崇禧判断中原解放军也将参与豫东会战，于是决定将华中"剿总"主力胡琏、张轸兵团向豫中集中，寻找解放军主力决战。这样，襄樊完全处于孤立状态。刘伯承抓住战机，命令桐柏军区司令员王宏坤统一指挥中野六纵、桐柏、陕南军区共14个团的兵力，进行襄樊战役。

7月2日夜，六纵突袭老河口。守敌不战而逃。国民党军如同惊弓之鸟，6日上午解放军尚未到达襄阳城外，驻守樊城的164旅

[1] 雨岩：《康泽殉职记》，《观察》第4卷第24期。

中国的 1948 年：两种命运的决战

官兵就乘船渡过汉水，向襄阳北门逃来。北门守城部队报告康泽，康泽大怒："谁叫他们撤退的？"令164旅返回樊城。164旅的人不肯回去，康泽派人到北门城楼上连哄带骗，才把他们劝回去。回到樊城，164旅旅长就打电话告诉康泽："我们回到樊城了，可是这里的民心已经变了呀！他们准备了很多慰劳品，原来是慰劳我们的。我们一走，不管他们，他们就准备拿这些东西去欢迎匪军啦！我们回来以后，老百姓对我们很冷淡，民心已经变了呀！"[1]

7月7日，六纵指挥员到城郊观察地形，感觉襄阳确实不好打。襄阳城虽不大，但城墙高大坚固。城西护城河宽13米，只有一座桥通到西门下。城墙上下碉堡、火力点密布，开阔地布设了大量障碍物和地雷。襄阳城南的羊祜山、真武山、凤凰山、虎头山上，国民党军都修筑了工事，易守难攻。历来兵家认为：欲夺襄阳必先夺南山，山存则城存，山失则城亡。

外围战斗果然遇到了困难。解放军向城南诸山轮番攻击。费了很大力气才占领了四个山头阵地。国民党军外围防御中心的羊祜山还拿不下来。六纵指挥员认为："当我大军围城后，敌之基本方针是依凭险要地势和坚固防御工事，幻想达其固守待援之目的。以其精锐扼守城南大山，企图首先在山地与我拼消耗或将我驱走。以为只要拖延时间，等待援兵，守城不成问题。按实情如果我们不夺下城南大山，是很难接近城关和根本谈不上攻城的。但若与敌争端外围山地，费时太久或消耗太大，那就刚刚上敌人之当，使其达到拖延时间、等待援兵的目的。当时我们打破了历史上攻打襄城必先夺山的惯例，先打下城南大山的几个制高点，将南山敌人防御体系打开几个缺口，然后不顾一切地采用掏心战法逼近城垣，实行攻城。"[2]

绕山攻城具有一定的冒险性，刘伯承权衡再三，认为康泽不善指挥，襄阳守敌已经恐慌动摇，同意了前线指挥员的建议。刘伯承

---

[1] 董益三：《襄樊战役康泽被擒记》。
[2] 《第六纵队襄樊战役总结》。

在战后的总结中说:"攻城指导上是集中绝对优势兵力的钳形突击。我13日后,鉴于虎头山、羊祜山永久筑城,不易攻下,襄阳城东西两面守备薄弱,乃变计以独立团佯攻该两山之敌,以六纵全力攻襄阳西门,孔庆德全力攻城东南,刘金轩五个营攻城东北,而将三军突击会合于城内杨家祠堂康泽司令部,此乃襄阳全胜的关键。"[1]

13日到14日,解放军突破了襄阳城的西关和东关。14日康泽全面收缩阵地,将羊祜山、虎头山等外围阵地全部放弃。这是一个十分愚蠢的昏招,国民党军后来承认:"襄阳城西南各高地能瞰制全城,羊祜山离城西南角仅400公尺,轻重机枪及火炮可以纵射西南城垣,瞰制西面城垣,诚为阵地之锁匙部。自放弃西南各高地之次晚,匪即突破城防工事。守山地凡十日,匪攻不下;退守城内一日,即被攻陷。足证放弃西南高地之失策。"[2]

收缩到襄阳城内后,康泽又犯了一个严重错误:他认为南门外壕浅、工事较弱,共军会从这里突破。西门城坚壕宽,用火力封锁便可阻挡共军,所以他将防御重点放在城南。没想到解放军出其不意,15日晚,六纵集中火力,将西门国民党军碉堡完全摧毁。突击队乘着烟雾弥漫,登上城墙,突入城中。解放军之所以能迅速突破,除了部署得当、战士勇猛外,国民党军士气低落、内部矛盾也是原因之一。据国民党方面战后检讨:"参战部队以163旅战斗经验较强,但其装备较劣。而装备较好之104旅又以战斗经验缺乏,且各部因待遇差别,104旅为后调旅,配发现品,给养较好。其他两旅副食系发代金,物价日高,给养太差,致引起互相歧视,故作战时不能和衷共济,戮力同心。""据逃出官兵报称,各级干部无剿匪经验,入城后战斗意志低落,更不能掌握部下。每遇情况紧急或枪声密集时,官兵多生恐惧心,藏入掩体内,不坚守阵地。匪乃得从容突入阵地。匪陷城后,全军尽破,而各级部队长及幕僚阵亡者极少,

---

[1] 刘伯承:《中原野战军襄樊战役总结》,1948年9月8日。
[2] 国民党华中"剿总"司令部:《襄鄂会战史》。

而能化装脱险回后方者甚多，足为明证。"[1]

16日上午，解放军包围了杨家祠堂内的第15绥靖区司令部。杨家祠堂是个四进式院落，祠堂四角筑有坚固的两层碉堡，中心有一个三层主碉堡。此时，康泽躲在坑道里，由副司令郭勋祺在中心碉堡指挥。早晨司令部的人从碉堡顶上往四门看，只见城墙上竖着白旗，才知道他们成了瓮中之鳖。郭勋祺还要大家死守待援，解放军用迫击炮对准司令部平射，把国民党守军的脑袋震得发昏。下午开始总攻，解放军使用工兵爆破，机枪、步枪、手榴弹一齐打响，并从四面八方喊话："缴枪不打！""投降不打！"这一下，司令部内的军心完全崩溃了。一个川军军官喊道："我们要投降！他妈的，他们发大财，在南京享福，我们为的什么？"这一喊，一呼百应。康泽、郭勋祺被迫走出碉堡，当了俘虏。

襄樊战役历时14天，解放军歼灭敌第15绥靖区司令部和三个旅，俘获康泽以下17000余人，毙伤敌3500人。收复襄阳、樊城、老河口、谷城、宜城等城镇。这个战役从战场选择、战机捕捉到战役部署和指挥，都体现了解放军机动灵活的战术原则。刘伯承在战役总结中说："这一战役的胜利是由于敌我两军战于豫东、平汉线，将敌主力吸走，襄樊孤立，蒋白两匪初判断我无主力攻襄，襄阳可以固守，发援较迟。一到我攻下，援兵已来不及。……极似打篮球，双方互相牵制，以一人乘机钻隙投篮的方法。"中共中央7月23日给中原局和中原野战军负责人的贺电指出："这一汉水中游的胜利，紧接着开封、睢杞两大胜利之后，对于中原战机的开展帮助甚大。"此后，华东和中原两大野战军互相配合，作战规模由几个纵队的集中作战发展为两大野战军的联合作战，在中原战场转入战略进攻。

---

[1] 国民党华中"剿总"司令部：《襄鄧会战史》。

6 改造俘虏，化敌为我

中国的1948年：两种命运的决战

1

有一道简单的算术题：甲乙两方打仗，双方各有6人。甲方俘虏了乙方2人，双方对比为6∶4。如果甲方把俘虏的两个人纳入自己的队伍，则双方对比就变成了8∶4。

我们回顾一下解放战争期间国民党军与解放军的实力对比：1946年6月蒋介石发动全面内战时，国民党军有430万人，解放军为127万人，实力对比为3.4∶1。一年后的1947年6月，国民党军有373万人，解放军为195万人，实力对比为1.5∶1。1948年2月，国民党军有365万人，解放军为249万人，双方实力已经接近。到1949年1月三大战役结束后，国民党军只剩下204万人，解放军则上升到358万人，形成了压倒优势。[1]短短两年多变化如此之大，除了解放军在战场上取得一个又一个胜利，歼灭大量国民党军之外，通过教育改造，把大批国民党俘虏兵转化为解放军战士，是加速双方实力对比转换的一个更重要的原因。

在战争中融化俘虏，改造俘虏，补充部队，是解放军一项重要的政治工作。据华东野战军政治部统计：解放战争第一年，华野歼灭国民党军8个师、29个旅，俘虏国民党军官兵26万人。除少数军官送后方学习改造，部分伤兵、身体条件差的释放外，绝大部分都补入解放军各部队。因为每次战役，部队都会有不同程度的伤亡，把国民党军俘虏兵补充进部队，是保持建制完整、恢复战斗力的必要措施。随着胜仗越打越多，俘虏兵也源源不断地补充到部队中来。"事实证明，这样大量俘虏成分的补充，非但没有削弱我军的素质和战斗力，相反的正使我军空前的发展壮大，更加坚强的战胜敌人。"[2]

1947年12月底，陈毅从山东去陕北见毛泽东。路过晋绥军区驻

---

[1] 军事科学院军事历史研究部编著：《中国人民解放军战史》第3卷，军事科学出版社1987年版。
[2] 华东野战军政治部：《改造俘虏工作的初步总结》，《华东前线》增刊第11期，1947年12月。

改造俘虏，化敌为我

地时，大家请他做报告。陈毅滔滔不绝，连讲三天。在题为《一年来自卫战争总结》的报告中，他特别介绍了华野改造俘虏兵的经验：

每一战役后，每个团要补充一千多俘虏兵。俘来后就给发枪打仗。我们融化俘虏有一套经验：一是用老解放战士争取俘虏兵；二是用翻身农民战士教育俘虏；三是不搜他们的腰包，失掉东西给一定的赔偿；四是民工教育俘虏。我军每团都有二三百民工，他们有四五十岁的老农民。他们虽不洗面，手脚很黑，穿着便衣，但经过减租减息与土地改革，阶级觉悟很高，时事政治都了解。利用他们向俘虏兵宣传教育，使俘虏兵感觉了不起，一个老百姓知道的东西这样多，往往比指导员或高级干部的讲话作用还大。再经过评功记功，给他们挂上红布条，升为班长，他们就高兴得很："在蒋介石那里，当兵一辈子升不了，到解放军不几天就升了班长。"我们很多指挥员愿意要解放战士，不要翻身农民。因为解放战士听指挥、有战斗经验，认为翻身农民到部队给你讲民主，有时开小差，很难侍候。但解放战士在打胜仗时没有问题，一到艰苦时候就开小差。如华中撤退，反攻转移，解放战士就大批开小差，而翻身农民很少，甚至没有。我们补兵员十分之三是翻身农民，十分之七是解放战士。有些部队则不要，以翻身农民同别人换解放战士。后来因在困难时期解放战士逃跑多，大家不愿要解放战士了。最好部队补兵比例是翻身农民十分之四，解放战士十分之六。一年来，我们补充了20万解放战士，12万翻身农民。[1]

陈毅阐述的是华东野战军改造俘虏的基本经验，实际情况则要复杂得多，也艰难得多。一个国民党军的士兵，要他们在短时期内把枪口调过来，把立场转过来，为革命事业流血拼杀，谈何容易。

---

[1]《陈毅军事文选》，解放军出版社1996年版，第434页。

中国的 1948 年：两种命运的决战

1947 年 5 月孟良崮战役结束后，上级指示 74 师的俘虏"一个不放"。6746 名俘虏被转送到后方，进行审查、集训和再分配。负责这项工作的华东野战军政治部俘管处将俘虏编为 27 个中队，严加管制。各级干部对 74 师仇恨很深，使俘虏产生恐惧感，生怕被杀掉。尤其是中下级军官，更是隐瞒身份。最初进行登记的时候，是"三少四多"：即国民党政工人员、谍报人员、部队主官少，书记、文书多，军需、司务长多，军医、看护多，士兵多。这里面肯定有弄虚作假，俘管处的第一步工作，就是对俘虏进行甄别审查。

俘管处的干部把审查工作形容为"剪头去尾"。先把校官、政工、谍报、特务人员清理出来，同时也把士兵清理出来，分别管理。士兵尽快补充部队，军官则根据情况，另行处理。审查的方法是首先成立校官访问组。俘管处组织科的干部从已知身份的 74 师校官中选择十个人，建立第一个访问组，其中有 74 师师部的人事科长、新闻室主任、一个副团长、一个师部副官主任、两个谍报组长、一个参谋处长等。他们都是坦白了身份的军官。俘管处的干部注意到以下几点：1. 照顾到原来的部队编制，74 师师部和三个旅都有人参加；2. 照顾到各种职务，如特务、谍报、政工人员最害怕被揭露身份，所以要有这些部门的人参加；3. 要选在部队历史较长，熟悉人事的，如人事科长、负责主官等；4. 选择在原部队中有一定威信的，有一定号召力的；5. 选择敢说敢做的，最好事先动员，自愿参加，明确要求他们把同部队的熟人部下指出来。审查的第一步是交代政策，先觉悟比后觉悟好，早立功早得宽大处理。当涉及到个人生死利益的时候，国民党军官是会抓住宽大机会的。

访问组成立后，俘管处干部便以大队为单位，集合全体俘虏开大会。首先让 74 师人事科长讲话。他说："你们个个我都清楚，人家宽大相待，你们再不坦白，我就不客气了。大家不要认为我是出卖朋友，其实我是为大家的好。"俘管处干部严肃宣布：现在坦白者不再追究，仍继续隐瞒者，表示他与共产党对抗，我们的宽大政策就要重新考虑了。说完后，访问组成员到人群中挨个指认，俘管处干部验明身份，记录在案。这下俘虏们沉不住气了，纷纷举手坦白。在指认过程中，俘管处干部对"访问组"也不放松警惕。意识到："应当看清他们是不愿意帮助我们动员俘虏坦白的，许多人讲话是出于不得已，指认更是非其所愿。经过访问的大队，俘虏虽然有不少坦白了，但绝非万事大吉，隐瞒而不提供材料的大有人在。访问时要严防访问者随便和俘虏交谈。因为访问者基本上是无意助我，如使他们互吐衷肠，反而影响坦白运动的开展。"

于是，俘管处干部又想出"对照人"的办法，让老俘虏辨认新俘虏。一天，7中队来了54个俘虏，俘管处干部让老俘虏前去辨认。经过对照检查，认定其中38人是74师的，并查出野战医院院长、情报主任等军官。然后又让新俘虏辨认老俘虏，其中140人再次被证实身份。这个方法很灵验，俘管处第二天组织7中队与8中队共400多人进行有组织的双方对认，结果300多人的身份得到证实和重新确认，只有少数新兵、后勤人员或到职不久的没有确认。俘虏们说："这真是以毒攻毒，叫自己人认自己人，这下隐瞒不住了。"有的说："这才好呢，我坦白了，再也不会怀疑我了。"有个上等兵，原来被怀疑为排长，得到确认后高兴地说："这下可好了，有人认得我了。"

最害怕被认出来的是那些国民党特务和谍报人员。他们在74师中是监督官兵的，最招人恨，当了俘虏又怕受到惩处，因此想方设法隐瞒身份。俘管处也采用"以特制特"的办法，以前新安镇作战时，曾俘获74师一个谍报员。俘管处的干部通过他在俘虏中做工作，现身说法交代政策，使得谍报组长郑某主动承认了自己的身份。郑某在74师谍报队中与上司有矛盾，受排挤，坦白后向解放军提供了不少材料,指认出师部谍报队长毛某。其他隐瞒的谍报队员看到毛某被认出后并未枪毙,怕死的顾虑减轻,于是有的主动交代,有的在审查时承认了身份。对有罪恶的特务分子,则采取重点管制,以防逃跑的措施。并组织审讯,搞清楚国民党军中特务组织如何对解放区进行策反、刺探情报、偷听电话、雇佣情报人员的方式等等,配合解放区的保卫工作。[1]

经过俘管处的审查后,大批74师俘虏兵被补充到华野各纵队。从国民党士兵到解放军战士,是一个根本性的转变。但是要想让这些"解放战士"真心为我方打仗,单靠命令是不行的,需要一个相当长的教育改造过程。四纵某团分来一批74师的俘虏兵,2营副教导员丁耀卿通过与他们接触,发现了一些问题。

74师是国民党军队中"五大主力"之一,国民党在74师中也建立了一套政治工作体系。连队中有专职的指导员、宣传队员、监视士兵的特务组织、督战队等。74师士兵有学习制度,粗通文化的士兵都有一个日记本。他们记日记成了习惯,被俘后也不间断,上面写着国民党宣传的"军队国家化"、"政治民主化"一类文字。由于严密的思想和组织控制,士兵想逃跑或投降是很难的。孟良崮战役最后阶段,四纵冲上山头,看到几个伤兵。他们哭喊着说自己是宿迁人,解放区沦陷后被抓壮丁来到74师的。他们知道解放军好,但开小差逃不掉,战场上投降更办不到,都是因为74师的特务和督战队监视太紧。

74师的物质待遇在国民党军中是最好的。伙食好,军饷足。富裕生活过惯了,吃不惯解放军的粗粮,被俘后常常摇头叹气。有的对解放军战士说:"你们真傻,当兵还吃这些东西!""我们打内战以来苦多了,但比你们的生活还强呢,过去的生活真好呀。"所以他们补充到解放军后,虽然表面上服从,但心里是不服气的。有的说:

---

[1] 华东野战军政治部俘管处:《孟良崮战役俘虏工作总结》。

"胜败是兵家常事,你们在涟水不也被我们打败过吗?"有的抱着"好汉不吃眼前亏"的态度,过一天算一天,以后再作打算。有的说:"到处都是打内战,你消灭我,我消灭你。虽然74师被你们打光了,可是国民党还有几百万军队,有美国的飞机大炮,共产党要消灭国民党也靠不住。"他们惟一服气的是解放军的近战肉搏,他们说:"我们打仗是全靠火力,只听炮声响,不见人上来。跟你们硬拼心里是害怕的,有时就不肯打了,朝天开枪。"[1]

对74师"解放战士"的这些活思想,四纵政治部进行积极的思想政治工作,帮助他们消除顾虑。10师某团2连召开祝捷欢迎大会,各班新老战士坐在一起,举行会餐,老战士热情招待新解放战士,建立融洽的气氛。指导员作介绍后,老"解放战士"纷纷起来讲话。他们来自国民党军不同的部队,以亲身经历现身说法。

原国民党26师的夏某说:"我是抽丁出来的,我哥哥有病,我替哥哥来补丁。蒋介石把当兵的不当人,训练个把月就送来打仗。我在26师工兵营,天天修工事。才过年,新四军就把我们包围了。我们炮4团、炮5团都是榴弹炮,装备比74师还好,快速纵队有坦克,有汽车,可是一天一夜统统做了俘虏。你想这不是有鬼?这次新解放过来的74师同志,不要想糊涂心思,以后你们会相信的,这个队伍比国民党强。"

原国民党51师的安某说:"我们51师守枣庄,我那时不相信新四军能把枣庄打开。我们院墙是水泥石灰砌的,三四丈高;外壕又深又宽;外面又是电网,谁碰上谁就死。工事里面是轻重机枪、榴弹炮、小炮。才打时我听新四军的炮就不对,一炮就是两响,头一天就把电网打坏了。新四军有一种炸药,你工事再好也吃不住。一个爆破队上来,带花几个还是冲。炸药一响,步兵马上就冲进来。结果51师消灭了,师长、旅长统统被俘虏过来,现在还在后方吃小

---

[1] 丁耀卿:《谈一些74师俘虏的思想情况》,华东野战军四纵政治部编《战斗》第15期。

米。我也俘虏过来了,我对新四军打仗也真心服。我们才过来,不像你们那样吃四个菜,那时真苦,七八天没有吃过菜,吃高粱煎饼。国民党飞机天天来炸,夜里行军一下就是八九十里,真是过不惯。心想中央军队伍大大的,吃的好,穿的好,想开小差过去。但是再想想,还是要俘虏过来,如果再看到我,脑袋瓜子不是要搬家!以后整训开大会,学习讨论思想,脑筋才想开,我才真心在这里干。"

原100军的林某讲得最生动:"我是新四军第一批在宜家堡俘虏过来的。过来没休息就参加战斗,一上去就缴了三门野炮。以后每次打仗,都缴枪抓俘虏。在那边我是上士炮手,碰巧还可以骑马,到这边来生活怎么能过得惯!想开小差,但队伍多,到处有民兵,逮到了怎么办?我心里真希望新四军打败仗,我好过去。但每次都是国民党打败仗,真是没法想。以后到山东来,26师、51师、73军、46军,这次74师都消灭了。这些部队过去和我们100军在湖南打鬼子,战斗力都是很强的,怎么都被新四军消灭了呢?73军已经走了二十多里,我想这下73军可以跑出去了,谁知又被歼灭。26师有坦克、汽车、榴弹炮,谁知天下大雪,也被消灭。真是天都帮助共产党,这是天意,你有什么法子想!跑路吃苦惯了,想想自己过去讲怪话、吵架不对。我现在在2班当班长,在新四军里,不问你是74师过来的也好,老同志也好,你有本领都可以立功劳。"[1]这些生动的现身说法,对74师士兵是最直接的教育。

对74师官兵的改造是华东野战军政治工作的一个成功范例,但也有其特殊性。当时国民党军停止了进攻,使解放军得到一个多月

---

[1] 金菊如:《孟良崮战后政治工作的经验》,载《战斗》第17期。

改造俘虏，化敌为我

的休整。政治部门有比较充裕的时间来进行审俘、融俘工作。但是多数情况下解放军都是连续战斗，往往是战斗一结束，就把俘虏兵补入部队。头天被俘，第二天就随部队参加战斗。如何在战斗中做好即俘即补，迅速完成由国民党士兵到解放军战士的思想转变，华东野战军干部在实践中摸索出一套独具特色的经验。其主要特点是：由包办式的集中训练、审查、处理俘虏，到群众性的融化改造俘虏；由空洞的灌输说教，到联系实际，完全走群众路线的诉苦运动；由孤立的思想教育到与实际行动密切结合。由一般性的改造俘虏到研究具体对象(广西军、杂牌军、74师等)，对症下药；在组织领导上将政治工作、宣传教育、审查反特结合起来，由单纯的自上而下转变为机动灵活的群众运动方式。这些行之有效的措施，收到了很好的效果，也显示解放军政治工作达到了一个新水平。

华野改造俘虏的第一条基本经验，是让他们从组织翻身到思想翻身。补充俘虏是很简单的，只要把他们的国民党军衣脱下来，换上解放军的衣服，分配到连队，就从一个国民党兵变成"解放战士"了。但是这不等于思想也马上转变。俘虏兵身份不同，受教育程度不同，生活经历不同，什么样的人都有，思想是相当复杂的。刚被补入解放军的俘虏兵，普遍对解放军政策存有疑虑。他们听说被共军俘虏，要抽筋剥皮、活埋、暗杀，终日胆战心惊。有的好几夜睡不着觉，怕黑夜杀他。有的见班长拿镢头修操场，以为是要挖坑活埋他。有的身上藏着手榴弹，准备杀他时拼命或同归于尽。不少人想找机会逃跑，有的盼解放军打败仗，有的要求释放回家，还有的人私藏国民党军的徽章、抗战证明书、军衔符号等物品，作为逃回国民党军的物证。一次战斗结束后民兵打扫战场，在掩埋一个牺牲的"解放战士"时，忽然发现他的衣袋里藏有一枚国民党军徽章。民兵忿恨地说："虽然牺牲了，还是两条心。"

中国的1948年：两种命运的决战

由于长期受国民党的教育，俘虏兵头脑中不同程度的存在固有观念。74师、杂牌部队都是如此。有的说："蒋介石吃的好，穿的好，住的好，为什么要卖国？"有的说："蒋介石人多地大有外援，共产党早晚打不过，顶多打平手。"即使不信仰蒋介石，也说："一个巴掌拍不响，两个巴掌不肯让，所以就打起来了。""蒋毛早打晚打还不是为一个地盘，大家都想当领袖。"不分是非的糊涂观念则是大多数："吃蒋介石饭帮蒋介石打天下，吃毛泽东饭帮毛泽东打天下。""到底打到哪一天，中国人打光了就不打了。"有的老兵则怀念国民党军队生活，蔑视解放军："干中央军可以逛大城市，坐火车，吃大米；这边就是吃小米，跑路，太辛苦了。""在那边吃喝嫖赌，还能找机会痛快一下。这边薪金太少，没烟抽没钱花。"

思想问题不解决，"解放战士"在战斗中往往表现消极，莱芜之战中，华野某连已经与国民党军交火，许多新战士却隐蔽在一旁抱枪而坐。班长一再催促才勉强端枪射击。有个机枪手故意抬高枪口，把子弹打完了事。有的炮手也故意发射不准，说是打自己的同行太不讲良心。教育俘虏兵转变思想是头等大事，但是没有时间集训，又要在短时期内让他们转变，这个工作怎么做？有的连长没耐心，先把俘虏兵管得老实听话。他命令连里的党员、积极分子、老战士分头包干，看守新兵，结果造成新兵的猜疑隔阂。有的表面装老实，实际上想找机会逃跑。干部们看见有的新战士写保证书，高兴地说："我们连里的解放同志好啊，既能吃苦又不说怪话，比老同志还强。"有的说："我们连的解放战士都没有问题。"结果不久就逃亡了三人。有的虽然没跑，但也表现出动摇情绪。有个战士休整时说："新四军好，不做工事，每天有肉吃。中央军每天做工事，吃的苦说不尽。"等解放军开始行动了，他马上叫苦："中央军一天只走30里，还是白天。新四军一夜走80里，这个兵怎么能当。"

解放军的政治思想教育，历来是身教重于言教。"解放战士"与老战士朝夕相处，生活、行军、战斗都在一起，随时随地都可以谈心，交流思想。新战士往往有三个困难：一是人地生疏，举目无亲，感到不习惯；二是被俘时丢掉的物品尚未补充，生活困难；三是怕行军走路。老战士用各种办法帮助新战士解决三个问题，让他们感受到部队的温暖。

共产党员的模范作用，解放军官兵一致的民主作风，最能感动"解放战士"。战斗中营、连长带头冲锋时，老战士就对新战士说："新四军打仗，当官的不怕死，冲在前面。国民党当官的打起仗来还不知在哪里呢。"解放军干部吃、穿、住都和战士一样，使新战士最吃惊。他们说："我们那边一个排长就有一副挑子(私人财产)，连长有两副。你们的排长和小兵一样，真是平等。"班长宿营时帮新战士烧洗脚水，铺稻草，行军时帮战士背东西。连部把好房子让给新战士住，大家感动地说："国民党的班长什么都要小兵伺候，这里的班长反而照顾我们。""我们当兵这些年，从没见过这样的好部队。当官的不住大房子，让给小兵住。"新战士纷纷表示："死也不离开这里。""要凭良心，饿肚子也要干下去。"

"解放战士"大多是穷苦人出身，很容易培养阶级感情。一次宿营，一个新战士图凉快睡在外面。连长怕他受凉，一夜起来三次劝其进屋。不但这个战士受感动，全连十个新战士都说："新四军干部真好，对我们太关心了。老中央当官的天天享乐，谁管当兵的死活。"有个新战士已经看好机会要逃跑，正巧当天生病，全班同志轮流照顾，送饭送水，使他感动得坦白了错误。新战士亲身体验到我军与旧军队的不同。他们说："八路军、新四军才是人民的军队，在这里干是有前途的。""蒋军《军人手册》上第一条是'为长官而死'，是耻辱。现在是'为人民服务'，最光荣。"有了这种觉悟，新战士的思想实现了根本的转变。[1]

　　让"解放战士"与老战士一起参加战后的评功活动，对他们也是深刻的教育。他们看到在解放军中，无论新老战士，只要在战斗中表现勇敢，都可以立功受奖。七纵57团在莱芜战役中，7连的一位"解放战士"张菊亚在追击敌人时，看到前面有两个敌人在逃跑。一个扛着机枪，一个扛着子弹箱。他大声喊道："放下武器吧，我也是放下武器的，衣服还没换。八路军优待俘虏，不杀不打。"逃跑的敌人停下了，他上去缴枪，不小心摔了一跤，结果机枪被战友拿去。张菊亚不丧气，马上打死一个敌人，又缴获一支步枪。下火线时他还背了一个伤员，扛着两支枪。评功时全连同意给他记一大功。另一个"解放战士"樊心林在追击敌人时，看敌人不肯缴枪，就喊道："你们不要怕，我是74师的，在新安镇解放的。共产党宽大政策，不杀害俘虏，你们过来没有关系。"他的喊话使对方放下了武器。连里也给他记了一大功。在评功时，连队充分发扬民主，每个战士都有发表意见的权利。有一位班长战斗打得很勇敢，还缴获一支枪。但在冲锋时拾了一条毛毯，违反了战场纪律。记功委员会宣布他的功劳时，战士们不同意，于是将功折罪。"解放战士"感到解放军真是公平民主。坚定了在部队好好干的决心。[2]

　　为了启发"解放战士"的阶级觉悟，华野各连队开展诉苦活动。开始有些"解放战士"不接受，有反感。陈毅讲了一个例子："有的诉苦，一说就是蒋介石卖国内战罪恶，美国如何侵略中国等一套，有位俘虏兵听了起来说：'蒋介石怎么压迫人呢？我是贵州人，从贵州坐飞机到浙江，又从浙江坐飞机到南京，从南京到徐州，不是蒋介石我哪能坐到飞机?美国人帮助中国军队武器、金钱打日本，怎么是侵略？'他不参加诉苦大会就走了。一研究，他是一个兵痞，长期受统治者情感的蒙蔽，一时不容易认识与觉悟起来。但他有一

---
[1] 华野政治部：《改造俘虏工作的初步总结》。
[2] 华野七纵政治部编：《政工通讯》第2期。

改造俘虏,化敌为我

在新式整军中解放战士的诉苦会

个好处,就是认为自己被共产党抓住没杀了,共产党是他的恩人。要报恩决定不开小差,坚决为共产党打仗。后来先从生活上团结他,与他一起吃饭、闲谈,有时顺便把他带到会场听人诉苦。起初还反感,一次他听到一个战士诉说他父亲死了,他母亲卖淫养活他长大,又被蒋军抓兵抓走,母亲饿饭等悲惨情景,全场战士听到都哭了。他也哭了,问他为什么哭,他答:'这和我的历史一样。'问他为什么不诉苦?他说:'这和蒋介石、美国人没有关系。又不是蒋介石、美国使我这样的。'后经过启发才慢慢觉悟过来。"

通过生动细致的思想工作,"解放战士"的觉悟有了很大提高。他们明白了当兵是为谁打仗,找到了自己的奋斗方向。他们在战斗中凭借个人良好的军事素质，表现出机智灵活、讲求实效的优长。陈毅对此十分称赞，号召老战士向他们学习。陈毅说："我军勇敢果然好，就是一排排的集团冲锋。当把敌人冲下来时，牺牲的人也是一排排的。这种冲锋一遇到顽强的敌人，伤亡就更大，说明我军没有很好的战术是不行的。我们有一个营长指挥三个连去打一个村里的敌人，村外是开阔地，不讲究机炮火力掩护，敌人等我们冲到七八十米近才打枪，冲一次就死伤七八十人。一个俘虏兵是轻机枪射手，他看见营长叫'打！打！打！'说：'营长你叫打哪里呀？'营长没法答他。他说：'要用机枪封锁敌人的枪眼，掩护冲锋。'营长同意了他的意见。他并提出要用三挺机枪封锁五个枪眼，他先负责布置搞好标尺，实验射击目标，然后指挥三挺机关枪一齐开火，压住了敌人的火力。营长就发命令冲锋，以手榴弹打进去，没有一个伤亡，敌人就被迫投降了。这是战术的作用，我们的营长不如人家的班长，俘虏兵起了指挥作用，这是我们战术上有缺点的缘故。"

陈毅又举炮兵的例子说："现在炮兵多了，榴弹炮、山炮、六〇炮、轻重迫击炮等，常常炮兵在战斗中占很重要的地位。但我们的团、营长使用炮兵是老一套的采取近战，实行抵近射击，把炮拉到距敌人二三百米处射击。因炮兵多，敌人用六〇炮与机枪就可以把我们的炮打坏，炮兵伤亡很大。在抗战时期我们的炮少，敌人在孤立据点，用抵近射击有效。今天情况不同了，我们现在有三四百门炮，抵近射击妨碍步兵的战斗动作。我们一定要用间接射击，把炮拉到一定的距离，榴弹炮十里至十五里，野炮十里或七八里，山炮、迫击炮一千到两千米。我们的炮兵多是解放战士，你叫他把炮拉近射击他硬不干。他说：'世界上没见过这种炮兵，你那套是不行的。我们按一定距离射击，射击不准，杀我的头。'我们指挥员往往枪一响，就命令打炮。但他们不知往哪里打。解放战士有经验，

改造俘虏，化敌为我

炮打得很好。我某部有一连榴弹炮调到石家庄作战，没有赶上。后来参加元氏战斗，指挥员也是把炮拉到二三百米来打，结果打死了九个炮兵，有一门炮的瞄准镜也被敌人打坏了。有时炮太近了，东面打到西面，西面打到东面，往往打到自己人。解放炮兵往往几炮就把敌人的工事打垮了，人家是科学的。蒋军被我俘虏的一个旅长对我们的炮兵表示钦佩，又带讽刺地说：'八路军的炮兵就是差一把刺刀。'一面说我们勇敢，一面说我们不懂炮兵战术。我们不能满足于老一套的战术。国民党的步兵操典一般的原则是对的，可以学习。我们考试一个连长关于司令部的卫兵守则，他报告半天要如何提高政治警惕，注意反革命等一套政治讲演。我又叫一个解放战士来讲，他只讲七八条，简明扼要的就说完了。"[1]

"解放战士"一旦觉悟，就能焕发出巨大的能量。晋冀鲁豫野战军曾经涌现了一位著名的战斗英雄王克勤。他是安徽阜阳人，出身于贫苦农民家庭。1945年10月邯郸战役中被我军俘虏，补充到六纵18旅52团当战士。通过诉苦运动，启发了王克勤的阶级觉悟，使他真正明白了为谁打仗和自己肩负的责任。思想上的转变使王克勤变成了一个新人，在训练和作战中发挥了模范带头作用。他被升为机枪班班长，1946年10月加入中国共产党。班里补充了4个新战士，王克勤像对待亲兄弟一样关心他们，帮助他们。他教战士擦枪、射击、排除故障，边教边比划，战士们都能很快掌握。他还在短时间内教会新战士利用地形、挖机枪阵地、接敌战术动作等等。战士们高兴地说："班长教咱们这一套，保险能用得上。"

部队进行战斗动员时，王克勤提出在班里组织战斗互助组。一个班的人分成两到三个小组，由身体强壮、有战斗经验的老战士担任组长。王克勤向大家解释说："咱们组织好了互助组，组长要保证不失联络，大家要听组长的招呼。我若是牺牲了，你们听副班长指

[1]《一年来自卫战争总结》，《陈毅军事文选》，第429—430页。

中国的 **1948年**：两种命运的决战

王克勤（右一）在耐心教战士分解机枪

挥；副班长牺牲了，就叫组长指挥。谁挂了彩要互助互救，不能丢一个伤员。"1946年11月，部队奉命守卫徐庄。王克勤在战前提出"多流汗，少流血"的口号，组织大家选地形、挖工事。不但挖隐蔽工事，还挖了预备工事。战斗开始后，国民党军的炮弹呼啸而至，新战士慌了，爬起来想跑。王克勤高喊："同志们不要跑，炮弹第一次打到那里，第二次绝对打不到那里，你一跑就刚好赶上炮弹。"敌军开始进攻时，王克勤又对战士说："我的机枪一响，你们就赶快到工事里隐蔽。敌人知道这里有机枪就要朝这里打炮。"转移阵地时，他和组长走在前边，白天打手势，夜里扔土块，让新战士跟着不失联络。撤退时让战士走前边，他和组长负责掩护。战士们感到跟着王克勤心里就踏实，胆子也壮了，和班长一样勇敢作战。徐庄保卫战整整打了一昼夜，国民党军向村里打了2500发炮弹，全村三十多间房子被夷为平地。王克勤的机枪班在一线阵地坚守，竟然没有一人伤亡，也没有一个新战士逃跑。战斗结束后，王克勤班被评为模范班。晋冀鲁豫军区政治部在野战军中开展了"王克勤运动"。[1]

1946年12月10日,延安《解放日报》发表了题为《普遍开展王克勤运动》的社论,高度评价王克勤"从一个蒋介石手下愚昧的奴隶转而与广大人民相结合,很快地变成一个智仁勇全备的人民战士。他接受了中国人民解放军的优良传统,高度发扬阶级友爱,互助互学,巩固官兵团结与军民团结,加强战斗力,更有效的消灭敌人"。

1947年6月,刘邓大军越过黄河,发起鲁西南战役。身为排长的王克勤参加了围攻定陶的战斗。7月10日黄昏攻城时阵亡。刘伯承于7月18日写了《悼念王克勤同志》一文,高度评价王克勤"一年来建立了很多战功,树立起战斗与训练、技术与勇敢结合的为我全军所学习的新的进步的范例。我们对于他这种为人民立功不顾一切奋勇杀敌的牺牲精神和高尚品质,表示无限的崇敬"。[2]

1949年4月,周恩来在北平为民主人士和大学教授作报告时说:"我们的战士有很大部分是俘虏过来的,称为解放战士,有的部队解放战士竟占百分之八十,少的也占百分之二十至六十,平均占百分之六十五至七十。对于俘虏,我们实行即俘、即查、即补、即训、即打的办法,就是说士兵一俘虏过来就补充到部队,经过诉苦教育,就参加作战。在打黄百韬时,情形竟发展到上午的俘虏下午就参加作战。当时的解放战士现在有许多已经做了排长、连长。这种情形是世界战史上所少有的。"[3]

中国人民解放军在解放战争头两年中,就将一百多万国民党俘

---

[1] 《王克勤班》,载冀南军区政治部编干部学习材料《发扬和组织全体指战员的积极性和创造性是政治工作的中心》。
[2] 《刘伯承军事文选》,战士出版社1982年版,第500页。
[3] 《关于和平谈判问题的报告》,《周恩来选集》,人民出版社1980年版,第315页。

中国的1948年：两种命运的决战

房兵改造成解放军战士，一方面大大增强了自己的力量，另一方面使国民党军队逐渐削弱。为什么共产党能做到的事国民党做不到？孟良崮战役后，蒋介石总结74师失败的教训，1947年5月19日对军官训练团讲话时说："第74师在孟良崮的整个失败，这是我军剿匪以来最可痛心，最可惋惜的一件事。听说该师此次失败，还有一个原因，就是去年7月间第74师在淮阴作战的时候，曾经收编了3000俘虏。后来张灵甫师长来见我时，我曾当面警告他：'匪军俘虏绝对不能收编，一定要送后方收容。'他说：'俘虏中有许多是我军过去被俘过去的，并且不是拿来补充战斗兵，只是作杂役兵，想必没有关系。'我说：'作杂役兵也不行，一定要集中送到后方。'我当时以为他照办了，哪知他并没有做到，此次该师和匪军作战，一遇到猛烈炮火，阵地就生慌乱，听说有杂役兵乘机鼓噪，裹胁官长的事情发生。由此可见我们高级将领稍有一些疏忽大意，就足以危及全军的生命。这是大家应该时刻记住，作为殷鉴。"[1]所以国民党军队是只有损失，没有补充。一个部队被歼灭了，只好从后方再抓壮丁，从头开始训练、补充装备。74师被歼灭后，又在南方重新组建了74军。由于缺少老骨干，战斗力大不如前。在1948年底的淮海战役中，74军再遭全歼。用一年多的时间组建一个军，一两仗就打光了。所以国民党军始终是组建赶不上作战，越打越少。

华东野战军对国民党军俘虏实行"即俘、即补、即战"的经验和晋冀鲁豫野战军开展的"王克勤运动"，都是化敌为我的典型事例。军官是国民党军队的骨干，如何改造被俘的国民党军官，使其不能再回去继续打内战，也是一个削弱国民党军实力的重大问题。1948年1月底，中共中央在西柏坡召开了敌军工作会议。各军区在会上就改造俘虏的思想政治工作、瓦解敌军的策反工作、改造国民党军高级军官的工作交流了经验。刘少奇、朱德作了指示。会后，

---

[1]《对于匪军战术的研究与军队作战的要领》，《总统蒋公思想言论总集》，卷22，中国国民党党史委员会印，第125页。

中共中央起草了《关于目前敌军工作指示》，于1948年2月发到各军区，就处理、改造国民党军官的各项政策作了明确规定。

关于处理俘虏军官的方针和办法，《指示》说：

一年余来的自卫战争，我军在各个战场上生俘敌人百多万，其中军官达三万以上。对这些俘虏军官的处理方针，应该是服从于目前中国人民集中一切力量战胜蒋介石的总任务。这样才符合最大多数人民的最大的利益。因此，对他们首先应采取分析方法，加以分别认识，确定分别处理。愈是分析的具体，愈能找出适当的处理办法。但综合来看，他们过去拿枪打我和被俘后在思想上的敌视态度，这应当说是敌人。如我们对他们采取正确而适当的政策，其中大多数可减少解消这种敌对，其中一部分还可争取他们在各种不同程度上同情赞助我们今天的事业，或守中立。所以，对待俘虏军官亦只能是和缓或解消敌对，不应增加其仇恨，以妨碍争取，这才有利于我们集中一切力量去打倒蒋介石。

根据上述方针，我们的处理办法应该是：坚持宽大政策，不刺激，不侮辱，把他们当作朋友看待。经过训练教育之后释放出去，借以揭破蒋之欺骗宣传，降低敌之战意，显示我之宽大，宣传我之政策，使他们感恩戴德并可争取他们一部为我做若干工作。俘虏虽以两面政策对我，但我们仍采取诚恳的严肃的朋友态度对待他们。一切求简单化的杀掉与关押的办法，则正中敌人之计。杀俘是政治上的一种落后表现，须从教育和纪律上去加以克服；至于强迫劳动，得不偿失；待为上宾，则增其骄横。

对于被俘军官的管理教育，《指示》说："态度和方式上，均须以诚恳坦白之朋友态度相待，尊重其个人人格，以少刺激或不刺激为宜;另一方面,又要有严肃态度,使俘官自己明了其身份,服从我之命令与指导。"[1]

1948年,解放军在各个战场上都取得了重大胜利,战役中俘虏的国民党军官兵数量激增。改造俘虏兵补充到解放军各部队,已经取得了比较成熟的经验,形成了一套办法。新问题是如何俘虏、审查和改造国民党军官。这些人是国民党作战的骨干,擒贼先擒王。东北野战军在1948年打了几个大胜仗,俘虏的军官最多。为了不使国民党军官在战场上漏网,东北军区政治部总结了《防止敌人军官逃跑和清查俘虏军官的办法》,在辽沈战役前发给各部队。

俘虏军官什么时候最容易逃跑?

一、战斗刚一结束,战场上的部队、难民、担架队和伤兵,东奔西窜,最混乱的时候。

二、转送途中,出村进村,上下火车,上下船过河的时候。

三、遇到敌机空袭,或者发生突然情况的时候。

四、夜间部队交叉行军的时候。

五、俘虏假装掉队落伍,大小便的时候。

六、驻地分散,大家做饭、吃饭、睡觉的时候。

俘虏军官逃跑的各种花招:

一、在战场上换便衣,装老百姓,装民夫,装向导,混在难民中,使我军不能去捉他。

二、穿血衣装伤兵,装死,实行自伤,使我军在战场上释放他。

三、藏在老百姓家、教堂、古庙、医院或迷信团体内,使我军不注意他。

四、藏在战场附近的破屋、菜窖、地下室、阴沟里,使我军搜索不到他。

---

[1] 中国人民解放军总政治部联络部编:《华北军区敌军工作史》,1997年12月印刷,第135页。

五、大官装小官，主官装军佐，小官装士兵，改名换姓，假造履历，使我军不容易清查他。

六、脸上抹灰，装病，装老弱，装有梅毒，装聋作哑，装疯卖傻，使我军自动清洗遣送他。

七、收买我军个别落后战士，私自放走他。

八、花言巧语，使我军对他不加严格监视，寻找机会，溜之大吉。

敌人军官逃跑情形实例：

一、去年夏季怀德战斗中，敌新1军90团副团长，换上士兵衣服，冒充汽车夫，替我们开汽车，在赴后方途中跑了。

二、去夏黑林镇战斗，71军88师副师长，化装伙夫，被俘后，曾给我军抬一天担架，因为清查不细致，把他释放了。

三、彰武战斗，79师师长文礼的逃跑，传说不一。但据很多中下级军官说，文礼确曾在俘虏行列中看见过，在夜间押往宿营地的路上，趁大家烤火混跑了。

怎样从俘虏中把军官清查出来？

一、在火线上使我军每个同志注意随捉随查，这时敌人心里最为恐慌，口供没有准备好，化装也来不及，是清查敌军官的最好时机。

二、进行自上而下，自下而上的清查，如向敌师长问团、营长的下落，向团长问师长的下落。

三、注意敌人文件与证件的搜集，以便根据缴获文件和俘虏证章、符号、照片、党团证、军人手牒、信件、日记、私章等材料进行调查对照。

四、在俘虏中利用接近我军的人，加以宣传争取，进行特别的生活照顾，协助我军清查辨认。

五、争取二次被俘的敌军官兵及我方被敌俘去的人员，俘房中的卫士杂务人员，在敌军中吃不开的军官，将要被我释放的人员等，向我公开或秘密的指认。

　　六、利用敌军家属，寻找丈夫和子弟的机会，首先问清被找者的职务、相貌，然后领到俘房中辨认。

　　七、请敌军驻地之群众、小孩、学生秘密或公开指认。

　　八、动员我军中的解放战士，去识别他原来部队的军官。

　　俘房军官有什么特别标记？

　　一、敌人军官穿的衣服较好。例如许多都穿斜纹布衣服，吊兜，青天白日扣子，大帽花，布腰带，肩上有挂阶级的横带子，这些装束在情况紧急时是来不及改换的。

　　二、有些敌军官外边虽换了士兵衣服，但里边的衬衣、衬裤、袜子都非常干净，而且讲究。

　　三、敌军官一般的留洋头，两手细嫩没有老茧，牙齿洁白。

　　四、身上有钱，有贵重用品，如带有较多的伪币、金子、手表、钢笔都很讲究，使用的手帕与其他装饰品也很奢华。

　　五、为了掩护他的身份，害怕被我辨认出来，所以许多军官的行动表现是很不自然的。例如，站队好站在后排，好蹲墙角，用帽子遮住脸，喜欢偷听别人谈话。避免与我工作人员接近，谈话时吞吞吐吐，前后矛盾，有时装傻，一问三不答，也有时装疯卖呆，两目下视，态度不自然，不是竖眉瞪眼，便是愁眉不展，语气风度不适合他伪装的身份。敌军官以南方口音较多，他们事先虽准备有退伍证、居住证、国民证，但也要反复审查，不要轻易放过。

　　六、故意把脸手弄黑，伪装伤兵，轻伤装成重伤，捆上一大堆绷带；小病装成大病，特别呻吟得厉害。

　　七、被俘后，他的部属有时仍以长官对待，如买东西给他吃；

改造俘虏，化敌为我

早晚有人给他打洗脸洗脚水，给他架床打铺，吃饭时别人乱抢他不抢，有人给他拿碗筷，盛饭，行军时行李包裹有人帮他背；他一讲话，别的俘虏都鸦雀无声，不敢吵吵。

八、报称文书、司书、军需、特务长、伙夫等，但对自己的职务内容讲不清楚，不知道薪饷多少与主官同事的姓名。作风也不对头，像大官不像小官，只要一问，就会露出马脚来的。[1]

今天看这个文件，不能不佩服解放军政治工作的细致和精明。战士们掌握了这些经验，如同撒开天罗地网，国民党军官是很难逃脱了。东北野战军将大批俘虏军官集中到哈尔滨等城市，组建"解放军官教导团"，对他们进行了卓有成效的改造。

1947年初，"三下江南"战役结束后，开始有成批的国民党军官兵被解放军俘虏。这些人不能放虎归山，东北民主联军总部命令将他们集中押送到哈尔滨，收容看管起来。当时解放军没有收容战俘的机构，临时占用哈尔滨市的"马迭尔"和"老北京"两家旅馆，作为国民党军官收容所。这里地处闹市，看押管理都不方便，于是又找到了原日本陆军医院的旧址，挂上"哈尔滨解放军官教导团"的牌子，开始了对国民党中、高级军官管理、改造的工作。

万事开头难。这些国民党军官，尤其是新1军、71军的，刚来时气焰很嚣张。明明当了俘虏，还撑着架子死不服气。认为他们被俘"完全是上级指挥错误，自己走了背字，才被土八路捉住"。"八路是以大欺小，以多打少，否则还不知道谁胜谁负呢！"还有的说：

---

[1] 中国人民解放军总政治部联络部编：《第四野战军敌军工作史》，1995年10月印刷，第232—235页。

中国的1948年：两种命运的决战

"你们八路是死拼命，死的太多了，我们实在不忍心再打下去，才放下武器的。"嫡系部队军官听我们的干部叫"蒋介石"的名字，很不习惯，抗议说："我们称呼你们的领袖是毛主席，你们起码也应该称我们的领袖为蒋先生吧！"他们不服管教，经常装病、睡懒觉、不参加学习，暗地里喝酒、赌钱。故意破坏卫生设施，把水管子和抽水马桶全堵塞或搞坏。还有的嫌伙食不好，对教导团的干部说："优待俘虏要天天给大米、白面和肉吃，曹操当年优待关公，上马一提金，下马一提银，还有美女服侍呢。"这些军官很不好管，当时只好采取监狱关犯人的方法，楼上楼下卫兵林立，枪上刺刀。被关押者的行动受到严格限制，吃饭休息时不许出屋，到内部的小店买东西要持购物牌子，并限定人数；打水、打饭也是如此。如发现反动行为(如反动言论、破坏公物)即关禁闭惩处。这样做的效果并不好，国民党军官的抵触情绪很大，他们说这里是监狱、集中营，高呼"空气、阳光不是我们的"之类的抗议口号。

教导团领导向上级反映了情况，引起了重视。上级给教导团一些财政拨款，购置了铺板、草席、炊事用具等，改善了生活基本设施。菜里的油盐多了，开水也保证了供应，建立了卫生所，给患病的俘虏治疗。这些国民党军官生活有了基本保障，情绪逐渐平静下来，不再寻衅闹事了。管理制度也进行了调整。团里确立了"解放军人守则"，撤销部分警卫，活动时间大家都可以自由往来。管理干部不再张口"反动"、闭口"顽固"地训人，而是与俘虏们生活在一起，尊重他们的人格。俘虏们感到心情舒畅，对立情绪慢慢消除。

"解放军官教导团"内部发生这些变化的同时，外面的变化更大。1947年东北野战军举行的秋季和冬季攻势中，国民党军整师、整军地被歼灭，俘虏中不仅校官越来越多，也有了将官。他们一批批地被送到教导团,再也不是横着脖子不服气,而是无精打采、垂头丧气。有的甚至是第二次当俘虏了。1948年上半年送来的俘虏军官,思想和精神状态有很大的变化。战场上的较量彻底打掉了国民党军官的威风。对于自己的被俘,他们已经没有什么不服气,反而为自己保全了性命感到庆幸。他们说:"能够不被俘自然最好,但是,不幸被俘了,也没什么,反正学习些日子也是要放的。"对东北战争的前途,他们已然没什么信心。说:"以东北国民党现有的实力对付共产党,是没什么希望啦。如果有生力军前来,尚可挣扎一番。"对全国的战局,他们还抱有幻想,认为鹿死谁手尚未可知。高级军官特别注意看报纸、听广播,但看到国民党军节节败退,他们都垂头丧气,愁眉不展。

教导团根据这些俘虏的思想特点,决定开展多种工作,加强改造。首先是搞好文体活动,让他们的精神生活得到充实,总比闷在房间里胡思乱想要好。针对国民党军官文化程度高,喜爱说说唱唱的特点,团里的俱乐部分别组织了平剧(京剧)、秧歌、话剧等几个表演队,排练节目。每逢节假日就组织各类体育活动,打球、下棋,没有这方面特长的人就当观众,看热闹。团里还经常搞些美化环境的活动,栽花、打扫卫生、出墙报,院子里到处可以听到歌声和笑声。

政治思想教育最初没有经验,将上千名俘虏军官集中在礼堂里听报告,由干部们讲《新民主主义论》、《论联合政府》。一气讲上四个钟头。这样做的效果并不好,俘虏军官说这是"受洋罪",有的装病不到,去了也不听,在会场里睡觉、开玩笑、在旁人身上画王八。教导团干部们深深感到,这些俘虏的思想是非常复杂的,必须对症下药,才能解决问题。

为了摸清他们的活思想,团里组织连队学习,鼓励俘虏们大胆发言,说错了也不要紧。于是一些人谈出了自己的一些真话。他们虽然被俘,但认为他们的失败只是战场指挥的失误。辽沈战役结束后,新1军、新6军的军官很不服气,说"我们根本就没打,是队伍搞乱啦。如果我们有时间把队伍拉开打,那还不晓得会是什么局面呢!"有的说:"是蒋不了解情况乱指挥,如果是我们自己指挥的话,起码还能打上几个月!"还有人说:"尽管我们东北的军队完了,华北的傅作义还是相当有办法的,何况又有美国人的支持。"到了1949年元旦,南京政府鼓吹"和谈",一些俘虏军官也随声附和地说:"该和,还是和了好。不要欺人太甚,狗急了也会跳墙。"当解放军渡江占领南京的消息传来,他们才长叹一声:"唉,大势去矣!"心存的幻想和希望都彻底破灭了。

此时,这些俘虏军官情绪低沉,开始考虑各自的出路。高级将领认为已被划为战犯,后半生只能老死狱中,改造不改造都无所谓了。团以下的军官惦记自己的家人,急于获释,所以处处表现得驯服积极。有的家在南方,失去了联系,自己感到没有前途,只好作长期打算,先在这里待下去再说。还有的想表现好一些,幻想将来在共产党里得到一官半职。总之,他们处于人生的十字路口,不知何去何从。

教导团开展多种形式的政治思想工作。改变了以往集中上大课、满堂灌的方式,把学习文件发给每个人。让他们自学,写笔记,在小组讨论会上谈心得体会。多次组织外出参观,看土改后的农村生活,到哈尔滨的电厂、面粉厂看工人们积极生产的场面,用事实教育他们。这些俘虏军官以前认为参观是"故意摆好样子给他们看的"。当他们真正转了一圈之后,不得不承认共产党领导下的农村发生了巨大变化,城市里也出现了许多新气象,共产党的领导确实是得人心的。教导团领导提出"追求真理,辨别是非,认识时代,确定将来"的口号,勉励大家努力改造思想,脱胎换骨。

哈尔滨解放军官教导团下设六个连,收容的人数保持在八百人左右。1947年秋季攻势以后,国民党军官被俘人数猛增,并且送来一批高级将领。为适应新形势,教导团又专设了一个高级组,集中管理军、师级将官。辽沈战役结束后扩大为两个高级战俘队,军级为一队,师级为二队。高级战俘的管理与中下级军官有很大的不同,指望他们在短期内改变立场,几乎不可能。所以他们被俘后,就没有积极争取获释的表现。这些人社会经验丰富,世故圆滑,轻易不暴露真实思想,个别谈话很难有什么效果。而且这些人很抱团,从内部很难打开缺口。但另一方面,他们地位高、身份明显,不易隐瞒历史问题。对高级将领的改造工作可以慢慢来。

教导团的干部们以身作则对高级军官进行教育。平时与他们一起学习、活动,关心他们的生活。一次过旧历年,团里的炊事员休假,团首长带领机关科室和连队干部为战俘们做年饭,亲自端到各个房间。这些国民党高级将领感到非常惊讶,背后说:"共产党真是了不起,这在国民党根本就不可能。有这样的官兵关系,就莫怪人家能打胜仗!"在1948年初冬季攻势中被俘的新6军军官,来团后非常高傲自大。但是对团里干部努力工作的精神和艰苦朴素的作风,没有一个不佩服的。他们渐渐地愿意和教导团干部接近,解放军干部的作风对他们的影响,不亚于在战场上的作用。

高级战俘的作用是很大的,他们熟悉国民党的政治、军事组织情况,亲自参与战争决策,了解很多机密,但是他们不会轻易交代。一对一的审问,解放军年轻干部经验不如他们,问不出什么材料。团领导细心观察,寻找突破口。国民党内部总是派系林立,互相倾轧的,过去在同一个军的,某人有后台而吃得开、升迁快,有的人没有后台,受到排斥;或因战败互相推卸责任,攻击谩骂他人。在嫡系与非嫡系部队之间,这种矛盾就更突出。利用这些矛盾,可以了解许多情况。团干部看了这些高级军官写的自传后,利用散步活动时间与他们闲扯,在其兴高采烈不注意时,向他们提个问题要他们讲讲。问到一定程度即不再深入,让他们写出来。看完材料后再深追。就这样从高级战俘中取得不少有价值的材料,报告给野战军首长参考。

另一项工作是对俘虏进行政治审查。他们的社会经历复杂,有的是国民党特务,有的曾犯下严重罪行。对每个俘虏的情况,必须审查清。这也是决定一个人命运的政策性很强的工作。最初,教导团干部没有经验,审查方式简单。总是习惯用审问的方式,问话照例是姓名、年龄、籍贯、出身、学历、职务那一套,然后就问有什么问题要坦白,这样做基本上审不出什么结果来。

当时教导团干部还有一个失误,就是轻信所谓的"积极分子"。有些俘虏很会表现,一来就对教导团干部溜须拍马,假装积极,并经常汇报一些俘虏的情况。教导团干部把这些人当成"积极分子",依靠他们提供的情况去审查,结果引起俘虏的反感。国民党军官也痛恨告密者,经过周密调查,发现一些"积极分子"是别有用心的坏人。他们中有国民党特务和从革命队伍中叛变的叛徒,为了掩盖自己的罪行,采用伪装进步和恶人先告状的方法,骗取解放军的信任。如果重用这些人,审查改造俘虏的工作就会误入歧途。

教导团干部及时改变了审查方式,一般不再单独审问,而是结合政治学习,让他们写自传,号召他们"回忆历史,自我清算"。个人的回忆不仅限于自身的历史,所见所闻都可以写出来。这样可以了解国民党军许多内部情况,如国民党军队内的政工系统、特务组织和作战指挥体系,为上级提供了宝贵的情报。

审查工作是很需要政策水平和斗争艺术的,经过一段时期的工作，教导团干部积累了经验，掌握住俘虏的心理活动，总结出一套方式方法：

一、个别谈话：通过这个方式，可以了解一个俘虏的目前思想情况及其历史。但是这种方法，斗争经验丰富的干部可以用(能从谈话的言词间发现矛盾)；缺乏实际斗争的经验的青年干部，收效不大。俘虏没有一个愿意暴露他的真实历史、坏思想。我们的干部又无经验，往往谈了半天，不得要领。而更坏的则是俘虏们常常天花乱坠的说上一套，稍不经心就会被其假象所迷惑。如果非要当面来谈不可，需要注意以下几点：谈话之前一定要掌握一些材料，研究对方的个性、历史等。谈话中切忌单刀直入、开门见山的办法，而是从闲扯逐渐的引到本题。这里又要注意两个偏向：一个是有问题的俘虏，一扯起来就海阔天空的无尽无休，故意的使我们抓不着其所以然来。这时应适当的加以扭转，不然不但白白的浪费了时间，而且会使对方洋洋得意。认为有了对付我们的方法，而越发的不肯把真事说出来。另一个则是须严防操之过急，这样会过早的暴露出企图，使俘虏提高了警惕，以后的工作更加困难了。

二、参加俘虏的日常活动：要和俘虏们打成一片，参加他们的学习讨论会和文艺活动。由此可以去认识了解俘虏的假象，因为我们的干部与其相处既久，比较熟悉之后，其警惕性就会降低。特别是在日常生活、闲扯、游戏中，俘虏们就最容易暴露思想。但在学习讨论会上需要注意，因为俘虏们通常把学习表现的好坏，认为是我们衡量其思想进步与否的一个重要、甚至是惟一的依据。因此，一般在学习中都有一定程度的假象。特别是当我们的干部在场时，假象就更严重。因此不能单纯的根据俘虏们在学习会上的发言内容正确与否，来判断他们的思想；反之，倒是在学习态度上，有的人一向不表示意见,有的人谬论百出,虽然每一种类型的动机不完全一致,但多少也有些可以作为我们审查工作的参考资料。

三、听取俘虏间相互的反映:通过俘虏去了解俘虏,成为我们审查工作中的一种方式。但是需要有高度的警惕性。我们团在成立初期,某些干部全靠听取所谓"积极分子"的反映,发生的毛病极多。所谓"积极分子"又怎样呢?第一,俘虏终究是俘虏,因此不管多么进步,除少数外,其大多数还是想回家的。其次,由于俘虏们都是从旧社会过来的,旧的思想意识(圆滑世故)比较浓厚,而且成分又极为复杂。因此,对真假"积极分子"的鉴定,需要加以分析考虑。否则就会造成工作的损失。但是也不能因此就完全否定了俘虏反映的情况,因为有些是真实的,而且积极分子也是存在的。问题的关键是在于搜集的材料要全面,结论不要下得太早。对"积极分子"则应该是在使用中去鉴定,并重其品行、历史等。经过审查确定为真的"积极分子"之后,注意不要使其在俘虏中暴露。否则一般俘虏对他警惕起来,对我们的工作是不利的。

四、从决定释放的俘虏中搜集反映:我团常在释俘之前,召开座谈会。一方面可以收集对我团工作比较真实的意见,同时也可以比较深入的了解一些俘虏的思想问题。另外对素日表现较好的进行个别谈话,一方面布置其回去后瓦解敌军的工作,一方面通过他们搜集一些留团俘虏的思想、历史材料。这种了解的方式,收获是很大的。因为俘虏临行之前,一般的多少都有点感恩报德之心;另外由于整天与其他俘虏在一起,向领导上反映情况,多少感到有些"对不住人"。甚至是怕报复,影响自己回家。如今回家的问题既已解决,又离开了解放团,所以将过去没有反映过的事情,这时可能比较详尽、没有顾虑的说出来。这对我们审查了解帮助极大。

五、审查历史自传:我们对俘虏历史的审查,依靠俘虏的历史自传及登记表。但他们所写的历史自传和登记表多不真实(特别是入团初期写的)。如家庭成分,大部写为贫、雇、中农,或无产阶级;年龄亦大报小,职务多是不真实等。如写历史时,说如何不得志;写过去所做所为,尽量往好处写。职务尽量往非战斗、非政工人员上写。实在瞒不过了,也还要写上"代理"字样。以掩盖政治问题,回避社会关系。有些人把自传写成文艺作品式的,充满美丽的词藻与感伤,而具体的事实经过,却所说无几。也有的把自传写成歌功颂德篇,除开场白写几句历史外,就满篇都像佛经似的,新民主主义怎样好,"决心悔过自新"、"坚决站在无产阶级立场"、"誓为人民服务到底"等,驴唇不对马嘴的胡云一套。实际内容就是一句话:希望早日放回家。因此审查历史自传时,要特别加以注意,以免被敌人的假象所迷惑。看自传严禁粗枝大叶,应该细心耐烦,集中精神,注意在字里行间发现问题。注意历史自传中的关键问题,如升迁、调动、转业年月、时间及原因等,以及年代不清,事实模糊的地方。注意自传中所提到人物的政治背景、所在地及时间,和当时的社会与政治情况。若发现其突如其来,突然转变的事,有讲不通或不衔接的记载时,应使其重写或口述,最好是口述,更容易发现其矛盾。不完整的历史自传要保留,不要退还给俘虏。对有怀疑的问题,不妨让俘虏写上二三次以上,以凭对照。[1]

再顽固和狡猾的国民党军官,在教导团里经过一个时期的改造,在政策攻心和严密的审查下,除了老实交代自己的罪行,服从管教,重新做人,再无别的出路。哈尔滨解放军官教导团自1947年5月成立,到1949年6月两年内,共收容俘虏15533名。其中包括中将29人、少将210人、上校397人、中校少校1484人。其他是低级军官和国民党政府官员。经过审查和筛选,共释放7756人。其

---

[1] 东北野战军政治部:《解放军官教导团两年来工作总结》。

中有中将10人、少将86人、上校308人。经过学习改造，表现较好，参加解放军的有507人，到各生产部门参加工作的有1411人。1948年10月辽沈战役结束后，俘虏的国民党将官急剧增加，教导团不再收容中低级军官，改为关押改造高级将官和有重大问题的特务等。到1949年6月，哈尔滨解放军官教导团里仅剩俘虏164人。属于二、三级战犯或有重大问题未审查清楚，后转往抚顺，进入战犯管理所继续改造。

改造国民党战俘的工作成果是显著的。国民党军官经过教育改造，认清了形势，大多数转变立场，在国民党军队内部进行策反和起义工作。为瓦解国民党军作出了贡献。释放后回到国民党军队的，仅是极少数。解放军围困长春时，释放一些国民党军官回到原部队，宣传政策和外界形势，使困守孤城的国民党官兵军心涣散，人无斗志。郑洞国被迫下令：凡是被共军俘虏过的，不许他们再回来。这种不通人情的做法引起公愤，实际上没能执行。在开原被俘的国民党116师师长刘润川及副师长、参谋长及一个团长，在哈尔滨解放军官教导团学习一年后，于1948年5月获释，回到沈阳郊区的国民党53军130师驻地。他们想见军长周福成，130师师长王理寰电话请示，周不但不欢迎老部下的归来，反而骂道："这几个东西都被共产党训练好了，和高福源一样(高原为东北军团长，在陕北作战时被红军俘虏，释放后向东北军宣传红军的抗日主张，促进了东北军与红军的合作。——作者注)回来拉拢来了！你把他们四个人看起来，不要和官兵见面。"卫立煌听说此事，把他们四人接到总部安慰一番，送往南京"受训"，实际上是软禁审查。几个月后沈阳解放，周福成也当了俘虏，来到哈尔滨的解放军官教导团。在团里他表现积极，很想争取早日获释。

7 建立解放区的新经济基础

中国的1948年：两种命运的决战

在旷日持久的战争过程中，决定胜负的不仅是战场上的较量，更是交战双方经济实力的抗衡。一般来说，都是经济实力雄厚的一方战胜薄弱的一方。但是在解放战争中则出现了奇特的现象：拥有雄厚财力、资源和美国援助的国民党政权，在战争中迅速消耗了自己最后的家底，在军事失败和经济崩溃的双重灾难下结束了在中国大陆的统治。而凭借着广大农村为根据地，既无财富又无外援的中国共产党，居然熬过了最艰难的阶段，解放军越打越强，解放区越打越大，具备了与国民党进行战略决战的实力。谁都知道战争是最消耗人力、物力和资源的，中国共产党依靠什么经济力量进行战争？解放区是怎样建立新经济基础的？

1947年是解放战争转折的一年，也是解放区最为艰苦的一年。在国民党军队的全面进攻和对陕北、山东的重点进攻之下，解放区一度丧失了大片土地，许多地方遭受了战火的严重摧残。在陕甘宁边区，"由于战争的残酷，以及敌人的蹂躏，战争以来，陕边老区有97%地区，曾遭敌人的摧毁破坏，老百姓十年来经营的家务，都被敌人吃、抢、烧毁殆尽。据粗略统计，被敌人掠夺破坏的粮食、牲畜、衣服、房屋、器具等，达91万石细粮，被杀害群众达4000余人。1947年曾有365万亩土地荒芜，50万亩青苗被毁。普遍田禾未能及时耕种，加之水、旱、雹、冻等天灾，粮食减产916000余石，收入较1946年减少一半以上，所有纺织运输等副业生产，几乎全部停顿。上述情况造成今春达40万人民陷于饥饿、疾病状态。饿肿22000余人。"[1]地处华北前线的冀鲁豫解放区也饱受战争摧残，1948年的农业收入，比1945年降低了33%。原因有两个：一是天灾，先

---

[1]《1948年度西北财政工作总结报告》，《解放战争时期陕甘宁边区财政经济史资料选辑》下册，三秦出版社1989年版，第508页。

旱后淹，占耕地面积25%，水雹虫灾减产五万余顷地。二是国民党军的摧残与破坏，主要的是河南，牲畜损失14000多头，粮食17000余斤，抓丁十几万人，扫荡死亡3400多人，影响生产的将近10万人。牲口战前约有120万头，1948年统计只有60万头，约缺二分之一，膘肥减三分之一。工具减少50%，因之使生产减少。[1]

解放战争初期，战争主要在解放区内进行。解放军在内线作战虽然遏制了国民党军队的攻势，但这样打下去，解放区用不了多久就会被战争拖垮。邓小平在1948年4月的一次报告中回顾："蒋介石的反革命战略方针是要把战争扭在解放区打……这次蒋介石又想用这个办法对付我们，扭在解放区打，来削弱我们的人力、物力、财力，使我们不能持久，封锁我们不能出来，好使他保持三万万人口的后方完整而不受损失，来供应他作战。这个如意算盘是高明的，但是还有更高明的毛主席，他从确定自卫战争的方针时起早就看清了这一点。他告诉我们，开始必须在内线打，打到一定时候，也就是削弱敌人到相当程度之后，就要打到外线，到蒋管区去打……从1946年7月到1947年6月，我们全国各个战场在第一年的自卫战争中，消灭了120万敌人。我们把分散的游击部队组成了野战军，积累了丰富的作战经验。这时时机成熟了，就应该转到外线，否则就要吃亏。拿冀鲁豫来说，经过一年的内线作战，农民的鸡、猪、牲口看见的不多了，村里的树也少了，试问，扭在解放区打，我们受得了吗？如果我们只想在内线作战要舒服一些，就中了敌人的毒计。"[2]

刘伯承回忆挺进大别山之前的情况说："由内线到外线，从战略防御转为战略进攻，是个大问题。内线防御时，敌人来就歼灭他，主要的问题是歼敌有生力量的问题。后来到黄河边一看，大牛都没有了，人民是全力支援战争的……内线作战搞得民穷财尽，人力、

---

[1] 韩哲一：《冀鲁豫区生产会议总结报告》，1949年1月24日，《中共冀鲁豫边区党史资料丛书——财经工作资料选编》上册，山东大学出版社1989年版，第241页。

[2] 《跃进中原的胜利形势与今后的政策策略》，《邓小平文选》第1卷，人民出版社1994年版，第97页。

中国的1948年：两种命运的决战

物力、财力(的困乏)都要求我们出去，出去就变了。兵源有安徽、河南、苏北的兵源，饷源我们到中原展开，建立了政权，开展了游击战争，把他们的票子赶走了。破坏了国民党的军需，使敌人的财政没有办法，而我们有了办法。"[1]

国民党军的进攻是造成解放区经济困难的主要原因。而解放区经济的困难也暴露出自身存在的一些问题，引起了中共中央的重视。1947年下半年，国民党军队占领山东黄河以南大部分地区。陈毅司令员率华野部分部队，张云逸、邓子恢等率华东局及从鲁中、鲁南撤退的党政机关、学校、医院、工厂和部分地方干部、群众40多万人，北渡黄河来到渤海区。时值寒冬季节，如此众多人员的吃、穿、住、烧、医药供应都需要当地临时筹措。渤海区党政机关集中全区的物力、财力，筹集粮食、衣物，千方百计保证供应，并发动群众拥军、劳军，献粮献布匹衣物，捐赠过春节的食品。有的群众腾出房子、锅灶，把棉被、棉衣中的棉絮拆出来给战士絮棉衣；渤海区行署筹集到棉布54万尺，做军衣19万套，军鞋万双，使转移来的40多万人有吃有穿，安全过冬。渤海区地域广阔，保存了一片从未被敌人占领过的巩固的根据地，所以起到了华东战场可靠后方的作用。[2]但是这么多人长期住在渤海区，终究不是长久之计，使当地百姓不堪重负。邓子恢同志在一次讲话中尖锐地指出，现在渤海区的财政极为困难，"因为：第一，财政赤字非常之大，这怎么得了？第二，是人民负担太重，渤海区现在因敌占黄河以南的丰富地区，而我们仅后方机关及渤海部队的吃饭人数，占全人口的百分之五。这是大大超过了人民的负担能力的。……今天往往一个战役的消耗，比抗日时期一年的消耗还要多，而一个山炮弹要等于土改以后三个中农的全年的收获。此外，交通、电讯器材、医药等，都比抗战时期大好多倍。因此，群众负担就非常之重。仅公粮一项，去

---
[1] 刘伯承：1959年5月13日的谈话。
[2]《景晓村纪念文集》，中共党史出版社1997年版，第132页。

年渤海征收二亿九千万斤,今年则达六亿斤,占总收入的百分之三十五。这样搞下去,必然会造成人民怨声载道,离心离德。"

怎样解决财政困难?邓子恢提出三个办法。第一是精简机关和后方。他说:"各个机关都要把编制表弄好,考虑一下你究竟实际需要多少人工作?把多余的干部、勤杂人员、马匹,一律拿出来。我们有许多干部带上一大批警卫员、通讯员、马匹;我们有些女同志结了婚生了小孩,也要警卫员、通讯员、运输员、马匹、饲养员一大堆。干部调动工作,也带上一大堆人。这种作风不改变,我们共产党就没有救。……今天后方最大的一部分,是野战军后方。一共是三万多人,预算是四万多。光一纵后方就有一万五六千人,据说已送前方一批,还剩下三四千人。今后各纵队后方一律不要工厂、休养所,伤员由医院治疗,保证归队,谁也不准扣留你的。弹药由我们负责。各纵队后方,要把一切能到前方工作的人员都送前方。……民工五万,应该立即裁掉,一个不留。兵站部、大车队,也要按实际需要配备,不需要这么多。医院雇佣的民工,全部不要。军队机关的粮秣自己运输,实行按件计工,不管什么人运都给工钱。有些机关,经常动用常备民夫支差,随便要车要人。这是只顾自己省事偷懒,不顾老百姓死活的剥削阶级思想,今后一律不允许。"[1]

在邓子恢的严厉督促下,华东局后方进行了雷厉风行的精简整编,大大减轻了渤海根据地的财政负担,充实了进军中原的华东野战军部队。这个问题在各解放区都不同程度地存在,因此,中共中央1947年4月17日给各战区指挥员发出的通令说:

为争取自卫战争走向全国胜利,解放区的一切战争动员工作都应从长期打算。尤其是节约人力物力,严禁浪费,成为支持长期战争的必要条件。过去几个月的自卫战争中,许多地方动员人民服务

---

[1]《目前渤海区的财政问题及克服办法》,《邓子恢文集》,人民出版社1996年版,第167页。

后勤的数目,及其与正规军的比例大得惊人,甚至有前方一人作战,后方六人为之服务之说。人力如此消耗,何能支援长期战争,而且势必影响人民生产,转而影响部队粮食。同时我们现在的后方,主要的军火资材是在前线取之于敌,因之弹药资材的消耗,亦应依据战争有所增减,而不应凡是缴获多的部队,便可不问情况大量消耗。为此,特通令各部队、各地区根据节省,支持长期战争的方针,在全军全区进行广泛解释,并严格遵守下列原则,配合各地实际情况,定出具体方法,一律施行:

一、规定各区部队作战与动员人民服务后勤的最高限制的人,按平均比例一律不许超过,车辆、牲畜均应折合人计算。

二、规定各区部队动员与使用人力、车辆、牲畜应遵守的规章,并实行严格检查制度。

三、规定各区部队在休息整训期间,分出一部分劳动力,轮流帮助农民生产。

四、规定各区部队保存与油耗弹药及其他各种资材的规章,并定期检查。以上实施状况望报。[1]

中共中央的指示,是要各解放区建立完善的财政制度,改变过去各自为政,开支供应无计划的现象,使解放战争能够坚持下去并取得胜利。根据解放区的经济基础和现实状况,如何建立有效的财政制度,是一个大问题。我们先回顾一下,解放军过去是如何生存,老百姓是怎样供养军队的。

红军时期,部队生活主要靠打土豪和筹款。依靠流动的游击作

---

[1] 中央档案馆编:《中共中央文件选集》第16册,中共中央党校出版社1992年版,第438页。

战解决生存问题。抗日时期也是如此，八路军深入敌后开辟抗日根据地，每到一地都发动群众，宣传抗日主张，号召民众有钱出钱，有粮出粮。自行解决生存问题。例如1938年115师到鲁西南，分散成小股的游击队活动，当事人回忆初创时期的生活：

在我们没有组织正规的连队前，大家有钱的买饭吃。但这样不能维持长久。后来，我们改为找乡村政权进行筹粮。村长按各家富有程度，把同志们分到各户吃派饭。或是队伍走到哪里，就在哪里请来村长到各家收集干粮，再由连队的司务长，管理员把干粮分散发给每个战士。当时各家的干粮(食物)什么样的都有，如窝窝头，带菜馅的团子，地瓜，煎饼等。就这样走一处，吃一处，维持了一个时期。有的经过交涉，多方动员才能吃上一顿饭。三、五个人还好办点，要是整个连队，吃饭问题就多啦!有时只有饭，没有菜。最多群众给烧点开水，一人分一份干粮。如遇到顽固地主，则命令守寨的自卫队关闭寨门，不让我们进去。我们就在寨子外边，排队唱救亡歌曲。经过多次这样的宣传教育，才感动一部分同情抗日的人士，打开寨门让我们进寨吃饭及住宿。在这种情况下，我们还是继续坚持对敌斗争，到处打击日本鬼子，抓汉奸。后来，中共中央军委指示，各连队或中队要建立伙食制度，设立司务长，建立炊事员、炊事班。住在那里，事先通知各村把干粮准备好，有煎饼、地瓜窝窝头等，定时去取。自己买点青菜做好后分到各班吃，烧点开水当汤喝。就这样又继续了一段时间。后来连队不仅建立了伙食单位，还规定每人每日粮食定量。当时的供应是很少的，每人每天一斤半小米(十六两称)，三分钱或五分钱的菜金，大约能买到三钱油、四钱盐、一斤青菜。伙食标准这样低，有时还缺钱缺粮。后来发展到动员乡长、村长送小米、白面自己做饭吃。这样度过了抗战初期。由于人民群众抗日情绪高涨，兵员的补充越来越多，队伍逐渐扩大，粮食消耗量也越来越多。为此，又组建了供给机构。各支队建立了供给部，下设供给处。部队建制改成师、团、营、连、排、班后，就以团为单位，建立供给部门，统一供应。[1]

部队自筹粮食、军资，是抗战时期八路军、新四军的基本生存方式。随着部队的发展，各部队都建立了自己的"家务"，有的办商店，有的做生意、搞生产，筹集资金解决干部战士的供给。当时作战不多，部队规模不大，这样搞还可以。解放战争开始后，战争规模越来越大，这种后勤供应方式已经不能满足需求，而且表现出很多弊端。

1947年5月，解放军在各战场上由防御转入反攻。东北、华东和晋冀鲁豫三大野战军连续出击，打了不少胜仗，扭转了局面。而晋察冀野战军在河北的作战却不理想，未能打开局面。朱德和刘少奇到晋察冀军区进行了一个月的调查研究，发现不少问题。最主要的是"野战军组织头重，后方庞大、出征人员少。号称野战军十二万人中最多时亦只能出征七万人"。"供给补充也是紊乱的，又加以建立生产运动口号下，各自为政。团以上的各级机关，都有一笔财产。平时有贪污腐化的，战时有发洋财的，纪律也因之普遍的坏。"朱德、刘少奇提出的改革措施，第一项就是改组野战军，建立军区后勤部。"统一供给、卫生、兵站、运输交通、补充新兵、训练俘虏等工作。使野战军脱去后方勤务工作，割去大尾巴，不做生产，商店归公。"[1]

朱德一眼看出了军队经商、自办后勤的弊端，进行了果断的改革，使晋察冀野战军集中了兵力，提高了战斗力，在以后接连取得

---

[1] 边裕鲲：《冀鲁豫边区革命根据地财政工作回忆》，《中共冀鲁豫边区党史资料丛书——财经工作资料选编》上册，山东大学出版社1989年版，第300页。
[2] 朱德：《关于晋察冀区军事工作的初步处理情况向中央的报告》，1947年6月1日。

建立解放区的新经济基础

青沧、保北和石家庄战役的胜利。

从自筹军费到统一供给是解放军的一项重大改革措施。从此，军队可以集中精力作战。但是建立后勤体制，特别是在解放区薄弱的经济基础上保障前方的供给，绝非一件简单的事情。

首先，养兵要用多少钱？我们来看一下解放军1948年颁布的供给标准：

一个战士全年费用统计
一、军实部分
绑腿一副 合米11斤 布袜二双 合米10斤
单衣二套 合米102斤 毛巾二条 合米6斤
单帽一顶 合米4斤 肥皂四块 合米5斤3两
棉帽一顶 合米6斤 牙刷二把 合米5斤14两
棉衣一套 合米114.5斤 牙粉四包 合米15两
鞋子七双 合米70斤 棉被1／3床 合米35斤
二、经费部分
菜金： 每天油盐、肉各五钱 全年合米176斤
津贴费： 每月猪肉一斤 全年合米33斤14两
擦枪费： 一寸七布，二钱油 全年合米5斤6两
办公费： 光连纸一张半 全年合米5斤4两
三、草粮部分
麦粮每天2斤10两 全年合米789斤
烧草每天3斤8两， 全年合米165斤6两
总计：全年共合米1545斤6两，每月合米128斤12两(麦粮折大米多150斤)。[1]

---

[1] 卜广恩主编：《中国人民解放军后勤史资料选编》解放战争时期第1册，金盾出版社1992年版，第197页。

从以上数字可以看出解放军战士的生活水平。一个作战的士兵，每天只有5钱肉。按16两一斤计算，每月也就是1斤猪肉的供应量。中国人民解放军生活水平与国民党官兵的待遇有悬殊的差距。但就是这个水平，当时的解放区也很难承受。因除了养二百多万兵，还有庞大的作战费用。1947年陈赓、谢富治兵团挺进豫西时，济源县承担了部分后勤供应和支前民运。滕代远向中央汇报了当地民众的负担情况：

济源全县七个行政区，二百一十七个行政村，廿万六千人口。三分之二是女人，一万二千家属(约四万人)。去年麦收，全县好的有五成收，有的则毫无收成。群众负担极重，有以下几种：

第一，公粮负担，平均占农民总收入五分之三。

第二，劳力负担，全县全劳力二万人，去秋参军四千五百人，实有一万五千五百人。去年陈谢大军南下，迄今，共出修船工二万个(四百个全劳力)。运一百五十万斤粮(缺劳力统计)。六七两区，运柴草八百四十万斤。去临汾担架二千四百人。为陈、谢运弹药，及担架等，达一万零七百六十人(以上均是全劳力出差)。只邵源一地，平均每个全劳力，每月二十五天以上出差。此次运粮给郑洛作战，均是妇女儿童，老汉背一斗粮食走八十里，空着肚子来回。群众普遍反映，"支前倒是好，可不能光是紧着裤带去支"。"在家不如出去，出去还可动弹"(即到外乡去讨饭吃)。

第三，划了二十个村子为野战医院，二十个行政村群众不出差，专招呼医院。仅二十个村男女老幼及小学全体师生看伤员都忙不过来。如作看护，洗血衣，磨面，割草做铺草，每天从晋城专运五十辆大车的煤，许多果木树都砍烧了，并开始有拆房子作柴烧的。[1]

---

[1] 中央档案馆编：《中共中央文件选集》第17册，中共中央党校出版社1992年版，第138页。

为了把战争打下去并取得最后胜利,在勤俭节约的同时,必须增加生产和财政收入。中共中央在1947年发布的一系列指示中,强调发展生产,增加收入的重要性。毛泽东在1948年9月1日给党内的指示《解放战争第二年的战略方针》中着重指出:"在一切新老解放区必须坚决实行土地改革(这是支持长期战争取得全国胜利的最基本条件),发展生产,厉行节约,加强军事工业的建设,一切为了前线的胜利。只有这样做,才能支持长期战争,取得全国胜利。果然这样做了,就一定可以支持长期战争,取得全国胜利。"[1]

3

各解放区领导机关认真贯彻落实中共中央发展生产的指示精神,从1947年下半年起,开始了大生产运动。1947年5月5日东北局通过的《关于目前形势与任务的决议》(又称"五·五指示")号召:"后方的任务就是继续生长力量,把力量拿到前方去,继续以人力物力支援前线,保证兵源的补充,地方党政军工作同志,要自觉地当革命的'兵贩子粮贩子',把好兵好枪好马拿到前线去,要在群众中干部中造成爱护主力拥护主力的热潮,要纠正某些干部中不愿意把自己的地方部队拿去补充主力的错误观念,要使这些干部懂得照顾大局,照顾革命的胜利是第一位,而局部的胜利与个人的地位是服从于革命利益的。保证前线的供给,充分供给前线的粮食、鞋子、被服。保证前线的弹药,努力发展军工生产,供给前线的子弹、炸弹、炮弹。""为着完成上述任务,必须继续深入群众运动,发展生产,完成土地改革,肃清封建势力。过去由于我党把一切工作的中心放在发动群众上,因而生长了新的力量,今后继续深入群众运动

---

[1]《毛泽东选集》第4卷,人民出版社1991年版,第1233页。

仍然是我们一切工作的中心环节，只有如此才能使根据地深入巩固，才能继续生长新的力量。目前群众工作又是以发展生产为中心，有了生产就是使自卫战争和解放区有了物质基础，同时也就使人民的生活能逐渐改善。领导生产是目前领导群众运动中最中心的工作，在发展生产中来继续完成土地改革运动，继续放手深入群众斗争，彻底摧毁农村中的封建势力，挖掉穷根与挖掉坏根。继续不断的生长新的力量。"[1]

东北局制定有关奖励生产的规定是：

甲、奖励与保护繁殖牲畜；

乙、奖励精耕细作；

丙、奖励开垦荒地，兴修水利；

丁、奖励劳动英雄与模范工作者；

戊、奖励副业生产与发展手工业合作社；

己、扶助移民；

庚、奖励特种作物(特别是南满与热河的棉麻)的生产，发展工业原料与奖励商品粮食的生产；

辛、奖励提高农业生产的各种技术发明。

为了纠正"土改"造成的过火行为和"左"的错误倾向，东北局取消了一些地区形式不一的农业合作化的生产组织，如"合伙种地"、"集体喂马"等。规定组织农业生产合作的政策是：必须坚持自愿和两利(即等价交换)的原则，必须是在自愿和两利基础上合作互助的生产组织，必须允许一切加入合作互助的人员可以随时自由退出。农村的合作互助生产组织，一般以小型的按季节性的分散的形式为宜。可以采用有需要就组织，不需要就解散的灵活的方式。

---

[1]《中国人民解放军第三次国内革命战争史料选编》，中国人民解放军军事科学院图书馆编辑，第2辑第2册上，第75页。

少数农民有力量单独耕作，可以退出现在的生产合作组织。为了鼓励农民买马的兴趣，只要他们能够把地种上，并愿单独经营，是完全可以和应该允许他们这样做的，而且在目前条件下这样做，对刺激大多数农民的生产积极性，是有好处的。

东北局规定：除上述农业生产中的互助组织外，还必须在农村中普遍地从上至下地建立供销合作社，减少商人的中间剥削，尽可能廉价地供给农民所需要的各种生产资料和生活资料，公道地收买和运销农民生产品，以提高农业生产力和发展各种农村副业。供销合作社的惟一任务，就是协助社员生产，保护社员利益，避免商人剥削。它必须以比较廉价的工具和商品供给农民，又以公道的价格收买和运销农民多余的粮食和原料及副业生产品，从而保护社员利益。农村中的党与政府必须派出大批最好的干部去办理供销合作社，并用心学习做生意。

这些政策刺激了农民的生产积极性，一个大生产的热潮在广阔的东北平原开展起来。尽管1948年春天发生了严重的自然灾害和春荒，为了帮助群众解决生产中的困难，发展生产，东北局和各地干部尽了最大努力。据林彪1948年8月15日给毛泽东的报告中说："(解放区政府)发放了农业、耕畜、移民、水利、特种作物等项贷款151亿(元)，帮助群众代购30000匹耕马，6500余头耕牛。共调剂了1738万斤荞麦、稻子、苞米、菜豆等种子与2020万斤豆饼做马料……由于去年歉收、战争破坏，今年入春以来连续的自然灾害，全区灾民近150万。我们实行了以工代赈、贷种、轮种、补种与组织副业等项办法，初步克服了灾荒。"据东北局统计，东北解放区共耕种土地11365324垧，开荒590708垧，超过原计划20%。其中兴修了水利、旱涝保收的良田为23万垧。机关和公家农场耕地为146654垧，可以供给机关两个月粮食和全年的蔬菜自给。林彪估计，秋季可以完成预定计划,并增产12%。东北解放区农业的丰收和工业的复兴,为东北野战军举行空前规模的辽沈战役提供了可靠的经济保障。

在掀起农业生产热潮的同时,中共中央重视保护和发展城乡的工商业。在土改运动中,各地工商业受到不同程度的冲击,许多手工业、商业者受到打击和清算。中共中央在土改纠"左"的同时,开始落实工商业政策。中央工委1948年1月25日给华中局《关于对地主经营工商业的政策》的指示明确指出:

(一)保护一切于国民经济有益的私人工商业。

(二)过去鼓励地主富农经营工商业的办法是正确的,今后仍应鼓励。

(三)地主富农工商业一般应予保护,而不应一般没收。只应没收官僚资本与真正反革命分子的工商业,但没收者亦不应分散或停闭。[1]

在工商业政策上,在解放战争初期走过弯路。以东北解放区的牡丹江市为例,1945年"八一五"后,日本退却时有计划地破坏和毁灭(包括炮火的破坏和毁灭);受压迫的百姓盲目地自发性地报复、破坏;苏军占领期间搜罗战利品。这三方面的原因,把整体的工业基础破坏了。八路军来了以后,建军和建立政权需要大批经费,就到处搜集敌伪物资。但在执行中很混乱,乱没收。各个机关、团体、部队甚至个人都在没收。各自为政、各自乱抓,肥了小单位,公家并没有多少收获。1946年土改运动开始后,又开始清算工商业主,结果群众没发动起来,资本家倒吓跑一大堆。形成了工商业凋敝、经济萧条的局面。[2]

---

[1] 中央档案馆编:《中共中央文件选集》第17册,中共中央党校出版社1992年版,第18页。

[2] 张烈:《城市工商业问题报告》,1948年1月18日。黑龙江省档案馆编:《黑龙江革命历史档案史料丛编——城市工作》,1987年内部版,第175页。

当时在北满工作的张闻天较早地发现了这个错误。1946年11月他起草的《发展工商业的若干政策问题》的决议指出:"为繁荣工商业、改善人民生活、支持长期战争,必须承认,大量的吸收私人资本,发展私人资本主义,是非常重要的任务。过去为了打垮城市中敌伪反动势力的统治、发动基本群众,彻底改造旧政权而进行的反奸清算运动,是必要的,基本上也是正确的。但在这个目的初步达到之后,我们即应停止城市中的清算运动,而把我们的注意力转移到繁荣工商业方面去。沉溺于城市的清算运动,模糊我们对于资本主义与对于封建主义的政策的根本的原则区别之偏向,是应该纠正的。我们应该劝告与鼓励纯正的工商业者恢复与继续他们的工商业活动,同时在一切可能方面帮助他们。保护他们的生命财产与经营工商业的自由与安全。一切侵犯工商业者正当权益的行动,必须严格禁止。"[1]

在解放区的形势基本稳定后,东北局开始重视恢复工商业生产的问题。1947年6月的东北局会议和10月的财经会议,分别就工商业政策作了具体的规定,纠正"左"的偏向,恢复和扶植工商业的生产。牡丹江市委落实工商业政策,停止清算斗争,提出对国计民生有利的工商业大胆放手,长期着眼的方针。工商界才由恐慌动摇稳定下来。逃跑的部分归来,但大部分工商业者仍在观望犹豫。10月财经会议上提出大胆吸收游资,大胆发展私营工业,发展军用民需的私人资本。从此工商界开始转变,三个月内,发展中小工业作坊166户,吸收游资4.94亿元。31个行业如火柴、化学工业、麻袋工厂、罐头、瓷器、铅笔、胶皮鞋、小纺织、皮革、铁工厂、草袋编织、颜料、火碱、烟草、机械等纷纷恢复生产。工商业的恢复使人民生活得到保证,税收增加,同时有力地支援了前方的作战。[2]

1948年初,毛泽东起草了《关于工商业政策》的指示。他严肃指出:"某些地方的党组织违反党中央的工商业政策,造成严重破

---

[1] 张烈:《城市工商业问题报告》,第109页。
[2] 同上书,第180页。

坏工商业的现象。对于这种错误,必须迅速加以纠正。""应当预先防止将农村中斗争地主富农、消灭封建势力的办法错误地应用于城市,将消灭地主富农的封建剥削和保护地主富农经营的工商业严格地加以区别,将发展生产、繁荣经济、公私兼顾、劳资两利的正确方针同片面的、狭隘的、实际上破坏工商业的、损害人民革命事业的所谓拥护工人福利的救济方针严格地加以区别。"[1]

各地认真贯彻中共中央指示,恢复发展工商业。中共哈尔滨市委总结哈尔滨市1948年上半年工作说:

自今年3月14日到6月底,实增加工厂、商店3748家(内工业2919家),增加工人、店员、职员17651人(内工人13724名、职员1278名、店员2649名)。同时,原有工厂、商店因经营扩大而增加工人、店员、职员9491人。新增加的工厂、商店数内包括公营、私营与合作社经营三种。

过去埋藏或拆散了的机器都起出来,或重新装置并积极制造新的机器,截至今年5月,已比去年12月增加机器85台,现在正制造者还有100台。

出现了许多新兴工业(内包括化学类工业158家,资金49亿),许多过去不能制造的东西,现已逐渐能够制造,虽然是规模不大的萌芽状态的。

手工业的生产合作事业,例如道里工联被服厂、新东建筑公司,太平的建筑合作社,道外的渔民合作社、毛皮合作社、铁工合作社……,找到了手工业由个体劳动走向集体劳动的方向。

由于工业的活跃,提高了加工能力。军工加工任务(六〇炮2000门、炮弹35万发、信号枪2000支)比去年12月加重4倍到7倍,并已完成39%到48.5%。军需加工任务比去年12月加重2倍、5倍到

---

[1]《毛泽东选集》第4卷,第1285页。

8倍半，个别加重20倍。夏衣50万套任务已完成并超过8万套。冬衣30万套，大衣30万件，及其他冬装任务，7月份已开始。[1]

当土改运动纠正了"左"的错误，走上健康发展的道路后，农村面貌发生了重大变化，也促进、推动了工商业的繁荣。中共牡丹江市委认识到："土地改革直接推进农村经济之发展，就是说会使破产的农村变成经济富裕的农村，农民由穷变富，给予工商业之发展解决了两个基本问题，一个是解决了原料不足的困难，一个是提高了人民的购买力。工商业离开了这两个问题，根本谈不到发展。没有原料，机器就开动不起来。油坊需要豆子，没有豆子，油坊就停业。牡丹江16家油坊有14家停业，就是因为没有豆子。纺织工业需要棉花，牡丹江纺织工业在发展上受到很大限制，就是因为缺少棉花。铁工业需要铁和煤炭，牡丹江铁工业在发展上也受到限制，原因是缺乏焦炭。牡丹江加工业大部分停业的原因是没有粮食。原料的来源主要依靠农村，土地改革本身提高了农业的生产，就是解决原料问题。另一方面，工业制出的成品，商店里存的货物，人民如果没有购买力，就卖不出去，工商业就要倒闭。农村土地改革将农民从贫困变富裕，就是提高购买力。"[2]解放区经济开始良性循环，农村的产品有了销路，城市满足了市民供应，减少了失业人口，稳定了社会。

发展壮大解放区经济实力，农村经济固然是一个重要方面，城

---

[1]《哈尔滨市1948年上半年工作总结》，黑龙江省档案馆编：《黑龙江革命历史档案史料丛编——城市工作》，1987年内部版，第47页。

[2]《中共牡丹江市委扩大会议关于工商业问题的总结》，同上书，第164页。

中国的 1948 年：两种命运的决战

市工业则越来越显示出重要性。1948年2月25日，毛泽东在转发石家庄城市工作经验的批示中，要求各中央局应注意总结城市工作经验，把党的注意力引导到注意城市工作上来。[1]6月10日，中央工作委员会又转发了东北局《关于保护新收复城市的指示》。指示中说：

> 过去在我军游击战争时代，我们基本上是依靠广大农村，占领的城市不但比较少，而且常常不能保住这些城市。所以虽是我们从来即注意城市政策，反对乱抓乱没收，但在占领城市之后，从城市中有政策地有计划地有组织地搬运出某些必需的物资，是必要的，正确的。现在形势已经根本变化了。我们不仅占领了很多城市，而且这些城市已巩固地为人民所有。战争已是大规模的大兵团的集中作战，不仅要依靠广大的农村，而且要依靠城市。如果我们不改变过去的观点，还以旧的观点来看待城市，那就是错误的了。在内战时期、抗战时期，我们长期没有城市，感受没有城市的痛苦。现在我们有了城市，就应当爱护城市，发挥城市的作用，使城市产生更多的军需品和日用品来支援战争，来繁荣解放区的经济。现在的战争没有城市的支援，没有铁路的运输，是不能取得最后胜利的。每个革命军人，地方党政人员，解放区人民，都应该把城市看做是人民革命战争取得最后胜利决不可少的力量，应该严格遵守党和政府的工商业政策，城市政策和法令，反对乱抓物资的本位主义，反对片面的所谓群众观点，防止破坏城市，破坏工商业。不但这样，现在即使某些城市在占领后还可能同敌人反复争夺，也不应加以破坏，因为那些城市迟早也是属于人民的。[1]

有了城市、铁路、矿山、企业，解放区经济实力就产生了一个

---

[1]《毛泽东文集》第5卷，人民出版社1996年版，第71页。
[2] 中央档案馆编：《中共中央文件选集》第17册，第210页。

飞跃。东北在日本统治时期，曾经建成了发达的工业和铁路交通体系。虽然经历了战争的沧桑，但仍然保存了一些基础设施。共产党接收之后，就将其改造成了公有制经济。张闻天论述说：

> 东北的国营经济，由于东北过去的特殊历史条件，比较中国的其他地区都要发展，所有大的企业，差不多全部都掌握在国家手中，如铁路、电气业、煤矿、铁矿、航运、邮电、金矿及其他各种矿山、林业、化学工业、纺织工业、造纸业、盐业，以及银行、对外贸易、国营农场、大的贸易公司等，无不掌握在国家手中。这种国营经济，在东北的总生产量中虽还未占有绝对大的比重，但已占有很大的比重，并掌握了社会经济的命脉，居于国民经济的领导地位。特别是在东北城市工商业中，国营经济的这种领导地位更加明显。在无产阶级领导下的新民主主义国家所经营的这种经济，已经是社会主义性质的经济。这种国营经济，是当前支援人民革命战争，争取胜利的最主要的物质力量。……因此，我们对它必须特别关心，使它获得一切可能的发展，把它放在国民经济建设的最主要的地位，尤其是工业中的重工业与军事工业应当如此。我们必须节衣缩食，用一切方法挤出资金来，以恢复与发展国营经济。[1]

大连是共产党重点建设的工业基地。1947年下半年，中共中央从延安和华东派遣一批从事经济工作的干部，带了部分资金，到大连开办企业。当时大连表面处于苏军占领下，实际为中共大连市委控制。在苏方的默许之下，这些干部创建了关东实业公司，接收了部分日本人遗留的工厂和私营企业。他们原来只办过小型企业和贸易，对现代化工业和企业管理都缺乏经验。1947年初创时，提出的口号是"靠山吃山，靠水吃水"，"能大则大，能小则小"，这是自

---

[1]《关于东北经济构成及经济建设基本方针的提纲》，1948年9月15日，《张闻天选集》，人民出版社1985年版，第397页。

中国的 **1948年：两种命运的决战**

给自足的方针。当时接收一些破烂工厂，人钱两缺，原料和成品的出路问题均无头绪。加上国民党的封锁，当时的问题是如何保护机器设备，如何维持工人生活，进一步筹划资金，恢复生产。因此公司只好向各工厂提出"能生产什么就生产什么，只能赚钱，不能赔本，最低也要做到自给"。在分散经营的口号下搞副业生产，在工厂里种蔬菜、苞米、小麦。公司也在贸易上下功夫，企图多赚些钱，解决资金困难。用心良苦，但成绩寥寥。后来接收了大连纺织厂后，资金情况有了好转，部分工厂清理也告一段落，公司开始谋求发展。1948年1月，提出了"发展生产，安定民生"和集中统一经营的方针。7月实行了工业整编，对生产和经营进行了严密的分工，对资金、供销和人事实行统一调度，生产逐步走上正轨。在发展生产过程中，公司留用了一批日本技术人员，招聘了一批旧企业的管理职员，学习了苏联企业的成本核算和计划管理经验，并在工人中开展增产立功运动。企业得到了迅速的发展。1947年公司的产值为110亿元(旧币)，1948年为617亿元，增加了五倍多。1947年平均每个工人创造的价值是243万元，1948年则为964万元，也提高了将近五倍。

1948年，关东实业公司已经拥有造船、纺织、化工、煤炭、皮革、酒精、粮食加工、火柴、汽车修理等行业的37个企业，生产轮船6艘、纺织机器零件28万件、纺纱8600余吨、织布70余万匹、氯酸钾40万吨、火柴16000箱、胶鞋9万双、煤2万吨、纸烟19409万支。公司通过订货加工带动了一批私营企业，为造船厂加工的铁工厂就有100多家。公司还为这些私营企业推销产品，这些收益尚未计算在内。关东实业公司为华东解放区提供了丰富的物资和资金，有力地支持了解放战争。[1]大连建新公司制造的炮弹、子弹为华东和中原解放军的作战提供了充足的军火。国有经济的建立，使解

---

[1] 参考杨思九：《1948年工作总结》，《关东实业公司总览》，大连档案馆藏工业类1259卷。

放区的经济实力发生了质的变化。

1948年2月,东北野战军攻克鞍山。最后的战斗在鞍山制钢所的厂房间进行。在清理战场时出现了一些复杂情况,一些国民党的军官、政府官员和逃兵混入工厂和居民区,使解放军很难分辨。为了不让敌人漏网,看见可疑者一概拘留,这样不可避免地错捉了一些工人和技术人员。战斗结束后,外国通讯社发出消息说:鞍山战斗中许多技师和工人未能逃出,下落不明。中共中央领导十分关切,2月25日致电林彪:"据美联社称:鞍山技师及工人仅有少数逃出,留下有技师约五百人、工人及家属三万人。这批钢铁工业的技术人原是很重要的财富,必须注意收集、照料,并派得力人员在他们中间工作,争取他们。"

林彪和政治部主任谭政非常重视,马上向部队调查询问。部队指挥员答复:解决战斗时,国民党军一股约千余人从市内突围,被解放军追至鞍山外围解决。其中有工人、技术人员一百余人随同,天明后即送市政府处理。攻鞍山是在夜间结束战斗,当时国民党军两千余人及政府官员逃入钢铁厂。结束战斗时很难分清职工与敌伪人员,当时即全部带出城外,清查登记后移交市政府,并建议对技师、工人给以救济并争取其为我工作。[1]鞍山解放后,东北局财经委员会派了一批干部到那里,着手恢复生产。他们依靠老工人了解情况,又找到总工程师家中,送去粮食,请他出面召集技术人员上班。总工程师非常感动,答应挨家挨户去动员。短短三个月内,鞍钢的工人和技术人员清理了废墟,修理了设备,高炉又开始出铁了。[2]

鞍山的教训引起罗荣桓政委的反思。过去解放军以运动战为主,不注重一城一地的得失。攻克一个城市后,往往只把缴获的物

---

[1] 原四野战史编辑室存电。
[2] 李逸民:《我所经历的东北财经建设》,《革命史资料》第11期,文史资料出版社1983年版,第10页。

资运走,并破坏一些重要设施。现在解放军攻占城市,就可以巩固地占领了,城市政策显得尤为重要。5月18日罗致电各部队:"虽然有些城市为土改弄坏了,但战争中弄坏的也不少。如目前我们所收复的大城市不能恢复生产,则支援东北战争及全国战争是不可能的。内战时代毛主席反对流寇思想,即为反对这种现象。随便没收,没有城市政策。今天全国已走向胜利,城市是自己的,更需如此。"他下达了严厉的命令:"将来攻城部队不许收集材料,除了战场缴获外,一切仓库均不准动。应归公收来统一分配,并严格执行奖惩制度。"以后解放的城市,都注意了保护。当年10月底解放沈阳,这座东北最大的工业城市没有发生大规模战斗,基本上完好地接管过来。东北局立刻派出大批技术干部,对口接收沈阳的兵工厂、仓库、资材、车辆,使这些工业资源立刻转为人民的财产,为解放战争和恢复建设服务。

1948年,国民党统治区和解放区形成鲜明的对比。国统区通货膨胀,物价飞涨,社会极为动荡,人民对国民党的经济改革和金圆券完全丧失了信心,市场上到处是挤兑和抢购风潮。而解放区则是经济稳定,人民热烈支前,被战争破坏的城市迅速恢复生机。同样是在进行战争,为什么局面如此不同?国民党将领关麟征谈起国统区发行"金圆券"导致经济崩溃时说:"这只是促成失败的一个原因,而非失败的根本原因。我们银行准备金不足,但总算还有银行;还有不少准备金,钞票也是精印出来的。请问毛泽东的银行在哪里?准备金在哪里?他们的钞票是在布条子上盖一颗印,写上多少元就

建立解放区的新经济基础

算是多少元。怎不见他们的金融受到影响!这是事实呀!这个事实是根据军事上的成败而存在的。人家天天打胜仗,所以布条子也可以取得人民的信任。我们天天打败仗,什么券人民也不信任。"[1]

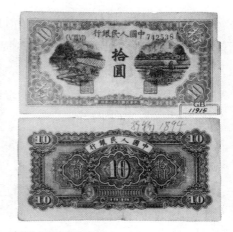

解放区发行的新人民币

关麟征说的是实话。共产党的钞票的确不如国民党的票子印得好。从抗战后期到解放战争中期,共产党都没有统一的货币,而是各地自己发行钞票。当时陕甘宁、山东根据地都有自己的货币,就连小小的淮海区也发行自己的货币。李一氓回忆:"南面的苏中解放区、北面的山东解放区、西面的淮北解放区,他们都发行了自己的货币,淮海区这时也就有必要建立一个小银行、小金库,发行一种以元为基本单位、以角为辅币的货币。印刷是很落后的,无非是石印的、木刻的。没有一种好的经得起使用的纸张,因此就采用一种白细布来印成钞票。印制的成品当然是很粗糙的。虽然我们也在上面用号码机打了号码,也用我的名字制成一个铜印,按张印在上面。这种货币因为比较粗糙,假造起来是很容易的,并且发生好几次假造的货币在集市上流通的情况。这当然是敌伪军搞的,我们也采取了许多防范措施。它的发行保证不是金子、银子,惟一的就是粮食。我们只把它当成商品流通手段,没有把它当成财政手段,因此发行量很少,说不上通货膨胀。"[2]这么不规范的货币,老百姓怎么就相信呢?共产党与国民党货币政策最大的区别在于,国民党的银行是"金本位",以黄金、白银和外汇作保证金。而共产党的银行则是以物资为担保。

---

[1] 何家骅:《国民党怎样失去大陆?》,香港《明报月刊》1989年第11期。
[2] 《李一氓回忆录》,人民出版社2001年版,第324页。

中国的 **1948年**：两种命运的决战

经济学家薛暮桥这样说："解放战争时，一个美国记者到山东解放区来访问，他看到抗币(对山东解放区货币的俗称)没有法定合金量，没有金银贮备，也得不到美元、英镑的支持，为什么能够保持币值和物价的稳定，认为这是无法理解的奇迹。他问我抗币定为什么'本位'？我答复他：我们采取的是'物资本位'。抗日民主政府控制货币发行数量，勿使超过市场流通需要。我们每发行一万元货币，至少有五千元用来购存粮食、棉花、棉布、花生等重要物资。如果物价上升，我们就出售这些物资来回笼货币，平抑物价。反之，如果物价下降，我们就增发货币，收购物资。我们用这些生活必需品来做货币的发行准备，比饥不能食、寒不能衣的金银优越得多。根据地人民是欢迎我们这种货币制度的，他们不要黄金，更不要美元和英镑。"[1]

  这种以物易物的商品交换和结算方式，虽然比较原始和落后，但却稳定可靠。因此在中国农村中沿用了上千年。在以农村为基础的解放区中，贸易往来和财政收支采用实物结算，一来符合农民的习惯，更重要的是不受城市通货膨胀的影响。在抗战后期到解放战争前期，解放区的财政是以村为基本单位的。部队的给养、作战物资的征集、民工支前，都以粮食为基本计算单位。这样既简单又明确，还免去了用货币结算的许多麻烦。

  但是，解放战争规模的扩大产生了新问题。晋冀鲁豫野战军1946年8月向陇海铁路沿线反击后，冀鲁豫边区对战勤工作没有经验，加上扩军与战勤任务繁重，村中的人力、畜力、财力的开支与使用急剧增加。一般的村负担占公粮负担数的50%至100%，个别村甚至达到100%。由于动用的人力、畜力相当多，到种麦时尚有20%—30%的麦地没有耕犁。所以，群众的负担很重，甚至个别的地方坏分子煽动群众反对政府。为此，冀鲁豫边区党委专门召开了

---

[1] 薛暮桥：《抗日战争时期和解放战争时期山东解放区的经济工作》，人民出版社1979年版，第85页。

财政会议,研究节省民力、畜力、财力,以坚持长期战争。纠正忽视村财政观念,纠正单纯向群众索要的思想,克服铺张浪费的现象。会议决定:

建立村财政制度,规定村里人力、畜力、财力的摊派办法,规定各种开支的项目,规定各种损失损坏的财物赔垫办法。严禁各部门、各单位随意对村摊派粮款的现象。各村的村负担每亩不得超过5斤米。村中的账目要按月或按季向群众公布,群众选出专人监督检查。行署专署颁布了战勤支差条例及具体管理办法。清丰、濮阳、南乐等县对村财粮开支规定了制度,令区村执行。

从1947年调查冀鲁豫边区黄河以北八个县的群众负担数字看:村负担占边区粮款与地方粮款负担是42%,每亩平均11斤,每人平均44.6斤。其中战勤占23%,扩军占58%,经常性开支占14%。应该说这个负担对于贫困的农村来说,已经比较重了。而战争的实际情况还不止于此。当解放战争转入战略反攻之后,随着中原、华东野战军的南下作战,战役一个接一个,所需要的人力、畜力和物资源源不断地输送到前方,保证军队作战需要。原有的征收计划又不够了,需要临时增加。加上公家征购的物品价格大大低于市场价格,战勤的损失无法赔偿或低于市场价格的象征性赔偿,村里必须垫补或重新征派。因此,村财政单纯依靠农业收入是根本不行了,必须开辟其他的财政收入来源。[1]

1947年5月,华北财经会议研究了解放战争规模扩大后需要解决的财政经济问题。大家认识到解放区在财经工作存在三大矛盾:必须大量养兵,必须保障部队生活的一定水准,必须照顾人民负担能力。战争爆发后,又增加了分散的落后的小农业和手工业生产。交通不便与比较现代化的大兵团作战间的矛盾。这一系列的矛盾,必须适当解决,始能支持长期战争。

---

[1] 边裕鲲:《冀鲁豫边区革命根据地财政工作回忆》,《中共冀鲁豫边区党史资料丛书——财经工作资料选编》上册,第315页。

中国的 1948 年：两种命运的决战

人民负担能力究竟有多大?能支持多久?为了支持长期自卫战争,争取最后胜利,最低限度需养兵多少?一个士兵的生活标准,究竟应有多高始能维持?会议根据各解放区的材料研究结果,认为:人民负担能力,可能占其生产量的15%—20%,养兵需要而且可能达到人口的1%—1.5%。一个兵的生活水平,每年约需小米16石左右,这个比率一般不能变动。在反攻开始后,解放区必须支付更多的人力物力。这些都会加重解放区经济的困难。会议研究过去经验和目前情况,作出如下决定:

(一)经济建设必须独立自主发展经济,争取自给自足。应当改造分散的、落后的、个体经济的生产方式,奖励互助合作,组织变工组和合作社扶助群众生产,发展农村副业。帮助农民组织起来,生产发家,发放大量贷款,帮助贫苦农民解决缺乏生产资金的困难。公私兼顾,照顾群众利益,私营资本主义经济应使之得到发展的机会,保障其经营和赢利的自由。

(二)目前财政工作的首要任务,是集中一切力量,保障战争供给。只要保证了部队的必要供给(衣服粮食菜金弹药医药,通讯器材及炮兵工兵的建设费用),及必要的生产建设费用,就算是完成了财政任务。其他工作可不办的不办,可缓办的缓办,降低生活待遇,提倡艰苦奋斗。要从发展经济中去保障战争供给;财政工作必须从人民的生计出发,民富即国富,这是我们与国民党不同之点。

(三)实行精兵简政,首先精简地方机关人员,充实部队。部队要精简后方机关人员,充实前方,保证野战部队。供给标准,部队高于地方,前方高于后方,野战军高于地方军。后方应特别提倡艰苦奋斗,一切为了前线,向农民生活看齐。

(四)开源,取之于民者,应改进公粮税收工作,增加财政收入。扩大征收面,减少累进率,照顾农民生活,做到既保证财政收入,又刺激经济发展。战争缴获物资归公,除武器弹药由部队自己管理外,其他如粮食布棉金银货币等,均应交公作为财政收入,严禁私自扣留和破坏行为。

(五)整理村财政,由政府统一规定。收支标准,由村民民主评议,经区公所核准,自筹自支,并按期结算账目,送上级审查公布。村财政负担,要求做到每人每年不超过小米6斤。整理公产公款投资合作生产,以其收益补助村财政。

(六)调整战勤:几年来参军参战,农村劳动力已感缺乏。要求战斗部队精确计算,科学使用民力,做到平时不超过三兵一夫,战时不超过一兵一夫。支用民夫应有严格制度,做到公平合理。建立战勤组织制度,使战勤与生产相结合,实行按期计工算账。

(七)贸易工作的主要任务,是对外争取有利交换,对内调剂供求,扶助生产发展。奖励土产输出,限制外货输入(奢侈品、消耗品应禁止输入),争取出入口平衡或出超。金融工作的主要任务,是平稳物价,保护人民财富。必须建立独立自主的本币市场,摆脱蒋币涨落对我的影响。掌握重要物资,防止物价波动。[1]

解放区的经济工作已不单纯是出钱出力支援前线的问题,而是一个全局性的、通盘规划的大系统。通过各种方法增加财政收入,增加百姓收入,才能应付庞大的战争开支,稳定解放区的人民生活。各级政府采取一系列措施,鼓励商品生产和土特产出口。

商业贸易,本来是以互通有无和赢利为目的。国民党统治区是铁路沿线的主要大城市,解放区是周围的广大农村。在没有战争的

---

[1] 《华北财政经济会议决定草案》,1947年5月,《中共冀鲁豫边区党史资料丛书——财经工作资料选编》上册,第217页。

时候,城乡贸易始终没有间断。城市离不开农村的粮食、棉花和各种土特产,农村则需要城市生产的工业品、纺织品和生活日用品。解放战争的发展,使商业贸易也成为一种重要的斗争形式。解放区在鼓励商业贸易的同时,特别注重发展自己,消耗对方。对解放区和战争有利的商品,鼓励进出口。对国统区需求的基本生活用品和城市生产的奢侈品,则严格加以控制。我们从冀鲁豫边区政府开列的进出口商品控制清单中,可以看出解放区与国统区经济战的基本内容:

出境货物:

1.免税奖励出境货物:

农业副产品:各种鲜瓜果、黑白瓜子、土产药材。

手工业副产品:小盐、土碱、柳条及苇制品、陶器、毛毯、毛巾、袜子、背心、丝织品、蜡烛等。

古董、兽骨、各种酒烟。

2.征税出境货物(税率5%—20%)

植物油:豆油、花生油、香油、大麻籽(蓖麻)油。

杂食品:黑红枣、猪羊肉、粉皮、粉条、肥猪羊、花生。

手工业品:生丝。

杂皮:狗皮、狐皮、黄鼠狼皮、猫皮、兔皮等。

工业原料:羊皮、羊毛、羊油、牛油、鸡蛋、猪鬃、蚕茧、烟叶等。

其他:海盐、木器等。

3.禁止出境货物(税率特许征30%)

粮食:小麦、黑豆、黄豆、小米及其他粗、细粮。

棉布:棉花、土布、土线、土织花布。

牲畜：马、牛、骡、驴。

军用品：枪、炮、子弹、硝磺。

金属类：金、银、铜、铁、锡、钢、铅各种金属。

入境货物

1.免税奖励入境货物

生产工具及原料：各种农工器具、煤炭、桐油、生漆、绸、丝等。

生活日用品：粗瓷器、陶器、眼镜、雨伞、钟表、搪瓷器、纸扇等。

工业器材及原料：各种机器零件、硝酸、硫酸、五金原料、机器油、汽油、火硝、火碱、白矾、报纸、白粉。

文化用品：各种笔墨、自来水笔、墨水、墨汁、印泥、各种仪器、各种运动器具、教育用品。

军用器材：枪、炮、子弹、指南针、军号、炮药、火药、望远镜、地图、擦枪油、风镜。

医药卫生器材：中西药品、内外科诊疗器材、各种卫生器材。

通讯器材：电话机及材料、有线无线收报机及材料、各式收音机、无线电台、各种电池、其他电料。

印刷器材：铅、石、油印机、滚子、铅字模、钞票纸、蜡纸、油墨、松香、钢板、钢笔。

2.征税入境货物(税率10%—20%)

染料：染料、各种颜料。

纸张：毛边纸、新闻纸、牛皮纸、日记本、火纸等。

杂食品：藕粉、代乳粉、红、白、冰糖、蜂蜜、海带、江米。

粗棉织品：棉纱、洋线。

其他：火柴、海盐。

3.禁止入境货物(税率20%—50%)

日用品：细瓷器、玻璃、牙膏、一般京广货。

消耗品：茶叶、烟丝、烟叶、成包水烟。

化妆品：香皂、肥皂。

烟酒类：各种卷烟、酒类。

精工棉毛织品：花洋布、斜纹布、织绒、线衣、皮衣、皮帽、毛毯、线毯、礼帽。

丝棉麻织品：绫、罗、绸、缎、丝、手帕、丝带、各种衬衣、毛巾、白洋布、各色洋布、洋袜(一般个人消费品以内者不没收)。

毛呢织品：毛呢、礼服呢、毛纺裤、毛绒、毛衣、毛袜、毛围巾、毛哔叽、法兰呢。

高贵食品：海参、海蛰、鱼翅、木耳、味精、糖果、饼干、罐头、糕点、牛奶等。

香水、香精、雪花膏、花露水。

迷信用品、毒品、煤油。[1]

这个长长的进出口商品名单很有意思。解放区农村最多的粮食、棉花都不许外销。而免税进口的货物中最多的是军用物资和解放区急需的药品、工业原料、办公用品。这有着明显的战略意图。而禁止入境或征收重税的奢侈品中，洋布、毛毯、衬衣、毛巾的禁止入境带有保护解放区土产品的意义。但香皂、肥皂成了化妆品，罐头、糕点、糖果成了高贵食品，实在有点过于苛刻。说明解放区在节省开支、提倡勤俭方面，已经到了何等程度。

---

[1]《中共冀鲁豫边区党史资料丛书——财经工作资料选编》上册，第656页。

建立解放区的新经济基础

7

解放区禁止出口粮食和经济物资，使国民党统治区的粮食、棉花供应越来越紧张。像济南这样的大城市，四面都是解放区，形同孤岛。为了维持生存，国民党方面想方设法从解放区搜罗粮食物资。1948年8月，驻守济南的国民党第2绥靖区司令官王耀武感觉解放军有攻打济南的迹象。为了储备充足的粮食，南京于8月10日派出4架飞机，满载即将作废的法币运往济南。王耀武用这些钞票到济南郊区和解放区边缘农村抢购粮食。国民党士兵和兵站人员持法币四处抢粮。济南周围百余里内村镇百姓的粮食几乎被抢购一空，而老百姓手里只拿到形同废纸的法币。这种倒行逆施激起百姓的极大愤怒，他们说："蒋介石不打倒，我们百姓活不了！"[1]

国民党统治区的通货膨胀，对解放区经济构成极大威胁。先是法币的贬值、银元黑市的猖獗，直到金圆券的发行与崩溃。国统区的几次经济风潮势头凶猛，使解放区经济面临严峻考验。规避风险的有效方法就是排斥蒋币。解放区的货币斗争与军事形势密切相关，以冀鲁豫边区为例，1946年下半年国民党军集中优势兵力进攻，占领了黄河南北的大片区域。国民党军所到之处，即由其党政军一体组成"军民合作站"，向各村低于市价二分之一，强征军需日用品。在市场以半抢半买等掠夺方式，到处发行法币，强制使用，并取缔解放区货币的流通。在市场信用上，国民党军进攻时群众产生了变天思想，抛出解放区货币，购买物资，形成物价暴涨，市场紊乱。

1947年6月后，刘邓指挥晋冀鲁豫野战军出击，收复了冀鲁豫边区。虽然战争还在拉锯，在胜利影响和政策教育下，群众由以前

---

[1] 王耀武：《济南战役的回忆》，《文史资料选辑》第18期。

的"法币正统观念"转为"蒋钞非法"、"蒋钞必垮",法币信用立即降低,迅速外流,首先是河北的广大地区在一个多月中完全驱逐了蒋钞,恢复了冀钞本位,群众普遍反映"哗啦啦(法币),脱不了睛;别看烂(冀钞),有人换"。刘邓大军南下后,整个战局转入反攻。解放区币已成为绝对优势,法币则彻底丧失了信用。河南部分地区虽经过几次反复,但市场上法币却很少,到处遭群众拒绝。国民党军到后,虽携带大批法币,亦不能解决军需日用品之困难。因而改变了就地征购的办法,完全依靠掠夺。同时国统区的官私商人,也因群众的拒绝而无法携带法币来解放区套购物资。后来国民党军所到之处,群众为了拒用法币,市场立呈罢市。此期间交易,或以白银支付,或以物易物。一般的都以粮食作计算标准。乡下一批贩青菜者,都是拿着数条布袋,以换粮食。群众反映:"现在蒋钞更不行啦"。

解放区形势巩固后,人民政府即实行统一货币的政策,彻底清除国统区货币。一方面号召老百姓兑换,一方面收集老百姓手中保存的法币,到国统区进行贸易。冀鲁豫边区八分区发动了群众性的排蒋钞运动,如清丰各庄集组织了730万元法币交给商号赴禹州买药材。王毛集四个村开群众大会,由群众自报残存法币数,共报出了1500余万元,组织了二十一个组到清化贩竹。其中一个组收集法币27万元,除一切费用开支外,净余本币13万元。计算收益,较兑换时比价多得两倍半,较牌价多得五倍。这样结合群众利益,驱逐了法币,解放区货币更为坚挺。[1]

就在解放区收兑法币时,国统区开始发行金圆券的币值改革,强迫收购金银,引起金融市场的巨大波动。中共中央于1948年10月下达了《关于与国民党进行货币斗争的指示》:

---

[1] 《冀鲁豫区自卫战争以来统货工作总结》,《中共冀鲁豫边区党史资料丛书——财经工作资料选编》上册,第133页。

(一)蒋匪所发法币即将停兑作废,我各地应即遵照中央未马日电,一般地立即停止收兑法币,新解放区宣布停用法币,协助商人把法币迅速排挤出去。争取换回我们需要的物资,因时间急迫,华东缴获法币甚多,必要时可特许以法币换回茶叶、红白糖,及洋纱、洋布、颜料、火柴等禁入物品,但须严防投机。

(二)天津敌人正印发大量假冀钞、假边币、假北币,并奖励商人携带法币及假票来我解放区。各地均应严密检查,规定携带大批(一亿起)法币入境者予以没收,携假票者除没收外并予严厉处分,应把反法币、反假票斗争作为边沿区重要工作之一,认识这是保护国家及人民利益之一重要任务。

(三)金圆券发行后,上海等大城市由于蒋匪采用没收、逮捕、查抄等经济高压手段,表面似尚暂保平稳,但物资逃避,黑市流行,内地物价继续上涨,各大城市商人不肯进货,工厂生产亏本,因而停工减工,这将更加速经济的崩溃。到存货销尽时,物价将更剧烈上涨,无法收拾。因此各地均应收集具体材料,加强反金圆券的宣传。在新解放的城市,可以贬价(比市价低四分之一到二分之一)收兑,宣布限期停用,并准许商人封包携带出境,换回各种有用物资。待本币占领市场时,立即禁用金圆券。对外贸易应尽量换回物资及金银。只在特许情况下,方可收兑若干金圆券,用以支持采购及货币斗争。[1]

各解放区认真执行中共中央的指示,冀鲁豫区行政公署11月6日下达指示,严禁国统区货币使用与入境。停止金银自由买卖,严禁金银外流,但允许群众自由保存。为了统一管理财政,中共中央决定改变过去解放区各自发行货币的办法,成立中国人民银行,发行人民币。从12月起,华北、山东、晋绥三地区的货币按不同比

---

[1] 中央档案馆编:《中共中央文件选集》第17册,第377页。

价，统一兑换为人民币。人民币的发行使中共中央实现了财政的统一，解放区的经济力量更加强大，为解放战争的最后胜利和新中国的建设奠定了经济基础。

  与解放区的欣欣向荣相反，国统区的币制改革以失败告终。金圆券仅仅发行几个月就彻底崩溃。国统区物价飞涨，市场失控，上海等地掀起了抢购物资的狂潮。解放战争的进程，使经济实力的对比越来越倾斜。华北、中原地区的解放，使国民党失去了主要的小麦、棉花产区。东北全境的解放，使全部的煤炭资源和大部分工业企业为共产党所有。1948年年底唐山的解放，断绝了上海主要的煤炭来源，导致江南大城市的经济状况和市场供应更趋恶化。粮食、煤炭、汽油储量日减，奸商囤积居奇，物价飞涨，民不聊生。1949年2月7日，国民党当局委托全国轮船业联合会理事长杜月笙、上海轮船业公会理事长魏文瀚致电毛泽东、周恩来，请求允许上海轮船到北方港口，以面粉换煤炭。这也引起中共中央的高度重视，如果国统区经济完全崩溃，老百姓没有粮食吃，没有煤烧，共产党接管这样一个烂摊子，不利于稳定局面。13日毛、周复电杜、魏："恢复华北、上海间航运，以利生产之发展，极为必要。大上海、唐山两轮北驶，并派员至华北接洽，极表欢迎。"中共中央指示华北局和有关城市负责人认真办好这件事。在双方共同努力下，上海轮船运送30万吨面粉到秦皇岛港，换取10万吨开滦煤，于4月16日回到上海。周恩来指示叶剑英、李克农："对杜月笙的方针，就是要他努力使上海不乱。"保护上海的工厂、银行、公司、商店、船只、飞机"不受损失，不使南迁，等待人民解放军前往接收"。[1]此时，国民党当局已经需要求助共产党来维持经济运行了，这是多大的变化。

---

[1] 中共中央文献研究室编：《毛泽东年谱》下卷，人民出版社1993年版，第455页。

8 解放区军事工业的创办

中国的1948年：两种命运的决战

1

谈到解放战争，通常的说法是：解放军依靠"小米加步枪"打败了美式飞机大炮武装的国民党军队。然而经历过战争岁月的人都知道："小米加步枪"只是解放军以劣势装备战胜优势装备之敌的一个比喻。真正打起仗来，战略战术固然重要，武器更是不容忽视的条件。在抗日战争年代，八路军没有大炮，靠的是"小米加步枪"，打仗只能是小规模的游击战、麻雀战。一支小部队，乘着黑夜摸鬼子的炮楼。突然袭击，打死敌人，点了炮楼就撤。但是解放战争不同了，是大规模的运动战、防御战、城市攻坚战。仅靠"小米加步枪"显然是不行的。

1948年3月徐向前指挥华北兵团攻打临汾，国民党军依托城墙固守。解放军没有重炮，只好采用挖地道炸城墙的方法，整整费时72天，才把临汾拿下。但是到了年底，形势发生了巨大的变化。9月的济南战役，解放军重炮齐发，国民党将领王耀武被打得失魂落魄，从地道中逃跑。坚固的济南城仅仅三天就被攻克。10月辽沈战役中，东北野战军集中五百多门重炮猛轰国民党军事重镇锦州，守军司令范汉杰东躲西藏，感觉炮弹好像追着他打。这次城市攻坚战仅用了30个小时。

解敌军的大炮是从哪里来的？富于想像力的国民党人一口咬定，共军的重武器都是苏军从东北撤退时暗中送给共军的。直到几十年后谈起国民党在东北的失败，还是耿耿于怀。当年的一位接收大员在回忆录中写道："东北的日、伪军几全部被俘，俄军所获武器无数。当时据莫斯科称：共计步枪80万支、轻机枪2万支、重机枪5000支，各种不同型包括迫击炮5000门、战车1500辆、坦克车600辆、飞机800架,以及松花江中舰艇等。从松北逃出的难胞所见:如许战车武器,俄军除已随时补给共军外,络绎不绝地已运向佳木斯途中,那里是集中之所。"这位先生很肯定地说,自共军占领佳木斯后,"佳木斯之为共军的后方,兵源的重镇,造成日后松北袭进的大规模攻势,卒使战局急转而下"。[1]

这位接收大员的说法无疑是为国民党军队的失败寻找借口。当年任四野参谋长的刘亚楼上将在1962年12月13日的一次讲话中澄清过这个问题。他说:"一般人总认为苏军留给了四野不少武器,这是误解。这个战史(指编写中的四野战史——作者注)既然是存档用的,可以把这个问题写清楚。当时不仅不给我们武器,还吃掉了我们不少部队。也可以写一下当时斯大林为了照顾与国民党的关系。还有个重要问题:当时我们曾向中央建议,以中央的名义向苏军要些武器。毛主席当即电示:中国革命主要靠中国自己的力量,禁止用中央的名义向他们要东西。这个电报,我亲自看过,要查一下。后来以四野的名义,用粮食和他们换了一些武器。用红军票子到大连买黄金,购买了一批武器。"[2]

那么,解放军是怎样从"小米加步枪"转变为拥有强大炮兵、具备大规模野战和攻坚能力的呢?除了战场上缴获国民党军的武器外,主要是靠创办自己的军事工业,完成了这个重要转变。

说到军工,很多人都看过吴运铎在建国初写的《把一切献给党》。在这本小书里,真实记录了新四军在抗战期间是怎样白手起家,建立自己的军工厂的。当年的军工厂,实际上根本算不上工厂,与农村的铁匠作坊差不多。他们把打仗剩下的子弹壳重新装药,做成新子弹。用化铁炉铸造手榴弹壳,装上土制的黑火药。并从事简单的枪械修理。那时部队打游击,经常行军转移,机器也是担在挑子上,跟着部队走。山东根据地的牙山有八路军最大的军工厂,约

---

[1] 田时雨:《东北接收三年灾祸罪言》,台湾《传记文学》第36卷,第1期。
[2] 刘亚楼在四野战史编写工作会议上的发言。

中国的1948年：两种命运的决战

百余间房，月生产手榴弹8000个，当时可算不小的产量了。但是地处日军和伪军的包围圈里，当时工人想出各种办法与敌斗争，敌来我走，敌走我再生产。工具准备三套：平时用，分散用，"扫荡"起来背着用。有时机器一天埋三次起三次。夜晚露宿在山沟里，敌人白天不来就回来生产，敌人来了就转山头。有时在山里一躲就是好几天，忍饥挨饿，坚持斗争。

　　解放战争初期，军工事业比抗战时大有发展。邯郸、临沂、烟台、德州等一批城市的解放，解放军通过没收敌伪工厂，建起一批军工厂，能生产子弹、手榴弹和迫击炮弹。华东军区在鲁南和胶东的军工厂每月能生产子弹16万发，迫击炮、山炮弹13000发、无烟火药3000斤。[1]这个规模比以前是很大的进步，但离作战需求还有很大缺口。这些弹药，还不够华东野战军打一次中等规模战役用的。因为没有重炮，解放军进攻时主要依靠战士突击到前沿，用炸药包摧毁国民党军的堡垒和工事。这样的战斗伤亡大、进展慢，而且弹药质量不过关，1948年5月华东野战军山东兵团打潍县的时候，用自造的迫击炮攻城。炮弹出膛后，尾翼在飞行中脱落，剩下个光秃秃的弹体失去平衡，半截就掉到地上。这样的质量怎么能保证战斗的胜利呢？解放军在战斗中虽然缴获不少，但蒋介石这个"运输大队长"不会样样都给你，1947年1月的鲁南战役，赶上雨雪天气，国民党第1快速纵队的坦克汽车陷在泥泞里跑不动，被华东野战军缴获不少。但是因为缺炮弹汽油，多数坦克和大炮在相当长的一段时期内不能参战。要使解放军真正具备强大的作战能力，还是要有自己军工企业，能大量生产武器和炮弹才行。由于历史的原因，关内各解放区都没有什么工业基础，兵工厂条件都极为简陋，要在短时期内实现质的飞跃，只能另外开辟新的途径。

[1]《华东军区军事工业调查报告》(1946—1948)。

2

毛泽东把眼光放到了东北。那里是当时中国工业最发达的地区,资源、企业、技术力量样样都有。毛泽东对东北发展军工生产寄予厚望,1947年7月10日在给各解放区的《一年作战总结及今后计划》指示中,特别指示林彪、罗荣桓:"东北军事工业应全力接济关内,目前开始的一年内,你们必须用大力建立大规模军事工业。"8月29日答复林、罗关于进行秋季攻势的计划时又强调指出:东北我军应在明年开始平绥线作战,在张家口、北平间打开一个缺口,"将大量山野炮弹及黄色炸药向南线各军输送。他们对此如大旱之望云霓"。11月13日,毛泽东再次电告林彪和东北局:"望东北局用全力加强军事工业之建设,以支援全国作战为目标。"[1]四个月内三次电示,追切之情溢于言表。

1945年年底八路军、新四军进入东北后,原来打算通过苏军的帮助获得日军的武器装备。谁知事与愿违,苏军借口与国民党政府有协定,东北要移交给国民党政府,对八路军的行动加以限制。苏军占领东北期间,把东北主要的工厂设备、日军投降时上缴的武器和大量财物,通通当作"战利品"运回苏联。我军的愿望基本落空。当时10万大军在东北,没枪、没钱、没冬衣、没有根据地,处境相当艰难。当时各部队自己想办法,收集苏军遗留和没来得及拉走的物资。东北各中小城市和农村,到处可见日军遗弃的武器和军用物资。破烂的坦克、汽车、大炮抛弃在荒郊野外,值钱能用的东西大多被人拆走,至于遗弃的各种炮弹就更多了。负责筹建炮兵学校的朱瑞看到这些情况,果断地作出决定:分散炮校干部,搜集物资。炮校上至校长,下至伙夫、马夫,通通派出去,无论是城市、乡村,

---

[1]《毛泽东军事文集》第4卷,军事科学出版社1993年版,第135、220、327页。

中国的**1948**年：两种命运的决战

还是山沟、荒野，只要有炮就去。没听说有炮的地方也要去看看能否找到意外收获。在1946年冬季三个月的时间里，北满东起绥芬河，西到满洲里，南到长春，北到虎林、瑷珲的广大区域，都留下了炮校师生的足迹。据当年的炮校副校长匡裕民中将回忆：在零下三、四十度的严寒季节，到荒郊野外去寻火炮、拣器材，其艰苦是可想而知的。手伸出来就冻麻木了，拆卸零件时手掌沾上钢铁，能被粘掉一层皮。在深山老林里，一脚踏进深雪，就陷入半个身子。有时连向导也会迷路，只能在林中露宿。虽然历尽艰辛，只要找到一门大炮，大家就会惊喜得大喊起来。走近一看，不是缺摇架，就是少瞄准镜。但是大家并不丧气，在附近仔细挖掘，把散落的零件收集起来。有一次接到老乡报告：日本人撤退时，曾将几门大炮推到镜泊湖里。朱瑞得知后，亲自率领一个连赶到湖边搜寻。大家用镐刨开冰层，发现了炮身。朱瑞高兴地喊叫："快去找绳子，把它拽上来！"大家拉紧绳索，喊着号子，齐心合力拉上三门大炮。在这一带还找到了日军的秘密仓库，一下就找到了15万发炮弹。这使大家极为兴奋。到1947年2月，朱瑞领导炮校共收集大小火炮700多门。其中加农榴弹炮49门、野炮97门、山炮108门、步兵炮141门、迫击炮约300门、高射炮（包括高射机关炮、飞机用机关炮）137门。另外还有坦克及牵引车65辆。这些火炮经过修理之后，成为东北野战军炮兵部队的基础。[1]

自行搜集的武器弹药，成为东北民主联军前两年作战的主要来源。1948年3月东总给中央军委的报告说："日本投降后，东北遗弃炮弹随地皆有。经过长期收集，仍未彻底收拾。兹仅就北满之各种口径炮弹简报如下：十五榴弹头约17万颗，药筒为15万个。手榴弹头30万颗，药筒12万个。野炮弹头60万颗，完整弹28万发。"[2]

---

[1] 郑建英：《朱瑞传》第10章，中央文献出版社1995年版。
[2] 东总：《各种炮弹数目简报》，1948年3月16日，《中国人民解放军后勤史料选编》第6册，第404页。

解放区军事工业的创办

1947年夏季攻势后，随着解放军日益壮大，战役规模越来越大，仅靠搜集的弹药是不够用了。当年6月，解放军猛攻四平。国民党军队在陈明仁指挥下顽强抵抗。解放军集中了七个主力师，上百门火炮，攻了半个月没拿下来。后来林彪才知道，炮兵只有8000发炮弹，火力没有占到优势。以后的作战将以城市攻坚战为主，大炮是头等重要的条件。为此，6月25日，林彪以个人名义给斯大林写了一封信，信中介绍了解放军夏季攻势的成绩，强调指出："我们已具有夺取东北的一切城市，歼灭东北的全部敌人，将蒋介石和美国的反动势力赶出东北去的基本条件。目前缺的惟一条件就是武器，尤其是弹药(特别是炮弹)的不足。为此，我请求你给我们以武器弹药的帮助，将红军缴获的现存在远东的日本武器弹药交给我们，并希望还能将德国的武器弹药尽量拨给我们。"

不久，斯大林指示苏军从缴获的日军武器中拨了一部分给解放军。何长工回忆：1947年10月，他刚当上军工部长，李富春交给他一个重要任务，当时中苏边境的满洲里存放着一大批武器，是苏军缴获日本关东军的，准备运回苏联去炼钢。这批武器对苏联来说是废铁，却是解放军极其需要的。为把这批武器搞到手，东北局曾派李富春、萧劲光等人多次与苏方代表卡瓦洛夫谈判，都遭到拒绝。何长工去与他谈判，开始也谈不通。何长工以硬对硬，说："关东军这批武器是中国人民用鲜血和生命换来的，你为什么不给我们？你们不能拉走。我们用废钢铁对换，一吨换一吨。"卡瓦洛夫还是不答应。何长工急了，对他说："你是个保守分子，没有一点国际主义。你如果不答应，我只好来抢，我推着你走在前面，看守武器的苏军开枪，先打死你。你硬要拉走，我就跟你拼命，我给斯大林打电话，告你的状，告你没有国际主义。"卡瓦洛夫看这个中国人不好欺负，态度软下来，最后终于同意移交这批武器。当然，这不是他一个人能决定的事,说明苏联政府的态度有了转变。[1]

这批武器的数量,据林彪1947年12月28日给斯大林的信中说:"我们用你们给我们的那批武器装备了30个步兵团、2个山炮营。"按照当时的编制,每团以1500人计算,估计苏联给的武器约有3万多支步枪、几百挺机枪和20门山炮。当时为了与国民党军进行战略决战,东北野战军组建了30万人的二线兵团。林彪在信中向斯大林请求更多的武器支援,"设法给我们解决20万支步枪、15000挺轻机枪、7000挺重机枪、700门团营迫击炮、1000门连迫击炮、100门高射炮、200门山野炮以及较多数量的弹药和20个师用的通讯器材(主要是无线电和电话)。这批武器望从英勇的红军所缴获的日本武器中拨出,如日本武器所存无多,则望从德国战利品中拨出。"但是,斯大林没有答复。

一次次的教训表明,苏联的援助是靠不住的。要取得解放战争的最后胜利,还是要依靠自己的力量。因此,东北局决定大力加强军工生产体系的建设。李富春说:"我们到东北两年多,始终'拣洋落'解决些问题,现在敌人的仓库都没有了。""过去靠日本留下的炮弹打,现在须要自己来造了。"[2]

东北军工是白手起家,在极困难的条件下靠自己的努力创建的。东北军工部1948年给中央的报告中回顾了这个过程:"'八一五'前,敌伪军工重点集中于南满中长路沿线,'八一五'后大部设备机器都被友方(苏联)拆走。加之沈阳仍在敌人手中,鞍山还未

---

[1] 《何长工回忆录》第12章。解放军出版社1987年版。
[2] 《在东北军区全军后勤会议上的报告》,1948年4月3日,《中国人民解放军后勤史料选编》第6册第117页。

恢复，因此军工生产的客观条件比铁道矿山相差甚远。前年(1946)蒋匪开始对南满进攻时，我们所拣到的机器、器材即开始大分散。有搬至长白山麓者，有躲到旅大地区者，有辗转迁至北满者，亦有一度迁入北韩者。当我们撤出长春、吉林时亦曾搬出一批机器器材，前年年底哈(尔滨)市一度紧张，我们亦拆下一批机器器材运至松花江北。总之我们南北满现有之全部军工工厂无一不是搬移拼凑而成的，厂房与工作间几乎全靠修补日寇之兵营与仓库房壳来解决。"[1]

1945年年底进军东北时，中共中央从延安和各解放区抽调了一批军工干部到东北去开展工作。他们在沈阳、鞍山、通化等城市收集了一些机器设备，打算在通化建立军工基地。1946年夏季，国民党军大举进攻南满，占领了通化和丹东。当时任东北军工部长的韩振纪带领大家将机器和物资运到朝鲜境内，还带着一批沿途招收的工人和技术人员。7月底他们到了中、朝、苏三国交界的小城珲春。珲春是个山间盆地，图们江和珲春河在这里汇合。与朝鲜仅一江之隔，交通便利。通过朝鲜可以保持与北满根据地的联系。这里有丰富的木材，电力是从朝鲜输送过来的，可以保证源源不断。这里到苏联边境仅三十里，到朝鲜仅十里，有公路和铁路通行。大家认为这里隐蔽的条件好，背靠朝鲜可以购买军工生产所需的化工和机械材料，资源、动力和交通情况也都不错，决定在这里建立东北的军工基地。

根据现有的条件，韩振纪决定把重点放在生产部队急需的子弹、手榴弹和迫击炮弹上。枪炮生产的技术太复杂，不是短时期能办到的。他们在珲春先建起了机器厂、子弹厂、手榴弹厂、炼铁厂、装药厂和木材厂，这六个厂是东北解放区最早的军工基础。

子弹厂是在日本人遗留工厂的基础上建立的，在延吉郊外。据说原来有300多部机器、日产量40万发。抗战结束后，这个厂子

---

[1] 东总：《关于军工建设报告》，1948年8月27日。同上书，第405页。

中国的 **1948年**：两种命运的决战

遭到毁坏，机器被人偷盗搬迁，所剩无几。韩振纪决定把这个厂剩下的东西搬到珲春，共有子弹机14部、半成品弹头300万粒、空弹壳2000万发，还有二十多个日本技术工人。经过一个月紧张的装机与试生产，到9月初生产出第一批子弹。头一个月统计下来，共生产三种型号的子弹近13万发。这真是一个了不起的成绩。韩振纪和大家都十分高兴，准备扩大生产，争取每月完成40万发的生产任务。

手榴弹厂的情况更困难些。刚建厂时连粮食都没有。厂里的干部到附近农村清算了几个恶霸，筹了一些款，帮助厂子职工解决了粮食问题。韩振纪亲自来厂蹲点，调了几个延安来的干部担任厂领导，建立了一套生产、检验、统计和奖惩的规章制度。干部亲自下车间组织生产，解决各种问题，使生产走上正轨。最初试生产时，使用日本人留下的半成品，生产日式短柄手榴弹。领导上考虑部队战士用不惯，而改为试制通用的长柄手榴弹。干部们在野外反复试验。结果60克黄色炸药的手榴弹爆炸效果最好。大家决定以此为标准，给自制的手榴弹定型，头一个月就生产出手榴弹35000个。

军工生产是技术性要求很强的工作。干部和设备、原料的问题解决后，最重要的就是工人和技术人员的问题。珲春基地的情况很特殊，工人和技术员来自中国、朝鲜和日本三国。出现了许多复杂的政治和政策性问题，军工干部花费了大量的心血，在思想政治工作上付出的精力，甚至比生产本身还多。机器厂建成后，需要七八百名技术工人。但是当时只有240名工人，真正懂技术的就更少了。凡是有一技之长的人，领导上都给予重用，让他们担任各级生产部门的负责人。这些技术工人有的是从鞍山、本溪、通化带来的，有的是在当地招收的。开始他们对共产党不了解，因为工资比较低，经常闹情绪。厂里的干部是刚从部队调来的年轻人，他们劲头很足，经常深入车间和工人一起干,与大家交朋友。寻找工人中有威望、作风正派的人培养成积极分子,来带动大家。子弹厂的股长于震密是招聘来的技工,享受薪金待遇。他看到共产党的干部都是供给制,还处处干在前面,受了感动,主动要求取消薪水,与干部们一样吃供给制,当股长后工作一直很出色。

珲春是朝鲜人居住区,军工厂招工时朝鲜人占了多半。朝鲜工人吃苦耐劳,工作情绪很高。但因语言不通,无法进行政治思想工作。手榴弹厂的副厂长周洪奎是朝鲜族,伪满时期在图们当过厂长,擅长铸造技术。他当了副厂长后,工作十分积极,与工人一起在车间里翻砂。他铸造手榴弹壳1500个,仅有6个废品。在当时设备简陋的条件下,这是很了不起的成绩了。

情况最复杂的是日本技术人员。军工厂由于缺乏中高级技术人员,所以只能从留用的日本人中挑选。在珲春的军工厂里,日本人担任的工作都是关键性的技术工作。如子弹厂有二十多个日本人,都是熟练工人。制造子弹主要依靠他们。一度制造冲模的日本人闹情绪,模具供不上使用,直接影响到子弹的产量。手榴弹厂有六十多名日本人,几乎都在重要技术岗位上。制造科科长是个小资本家,原来在日本本土开工厂。美军炸毁了他的工厂,才到中国来谋生,对手榴弹制造技术是内行。科里下属的工作股主管绘图,股长也是个日本青年。手榴弹装配的主要工序拉火精药股,股长也是个日本老头,思想很顽固,但工作很认真,对拉火技术很有研究,过去是制造"毒瓦斯"和"发烟筒"(即烟幕弹)的。精药组的装配工人也全部是日本人。厂部直接领导的研究室,主任是个日本化学博士,伪满时期任陆军研究院的研究员,当过军工厂厂长,在齐齐哈尔造过"毒瓦斯"。厂部还有个技师,是个从事炸药生产30年的日本人。本来让他当制造科科长,但他胆子小,推动不了工作,所以调到厂部

中国的1948年：两种命运的决战

管技术。此人是个日军中尉，但很忠厚，不滑头。

这些日本人由于生活困难，情绪低落，经常在一起酝酿回国，消极怠工。1947年8月，东北遣返日本侨民回国。日本人得到消息，就在一起秘密开会，在厂房里写标语："我们回国，你们回家！"由于语言不通，大道理讲了不少，但收效甚微。干部们软硬兼施，不听劝就强迫命令。在车间里建立严格的统计，每天产量高的就表扬，产量低或质量差的就批评。装病不上工的就强迫他干，不干也得干。在大会上严厉指责坏人的活动，不许法西斯的思想抬头。这些手段还是有效果的，日本人服从命令的意识较强，也就不闹事了。[1]

1946年是在艰苦奋斗中度过的，到了1947年，东北的军工生产已初具规模，部队得到了源源不断的弹药补充。韩振纪领导的珲春基地是北满地区规模最大的，在其他地方也陆续建起了若干军工厂。毛泽东对东北的军工的指示，把东北军工建设提到了支援全国解放战争的战略高度，引起东北局领导人的高度重视。罗荣桓政委亲自抓军工生产工作，1947年8月，东北局任命黄克诚为东北民主联军副司令员兼后勤司令员，总管后勤的供应、军工和军需工作。为了强化军工生产，罗荣桓委托伍修权和何长工负责军工生产。他们到各地调查军工生产的具体情况，1947年9月东北局在哈尔滨召开东北军工会议，各地军工企业的负责同志都出席会议。会上任命何长工为军工部长，伍修权为政委。韩振纪、王逢源为副部长。东北军工生产告别了分散和小规模经营状态，进入了一个大发展时期。

根据东北局军工会议了解的情况和大家的汇报，东北局于11月7日向中央军委作了详细报告。报告中列举的军工企业分布为：佳木斯以北的兴山有子弹厂、手榴弹厂及炼钢厂；鸡西有手榴弹厂、迫击炮弹厂、小机械厂；东安(密山)有化学厂、电器材料厂；珲春

---

[1] 伍修权：《军工部工作情形汇报》，1947年9月。

有迫击炮弹厂(比较大),图们以北的石岘有手榴弹厂;齐齐哈尔有六〇炮弹厂,佳木斯有修械厂,牡丹江有修炮厂,哈尔滨用私营工厂组织炮弹生产,辽东辑安(集安)可造手榴弹、九二步兵炮弹,可复装山炮弹。以上各厂共有机床498台,其他机器460台,共958台。辽东最多,有241台;珲春有180台。共有职工6490人,其中日本人1226人,朝鲜人498人。

1947年的生产情况:每月生产5万颗手榴弹,迫击炮弹全年完成10万发。利用旧子弹壳复装子弹,完成500万发。生产掷弹筒弹10万发,打下了炼钢和化学厂明年生产的基础。

军工会议确定1948年生产任务是:生产手榴弹200万个;自制弹头复装子弹2000万发,自制弹壳300万个;1949年达到子弹完全自制。迫击炮弹50万发,六〇炮弹50万发,装配掷弹筒弹25万发。山炮弹40万发,其中大连制造20万发。九二步兵炮弹10万发。炼钢厂炼钢500吨,满足兵器和工具需求。化学厂要求生产出无烟火药。为了完成1948年的军工生产任务,东北局从财政上拨款180万东北币,折合粮食9万吨。再抽调一批干部加强军工部门。[1]

这次重要的军工会议,将东北的军工生产统一组织起来,形成了有领导、有计划的联合生产部门。在有军工厂的地方设立办事处,直属军工部领导。当时在珲春、兴山、鸡西、东安、齐齐哈尔、牡丹江、吉林、哈尔滨和大连设了九个办事处,根据军工会议定下的生产计划,各办事处进行了生产分工。大家各司其职,有分工有合作,热火朝天地干起来了。

何长工在各地调查时了解了留用日本技术人员的情况。他认为:日本人的情况很复杂,有的是军国主义分子,过去犯有罪恶。但多数是普通的技术人员,不应对侵略战争负责。他们一旦觉悟,就会痛恨过去,为我们服务,把技术传授给我们。为了让他们安心

---

[1] 1947年10月东北局致中央关于军工生产的报告。

军工生产,要解决他们生活上的困难,甚至给予适当优待,都是必要的。他向罗荣桓建议:让日本技术人员帮我们工作两三年,把我们的人教会再走。对他们及其家属在生活上给予优待。罗荣桓完全赞成,高兴地说:"这个办法好,东北有工厂、有原料,就缺技术人员。有了技术人员,枪炮都可以造。不仅要动员日本技术人员教技术,还要动员他们把日本军队埋藏在地下的枪支弹药都找出来,让那些东西为我们所用。"[1]

后勤司令员黄克诚考虑得更多。当时不仅军工企业需要日本技术人员,野战医院的外科医生、护士也大部分是日本人。当时从事这些工作的约有一万多人,有些同志认为他们是战俘、是敌人,不可信任。黄克诚不但要用他们,而且指示要对他们给予优待和照顾。他说:"我们的国家需要技术,对(日本)技术人员,让他们生活待遇好一些,一方面可以培养我们的干部,另一方面还可以提高工作效率,减少浪费。我们在东北的专家大概不够五百人,专门的博士一百人也不到,我们应该尊重他们,爱护他们,对他们的要求只要是'不反革命,好好替我们工作'这两条就行了。"[2]日本技术人员在人格上受到了尊重,在业务上受到了信任,在生活上得到了照顾。而共产党干部的艰苦奋斗和以身作则的作风,使日本人非常感动。他们的工作积极性大为提高,为解放战争做出了重要贡献。东北解放后,多数人回了日本,有些技术人员则留在中国,继续为新中国的经济建设服务。

东北军工生产提供了充足的弹药,为东北野战军的发展和进行

---

[1]《罗荣桓传》第21章2节,当代中国出版社1991年版。
[2]《黄克诚自述》第14章,人民出版社1994年版。

大规模战役提供了物质保证。所以东北最先进行战略决战，歼灭国民党军的重兵集团，解放东北全境。但是北满生产的弹药由于路途遥远，还不能满足关内解放军的作战需求。中央军委做出了在大连建设军工生产基地的决策。

根据苏联和国民党政府签订的条约规定，大连和旅顺被苏联租借为军事基地。所占的区域是恢复沙俄时代的"关东州"原有范围，国民党军队不得进入。1945年10月共产党秘密进入大连后，初期得到苏军支持。东北局任命韩光为大连市委书记，当时大连的副市长和公安局长也是共产党员，中共建立起地下组织。在控制地方行政后，开始没收日伪产业、建立秘密的军工、军需生产企业。为了不给苏方造成外交上的麻烦，中共只能秘密活动，以"民间"的方式开展生产和商贸活动。

大连是日本占领时期南满的工业基地。钢铁、化工、机械、造船、纺织等行业都很发达，水陆交通便利，而且与山东解放区的胶东半岛隔海相望，往来十分便利。1946年8月，中共中央东北局派萧劲光到大连秘密考察工业情况，为开创军工生产做准备。情况汇报到中央后，11月13日，朱德总司令以中央军委名义致电华东、华北和晋冀鲁豫军区负责人：

大连负责同志来电如下：

一、大连没收工厂二百余家。

二、在兵工上有最新式设备，而且有数个能生产炮、机枪、步枪、弹药厂开工。

三、这里有大量的日本技术人员，如有得力干部来主持，三天后即可开工生产。

四、据以上情况，该地能较有保障地制造枪弹，你们可派干部

中国的1948年：两种命运的决战

携带一部分资金前去该地开办兵工厂及生产医院设备作为营业生意，除自用外，各解放区可向其订货，随时也可偷运。如何办理，由你们自行决定。[1]

各解放区接受指示后，立即行动起来。1947年春，华东军区财经委员会主任朱毅带领一批干部来到大连。同时，从延安来的江泽民也带一批干部来到大连。这几百名军工干部走海路，秘密潜入大连。华东军区军工部部长吴屏周、副部长吴运铎也在其中。资金是华东投资3.5亿元旧币，东北投资1.5亿，他们在中共大连市委的支持帮助下，同苏军交涉后，接管了一批工厂，挂起"建新公司"的牌子，朱毅任总经理，江泽民为副经理，开始大干起来。

应该说，大连苏军开始对中共的态度是比较好的。1946年5月四平保卫战中，罗荣桓曾将苏方给予的200节车皮的弹药从南满运往前线。四平保卫战失利后，解放军在东北进入最困难时期。苏方态度由原来的支持转为冷淡疏远，严格限制中共在大连的活动，要求将军工企业迁走，以免给国民党接收时抓住把柄。1947年5月，得知国民党东北行营将派董彦平到大连"视察"，苏军便向中共大连市委下了驱逐令。在严重局面下，东北民主联军总部派刘亚楼参谋长到大连与苏方交涉。5月31日刘电告东总：

一、经严重交涉后，辰兄(苏联的代号)答应我在大连继续生产炮弹6、7、8三个月。至少能出2万发弹头。

二、炮弹厂早已由大连市转移到市外，即使国民党接收了大连政权，亦在其接收地区范围之外。对外影响虽不是平安无事，但如不发生特殊变化，估计将不致成为严重问题，并可能长期生产。

三、将机器运走，则将是大的运输工作。虽然重建后安全有完

---

[1] 中共大连党史工作委员会编：《大连建新公司兵工生产史料》第132页，《大连党史资料丛书》之五，1988年印刷。

解放区军事工业的创办

全保证,但估计半年内未必能将工厂重新安置妥当,开始生产。

四、由辰兄设法掩护船只运输事,我已作试探,没有希望。特别是以董彦平率领的视察团将到旅大,其工作时间可能拖长到一二个月。至于用辰兄的力量掩护,则目前此地情形更无可能。

这封电报清楚地表明了苏方态度。后来由于苏方拒绝国民党军队进入大连,董彦平以安全没有保障,又撤回沈阳,一场风波才算过去。但是中共的一切活动,都转入地下状态。只要不给苏方造成外交方面的麻烦,他们也就睁一只眼闭一只眼,不再干涉。建新公司接管了一批日本人遗留的企业后,由市区迁移到远郊的甘井子区海茂村。利用一些破旧厂房,秘密建立了炮弹厂、引信

吴运铎工作过的大连建新公司炮弹厂旧址

厂、炼钢厂和化学厂。吴屏周任炮弹长厂长,吴运铎任引信厂厂长。上级要求在短时期内生产出部队急需的日式山炮和美式榴弹炮炮弹。生产正规的炮弹,对大家都是新课题,没有经验。有人建议使用遗留的日本技术人员,因为保密的考虑被拒绝了。吴屏周、吴运铎把日本人造的炮弹拆开、制图,在车间里日夜实验,真把炮弹试制出来了。因为没有大炮进行试射,他们采用土办法来实验炮弹的性能,用绳子拉火引爆。8发炮弹炸了7个,最后一个不响。等了一支烟的工夫,他们着急了,走过去观察炮弹。没想到刚接近,炮弹突然爆炸。吴屏周当场牺牲,吴运铎身负重伤,这是1947年的9月23日。

在《把一切献给党》的描述中,这是一次为军工事业献身的壮烈场面。吴运铎全身血肉模糊。同志们都痛心的哭起来,而他本人则是坦然地接受这一切的不幸。因为他从事这个工作,就已经随时准备为事业牺牲。搞军工的行家认为是一次重大事故。在总结教训时有人沉痛地说:"这次事故后分析,可能是引信撞针处有毛刺,当绳子拉下后,毛刺把撞针挡了一下,他们过去一动,撞针撞上引信引起炮弹爆炸的。"[1]如果当时技术水平高一些,制作工艺上讲究一些,这次惨痛的事件是可以避免的。鲜血和牺牲教育了大家:在军工生产上,仅有勇敢是不够的,更重要的是掌握科学技术。大家吸取教训,改进工艺,加强质量监管,很快解决了技术上的难题,当年就达到了月产炮弹1万发的水平。如果在老解放区,这是不可想像的速度和效率。

炼钢厂厂长李振南是山东来的老军工,但是没有炼钢的经验。优质的钢材是制造炮弹的基础,没有钢一切无从谈起。当时掌握生产技术的是日本技术人员。他找到厂里一位日本冶金博士福岛政治,请他为大家讲授冶金基础理论。他把福岛的讲义找人翻译出来,

---

[1] 刘振:《在大连建立兵工厂的回忆》,同上书,第54页。

作为学习和工作的教材。为了尽快掌握炼钢技术,他带头学习日语。为了炼出优质钢材,他起用日本技师伊藤寅视,组成技术小组日夜实验,终于炼出了制造炮弹用的中碳钢和制造引信用的镍铜合金。李振南对日本技术人员采取人格上尊重、技术上重用、生活上照顾的政策,干部们都吃苞米面,保证日本人吃大米。干部们是供给制,给日本人发工资和技术人员津贴。以诚相待调动了日本技术人员的积极性,他们从被动的雇佣者转变为自觉的工作者,为解放军的军工事业创造了优秀业绩。生产炮弹头需要进行机械加工,用于进行金属切削的硬质合金当时属于新技术,日本人投降时毁掉了实验的车间。日本技师荻原三平(有的文献称他原与志郎)留在炼钢厂内无所事事,又傲气十足。一次喝酒时说出他懂硬质合金的研制技术。李振南非常重视,亲自作荻原的思想工作,为他配备助手,提供实验条件,并在生活上给予照顾。荻原受了感动,全力投入工作。1948年5月,硬质合金试制成功并批量生产。用硬质合金制成冲压子弹和炮弹的模具和金属切削工具,大大提高了生产率。有了钢材和硬质合金,炮弹生产有了原料和工具,产量大大提高。为此,伊藤记大功一次,荻原则被评为特等功臣。[1]

化学厂也做出了同样辉煌的成绩。老解放区原来只能土法生产黑色火药,质量不高,威力有限。炮弹需要的无烟火药只有日本人才掌握生产技术。在芦素平、秦仲达的带领下,大家克服重重困难,修复被破坏的设备。把厂内留用的四十多名日本技术人员组织起来,分别担任各车间的技术骨干。厂里原有一个研究所,所长秋谷、技术员久保田等人受命组建实验室,研究硝化甘油、无烟火药的研制工作。他们把缴获的炮弹拆开研究,改进化学成分和配方,1948年年底就生产出110吨发射药,满足了炮弹生产的需求。以后不仅火药的生产成倍增长,化学原料的生产也相继开工。生产的硝酸、

---

[1] 周秀婷:《大连钢厂冶金军工史》,第3章第2节。

中国的1948年：两种命运的决战

硫酸、乙醚等不仅满足本厂的火药生产，还运送到内地，支援各解放区的军工生产。1948年年底建新公司进行评功评奖，化学厂立大功的有大岛、藤生、大伴，立集体特等功的有市川、久保田、船越、田村。在所属各厂中，化学厂日本技术人员立功的人数是最多的。建新公司总共有职工六千多人，其中日本技术人员有二百多人。他们不仅发挥了技术专长，而且在革命思想的教育下转化为中国革命队伍中的一员。[1]

为了办好大连的军工企业，东北局给予了大力支持。1947年年底，国民党军队围攻胶东解放区，大连与华东的交通暂时中断。建新公司得不到资金，陷入困境，职工的工资都开不出。但是华东野战军作战急需弹药和物资，建新公司想方设法，用2000吨花生油换了苏军7000吨汽油，供应华野特种兵纵队，让解放军缴获的卡车和坦克能开动起来。为了解决困难，华东局财经委员会生产部长陈易到哈尔滨向东北局求援。李富春听了汇报后当即决定：1.建新公司的经费，从1948年1月起完全由东北局承担，不要华东一分钱；2.大连生产的炮弹全部运往华东。建新公司得到有力的资金支援后，军工生产逐月增加，很快形成了规模。炮弹厂职工以高昂的干劲和精益求精的态度日夜组装炮弹。到1948年年底，公司完成了生产20万发炮弹的任务。华东军区动员了所有的力量，组织了70条汽船和渔船，将炮弹从大连运输到山东解放区。炮弹厂的旁边就是码头，每天夜晚，干部们都要把一箱箱炮弹扛到船上，每人都要往返几十个来回。乘着夜幕，船只躲避着苏军的岗哨和渤海上游弋的国民党军舰，悄悄地靠近山东半岛成山头的一个叫俚岛的小港口。卸下的炮弹用马车和汽车辗转输送到华东军区，再转送到中原野战军和华北野战军。解放军有了炮弹，大炮有了充足的弹药，部队的战斗力发生了质的变化。[2]

---

[1] 大连化工总厂编：《大化志》。
[2] 李竹平：《华东局财委驻大连办事处和建新公司》，《大连建新公司兵工生产史料》第48页，《大连党史资料丛书》之五，1988年印刷。

解放区军事工业的创办

1948年12月,在党中央所在地河北平山西柏坡召开了全国军工会议。各军区军工部的代表都出席了会议。华北军区汇报时说,因为缺少重工业基础,他们生产的炮弹仍限于以灰生铁为弹体的迫击炮弹,引信也只能生产结构最简单的。大连建新公司代表发言,介绍他们已经拥有炼钢、化学、机械制造、军品生产四类性质的工厂,拥有8000职工和一批日本技术人员,建立起以近现代重工业为基础,以军事工业为核心的一个完整配套的生产体系。生产的产品主要是内地解放区还没有条件生产的、部队作战急需的75毫米口径的钢质山炮弹和榴弹炮弹。1948年,建新公司完成了20万发炮弹以及六〇迫击炮、轻机枪、无烟炸药、硫酸等多种产品,这些炮弹大部分运往华东战场。这些成就使与会的全体同志都感到非常高兴。刘少奇、朱德、周恩来三位副主席接见了全体代表。会后,刘少奇单独听取了朱毅的汇报,对建新公司取得的成就给予高度评价。他问朱毅现在公司有多少干部,朱毅说有五六百人。刘少奇说,应该有五六千人。他说:"我们党的干部,熟悉现代工业管理的不多。老解放区没有现代工业,没有锻炼干部的条件。建新公司是个综合性企业,生产门类多,是培养工业管理干部的好场所,要把这方面的工作好好抓一抓。"在全国解放后,建新公司的干部调到北京,成为组建新中国工业部门的骨干力量。[1]

北满和大连军工体系的建立,为解放战争的胜利奠定了重要的物质基础。解放军的火炮有了充足的弹药,改变了长期以来敌强我弱的基本态势。在城市和阵地攻坚战中,在1948年年底的三大战役中,解放军的炮火发挥了巨大威力。辽沈战役结束后,解放军又接管了沈阳的几个大兵工厂和弹药仓库,获得大批军火,生产能力大为增强。随着东北的解放和铁路线的贯通,满载物资和弹药的火车昼夜不停地运往关内,支援中原地区和渡江作战。淮海战役中,中

---

[1] 叶英:《随朱毅同志到党中央汇报大连军工生产》,同上书,第98页。

中国的 **1948**年：**两种命运的决战**

原野战军将黄维兵团包围。黄维凭借众多的美式火炮，收缩成一个圈圈，用密集火力让解放军无法接近。他自称是个啃不动的"硬核桃"。华东野战军调集了重炮猛轰，终于敲碎了这个"硬核桃"。粟裕将军感慨地说："淮海战役的胜利，要感谢山东老乡的小推车和大连的大炮弹。"

9 蒋经国上海"打虎":国民党经济改革的失败

1948

中国的 1948 年：两种命运的决战

1

1948年6月以后，国民党政府在军事上节节败退，经济上危机重重，两者相互影响，恶性循环，形势出现了全面崩溃的前兆。

解放军在1948年上半年取得的一系列胜利中，解放了东北、华北、西北和中原的大批城镇和乡村。解放区的面积扩大到235万平方公里，人口超过1.6亿。这些解放的地区包括东北的工业基地、华北、中原的粮棉产区。国民党在上述地区，仅控制着铁路沿线的一些大城市。解放区经济实力的强大，就意味着国统区经济来源的枯竭，从而导致了国民党政权越来越严重的经济危机。

1946年国民党发动全面内战时，具有相当强的经济实力。除去接收大量的敌伪财产之外，中央银行还拥有9亿美元的外汇和500万两黄金储备，并得到了美国数十亿美元的救济物资。这一笔家当很快就在内战中被国民党军队消耗掉了。随着战争的延伸和规模的扩大，国民党的军费犹如无底的黑洞，吞噬着金钱和物资。翁文灏内阁上台后，"社会贤达"王云五出任财政部长。他惊讶地发现：国库收入仅占支出的5%，军事开支的比重极大，仅东北军费就占了支出总额的40%。入不敷出，物价飞涨，全靠发行新钞票支撑。到1948年8月前，已发行法币660万亿元，相当于抗战前夕发行额的47万倍。[1] 而国统区的物价如同脱缰的野马，一路狂涨。上海《大公报》1948年8月16日的统计：8月份上半月的生活指数，食物上涨390万倍，住房上涨77万倍，衣着上涨652万倍，比7月下半月平均上涨90%。如果嫌这个经济指数难以具体化，当天报纸上用花边圈出短讯："大饼油条，每件10万"！

恶性的通货膨胀引起连锁反应。《观察》杂志刊登了经济学家

---

[1] 资耀华：《国民党政府法币的崩溃》，《文史资料选辑》第7辑，中华书局1960年版，第49页。

蒋经国上海"打虎":国民党经济改革的失败

笪移今的文章《七个月来的中国经济情势》写道:

> 1948年已经过去的七个月,是中国经济急剧恶化,人民生活愈益艰苦的时期,这从物价变化的情形反映得最清楚。
>
> 八年多的长期抗战,物价不过涨了2400倍。胜利迄今还不满三年,上海物价较之(民国)三十四年却已涨了14000倍。尤其今年以来,更是惊人。7月第三周的物价总指数为战前的478万倍,较之去年12月最后一周上涨30倍。纺织、燃料、食物这些主要必需品的剧烈上涨,是人民生活负担加重,造成人心恐慌的由来。
>
> 通货膨胀是由于财政收支不平衡,财政赤字是由于税源枯竭,

银行发给上海电话公司职员的工资,是一捆捆贬值的钞票

中国的1948年：两种命运的决战

税源堵塞是由于生产衰落。先看农业生产情形：眼前无数的农田已化为战场。大量的劳动力，一批一批的被征入伍，天天在做杀害人力消耗物力的蠢事。而征实征购，捐税摊派以及地主高利贷者对农民的苛刻剥削，把整个农村生产力弄得败坏到极点。河北省参议会会长说：物价如此之高，一亩地要出一石捐税，最低的也要五六斗，赋税超过了收成，怎叫人民活得下去！

工业方面，也因为炮火连天，原料缺乏，销路阻塞，捐税繁重，资金短少，动力不足等关系，碰到难以克服的困难。以天之骄子的纺织业来说，生产量仅及战前的80%。据政府报告，去年棉花产量为1100余万担，然而政府统治区所能收到的棉花只有30%，其余70%全控制在另一个区域。因此纺织业受原棉不足的影响，减产之声时有所闻。橡胶工业停工的已达三成，制药工业有三分之一已经停工，钢铁工业有70%的厂家陷于半停工的泥沼。而在另一方面，由于内战范围的扩大和破坏的凶惨，以及通货膨胀剥尽了人民的购买力，工商业又发生实销清淡的悲景。甚至与贫民生活息息相关的上海900家典当业，也面临崩溃的边缘。[1]

经济破败到如此程度，而前方打仗和困守孤城的540万国民党军天天要钱要饭要子弹。从东北、华东和中原逃亡到南京、上海、北平等城市的原国民党政府人员、地主家属以及形形色色的"难民"多达百万。他们天天向国民党政府要救济，成了另一个沉重负担。上海市市长吴国桢手里没钱，急得到几十家富豪门上乞讨，要他们捐钱。然而响应者寥寥，气得吴国桢威胁要把他们的劣迹公开登报。

国民党政府的经济窘迫得如此捉襟见肘，另一方面文武官员和豪门大亨却狼狈为奸，利用种种特权囤积货物，大搞金融投机，牟取暴利。当时官员的贪污腐化，已经达到了惊人的程度。知悉内情

---

[1]《观察》第4卷23期。

的人揭露：

> 中央银行包机向平津各地运送现钞支付军费,各地军政长官收到巨额法币后,即先用以争购黄金美钞。各地中央银行分行也大量抢做上海汇款,除了已向总行配给每周申汇定额外,又各自私包飞机运送现钞回上海,当然更助长了各地的投机套买。如徐州原非工商业码头,因系军事重镇,驻有重兵,银行钱庄相继开分行,套买金钞。因此中央银行向北运送钞票的专车,有时竟出现行至半途即掉转车头南开的怪事。这就充分说明当时为什么外埠黄金美钞价格总是高于上海市场上的金钞价格,为什么外地游资(实际都是中央银行自己发行供各地军政费用的钞票)不断流到上海,为什么中央银行在沪尽量抛售巨额黄金,依然不能抽紧银根,压低金价。[1]

法币既已走到了绝路的尽头,各种投机活动又把经济秩序搞得如此混乱,看来不想办法改革币制、整顿经济秩序是不行了。蒋介石指示翁文灏内阁开会研究,想出办法来。财政部长王云五提议以中央银行所存的黄金证券作保证,发行金圆券代替法币。实施的办法是以各地行政力量来收兑或收存百姓手中持有的黄金、外币,实行管制经济。在几个重要城市设置管制区,派经济督导员负责执行。这个方案得到蒋介石的批准,以俞鸿钧担任上海的督导员,特派他的长子蒋经国协助督导,实际上大权是掌握在蒋经国手里。[2]

1948年8月20日,全国各大报都刊登了蒋介石币制改革的命

---

[1] 资耀华：《国民党政府法币的崩溃》,《文史资料选辑》第7辑,第52页。
[2] 黄元彬：《金圆券的发行和它的崩溃》,《文史资料选辑》第8辑,第99页。

令:"1.由即日起,以金圆券为本位币,十足准备发行金圆券,限期收兑已发行之法币及东北流通券。2.限期收兑人民所有黄金、白银、银币及外国币券,逾期任何人不得持有。3.限期登记管理本国人民存放国外之外汇资产,违者予以制裁。4.整理财政并加强管制经济以稳定物价,平衡国家总预算及国际收支。"

这次改革是蒋介石孤注一掷的决策。搞得好可以缓解经济危机,使国民党统治再延续一个时期。搞得不好,就是全盘崩溃,再无挽救的余地。国民党统治集团认识到其中的利害关系,《中央日报》同日发表的社论说:

社会改革,就是为了多数人的利益,而抑制少数人的特权。我们切盼政府以坚毅的努力,制止少数人以过去借国库发行,以为囤积来博取暴利的手段,向金圆券头上打算,要知道改革币制譬如割去发炎的盲肠,割得好则身体从此康强,割得不好,则同归于尽。

其实,国民党上层人士心里非常清楚,他们的主要敌人是巨大的金融投机势力。8月2日《中央日报》的社论就指出:

我们首先要指出一个事实,今日公私行庄已有六千单位之多。这一个数字的本身,就是金融资本罪行的供词。银行钱庄原是工商业资金周转的处所,何以今日工商业大家都深切感觉艰难,独有银行钱庄有万花齐发之盛?这有加无已的行庄,每日每时都以增加法币流通速率为其取利的本领。这一本领所取的利润,毫无疑义是一般工商业与农村的利益为牺牲品。其次一个事实,大家只要读一下大都市报纸的广告,立刻可以发现银行钱庄以高利吸收存款的启事。他们这样高利吸收的存款,除了囤积物资追求涨风以博取更高的利润外,还会有别的用途吗?

　　果然不出所料,币制改革令尚未发布,就有抢先作案的。上海《大公报》记者季崇威从内部渠道获悉,就在国民党政府公布金圆券法令的前一天,某要员乘夜车来上海,在证券交易所抛售巨额股票牟取暴利。出于义愤,季崇威写了一条新闻《豪门巨富纷纷搜购金公债,隐名之人曾大批抛售股票》,登在8月21日的《大公报》上:"19日上午,有某匿名之人从南京乘夜车抵沪,下车后不洗面不吃东西,匆匆赶到某熟悉证券号,一个上午向市场抛售三千万股永纱,照昨天股票惨跌的行市计算,此人大约可获利四五千亿元。"[1]

　　蒋介石获悉后,大为震怒。币制改革属于核心机密,竟然有人敢抢先一步发横财,说明国民党内部的腐败已经到了无可救药的地步。他派了两名监察委员专程到上海彻查此事,从交易所账目上查到那天两个抛售股票的大户,一个是青帮头子杜月笙的儿子杜维屏,一个叫李国兰,是南京财政部秘书陶启明的老婆。杜、李、陶三人一同被捕后,陶启明招供是从财政部主任秘书徐百齐处获悉机密消息,便赶到上海用老婆名义抛售股票的。结果陶被处决,徐百齐撤职查办。杜维屏和李国兰则转交特刑庭,以金融投机罪公开审理。

　　蒋经国到上海,踌躇满志地要干一番大事业。他带着赣南时期培养的一批亲信,调来了以青年为主的"戡乱建国大队",共三千余人。在上海中央银行设立办公室,雷厉风行地干起来。第一项措施就是限制物价。按照政府公布的物价管制办法,所有商品都必须停留在8月19日的市价上,称为"八一九防线"。目的就是要打击投机和囤积行为,"革上海人的命"。在他的统一指挥下,从8月22日起,全市警方和检查机构四出检查市场、仓库、水陆码头,凡是违

---

[1] 周雨:《大公报史》,江苏古籍出版社1993年版,第168页。

中国的1948年：两种命运的决战

蒋经国

背法令者，商店吊销执照，负责人逮捕法办，货物全部没收。[1]

为了表示他的决心，蒋经国于8月27日首次发表谈话。他说："关于检查工作，此次对任何方面绝不留情，但绝对不扰百姓。执行经济政策的原则是'一路哭不如一家哭'，凡人民能负责准确的指出奸商贪官污吏，一定能够惩办。"他指出："今后风浪或风波在所不免，但只要冷静坚决，相信没有什么困难。天下没有力量比人民的力量更大，没有说话比人民说话更准确。"他指示"戡建大队"设立人民信箱，接受群众举报，并表示要亲自接见群众，听取群众的呼声。[2]

蒋经国说到做到，他微服私访小菜场，了解限价后的食品供应情况。自从以金圆券规定蔬菜鱼肉价格后，上海的物价真是便宜了许多。但是《大公报》记者去暗访时，小贩们却叫苦不迭。活鸡卖八角钱一斤，摊贩说这两天全凭良心卖。卖鸡蛋的说，按限价卖是没有赚头的，他们一早卖的是新鲜鸡蛋，照市场价卖；到九点钟检查的人来了，就把新鲜蛋收起来，拿些陈鸡蛋按限价卖，摆摆样子。记者看到一位老婆婆循规蹈矩地按限价卖菜，问她这样要不要赔本。老婆婆说：我已经折了三天本了，可是我六十岁了，在这里摆了几十年摊，再让警察捉去太难为情。[3]

用行政命令强行限价，能收到一时的效果，但经济运行有其自

---

[1] 江南：《蒋经国传》，中国友谊出版公司1984年版，第166页。
[2] 《申报》，1948年8月28日。
[3] 《大公报》，1948年8月28日。

身的规律,限价能维持多久就很难说了。国民党政府只在几个大城市实行经济管制,而大多数中小城市依旧如常。这就导致了一个人为的差价空间。上海的商人按限价出售商品货物,必赔无疑。于是他们把商品囤积在仓库里,等待观望。还有的暗中抽逃资金,转移到香港。针对这些情况,蒋经国再下狠招。派人清查所有仓库,凡是囤积在三个月以上的货物,全部没收。没收的商品在商场中开设平价柜台出售。谁知事与愿违,商场刚开门,投机的"黄牛"就蜂拥而入,将价格便宜的罐头食品、棉布等抢购一空,还挤坏了商场的玻璃柜台。尽管有许多警察维持秩序,仍然无法应付拥挤的人群。不到半天,商场就被迫关门。

限价造成了市场商品的紧缺,另一方面资本家将工业产品偷运出上海,转到外地销售牟利。蒋经国意识到,不打倒这些控制经济命脉的"老虎",上海的经济秩序就无法建立,控制物价就更谈不上。他法出令行,果真轰轰烈烈地打起"老虎"来。他召见上海经济界的头面人物刘鸿生、钱新之、周作民、杜月笙等人,软硬兼施。要他们拥护政府措施,交出全部黄金、外汇,否则即勒令停业。他扬言:"你们不要敬酒不吃吃罚酒。谁手里有多少黄金美钞,我们都清楚。谁不交,就按军法办!"上海青年服务总队也四处出动,设立岗哨。检查行人;并与警察、警备司令部人员混合编队,组成许多三人或五人小组。检查商店、工厂的仓库,登记囤积物资。对违反规定者,蒋经国采取了严厉的措施。纸商詹沛霖、申新纱厂大老板荣鸿元、中国水泥公司常务董事胡国梁、美丰证券公司总经理韦伯祥等六十余人,均因私套外汇,私藏黄金,或囤积居奇,投机倒把,先后被捕入狱。9月2日荣鸿元刚从香港返回上海,即被逮捕。詹沛霖则被查出囤纸3000吨,被送交特种刑事法庭。谁都知道一进特刑庭,是凶多吉少,詹沛霖吓得面如土色,当场大哭起来。上海

中国的 **1948年：两种命运的决战**

大亨杜月笙的儿子杜维屏作为证券交易所老板，牵扯到陶启明的永纱股票投机案，被特刑庭审判。社会都关注审判结果，当时他判了八个月的徒刑，在法庭上大呼冤枉。惩治了这一批大老板后，蒋经国还大开杀戒，林王公司经理王春哲因私套外汇被处死，上海警备司令部科长张亚民、稽查大队长戚再玉因贪污勒索罪被枪决。蒋经国宣称："在上海应当不管你有多少财富，有多大的势力，一旦犯了国法，就要毫不留情地送你进监狱，上刑场。"

蒋经国的"铁腕"暂时发挥了作用，因此，上海的物价在一个时期内保持了稳定。在当局的威逼和严令之下，兑换金圆券的工作也进展顺利。当时规定一两黄金兑换金圆券200元，一元美钞兑换金圆券4元，而法币则是300万才兑换金圆券1元。限期兑换，过期严罚。中央银行门前每天排着长队，市民们将自己手中的黄金、美钞、银元换成金圆券。截止1948年10月的统计，上海共收兑黄金114万两、美钞3452万元、港币1100万元、银元369万元、银子96万两。这些财产价值约2亿美元，全部落入国民党政府的腰包，也是币制改革的惟一成绩。这里有多种原因，主要是老百姓畏惧蒋经国，怕因为"囤积"的罪名被"打老虎"。许多人并不是情愿把黄金美钞捐给国家，而是迫不得已。锦江饭店老板董竹君在兑换金圆券时，亲眼看到一位老人拿着一个金元宝说："这是我家几代传下来的。"表情极为痛苦。[1]蒋介石的亲信吴忠信的老婆私下对人说："蒋经国是我抱大的，现在连我的棺材本都被他抢去了。"[2]

民间的黄金和外汇毕竟是有限的，财产的大头掌握在上海几家大的商业银行手里。蒋介石推行币制改革的一大目的，就是要把商业银行的外汇转到中央银行里，由他亲自控制。9月6日他在总理纪念周的讲话中，命令商界、金融界切实遵守经济政策，各商业银行所有外汇，限期存入中央银行。他口气强硬地说：

---
[1] 董竹君：《我的一个世纪》，三联书店1997年版，第368页。
[2] 戴立庵：《金圆券发行后蒋介石在上海勒逼金银外汇的回忆》，《文史资料选辑》第7辑，第61页。

蒋经国上海"打虎":国民党经济改革的失败

目前尚有一个问题,即商业银行对于政府法令尚存观望态度。其所保留之黄金、白银、外汇,仍未遵照政府的规定移存于中央银行。并闻上海银行公会理事会拟集合上海所有各行庄,凑集美金一千万元,卖给中央银行,便算塞责了事。可知上海银行界领袖对国家、对政府和人民之祸福利害,仍如过去二三十年前,只爱金钱,不爱国家,只知自私,不知民生的脑筋毫没改变。尤其是几家大银行,这样自私自利,藐视法令,罔知大义,真令人痛心。彼等既不爱国家,国家对彼等自亦无所姑息。故政府已责成上海负责当局,限其于本星期三以前令各大商业银行将所有外汇自动向中央银行登记存放,届时如其再虚与委蛇,观望延宕,或捏造假账,不据实陈报存放,那政府只有依法处理,不得不采取进一步的措置予以严厉的制裁。[1]

在这样的威慑下,上海各商业银行只好在9月底将各自存留的外汇储备向中央银行申报。但是凡是能开银行的人,都与国民党政府及官僚资本有着密切的联系。这些钱不是轻易能转过去的。而且虽然申报了,但外汇资产仍在自己的户头上,并没有转账。由于金圆券崩溃得太快,蒋经国还没来得及把这些资产抓到手,自己的使命就结束了。

初战的成绩,使蒋经国信心大增。他决心乘胜前进,和上海的财富集团拼个你死我活。9月15日他发表《上海向何处去》的讲话说:

许多人怀疑此次新经济政策是否能达到成功,这是难怪的。因为过去有很多政策,都是失败了。但假使把这个政策看做是一种社会革命运动的话,同时又用革命手段来贯彻这一政策的话,我相信

---

[1] 《大公报》,1948年9月7日。

中国的 **1948年**：两种命运的决战

一定能够达到成功。我们认定这次新经济政策是一种革命运动，所以我们自开始以来，即主张发动广大的民众来参加这伟大的工作。应该告诉人民，人民的事情，只有用人民自己的手可以解决。要想将旧社会翻过身来，非用最大的力量和最大的代价是不能成功的。今日已经到了彻底改革的时候了。

在工作的推进中，有不少敌人在那里恐吓我们，放言继续检查仓库办奸商，将会造成有市无货，工厂停工的现象。不错，假使站在保持表面繁荣的立场来看，那是将要会使人民失望的。但是如果站在革命的立场来看，这并不足为惧。没有香烟、绒线、毛衣、绸缎、甚至猪肉，是没有什么可怕的。我们相信，为了要压倒奸商的力量，为了要安定全市人民的生活，上海的市面，是绝不畏缺乏华丽的衣着，而致放弃了打击奸商的勇气。投机家不打倒，冒险家不赶走，暴发户不消灭，上海人民是永远不能安定一天的。

蒋经国的革命言论，是当年在苏联学来的，难怪手下担心他太过激进。他的话确实打动了一大批渴望改革的青年人。为了开展工作的需要，蒋经国决定组建"青年服务总队"。短短时间内，竟有12339人报名参加。可见群众的热情之高。遗憾的是，他们的集训还没结束，蒋经国的使命已经结束了。

在国民党币制改革和经济控制的双重压力下，上海工商业主受到沉重打击。但是这些人毕竟闯荡多年，对付政府有多种办法。在限价管制之下，商人采取种种办法逃避检查，转移资金和货物。工厂因为限价,开工不敷成本,也纷纷处于停产或半停产状态。经济形势不是好转,而是恶化了。一些经济学家和报刊主笔都预见了这些隐患。《观察》发表的一篇文章说:

月余以来,物价管制在各地出现了不少破绽:
1.货物的逃避或隐匿。货物的逃避是指物资从物价管制严格的区域,向管制不严格的区域逃避而言。货物隐匿是等待日后有机可乘时再行应市而言。上海的小菜荒,成都的粮荒肉荒,以及各地的香烟荒,这些都是例子。上海在仓库封存以后,每晚卡车来往,顿告热闹。均系运往郊区,恍如战时逃警报。这是物资逃避的一幅写照。上海经济管制督导员办公处已禁止民生必需物资运出,杜绝物资逃避。但是,上海附近城镇及其他各地的制造业,其原料部分或全部的来自上海的半制品。上海物资禁运出口,则对这些工业生产影响极大。
2.生产减少的危机:上海是工业中心,但是许多原料来自物价管制无法实施的乡村。产地价格高涨,则势将影响制造品的原料问题。月余来,因原料价格上涨,致原料缺乏,而使若干产业有被迫停顿之虞。9月4日上海全市各工业同业公会代表在社会局谈话,对蒋经国提出原料来源的困难者,计有钢铁业、毛纺织业、纺线业、印刷业等。

作者最后忧虑地说:

上海物价管制的"打虎"政策,以为政的基本精神而言,是值得赞美的。但是,这种区域性的局部物价管制纵然能完全成功,对全国物价动态之贡献究竟有多大,也是一个疑团。更何况在全国物价波动中,区域性管制在长期中是难于收效呢?[1]

在当时货币价值一落千丈的形势下,人人都要存些东西才放心。这也是战乱时期的特点。在上海的商人要想经营下去,必须要囤积必需的货物。因为货币在不断贬值,每逢通货膨胀,物价就会跟着上涨。到时候总有一些资金不够的企业和店铺会倒闭。就是蒋经国检查最严的时候,董竹君这样的老板还在暗中囤货。她回忆:

当时我的办法是:借进金圆券囤积货物,一俟金圆券贬值、崩溃,我再将存货卖出少许,就能够还清欠款。这样决定后,就断然采取冒险挽救锦江的紧急措施:到处拉借友人换来的金圆券,冒险囤货。但又怕别人走漏消息,只好偷偷地将买进足够一年用的存货存放别处,又偷偷在半夜做好两套账目,以防万一税务局查账。[2]

不仅商人在逃避,工厂在停工。"大老虎"们也开始反击了。当年蒋介石起家,依靠的是上海工商业巨头的支持。现在蒋经国要把刀架在他们的脖子上,真是不知好歹了!如果把这些人得罪了,国民党还能维持下去吗?9月底,蒋经国在浦东大楼召集许多工商巨头开会。会议开始,蒋经国照例客气地表示感谢诸位对币制改革的支持,接着话锋一转,带着威胁的口吻说:"有少数不明大义的人,仍在冒天下之大不韪,投机倒把,囤积居奇,操纵物价,兴风作浪,危害国计民生。本人此次秉公执法,谁若囤积物资逾期不报,一经查出,全部没收,并予法办!"他的话音刚落,老奸巨猾的杜月笙却不紧不慢地说道:"犬子维屏违法乱纪,是我管教不严,无论蒋先生怎样惩办他,是他咎由自取。不过,我有个请求,也是今天到会各位的一致要求。就是请蒋先生派人到扬子公司查一查。扬子公

---

[1] 刘涤源:《论物价的局部管制》,《观察》第5卷第6期。
[2] 董竹君:《我的一个世纪》,三联书店1997年版,第369页。

司囤积的东西,在上海首屈一指,远远超过其他各家。希望蒋先生一视同仁,把扬子公司囤积的物资同样予以查封,这样才能使大家口服心服。"此时满座的目光都对着蒋经国,看他如何反应。杜的这番话反守为攻,指名道姓,完全出乎蒋经国的预料。他不由得一愣;但随即表示:"扬子公司如有违法行为,我也一定绳之以法!"

蒋经国话虽然这么说,事情却是棘手万分。因为扬子公司的董事长和总经理是孔令侃,他是大财阀孔祥熙之子。其姨母则是"第一夫人"宋美龄。宋美龄没有生儿育女,对孔令侃视如己出,倍加宠爱,孔、宋两家早已联为一体,密不可分,大有"一荣俱荣,一损俱损"之势。而且扬子公司还在纽约、伦敦等地设有分公司,与美、英、法等国各大财团及国民党政府许多机构都有密切关系。因此,孔令侃自认为靠山硬,谁也奈何他不得。蒋经国固然来头大,但又能把他怎么样?所以他没有把"太子"放在眼里。明明有令规定:午夜12时以后实行宵禁,不准行人通行。孔令侃偏在这时开车闯关,扬长而去。明明规定禁止囤积居奇,扬子公司偏偏乘机大搞囤积物资。手下人为此向蒋告状,蒋经国勃然大怒,但也不敢轻易在"太岁"头上动土。如今杜月笙在会上这么一逼,他无法回避,不得不予表态。扬子公司违法乱纪的事实路人皆知,整个上海都在拭目以待,看他如何动作。事情到这一地步,蒋经国只好横下一条心,向孔令侃开刀,于是命令经济警察大队长程义宽搜查并查封了扬子公司,但迟迟不对孔令侃本人采取进一步的行动,表明他手下留情,仍留有余地和后路。[1]

查封扬子公司成为一时的重大新闻,引起舆论的普遍关注。10月8日,上海、南京、北平等地各家报刊争相报道"扬子公司囤积案"消息,有的表示欢欣鼓舞,呼吁"清算豪门";有的则因处理此案拖泥带水,缺乏前一阶段的雷厉风行作风,表示不满,指责是

---

[1] 贾亦斌:《我与蒋经国从友好到决裂》,《文史资料选辑》第132辑,中国文史出版社1997年版,第163页。

中国的 **1948年**：两种命运的决战

"只拍苍蝇，不打老虎"。

打虎打到自己人头上，蒋介石和宋美龄终于坐不住了。扬子公司被查封后，孔令侃便到南京向姨妈求救。宋美龄专程到沪，把蒋经国、孔令侃约到永嘉路孔宅面谈，企图缓和两人的关系。宋美龄劝说道："你们是表兄弟，我们一家人有话好说。"蒋经国对孔令侃说："希望你顾全大局！"孔大吼一声说："什么？你把我的公司都查封了，还要我顾全大局？"最后两人大吵起来，蒋临走时说："我蒋某一定依法办事！"孔令侃回答说："你不要逼人太甚，狗急了也要跳墙；假如你要搞我的扬子公司，我就把一切都掀出来，向新闻界公布我们两家包括宋家在美国的财产，大家同归于尽！"宋美龄只好发急电给在北平的蒋介石，说上海出了大问题，要他火速乘飞机南下。当时，蒋介石正在北平主持军事会议和亲自督战，闻讯后要傅作义代为主持，自己即乘飞机赴上海。

蒋介石一到上海飞机场，宋美龄就带着孔令侃抢先告了蒋经国的状。然后由警备司令宣铁吾、市长吴国桢及蒋经国等陪同蒋氏夫妇到达天平路蒋宅，大家正准备坐下向蒋汇报情况，宋美龄却宣布："总统长途南下，很疲乏了，一切事情明天再说。"蒋经国及文武官员只得告退。经宋美龄向蒋介石多方说明原委，谓两家属于姻亲，有共同利害，家丑不可外扬等，得到蒋的首肯。第二天蒋介石召见蒋经国，痛骂一顿，训斥道："你在上海怎么搞的？都搞到自己家里来了！"要他立刻打消查抄扬子公司一事。父子交谈不到半小时，蒋经国出来时一副垂头丧气之色。接着，蒋介石又召见上海文武官员，亲自为扬子案开脱。大家一听此言，只得唯唯诺诺而退。在这之后，上海警察局发言人也出面为孔令侃开脱，对外宣布："扬子公司所查封的物资均已向社会局登记"，使其披上了合法的外衣。而曾经积极报道"扬子案"的上海《大众夜报》《正言报》却很快被勒令停刊了。扬子公司案风波就此平息。

扬子公司案不了了之,蒋经国的部下都愤愤不平。贾亦斌回忆:"我还抱有一线希望,认为蒋经国是一个有抱负有能力的领导人。无论以公以私,作为部下和朋友,在此关键时刻,我都有责任有义务向他进言,提醒、劝告他:坚持原则,不要犹豫不决,消极退缩。为此,我主动到逸村二号去见他,开门见山地向他提出:'你对孔令侃一案究竟办不办?如果不办,那岂不真像报纸上所说的只拍苍蝇,不打老虎了吗?'他本来情绪就不好,顿时发火了,以训斥的语气嚷道:'孔令侃又没有犯法,你叫我怎么办?'我见他不仅不承认自己软弱、不敢碰孔令侃的事实,反而以孔令侃无罪的口实为孔洗刷,一种从未有过的失望和愤怒驱使我拍案而起,一掌击在桌上,大声说:'孔令侃没有犯法,谁犯法?你这个话不仅骗不了上海人民,首先就骗不了我!'尔后,他终于平静下来,叹了一口气,又无可奈何地说:'亦斌兄,你是有所不知,我是尽孝不能尽忠,忠孝不能两全啊!'"至此,贾亦斌看透了国民党,也对蒋经国完全失望了。他决心脱离国民党,寻找投向人民的光明之路。[1]

"扬子公司案"宣告了蒋经国"打老虎"运动的失败,也使他丧失了刚刚在民众中树立起来的声誉。国民党的战争一天天耗费着大量的金钱,政府不得不以增发金圆券来弥补巨大的亏空。另一方面,限价的经管制度严重破坏了经济运行秩序,引起了人为的恐慌。正如一位经济学家分析的:

政府对于这个新的危机,事前事后都像是没有什么准备。在新制度下,我们还没有实施限价配额售制,我们又没有实行分配原料,我们更没有办法统制一切货物的来源。政府采用一切应付物价的方法和手段,不惟不是管制物价应采取的正当方策,反而多数违背着

---

[1] 贾亦斌:《我与蒋经国从友好到决裂》,《文史资料选辑》第132辑,第165页。

管制物价应采取的正当方策。我们不仅对消费者购买的数量不加限制,且进一步检查仓库,惟恐商人不把货物全部抛出。它只图一时的快意,只顾一时的效果,只管博取人们的齐声喝彩,不往远处想,货物出清以后,如何供应市面完全不管。商品售价只知一味的压抑,成本则不闻不问。这种不合理的物价管制,摧残生产则有余,岂尚能鼓励生产?政府只凭借政治力量,没有一点经济上可以控制物价的办法和把握,而欲强使物价稳然不动,如何能够?[1]

果然,10月初上海掀起了抢购风潮。2日《申报》的新闻标题是《黄牛党无缝不钻,长蛇阵随处可见。绒线香烟西药等物无一不被抢购,药房门外占地待顶更属闻所未闻》。报道说政府每天向市场投放的20万磅绒线,开门不到半小时就被抢购一空。时装店里也是熙熙攘攘,小姐们在抢购时装和衣料。价格昂贵的裘皮大衣,也销售一空。最后连橱窗里的模特都被"剥光了身子"。每个商场门前都聚集着成百上千的"黄牛党"(从事倒卖的投机分子),从前一天黄昏就开始排队。一些平时消费不多的药品如鱼肝油、盘尼西林、维生素都成了抢购对象。而被迫抛售物资的纺织厂、卷烟厂因限价不及成本,难以为继,不得不宣告停产或半停产。生产的萎缩更刺激了抢购,市民人心惶惶,本来不急需的东西也先买回来,免得货币贬值遭受损失。几天后,"黄牛党"的抢购波及到无锡、杭州等城市,吓得商店纷纷关门。10月4日《申报》报道抢购风潮:

自当局实行限价政策后,正式市场交易,已趋冷落;而各零售

---

[1] 严仁赓:《政治力量安能稳定物价》,《观察》第5卷第6期。

商店,莫不顾客盈门。究其原因,不外银根泛滥,由于数年来重物轻币之观念牢不可破,乃群以八一九限价为空前未有之贱价,争相购存。其中若干物品如药品、绒线、肉类、布匹,或以存货短缺,或以时令之需要,乃更成为黄牛党及单帮集团争购之目标。昨为星期,街头益见热闹。熙攘往来之人,手里莫不大包小包,满载而归。一般绸缎棉布庄,全部紧拉铁门,贴出"今日售完"之字。烟店则因加税关系,停业已有两日。生意最盛者则推百货及鞋帽两业,店员大汗淋漓,均有应接不暇之势。最可笑者莫如专售一般点心之馆子,一过上午九时,竟连面点亦无法供应。

限价是造成抢购的一个原因,而另一个原因更重要,就是国民党政府滥发金圆券,引起民众对金圆券信心的崩溃。《大公报》10月7日的社评说:

这次抢购现象的发生,其最大的原因,是由于货币数量的增多。据币制改革当时王财长云五的谈话,所有法币的数量,只须两亿金圆券便可全部收回,现在法币尚有流通,而金圆券已发行近十亿元。偌大货币数量的增加,当然给物价增加了重压。金圆券怎么在短期内发行如此之多?尽人皆知这是人民储藏的金银外币兑换出来的。币改以来,人民怀刑畏威,踊跃兑换金钞,换得金圆券,便用尽心思把它花掉。由此一点,就可见到我国这次币改方案的欠妥。

蒋经国看在眼里,急在心里。几天的日记,反映出他的痛苦心情:

10月4日,自星期六开始,市场已起波动,抢购之风益盛。一方面因烟酒涨价,同时亦因通货数量之增多,所以造成了今日之现象。目前抢购之对象,为纱布呢绒等物,恐怕将来要以米为对象了。这是非常严重的现象,所以一夜未安睡,且内心非常不安,因责任所在而不敢忘也。

10月6日,抢购之风,虽然比较好转,但是问题的严重性并没有解除。米的来源空前的来得少,而市民向米店买米量则较往日增加一倍。这是个严重的问题,真是日夜所不能安心者。[1]

更奇特的是,"抢购病"又演化为"享乐病"。《申报》10月8日报道,上海近期出现了一窝蜂的"享乐狂"。有钱人家纷纷出游,上海附近各风景区人满为患。饭馆里如果一天不客满,反而成了怪事。舞厅里人头涌动,舞女应接不暇,就是姿色一般,平日没什么生意的,这几天收入也成倍增加,而且都是现钞交易。这种世界末日的怪现象,被报纸称为"浮动病"。浮动者,人心浮动也。人人到了今日有酒今朝醉的时候,这个社会还有指望吗?

10月24日,蒋经国发表《向上海市民进一言》的谈话,企图挽回局面,安定人心。他说:

有许多人劝我们不要再限价,认为不限价一切都可以买到了。请大家想一想,这种情形,方便的是那些有钱人,高兴的是投机商,而痛苦的却是老百姓。我们现在虽然使人民一时感到不方便,但无论米、菜、肉、油等人民所最需的物品,一般说来,总算是维持了以前的限价。当我们听到一般市民说起买不到这个那个,以及看到许多商店门前排长队时,内心是非常难受。处在这种情况之下,最简单的推卸责任的办法,或者就是下令取消限价。但在个人的良心和责任心上,实不应亦不能如此做。希望大家明了,这是人民自己的事情,要大家协助我们共同解决如许的困难问题。我相信在下个

---

[1] 江南:《蒋经国传》,中国友谊出版公司1984年版,第174页。

月,如人民切实与政府合作,实行配给制度,采取采购办法,上海市场,无论如何,是可以安定下来的。

形势不依个人的主观愿望为转移。当时解放军攻克济南,辽沈战役正在进行,蒋介石应付军事焦头烂额,经济上根本无力支撑限价管制。市场越来越混乱,民心越来越浮动。10月26日,北平大学教授朱光潜、毛子水等17人联名发表致政府的公开信,要求取消经济管制,解救人民的苦难与不平。由于这些教授平日的立场是亲国民党的,所以分量不同一般。翁文灏内阁受到来自各方面的强烈指责,要求取消限价管制政策。当时的舆论,如《申报》10月28日社论说:

在今天,上海是限价,有许多地方已是议价。限价的上海买不到必需品,议价的成都货品已渐充斥。这说明了什么?现在仿佛一谈议价,就是破坏了限价。其实不然。相反的,只知表面的限价而实际上很难限得住,眼开眼闭放任黑市的猖獗,或者置人民不能买到其主要生活品于不顾,这才是摧毁了限价。议价与限价似相反而实相成,何况要严格限价就要全国一律限,断不能此限而彼不限,甲限而乙不限。总之,现在已经到了政府必须解救经济危机的时候了,切盼勿再争执这些"限价""议价"的名词,而必须求得"物畅其流"的良方。

经济糟到了这一步,看来经济管制是行不通了。浙江在没有得到上海方面同意的情况下，率先宣布实行议价。无奈之下，南京行政院11月1日同意放开粮食价格。限价政策全面瓦解，只是时间问题了。翁文灏召集经济官员开会，作最后的决定。三天会议争论激烈。主张议价的一派认为，限价并未能阻止物价上涨，反而形成了抢购物资的黑市猖獗的结果。人民既然不能从限价中获得好处，不如干脆议价。支持蒋经国的"死硬派"认为，取消限价就意味着经济改革的失败，等于宣告金圆券的崩溃。到那时物价更加控制不住。不如由国家控制物资，实行严格的管制和配给制度，避免投机商操纵市场，形势还不会坏到哪里去。但是翁文灏非常明白，战争的失败是导致国统区经济崩溃的主要原因。只要战争还在进行，经济就不会得到恢复，金融的黑洞只会越来越大，这个局面是无法支撑下去了。11月2日，会议结束，翁文灏向立法院报告，公开承认经济改革的失败。他陈述这几个月的工作，表示政府在平衡收支、阻止资金外流、取缔高利贷、增加银行存款等方面均遭失败，这些导致了限制物价工作的失败。本来计划从10月起调整生活必需品的价格、增加公教人员工资、发放生产贷款，因国军在战场一再失利，这些计划遂被搁置。这一贻误的结果，导致各地的抢购风潮。而通货膨胀和军事支出的浩繁，导致经济改革的失败。因此，作为承担责任者，翁文灏和王云五分别辞去行政院长和财政部长职务。[1]

翁文灏内阁倒台，蒋经国的使命也结束了。11月2日，他在上海向部属作告别讲话，沉痛检讨失败原因。他说："检讨七十来天工作，深感新的力量尚未成熟长成，而反动势力已结成一条战线，狼狈为奸。我们有高度的情绪，坦白的胸怀，但尚缺乏斗争经验，不足以对付老奸巨猾的经济敌人。"但是他声称"问心无愧"。实际上他的内心非常痛苦，曹聚仁写道：

---

[1]《申报》1948年11月3日。

蒋经国上海"打虎":国民党经济改革的失败

经国放下经济特派员职位的前一星期,几乎天天喝酒,喝得大醉,以至于狂哭狂笑。这显然是一场骗局,他曾经呼吁老百姓和他合作,老百姓已经远远离开他了。新赣南所造成的政治声誉,这一下完全输光了。有的人提起经国,就说他是政治骗子。有人原谅他,说这都是杨贵妃不好,害了他,蒋先生的政治生命,也就日薄西山了。[1]

贾亦斌去看蒋经国,只见他情绪消沉,一面喝酒,一面烧文件档案,甚至连印好的请柬也烧了。问他为什么烧请柬,他说:"亡国了,还请什么客!"他黯然离开上海回南京,与他刚来时的轰轰烈烈形成鲜明的对照。

经济改革是国民党政府为挽救崩溃的最后一搏,终以失败告终。蒋介石既是大官僚资产阶级的代表,就不可能真正触动特权阶层的利益。当人们希望打击豪门的时候,他们就退缩回去了。而蒋介石经济改革的目的,就是通过发行金圆券聚敛人民的财产,为他继续战争提供资金。蒋经国打"老虎",也完全是为了维持国民党的统治。因此他的政策既损害了老百姓的利益,也不为资产阶级所容,落了个两头不是人的结局。翁文灏内阁垮台后,经济秩序再次陷入混乱。国民党滥发金圆券,通货膨胀的速度超过了法币。人民又遭受了一次欺骗和洗劫,储安平在11月6日出版的《观察》上发表《一场烂污》的评论,以前所未有的尖锐语言,抨击国民党:

过去一个月真像是一场噩梦!在这一个月里。数以亿计的人民,在身体上、在财产上,都遭受到重大的痛苦和损失。人民已经经历

---

[1] 曹聚仁:《蒋经国论》,香港创垦出版社1953年版,第76页。

中国的 1948 年：两种命运的决战

到他们从未经历过的可怕的景象。他们不仅早已丧失了人生的理想、创造的活力，以及工作的兴趣；这次又伤失了他们多年劳动的积储，并更进一步被迫面临死亡。每天在报上读到的，在街上看到的，无不令人气短心伤。饥馑和恐怖、愤怒和怨恨，笼罩了政府所统治着的土地。地不分东南西北，人不分男女老幼，没有一个人相信这个"金圆券"。抢的抢购，逃买逃卖，像大洋上的风暴，席卷了整个社会的秩序。抢购是一种"无言的反叛"，这是二十年来中国人民受尽压迫、欺骗、剥削，在种种一言难尽的苦痛经验中所自发的一种求生自卫的行为。因为这种行为是自发的，所以这种行为能同时发生在政府统治区域中的大小各地。因为这个风暴已是全国性的，所以这个风暴已经威胁到政府政权的安全。中国的人民是可怜的，在政府种种秘密的监视下不能有什么大规模的组织，因之也不能发生任何足以左右政府政策的有效力量。这次的全民抢购，骨子里的意思是人民不相信这个政府，然而可怜的久在淫威之下的中国老百姓从来不能正面站起来对政府表示不信任，全民抢购从政治的观点来说也只是一种人民不和政府合作的消极反叛，然而只要是真正威胁到人民的生存，即使是一种消极的反抗，或者如我前面所用的一个名词，"无言的反叛"，但也足够震撼政府的命脉。在中国近代历史上。这是一次崭新的教训。

政府命令人民将平时辛辛苦苦积蓄的一点金钞，一律兑成金圆券。政府只要印刷机转几转，可是多少老百姓的血汗积蓄，就滚进了政府的腰包里去了。政府拿这些民间的血汗积蓄，去支持它的战乱，使所有国家的一点元气，都送到炮口里轰了出去！

七十天的梦是过去了，在这七十天中，卖大饼的因为买不到面粉而自杀了，小公务员因为买不到米而自尽了，一个主妇因为米油俱绝而投河了。我相信这些人都是死难瞑目，阴魂不散的。许多善

蒋经国上海"打虎":国民党经济改革的失败

上海挤兑黄金的情形

良的小市民,都听从政府的话,将黄金白银美钞兑给了政府,可是曾几何时,现在的金圆券已经比八一九时期打了个对折对折了!惨啊惨啊,冤啊冤啊!一个只要稍为有点良心的政治家,对此能熟视无睹,无疚于中吗?

七十天是一场小烂污,二十年是一场大烂污!烂污烂污,二十年来拆足!烂污!

10 从豫东之战到济南战役

中国的 **1948**年：两种命运的决战

1

1948年1月，陈毅从华东前线长途跋涉，到达陕北米脂杨家沟中共中央驻地。毛泽东让陈毅来陕北，一方面是听取华东野战军情况的详细汇报，另一方面是和陈毅商谈1948年作战的问题。1月27日，毛泽东、周恩来、任弼时和陈毅商讨华野下一步作战的任务，提出要华野主力向江南跃进。

华野主力挺进江南，是毛泽东考虑已久的一个战略设想。1947年7月23日他给刘邓和陈粟谭的电报中明确指示：刘邓大军挺进大别山的同时，华野的一、四纵也向江南进军。他设想：刘邓和华野两大主力南下，必将打乱蒋介石的进攻部署，迫使国民党军大量回援，解放军可以转守为攻，在各个战区集中兵力歼灭敌人。

1948年初，蒋介石鉴于对陕北和山东"重点进攻"的失败，为了改变被动局面，制订了以固守东北、力争华北、集中兵力进剿中原为目的的"分区防御"战略。将徐州顾祝同、九江白崇禧、西安胡宗南三个集团在中原战场的37个整编师约66万人，除以一部分配属绥靖区担任防御外，以主力组成六个机动兵团和四个快速纵队。蒋介石要以陇海、平汉铁路为依托，集中兵力对付刘邓大军和华野进军中原的部队，并加强长江防线，确保南京和江南地区的安全。

这时，刘邓大军进至大别山区已有四个多月，长期无后方作战，部队的弹药、服装和粮食越来越困难。1948年1月，国民党军出动5个师对大别山区进行清剿，刘邓大军又面临险恶的局面。1月26日，刘邓向军委报告："我们目前情况是部队极不充实，弹药亦渐感困难。如无友邻协助，至少将11师(胡琏)全部调走，部队集结均发生困难。近日按原战役计划，先以纵队为单位集结。敌即部署全力寻我作战，致又被迫分散。而在分散时，敌则以师为单位，寻我分散之旅作战，使我无法休息。两个月来减员不少，长此下去，士气将受很大影响，战力更加削弱，极端被动。而我不能集结作战，使三大野战军陷入跛足状态，尤属不利。改变此不利局面，则有赖于友邻协助和新兵早日到来。"

从电报中，可以体会到刘邓当时的艰难和他们迫切需要友军支援的愿望。毛泽东认为：扭转局面的最好办法，就是派一支精锐的主力兵团向长江以南作战略跃进，迫使国民党军回援，使中原战局出现重大改变。华野过江的问题，再次提上了议事日程。而且这次毛泽东是下定了决心，并征得陈毅的同意。1月27日，中央军委致电粟裕，要他统率叶（飞）、王（必成）、陶（勇）三个纵队渡江南进，执行机动作战任务。中央拟订了三个方案，请粟裕"熟筹见复"。电报最后说："此事只先由前委几个同志及叶、王、陶作极机密讨论，不让他人知道。"[1]

1月31日，粟裕给中央军委发了一封长长的复电。电报中将叶、王、陶三个纵队的现状作了如实汇报，说这三个纵队经过一年多的作战，减员很多，干部配备、物资装备也很不足，马上出动确实有困难。在电报中，粟裕谈起过江后可能出现的问题和当年他随红七军团北上失利的教训："我军渡汉水后，敌亦可能加强该段的江防；且渡江后须经较长时间，才能转至闽浙赣地区，如是恐将有半数之减员。此种减员，沿途无游击区安插，只能任其置于民家则几全部抛弃，甚为可惜。忆1934年七军团北上之失败，其主要原因是领导干部之不团结，但沿途无处安插伤员，故好仗亦不敢打。每战必须转移，士气日低，同时不打算在沿途有基础之地区停脚生根，使减员更大，元气大损，加以当时整个战局不利等原因，故此失败。"他建议："于最近时期，将三个野战军由刘邓统一指挥，采取忽集忽

---

[1]《毛泽东年谱》下卷，人民出版社1993年版，第271页。

分(要有突然性)的战法,于三个地区辗转寻机歼敌,是可能于短期内取得较大胜利的。"[1]在这封电报中,粟裕表达了他在战略问题上的独立思考。

毛泽东、陈毅研究了粟裕的电报,2月1日复电同意粟裕的方案,以华野一、四、六纵队组成华野第一兵团,到陇海线附近休整,补充新兵,准备渡江;华野其他纵队由刘邓指挥,采取忽集忽分战法机动歼敌。遵照中央军委的指示,粟裕率华野一兵团于1948年3月上旬转移到河南濮阳进行整训,作渡江南进的准备。

在濮阳那些日子,粟裕每天都在思考渡江的问题。反复权衡利弊,他认为:"从全局来看,为了改变中原战局,进而协同全国其他各战场彻底打败蒋介石,中原和华东我军势必还要同国民党军进行几次大的较量,打几个大歼灭战,尽可能多地把敌军主力消灭在长江以北。从当时情况看,要打大歼灭战,三个纵队渡江南进是做不到的。在山东战场,由于敌人坚固设防地域较多,我作战地区比较狭窄,暂时也难以打大的歼灭战。而在中原黄淮地区,我军打大歼灭战的条件却正在成熟。"

从战略角度来看兵力运用,粟裕认为:"要在广阔的中原战场打大规模的歼灭战,我必须组成强大的野战兵团。在一个战役中,既要有足够数量的兵力担负突击任务,又要有相当数量的兵力担负阻援和牵制敌人的任务。当时在中原战场上,中原野战军有四个主力纵队,华东野战军有六个主力纵队,共十个主力纵队。再加上两广纵队及地方武装,是有力量打大规模歼灭战的。如果我三个纵队渡江南进,而又调不走敌人在中原的四个主力军(师),则势将分散我军兵力,增加我军在中原战场打大歼灭战的困难。这样,就难以在短期内改变敌我兵力对比,打掉敌人的优势,进一步改善中原战局;而我进入江南的部队,由于作战环境的关系,也发挥不了他们

---

[1] 《粟裕军事文集》,解放军出版社1989年版,第350页。

善打野战的长处。"这样想来想去，粟裕认为华野三个纵队不过江，留在中原作战更为有利。[1]他决定把自己的意见逐级报告，为了革命事业的胜利，没有什么可顾虑的。

4月初陈毅回到濮阳后，立即召开华野前委扩大会议传达中央指示精神。在对一兵团干部进行渡江南进动员时，他特别强调毛泽东的跃进战略方针，并引用毛泽东的话："转入外线又有两个方式，一为北伐军方式，背靠后方，逐步前进；一为跃进方式的前进，超越敌人。有阵地的前进是很合理想的，但依据我军性格，应采取跃进式的。"陈毅兴致勃勃地说，中央的意图是"变江南为中原，变中原为华北，胜利就来了"。然而在会议间隙，粟裕却把自己的设想完整地向陈毅作了汇报。

陈毅大感意外。毛泽东制订的战略决策，陈毅是完全赞成的。一个战略区负责人要求中央改变战略方针，在解放军历史上尚无先例。陈毅不可能出尔反尔，但很尊重粟裕的意见。他认为粟裕可以向中央军委和毛泽东报告。[2]

粟裕也是考虑问题很周密的人。在向中央报告之前，他于4月16日向刘邓发出一封长电，陈述自己的建议，征询刘邓的意见。18日，粟裕以个人名义向"中工委并请转中央军委"发出电报，全面陈述他对南进战略的意见。这时，毛泽东、周恩来、任弼时一行长途跋涉，从陕北到达河北阜平县城南庄晋察冀军区驻地。毛泽东仔细阅读了粟裕的电报，陷入深深的沉思中。21日，他以军委名义发出电报，请陈毅、粟裕来开会。陈粟感到事关重大，匆忙动身，于4月30日到达阜平城南庄，参加由毛泽东主持的中共中央书记处扩大会议。

城南庄会议开了七天，毛泽东、刘少奇、周恩来、朱德、任弼时同志详细听取了粟裕关于华东野战军和中原战场情况的汇报，粟裕着重汇报了三个纵队暂不渡江，集中兵力在中原地区大量歼敌的

[1]《粟裕战争回忆录》，解放军出版社1988年版，第540页。
[2]《陈毅传》，当代中国出版社1991年版，第413页。

方案，并说明了提出这个方案的根据。中央领导人听完汇报后，进行了热烈的讨论，最后一致同意了粟裕的方案。

5月5日，毛泽东致电刘邓和华东局，通报了中央领导与陈粟商讨的结果："将战争引向长江以南，使江淮河汉地区之敌容易被我军逐一解决，正如去年秋季以后将战争引向江淮河汉，使山东、苏北、豫北、晋南、陕北地区之敌容易被我军解决一样，这是正确的坚定不移的方针。惟目前渡江尚有困难。目前粟裕兵团（一、四、六纵）的任务，尚不是立即渡江，而是开辟渡江的道路，即在少则四个月多则八个月内，该兵团，加上其他三个纵队，在汴徐线南北地区，以歼灭5军等部五六个至十一二个正规旅为目标，完成准备渡江之任务。"[1]

城南庄会议上，中央决定陈毅担任中原局第二书记、中原野战军第一副司令员，协助刘邓工作。粟裕任华东野战军代司令员兼代政委，负责华东野战军的作战指挥。会议结束后，朱德总司令在陈粟陪同下来到濮阳，看望华野一兵团的指战员。

5月14日，华野召开前委扩大会议。陈毅传达了中央指示，并通报了华野领导调整的决定。晚上，朱德作了重要讲话。他充分肯定了华野在解放战争中做出的巨大贡献，提出了华野下一步的作战任务：争取消灭国民党的两大主力——邱清泉的5军和胡琏的11师。

在华东和中原战场上，5军与华野部队多次较量。中央军委指示下达后，华野一兵团上下群情振奋，士气高昂。但是，作为指挥员的粟裕却不轻松。陈毅走后，他的担子更重了。他向中央提出不过江，在中原地区歼敌，是向中央立下"军令状"。对5军的作战能否打好，将对今后华野作战乃至中原战局产生重大影响。

这时，国民党陆军总司令顾祝同获悉粟裕部渡黄河南下的消息，大为震惊。他原打算让5军进至淮阳地区，寻机与解放军决战。

---

[1] 《毛泽东军事文集》第4卷，军事科学出版社1993年版，第459页。

5军刚刚出动,顾祝同看到粟裕部南下,惟恐中原有失,又命令邱清泉马上率5军返回商丘,并从苏北地区调来四个师的兵力,企图在鲁西南与华野决战。粟裕原来设计的战场是在鲁西南的城武、曹县一带,没想到5军迅速收缩,与鲁西南国民党军抱成一团。华野如果仓促投入战斗,把握不大。

  作战之前的运筹,往往比战争过程更为复杂。粟裕决定观察一下再行动。6月2日,他向中央军委发出请示电,毛泽东3日复电,要求"说服干部不要急于求赫赫之名,急于解决大问题,而要坚忍沉着,随时保持主动。"[1]

2

  6月初,陈唐兵团配合刘邓主力结束了宛西战役,遵照粟裕的命令东返,准备打5军。6月15日,陈唐兵团到达睢县西北,粟裕当机立断,决定以陈唐兵团进攻开封,自己率领一、四、六纵实行运动防御,阻止邱清泉西援。这叫"先打开封,后歼援敌"。

  开封当时是河南省省会,人口约40万。这座古城有高大坚固的城墙和六门四关,守城的是国民党军66师的13旅和地方部队两个保安旅,共3万余人。全城防卫名义上由国民党河南省主席刘茂恩负责,但正规军由66师师长李仲辛指挥。两人互相扯皮。他们认为共军不会来攻开封,城防工事都没完成。6月17日陈唐兵团将开封城团团包围,刘、李二人才着了急,急征大量民夫赶修工事,并向郑州方面请求增援。

  陈唐兵团到达开封城下,立即投入战斗。他们有洛阳攻坚的经验,大城市攻坚动作一定要快,稍迟疑一天敌军的工事就可能大大

---

[1]《毛泽东军事文集》第4卷,第474页。

增强，造成攻城的困难。三纵、八纵分别主攻各城关和城外要点。经过一夜激战，扫清外围。19日凌晨，解放军以连续爆破炸开城门，突击队冲入城中。与敌军进行巷战。李仲辛原以为解放军会把主攻方向定在城北，没想到解放军主攻方向在城南和城东。国民党军在城内制高点设置的炮兵观察哨也被解放军打掉，他们的火炮变成瞎子。而解放军炮兵指挥所就设在城外禹王台高地上，把城里观察得很清楚，解放军的炮火指哪打哪。国民党军只得收缩到省府、龙亭、铁塔等核心阵地内，作最后的抵抗。[1]

在开封守军的不断呼救下，20日国民党空军从徐州、郑州方向出动大批飞机，对开封城进行残酷轰炸。成吨的炸弹、燃烧弹倾泻在开封的街道和人口稠密的居民区，著名的相国寺、河南大学都成为一片废墟。老百姓死伤遍地，许多群众为了逃生，前呼后拥冲向城门。秩序大乱。陈士榘、唐亮当机立断，下令打开城门放群众出城。有的干部着急地说："这城门好比华容道，开了门，敌人就要乘机逃跑了。"陈、唐解释说："为了使人民少受残害，只有这样做了。"解放军干部战士在城门扶老携幼，引导群众到城外隐蔽疏散。国民党河南省省长刘茂恩化装成老百姓混出城外，逃脱了被俘的命运。

到21日晨，开封城内只剩下龙亭这个最后的核心阵地。龙亭坐落在宋代故宫遗址上，雄伟的台基高13米，四周围墙环绕，三面临水，易守难攻。陈士榘等在城内制高点——教堂钟楼观察敌情。研究既能解决战斗，又能保护古迹的攻击方案。炮兵指挥员提出：将火炮推进到前沿，进行近距离抵近射击，虽然炮兵有生命危险，但可保证准确命中堡垒工事。当日黄昏，解放军的炮火集中轰击龙亭。残存的国民党军被解放军炮火轰得丧失斗志，从地堡和山洞中爬出来投降。师长李仲辛想从城北逃跑，被击毙在城墙上。22日白天国民党飞机在开封上空盘旋侦察，报告说"龙亭附近遗尸甚多，并有

---

[1] 国民党陆军总司令郑州指挥部：《开封战役作战经过概要》。

汽车向南门开。全城已无我军符号，东、南两门开放，城内沉静"。说明战斗已经结束。

当解放军进攻开封时，南京城里也闹得不可开交。听说开封城破，在南京的河南籍"国大代表"、监察委员、立法委员都急了，大家一起到总统府求见蒋介石。国防部次长秦德纯和参军长薛岳出来应付，代表们哭的哭，骂的骂，跪的跪，尤其是女代表们号啕大哭，场面一片混乱。20日蒋介石乘飞机亲临上空视察，并督促郑州、徐州方向派部队救援。胡琏的18军、邱清泉的5军分别从上蔡、城武增援，遭到中野、华野部队的阻击，未能前进。

开封是中原地区解放的第一个省会城市，攻克开封打乱了国民党军中原作战的部署，使解放军掌握了战场的主动权。粟裕密切注视战役的进展。到20日夜里，开封城内龙亭虽未攻下，但胜利已经在握。粟裕马上考虑下一步的行动。他与张震副参谋长赶到开封南郊陈唐兵团指挥部，督促大家不要恋战，除留下足够的兵力攻击龙亭外，迅速撤出其他部队，把兵力集中起来，准备下面的作战行动。陈唐即组织部队和民工搬运缴获的武器物资，运到黄河以北的解放区。6月26日，华野主动撤离开封。

开封之战，南京、上海舆论哗然，纷纷指责国民党军统帅部的无能。蒋介石决心收复开封，寻找华野主力决战。6月26日解放军撤离后，邱清泉率5军先头部队进入开封。国民党统帅部分析：共军经过大战，必定疲劳不堪，可以乘机寻求决战。遂命令：以邱清泉5军主力南下通许追击；以第六绥靖区副司令区寿年指挥第72、75师组成第7兵团，由民权经睢县、杞县迂回；命令上蔡的胡琏第18军迅速北上。试图从三个方向包围华野。

粟裕预料到了国民党军这步棋。这时战机又出现了。南京国防部令邱、区两兵团全力追堵华野。邱清泉急于立功，将开封守备交

中国的 **1948**年：**两种命运的决战**

华东野战军攻克开封

给刘汝明，率主力尾迫陈唐兵团。多疑的区寿年认为解放军"有向平汉路进攻模样"，在睢杞地区举棋不定。这样，两个兵团一路急进，一路踌躇不前，一下拉开了40公里的距离。粟裕抓住了这一有利战机，不待查明区寿年兵团的具体部署情况，即于27日下达围歼区寿年兵团的命令，豫东战役第二阶段的作战开始了。

区寿年是广东罗定人，原属蔡廷锴将军部下。曾参加过"八一"

南昌起义。他知道解放军的厉害，行动比较谨慎。6月27日，他指挥72、75师进至睢县西北的龙王店、陈小楼、杨拐一带，得到情报说西面发现共军，于是命令各部就地构筑工事，准备固守，等待邱清泉前来会合。当日黄昏，华野一、四、六纵组成的突击集团就发起对区寿年兵团的围攻。28日完成了对区寿年兵团的包围，一场"瓮中捉鳖"的围歼战开始了。

经过夜以继日的激烈战斗，到7月1日，解放军相继攻占陈小楼、杨拐等村庄，对区寿年兵团部驻地龙王店形成包围。龙王店地处睢县西北，是豫东平原上一个比较大的镇子。镇子周围有厚实的围墙。当6月28日区寿年兵团刚刚被华野包围时，75师师长沈澄年曾建议：乘共军立足未稳，赶快组织突围，以免坐以待毙。区寿年想固守待援，夹击共军，反败为胜。他不听沈澄年的劝告，命令挖壕沟，设鹿砦，构筑起纵横交错的防御工事。区寿年自信地说："龙王店不是陈小楼，这里有一丈高的围墙，有上万人的兵力，还有上百门大炮，加上坦克，共军想吃掉我们，没那么容易。"

华野虽然包围了区寿年兵团，但形势相当严峻。在蒋介石的督促命令下，西线的邱清泉5军从开封方向压过来，虽然遭到华野三、八、十纵的顽强阻击，仍在7月1日推进到过庄、官庄、张阁一线，距离区寿年约10公里。在东边，整编第25师与第三快速纵队组成一个兵团，以黄百韬为司令，到达距整编72师所在地铁佛寺以东10公里的帝丘店。华野一方面包围区寿年兵团，同时又受到强大援敌的两面夹击，面临严峻考验。是坚持还是改变原来的战役决心，需要刻不容缓地决断。粟裕和指挥员们对敌我形势作了全面分析，认为阻援部队能够顶住国民党援军的攻击，为歼灭区寿年兵团争取时间。粟裕决定：原战役决心不变，1日晚间发起对龙王店总攻，一举歼灭区寿年兵团。

中国的 **1948**年：两种命运的决战

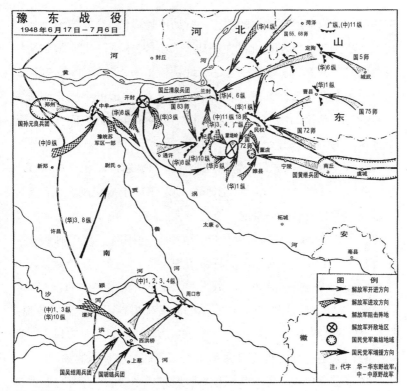

豫东战役地图

　　1日晚8时，华野开始总攻龙王店。炮火猛轰一小时后，突击部队沿着近迫作业挖成的战壕迅速接近国民党军阵地，爆破队连续炸毁三层鹿砦，并将围墙炸开大口子。很快攻破第一道防线，向村子纵深发展。区寿年眼看大势已去，与兵团参谋长林曦祥爬上坦克突围逃跑。华野六纵的战士正在进行巷战，突然看到四辆坦克向东门冲去。印永鑫排长从围墙上飞身一跃，跳到一辆坦克的甲板上。他用手榴弹敲着坦克的上盖，高声喊道："快停下来，缴枪不杀，不停我就炸死你们！"坦克缓缓停下，只听里面叫喊："别炸，我们缴枪。"第一个爬出来的是个瘦高个中年人，肩章是中将军衔，他就是区寿年。7月2日拂晓，龙王店战斗结束。75师师长沈澄年在突围时也被俘虏。至此，区寿年的兵团部和75师被全歼。

区寿年兵团被包围后，蒋介石万分焦急。7月2日，他在空军司令周至柔陪同下，乘飞机亲临战场视察。并给邱清泉写下手令，要他全力救援区寿年，并与黄百韬会合。手令中说："龙王店失陷，区寿年、沈澄年二同志若非阵亡，必已被俘。中原战局，严重万分。两日来连电令弟全力东进增援，而弟违令迟滞，视友军危急不援，以致遭此最大之损失。得报，五中惨烈，不知所止！故今午特飞杞县，甚望与弟空中通话，以救榆厢铺与铁佛寺友军之危。此时，惟有弟军急进，一面救援75师在榆厢铺之一旅与铁佛寺之72师，一面与西进之25师会合，方能挽坠势，亦所以保全弟军不致孤危被歼也。"[1]焦急之情，跃然纸上。

如果说邱清泉对区寿年见死不救，确实冤枉。从6月27日到7月6日，华野三、八、十纵在杞县以东地区顽强阻击，使国民党军五大主力之一的5军付出沉重代价。尤其是华野十纵在桃林岗一线

国民党第七兵团司令区寿年（左）和整编第七十五师师长沈澄年

[1]《叶飞回忆录》第33章。

的防御作战,打得十分残酷。邱清泉虽然距离龙王店不过20余里,也只能眼睁睁看着区寿年兵团全军覆灭。另一支国民党军主力18军在胡琏指挥下到达太康,受到中原野战军的有力阻击。刘邓向阻击部队下了严厉的命令:粟裕部队为了歼灭敌人,已经使用了所有的力量,再也没有预备队。我们一定要配合粟裕部队作战,绝不让胡琏增援。中原野战军一、二、三纵队在编制不满员(三个纵队总数42000人),弹药缺乏的困难条件下,紧紧咬住胡琏,使其无力北上。陈唐兵团和十纵的西线阻击,中原野战军的配合,有力保障了粟裕指挥东线兵团的歼灭战。国民党统帅部尽管调兵遣将,无奈该增援的来不了,该突围的出不去。在咒骂感叹之余,他们不得不承认这个事实:豫东之战是一个转折,华东野战军的作战能力已经达到了一个新阶段。南京国防部在战后的一份报告中说:"此次豫东会战,匪军所表现特异三点:1.敢集中主力作大规模之会战决战;2.敢攻袭大据点,如开封、兖州、襄樊等;3.对战场要点敢作顽强固守,反复争夺。如桃林岗、许岗、董店等。以上诸端,在在足征匪军之战力逐渐强大,吾人应作加深一层之认识与努力者也。"[1]

7月2日清晨,华野全歼区寿年兵团后,粟裕认为预期的战役目的已经达到,部队连续作战,减员较大,十分疲劳。下一步任务是如何组织部队顺利撤出战斗,转入休整。到下午东面形势突然发生变化,黄百韬的25师突破防线,推进到距离龙王店二十多里的帝丘店。粟裕听到报告,心头为之一震。黄百韬的到来对华野威胁较大,如果不给予有力打击,华野携带大批伤员,难以顺利撤出战场。想到这里,粟裕下定决心,乘黄百韬长途跋涉,部队尚未全部展开,即先声夺人,给25师以歼灭性打击。当天,华东野战军首长发出给全体同志的一封信。信中说:"战役进行到现阶段,是全战役的重要关键。只要我们能够坚持下去,就可以全歼守敌。""部队

---

[1] 南京国防部三厅:《中原会战战斗经过及检讨》。

伤亡、消耗、疲劳是事实,但敌人伤亡更大,消耗更多,疲劳更甚,处在四面包围,随时准备就歼的恐怖中。我们必须咬紧牙关,坚持下去,不要让吃到口边的东西给溜掉了。我们对敌人要狠,要有全歼敌人的雄心,要善于打落水狗,要把一次可以消灭的敌人,不留给以后再麻烦。"[1]

豫东战役最后阶段的作战于7月3日中午打响。4日,华野一、四、六纵分别攻占各村庄,完成了对黄百韬的包围。黄百韬为挽回局面,亲自登上坦克,指挥三个营部队从帝丘店北门反攻。双方激烈战斗,黄百韬身边的卫士和一个团长也都打成重伤。但黄百韬困兽犹斗,终于将田花园、刘楼阵地夺回。这一仗打得天昏地暗,双方都付出沉重代价,疲劳不堪。[2]

经过三天激战,黄百韬的部队收缩在帝丘店周围十里的几个村庄里。帝丘店是个方圆三里的土圩子,村内只有一眼水井,一个小水塘。时值盛夏,天气酷热。数万国民党军只能喝带泥浆的水解渴,粮食告罄,空投的食品药品还不够近万名伤兵使用。7月6日中午,徐州"剿总"副司令杜聿明乘飞机到上空视察,找黄百韬通话。黄对杜说:"民国22年庐山训练时,我们是上下铺,当时我叫黄新。我从未叫过苦,但是今天我不能不告急,免误全局。"他请求杜聿明转告邱清泉火速增援,并令空军加强支援。杜聿明飞走后,黄即下令焚烧文件,枪杀俘虏。他在电话中对前沿阵地的一个团长说:"到现在为止,你不要希望我有一兵一弹之增援。黄昏后空军更是爱莫能助。共军由何处突入,你就在该处死拼到底。"他已经完全绝望,不抱生还的希望了。[3]

到这天太阳落山,解放军并未对帝丘店发起总攻,枪炮声反而稀疏下来。原来西线的形势发生了变化。在蒋介石、杜聿明的严厉

---

[1]《华东军区、第三野战军第三次国内革命战争战史资料选编》。
[2]《第七兵团豫东战斗要报》。
[3]《国民党高级将领列传》第5集,解放军出版社1989年版,第525页。

督促下，邱清泉孤注一掷，冒险开始了迂回行动。华野阻击部队没有发觉5军的变化。到6日下午，粟裕才得到5军突破防线的报告。此时，胡琏的18军已经到了太康，刘汝明部也从开封到了商丘。华野有被合围的危险。粟裕看到部队连续战斗多日，确实已经疲劳不堪。他果断地于18时下达命令：停止战斗，各纵队向陇海路以北转移，豫东战役结束。

战斗结束后，黄百韬与邱清泉的部队会合。黄为大难不死感到庆幸，悲喜交集。蒋介石召集高级将领开军事检讨会议，表彰黄百韬努力前进，顽强抵抗的功绩，并亲自为他佩戴青天白日勋章。邱清泉则因作战不力，坐视区寿年兵团被歼而受到训斥。邱清泉一气之下，请假回浙江永嘉老家"休息"一个月。

豫东战役是解放军同国民党军在中原战场上进行的一次大规模会战。直接参战的部队有华东野战军、中原野战军和冀鲁豫地方部队20万人，国民党军约25万人。解放军20天里连续作战，攻克开封，歼灭区寿年，重创黄百韬，削弱了邱清泉。解放军以伤亡33000人的代价，歼敌94000人。粟裕精心组织了这场包括城市攻坚战、运动战、阵地防御战在内，被他称之为"最复杂、最剧烈、最艰苦"的战役。在中原野战军的配合下，取得了辉煌的胜利。豫东战役显示了解放军高度灵活的战略战术，善于集中兵力，创造战机，把握战役的主动权。在城市攻坚和阻击作战方面有了长足的进步。豫东战役是一个转折，标志解放军在中原地区全面转入战略进攻。

3

陈毅、粟裕带领华东野战军主力转战鲁西南和豫皖苏的同时，留在山东解放区的许世友、谭震林率七、九、十三纵组成山东兵团，担负山东战场作战任务。中共中央指示山东兵团切断济南至青岛间国民党军的联系，将胶东、鲁中、渤海解放区连成一片，支援陈粟主力在中原的作战。3月，山东兵团集中优势兵力攻坚，连克张店、周村和潍县。解放了鲁中地区十几个县，使胶东、渤海、鲁中三大解放区连成一片。解放军控制了山东主要的粮棉产区，还控制了200公里的胶济铁路，济南、青岛国民党军的联系被切断，成为孤立据点。

不利的态势使困守济南的王耀武受到极大震动。他感到分散兵力，处处设防，早晚会被各个击破。5月15日，王耀武飞往南京晋见蒋介石，建议放弃济南，将他的部队撤到兖州，与徐州"剿总"的部队连成一片。蒋介石一口拒绝。并对王说："你不从大处着眼，我们必须确保济南，不能放弃。"他指出：济南是山东省会，华东战略要地，为了不让华东、华北"匪区"打成一片，不让他们掌握铁路交通大动脉，就必须守住济南。蒋介石为王耀武打气说："济南如果被围攻，我当亲自督促主力部队迅速增援。只要你能守得住，援军必能及时到达，我有力量来解你们的围。打仗主要是打士气，鼓励士气，首先自己不要气馁。你要知道，我们的失败是失败于士气的低落，你们如不奋发努力，坚定意志，将死无葬身之地。"王耀武怀着悲观失望的心情离开南京，他明知守济南是一步死棋，却不得不服从蒋介石的命令。[1]

山东兵团结束潍县战役后，5月挥师南下，发起津浦路中段战役。连克泰安、兖州，解放了曲阜、蒙阴、邹县、泗水等一批县城。50天内，山东局势发生了根本性的转变。解放军完全切断了济南与徐州的联系，也切断了华北傅作义集团与中原国民党军的铁路交通。山东解放区则连成一片，并与华北、中原解放区打通了联系。

---

[1] 王耀武：《济南战役的回忆》，《文史资料选辑》第18辑。

解放区人口和经济实力大为增强,为支持华东野战军进行战略决战创造了可靠的后方。

毛泽东对华野的战绩非常满意,并认为应该不失时机地连续作战,争取更大的战果。华野指挥员认真考虑下一步的作战方针。8月10日,他们给军委发出长电,提出攻济打援等三个作战方案。12日毛泽东复电,同意攻济打援,并预计了可能出现的三种结果:1.打一个极大的歼灭战,既攻克济南,又歼灭5军等大部援敌;2.打一个大的但不是极大的歼灭战,攻克济南,又歼灭部分援敌;3.济南既未攻克,援敌又不好打,形成僵局,只好另寻战机。毛泽东强调指出:"你们第三方案之目的,是为了争取第一种结果。其弱点是只以两纵占领飞机场,对于济南既不真打,而集中十一个纵队打援,则援敌势必谨慎集结缓缓推进,并不真援。邱、区兵团之所以真援开封,是因为我们真打开封,敌明确知道我是阻援,不是打援,故以十天时间到达了开封。如果你们此次计划不是真打济南,而是置重点于打援,则在区兵团被歼,邱、黄两兵团重创之后,援敌必然会采取(不会不采取)这种谨慎集结缓缓推进办法。到了那时,我军势必中途改变计划,将重点放在真打济南。"[1]

毛泽东高瞻远瞩的"攻济打援"战略决策,为华野指挥员树立夺取济南的信心。粟裕等华野指挥员于8月20日前往曲阜,与山东兵团指挥员研究济南战役的作战方针。这是自1947年"七月分兵"以来,华野两大集团领导的重新会合。华东局情报部门和中共济南市委广泛搜集情报。编写了《济南蒋匪部队调查》、《济南工事情况研究》等四个文件,供与会的指挥员研究。有如此详尽、准确的情报,对华野部署济南战役提供了可靠保证。

与此同时,国民党统帅部在南京召开军事检讨会议,鉴于1948年上半年国民党军在作战中损失多达70余万人,丧失了洛阳、开

---

[1]《毛泽东军事文集》第4卷,第566页。

封、四平、兖州、临汾等一批中等城市，蒋介石感到他的"分区防御"战略是失败的。主要原因是大小城镇都要分兵设防，无法集中兵力与共军作战。在进行战役时，一个军或一个师的机动兵力经常被共军几个纵队包围，救援不及而导致被歼。蒋介石决定修改战略，裁并"绥靖区"，扩编新的机动兵团，每个兵团配备少则五六个旅，多则十几个旅，具有独立作战的能力，使共军"吃不掉，啃不烂"。济南是国民党的山东省会，它与北平、天津、青岛、太原等大城市构成蒋介石支撑华北局面的重点。蒋介石意识到，共军要在中原与国民党军决战，就一定要先拔掉济南这个"钉子"。国民党军则必须死守济南，维持这个政治、军事、地理上都十分重要的据点。

1948年8月间，王耀武获悉华东野战军粟裕的主力已经由豫东返回鲁西南，他认为共军十有八九是冲着济南来的，迅速开始了备战行动。他请求蒋介石将苏北的整编83师空运济南，并向济南大量空运弹药、粮食，可供济南守军支持两个月。他命令各部增强工事，在千佛山脚下修筑飞机跑道，以防西郊机场失守后应急使用。将城北小清河水闸加宽加高，待共军攻击时开闸放水，将城北变成泛滥区，阻挡共军攻击。将城中居民百姓编为壮丁队、纠察队、担架队、输送队等，协助国民党军守城。

这时，王耀武掌握着正规军三个师九个旅，非正规军五个旅，加上特种兵和保安团队共11万人。这些兵力守一个济南城，不能算少。济南市区分为内城、外城和商埠三部分，构成基本防御地带。外围分为东、西两个守备区：73师师长曹振铎担任黄河铁桥至千佛山一线的东区防御，96军军长兼84师师长吴化文担任泺口镇至马鞍山一线的西区防御；对济南郊区制高点鹊山、白马山、茂岭山、燕翅山、四里山、千佛山、黄台山为重点设防。在市区沿商埠和外城挖掘宽深各六米的壕沟，为第一阵地；外城墙为第二阵地；内城墙为最后一道防线。城墙上修筑了子母堡和众多火力点,形成交叉火力,易守难攻。王耀武认为外围能坚守半个月,城区至少能坚持一个月。他与刘峙达成默契:如果共军进攻济南,王耀武负责坚守,刘峙指挥邱清泉、黄百韬、李弥三个兵团北上增援,以南北27万人的兵力夹击华东野战军,来一场决战。[1]

华野曲阜会议开了五天。指挥员们认真研究济南的敌情,考虑可能出现的各种情况。粟裕设想了几种方案,与中央反复交换意见。毛泽东对济南战役可能出现的情况也作了多种估计。8月26日他致电粟裕,强调指出:"我们要求你们的是以一部分兵力真攻济南(不是佯攻,也不是只占飞机场)而集中最大兵力于阻援和打援。济南是否攻克,决定于时间。而取得时间则决定于是否能阻援与打援……因不真攻济南,则援敌必不来。攻城使用兵力太大,则打援又无力量。在此种形势下同意你的意见,第一阶段以足够攻占机场及吸引援敌之力量用于攻城,其余全部用于打援。依情况发展,如援敌进得慢,而攻城进展顺利,又有内应条件,则可考虑增加攻城兵力,先克城,后打援;如援敌进得快,则应以全力先打援,后攻城。"[2]

毛泽东强调一定要真攻济南,华野指挥员们共同商定战役部署,将部队分为攻坚和阻援打援两大集团。攻坚集团由许世友、谭震林指挥,分为东、西两个集团:以三纵、十纵、鲁中南纵队、两广纵队、冀鲁豫军区部队组成西线集团,由十纵宋时轮司令员统一指挥,担任主攻济南任务;以九纵、渤海纵队和渤海军区部队组成东线集团,由九纵聂凤智司令员统一指挥,担任助攻。攻打济南的总兵力为14万人,占华野参战总兵力的44%。阻援集团由粟裕统一指挥,于运河以西的巨野、金乡、嘉祥和运河以东的邹县、滕县地区阻击北上国民党军。阻援的总兵力为18万人,占参战总兵力的56%。

---

[1] 南京国防部报告:《济南会战》。
[2] 《毛泽东军事文集》第4卷,第580页。

从豫东之战到济南战役

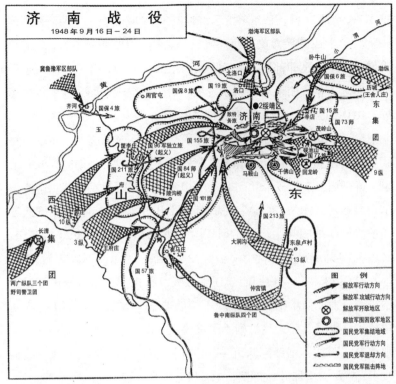

济南战役地图

9月1日，华野发布《攻济打援政治动员令》，提出响亮的口号："打到济南府，活捉王耀武！"华东局在曲阜成立支前委员会，调集冀鲁豫、鲁中、胶东、渤海根据地的五十多万民工，出动数万辆小车、担架，为部队运送维持三个月作战的五千多万斤粮食以及弹药、柴草、蔬菜、麻袋等物资。这样大规模的支前工作，在山东解放区历史上是前所未有的。

战役开始前，情况又发生了变化：王耀武以飞机场为防御重点，集结了五个旅的兵力。华野以原来的兵力部署攻占机场有一定困难。是以西集团为主攻，还是改变计划以东集团为主攻，指挥员意

中国的**1948年**：两种命运的决战

见不一。9月11日，毛泽东指示许世友："攻城部署应分两阶段，第一阶段集中优势兵力攻占西面飞机场，东面不要使用主力，此点甚为重要，并应迅即部署。第二阶段则依战况发展，将主力使用于最利发展之方向，如果东面利于发展，则应使用于东面。整个攻城指挥，由你们担负。全军指挥，由粟裕担负。"[1]

8月下旬，南京国防部判断共军有攻打济南的迹象，命令王耀武加强济南防务，并指示徐州"剿总"在共军攻打济南时，派邱清泉、黄百韬、李弥三个兵团北上增援，与华东野战军决战。遵照南京方面指示，徐州"剿总"副总司令杜聿明飞到济南，与王耀武等商量协同作战的问题。王耀武认为：共军力量强大，要想守住济南，必须调74师或83师来增援，否则没有把握。杜聿明不以为然，说："如若打起来，只要你们能守住十五天，我指挥的部队一定可以到达济南，为你们解围。"王耀武不相信，说："增援部队必定受到共军截击，我看十五天绝对到不了济南，所以必须增加防守部队。否则济南守不住，增援部队再多，也无济于事。"王耀武的部下七嘴八舌，都要求增加守城部队，杜聿明遭到众人反对，感到大丢面子，很不高兴地离开济南。因为意见不合，徐州对向济南空运部队一直很不积极。

王耀武见援军迟迟不到，非常着急，15日亲自到南京向蒋介石告急。蒋介石答应王耀武的要求，调74师增援济南，同时指示王耀武：共军的战法是猛打猛冲，只要头几天稳得住，他们的攻势就会受到挫折。已经准备了强大的部队增援济南，如果共军一旦攻济，援军会迅速前进；待援军到达兖州时，济南方面要抽出两个师出击，以南北夹击打败共军。王耀武得了指示，稍觉定心，匆匆飞回济南。就在他回到济南的当天夜里，华野部队就在外围打响了。

---

[1]《毛泽东军事文集》第5卷，军事科学出版社1993年版，第6页。

4

1948年9月16日,正值阴历中秋节。月明星稀,秋高气爽。根据攻城指挥部的命令,进攻济南的战斗从午夜时分开始。华野西集团的主攻方向是济南机场,力求尽快切断济南与徐州的联系。王耀武接到郊外守军的告急电话,17日紧急命令总预备队第19旅向机场增援。这时,华野东集团也发起了猛烈进攻。指挥东集团的九纵司令员聂凤智虽然担负的是助攻任务,但他决心积极进攻,打开局面。在向师团下达作战命令时,他把"助攻"改成了"主攻"。师团指挥员纷纷打电话问是不是写错了?聂凤智坚定地说:"不错!"他向大家解释说:助攻不是佯攻,是真攻而不是假打。你能先攻进济南不是更好吗?东面攻得紧,对西线部队的攻击就更有利。[1]九纵25师经过一夜激烈战斗,连续攻克了东郊的茂岭山(今五顶茂岭山)、燕翅山两个国民党军重点守备制高点。

王耀武得知倚为屏障的茂岭山、燕翅山失守,大为震惊。一怒之下,命令将丢失茂岭山的朱营长枪毙。17日白天,他一面指挥向茂岭山、燕翅山反扑,又判断解放军主攻方向在东面,紧急调遣守卫机场的预备队增援城东,并将守卫机场的部队收缩至城西的商埠区。两天之内,王耀武把预备队调得东奔西跑,表现出兵力不足和捉襟见肘的窘迫。部下也是怨气十足,参谋长罗辛理被俘后说:"在外围作战上,我们处处都在顾虑机场的得失。假如我们根本没有援兵与粮弹来,把机场作为一个独立守备点也就算了,然而我们在部署上却要坚守这个不能守的地方,因此我们深感飞机场是个累赘,守它不但没有好处,反而成了我们的包袱。"他还说:"我们原来预计在济南外围至少能坚持七、八天,不料解放军战斗发展太快,茂

---

[1] 聂凤智:《充满活力的人民军队必胜——回忆解放济南战役》,《全国解放战争时期山东重要战役资料丛书——济南战役》,山东人民出版社1988年版,第486页。

岭山与燕翅山未怎样打,很快的被占领了。使得预备队过早投入战斗,从而牵制了整个兵力的布置,这是影响战局的主要关键。"[1]

占领飞机场后,华野西集团迅速推进,使防守济南西区的国民党整编第96军吴化文部的阵地,完全孤立和暴露在解放军面前。在此之前,中共地下工作者早已打入吴化文内部,对其进行争取。吴一直犹豫不决,脚踏两只船。当解放军的炮火打到他的阵地上,他才感到已经没有退路。面对强大的军事压力,在解放军联络员的争取之下,吴化文于19日晚率部起义。

争取吴化文部起义,为济南战役打开了一个突破口。谭震林1948年10月9日给毛泽东的报告中指出:"吴部起义,我即攻入商埠,十纵机动攻入车站,迅速攻至普利门以北,造成了提早攻击外城的有利条件。使整个战役中各个阶段形成连续作战,陷敌无喘息机会,迫敌处在由吴部起义所引起的部署缺陷无法调整的恶劣条件下作战,这也是迅速解决济南的重要条件之一。"

当吴化文部起义的消息传到城里王耀武的司令部时,国民党军内部陷入慌乱之中。王耀武紧急向蒋介石和刘峙发报,请求突围。南京方面很快回电,要王耀武退守旧城,仿照去年陈明仁守四平的办法,死守济南。19日夜里吴化文部移交阵地后,华野三纵、十三纵迅速接近商埠。与国民党军争夺一座又一座大楼。三纵8师师长王吉文身先士卒,督促部队迅速前进,不幸被炮弹击中牺牲。22日拂晓,三纵9师突击"绥靖区"司令部以西的银行大楼。国民党军居高临下猛烈扫射,解放军不顾伤亡,以爆破开路,前赴后继,终于占领了银行大楼。随后,突击部队从两面包围了王耀武的"绥靖区"司令部大楼(原德国领事馆),国民党军六百多人在这座混凝土三层楼房内拼死顽抗。不断从楼里往外扔手榴弹,战斗中有人伤亡,活着的士兵就把死尸从窗子扔出来。9师把大炮推到楼前抵近射击,

---

[1] 许世友:《攻克济南》,《全国解放战争时期山东重要战役资料丛书——济南战役》,第443页。

突击队在炮火掩护下连续爆破。将大楼里面炸开一个个缺口,后续部队冲进大楼,与国民党军展开逐屋争夺,战斗到黄昏结束。当晚,商埠被解放军完全占领。[1]

20日,济南东郊国民党军放弃黄台山、全福庄、洪家楼等外围阵地,向城里收缩。我军步步紧逼。这时,东郊还有两大据点:一个是历城,一个是千佛山。历城据点位于王舍人庄北,守卫的是保安部队一千五百多人。这些人原来都是伪军和土匪,凭借外壕、碉堡、鹿砦构成的坚固工事,死命顽抗。聂凤智得知历城战斗的情况后,指示留下两个团围困历城,主力绕过历城,直接向济南城推进。这时,千佛山还有国民党军一个营把守。是先攻城,还是先攻千佛山?有人担心绕过千佛山直接攻城,可能腹背受敌。聂凤智认为千佛山国民党守军孤立无援,不敢贸然出击。决心置千佛山于不顾,抓紧时机攻击外城。许世友完全同意东兵团的部署。[2]

商埠被解放军占领后,王耀武还有四个旅集结于外城和内城。他判断解放军可能要休整三天才能攻城。为了不给济南城内国民党军调整部署和加强工事的空隙,许世友、谭震林决心连续进攻。22日黄昏,东、西集团同时向济南外城发起攻击。九纵25师进攻东面的永固门。聂凤智调来4辆坦克协同作战。这些坦克是15吨重的美式轻型坦克,鲁南战役中从国民党军快速纵队缴获的,性能良好。王耀武只有12辆日式坦克,还不如解放军的坦克好。当坦克怒吼着向国民党军阵地冲去时,对方目瞪口呆,有的高喊:"别误会!"有的从工事里爬出,调头往城里跑。经过一个半小时的战斗,永固门外国民党军工事基本被摧毁,跟进的战士一拥而上冲进城内。西兵团的十纵占领火车站和天桥后,也突破了普利门。十三纵攻占外城西南最坚固的建筑群——红万字会(今山东省博物馆),盘踞在齐鲁

---

[1]《中国人民解放军第22军解放战争史》,1952年初稿。
[2] 聂凤智:《充满活力的人民军队必胜——回忆解放济南战役》,《全国解放战争时期山东重要战役资料丛书——济南战役》,第487页。

中国的1948年：两种命运的决战

大学的国民党军被十三纵包围缴械。22日夜，九纵与十三纵会师，攻击外城的战斗仅用了一天。[1]

这时，王耀武只剩下最后一道防线——济南内城。他不断向南京和徐州方面呼救，蒋介石焦急万分，一面严厉督促杜聿明率邱清泉、黄百韬兵团北上，一面命令空军司令周至柔出动空军轰炸。23日白天，国民党空军轰炸机对济南商埠、外城狂轰滥炸，许多民房建筑被炸塌起火，无辜百姓惨遭杀害。这天上午，徐州"剿总"总司令刘峙在空军副总司令王叔铭陪同下飞临济南上空，与王耀武通话。刘峙说："你们的困难我知道，援军进展很快，几天就可以到济南。你们必须坚守待援。需要什么可以空投。"

国民党的援军在哪里呢？按照杜聿明的计划，他打算在济南作战开始五天后——当共军强攻济南不下，受到重大伤亡，攻势减弱之后再率军北上解围。并以声东击西的办法，扬言从津浦路北上，实际从微山湖以西北上，以邱清泉兵团为先锋，冲开共军防线。但是济南战役刚开始，蒋介石就发觉形势不妙，严令杜聿明迅速北上增援。杜聿明匆忙集结部队，命令邱清泉兵团自商丘北上，黄百韬、李弥兵团自徐州北上。偏偏又赶上阴雨天气，部队前进缓慢，一天只走20公里。

在粟裕指挥下，华野主力在兖州、邹县地区严阵以待，准备打援。邱清泉等得知华野主力集结的消息，深知北上凶多吉少，有意拖延，济南战役结束时，邱清泉兵团才到达城武、曹县一带，未与解放军接触即迅速后撤。有人认为粟裕把敌情估计得过于严重，预定的阻援计划实际上没有实施，济南就解放了。粟裕认为："虽然，在豫东战役中，我军一度攻克当时河南省会开封，但是，济南守城的兵力和构筑的工事，都比开封为强，打这样坚固设防的省会，我们还是第一次。毛泽东同志以攻打临汾费去72天的事实，告诫我们谨慎从事，这是正确的、必要的。尤其是战略决战即将到来的关键

---

[1]《中国人民解放军第三野战军暨华东军区第三次国内革命战争战史资料》，1958年8月初稿。

时刻,攻济能否成功,与战略决战关系很大。从一定意义上来说,这次是战略决战阶段的序幕,必须谨慎从事。在以往攻城失败战例中,有些是正当守敌已经精疲力竭,再经受不住最后一击之际,可是各路援敌已蜂拥而至,我军背后受敌,以致只得被迫撤围,这种'为山九仞,功亏一篑'的事情,决不允许在战略决战即将到来的时刻重演。必须谨慎从事,以最坏情况作根本的出发点。徐州地区的敌人正是慑于我军打援集团兵力强大,才不敢贸然进犯。敌人增援部队不敢前来,正说明军委、毛泽东同志攻济打援方针的正确。"[1]

解放军攻占外城后,连日作战已十分疲劳。许世友决定不给王耀武以喘息之机,连续作战。指示九纵由东南角攻击,十三纵由西南角攻击。九纵担任主攻的是73团,济南内城城墙有14米高,城墙上有三层火力网,东南角城墙上有一坚固建筑物——气象台,是全城的制高点。护城河宽5米,水深2米。大家看了地形,都感觉从这里突破十分困难。可是这里护城河比较窄,便于架桥。一旦登上城墙,占领气象台,就可以控制全城。

23日18时开始炮火准备。一小时后,突击队开始行动。王耀武的主力部队以密集火力封锁和反突击顽强抵抗。前两次攻城都失利了,而且造成73团重大伤亡。聂凤智调整了部署。24日凌晨1时30分,九纵的全部炮火向内城东南角猛轰。73团7连突击队迅速登城。第一突击组刚登上梯子,就受到城上侧面火力的射击,大部伤亡。这时,2班长李永江奋不顾身,率领全班再次登城。云梯比城墙矮了一截,李永江扒住墙砖,飞身跃上城头。占领了气象台,控制了制高点。当7连全部上去后,国民党军开始反击。伤亡过半的7连与数倍的国民党军殊死搏斗。在这千钧一发之际,8连、9连也登上城墙,投入战斗。73团经过三小时的战斗,终于巩固了东南角突破口。[2]

与此同时,十三纵攻击济南内城西南角的坤顺门。37师109团于

---

[1] 《粟裕战争回忆录》,解放军出版社1988年版,第581页。
[2] 张慕韩:《红旗插上济南城》,《全国解放战争时期山东重要战役资料丛书——济南战役》,第534页。

19时10分登城,首先突破。国民党军实行猛烈的反击,企图封闭突破口。109团大部分牺牲在城墙上。面对不利形势,110团在炮火支援下奋力登城,城墙突破口处到处是牺牲的我军战士和敌军的尸体,他们来不及搬运,踩着尸体向上冲。经过四个小时的战斗,到24日拂晓,37师控制了坤顺门近100米长的城墙,实现了突破。九纵、十三纵像两把尖刀,冲开了王耀武的最后防线,插入了济南内城。[1]

九纵73团和十三纵109团的英勇战斗,为济南战役的最后胜利开辟了道路。战役结束后,73团打得仅剩三个连,109团也是"建制破坏甚大",十三纵37师师长高锐也在战斗中负伤。为了表彰九纵73团和十三纵109团的功绩,山东兵团首长于1948年10月10日颁布嘉奖令,授予73团"济南第一团",109团"济南第二团"的光荣称号。建国后济南进行城市改造,拆除了旧城墙。惟独保留了73团战斗过的内城东南角,并在气象台的旧址上建起一座雄伟的建筑。陈毅元帅亲笔题名"解放阁",以纪念济南战役中的英雄们。

9月24日晨,济南城内的国民党军陷入一片混乱之中。王耀武在大明湖的北极阁指挥部里,和各旅的通讯联络都已中断。解放军四个纵队与国民党军展开巷战,向大明湖畔的国民党山东省政府逼近。眼看大势已去,王耀武把指挥权交代给参谋长罗辛理,自己带领卫兵于11时由北极阁通往城外的坑道向北突围逃跑。

在内城最后的战斗中,面对丧失斗志、慌乱逃窜的国民党军,解放军的政治攻势发挥巨大作用。在战前兵团政治部就指示各纵队,对战斗中俘虏的国民党士兵,要实行"边打边补充"的政策,动员他们就地调转枪口。把俘虏立刻补充进部队,省去了看俘虏的人员,解放军越打人越多,越打士气越旺盛。一个指导员说:"当时补充了一个小伙子,经过简单的教育后,他便告诉我们敌人的警备司令部在哪里,从哪里打合适,里面的兵力布置等,给我们的指

---

[1]《中国人民解放军第三野战军战史》,解放军出版社1996年版,第261页。

挥以很大的便利。"渤海纵队攻入东关后,在围墙外壕捉到一个班的俘虏。这些人原是挖战壕的,战斗打响后国民党军关闭了围墙出口,把这一班人扔在外边不管了。他们只好在散兵坑里躲避两边的炮火,渤海纵队攻上来,他们就缴了枪。解放军马上把这些俘虏补充到各班参加战斗。24日攻进内城后,国民党败兵满街道乱逃。这些刚解放的战士到处喊话,宣传政策。这对瓦解国民党军斗志,迅速解决战斗起到了极大作用。[1]

24日14时,解放军四面包围了国民党山东省政府。在省府地下室的国民党第二绥靖区参谋长罗辛理等绝望之下,派人出来接洽投降。黄昏时,内城战斗结束。城外马鞍山、千佛山的守军也于26日放下武器。历时八天的济南战役结束。

9月22日战斗尚未结束,毛泽东就指示华野首长:"为预先准备在我军攻入城内王耀武率其死党突围而出分路逃窜时全歼该敌勿使漏网起见,你们应在其主要逃路及次要逃路,近距离及远距离布置多层堵击力量。"[2] 23日,华东局书记饶漱石命令鲁中、渤海各分区的地方部队、干部、民兵在济南外围的各交通要道布置警戒,搜捕王耀武和外逃的国民党残兵。9月28日早晨,寿光县委机关驻地屯田村民兵刘金光等三人正在值勤,从西边公路上来了两辆大车,车上坐着五男二女。民兵查问他们的来历,说是济南逃难出来的。化名乔坤的王耀武躺在车上装病,用白毛巾盖头,棉被遮身。民兵见他们说话不是济南口音,形迹可疑,便将他们扣留,送到县公安

王耀武被俘

---

[1] 山东兵团政治部联络部:《山东兵团"边打边补充"的报告》,1948年12月29日。
[2] 《毛泽东军事文集》第5卷,第16页。

局。审讯干事王洪涛挨个盘问，见王耀武脸的上部皮肤很白，很像戴军帽的痕迹，于是认真盘问起来。王耀武自称开饭馆，却说不出饭馆的字号。与其他人的关系，口径也不一致。到下午提审时，王耀武表情恐惧，态度失常，刚问了几句，他就说："我已经到了这个地步，干脆就说了实话吧。我是王耀武呀！我要找县长谈谈。"听说捉住了王耀武，张县长马上赶来。王耀武交代：24日中午他从济南北门出城后，在外围的一道工事里隐蔽到天黑。当夜下雨，他们在村子里化装成商人，25日走到周村。在周村雇了大车，27日到益都，当夜赶路想逃往青岛，没想到28日一早就被抓住。此后，王耀武被送到华东局驻地，又转至华东军区高级军官教导团。[1]

济南战役，华野全歼国民党军第二绥靖区司令部及其所属部队共84000人，俘虏王耀武等将级军官23人。缴获大批军用物资。并策动吴化文部20000多人起义。华东野战军在济南战役中伤亡26991人。济南战役后，驻烟台、临沂、菏泽的国民党军先后弃城逃跑，至此，山东境内除青岛外，均获得解放。

济南战役是解放军在解放战争中第一次攻克有国民党军重兵防守和坚固设防的大城市。济南战役的胜利，使华北、华东两大解放区连成一片，动摇了国民党军企图依托大城市进行顽抗的信心。济南战役中，解放军连续作战，在城市攻坚、步炮协同的战术和技术上都有了长足的进步。粟裕在1948年10月4日对新华社记者发表的谈话中指出：济南战役的胜利"证明蒋介石的任何防御，皆挡不住人民解放军的进攻，人民解放军能够攻占任何坚固设防的大城市。人民解放军不仅能够在运动战中，于很短的时间内歼灭大量敌人，而且在攻坚战中，于很短时间内亦能歼灭大量敌人。仅就此次济南战役来说，歼灭敌人的数量就比战争初期全国各战场一个月歼敌的总数还要多"。

---

[1] 寿光县公安局：《捕获王耀武经过情形》，1948年9月28日。

11 战略决战前的运筹

1948
Liangzhongmingyundejuezhan

中国的 1948 年：两种命运的决战

1

到 1948 年 7 月底，解放战争的形势发生重大转折。解放军由战略防御转入战略进攻，将战争引向国民党统治区。在外线的运动战中大量歼灭国民党军的有生力量，并继续在内线作战，收复失地。经过洛阳、襄樊、晋中、豫东等一系列战役，国民党军由战争初期的 430 万人下降为 365 万人，其中用于一线作战的正规军只有 174 万人，分布于东北、华北、华东、中原、西北五个战场，在战略上已处于被动地位。解放军从战争初期的 120 万人发展到 280 万人，在正规化建设和技术装备方面也有很大提高，具备了进行大规模运动战、阵地战和城市攻坚的能力。同时，收复与解放土地面积 15 万平方公里，使解放区面积达到 235 万平方公里。解放人口 3700 余万，使解放区总人口达 1.68 亿，占全国总人口的 37%。解放和收复县以上城市 182 座，其中 10 万人口以上的城市有 17 座，使解放区的城市达 604 座。从当时的版图看，华北、华东解放区已连成一片，东北除少数大城市外，绝大部分地区已获得解放。东北解放区的巩固与扩大不仅摆脱了国民党军南北夹击的不利战略态势，并使东北野战军获得了巩固的后方。中原解放区在大别山、皖西、豫西、陕南、桐柏、江汉、江淮（即皖东一带），创立了七个军区，建立了稳固的根据地。使中原地区由原来国民党军进攻解放区的重要后方，变成了解放军夺取全国胜利的前进基地，西北解放区也在巩固逐渐扩展。这些变化，为解放军与国民党军进行战略决战提供了必要的条件。[1]

1948 年 9 月 8 日到 13 日，毛泽东在河北平山西柏坡主持召开了中央政治局会议，历史上称之为"九月会议"。

---

[1] 军事科学院军事历史研究部编著：《中国人民解放军全国解放战争史》第 3 卷，军事科学出版社 1996 年版，第 601 页。

"九月会议"是为加速解放战争的进程而举行的一次重要会议，是共产党与国民党进行战略决战的动员会。毛泽东在会议上作报告。他指出："我们的战略方针是打倒国民党，战略任务是军队向前进，生产长一寸，加强纪律性，由游击战争过渡到正规战争，建军五百万，歼敌正规军五百个旅，五年左右根本上打倒国民党。"

如何消灭国民党军主力?毛泽东算了算账："第二年的好处是把临汾打开了，徐(向前)兵团变成有战斗力的兵团，许谭兵团加强了，陈粟的情况变了，刘邓已开始壮了，东北虽少打一个仗，但现在壮得厉害。今年还有四个月，再搞三十六个旅是有可能的。"毛泽东在报告中还提出建立人民民主专政政权，加强经济工作，加强训练干部，准备接管新解放区和大城市，学习工业管理等方面的问题。新中国的雏形，已经在毛泽东的胸中勾画出来了。[1]

会议结束不久，华东野战军就发起了济南战役。而东北战场的大会战，则已经酝酿了很长时间。

为什么战略决战首先在东北进行呢?1948年3月，东北野战军攻克四平，结束了冬季攻势后，东北解放区完全连成一片，86%以上的人口获得解放。东北野战军由战争开始时的11万人，发展到100多万人，装备改善，士气旺盛，牢牢地掌握了东北战场上的战略主动权。东北国民党军虽然还有50余万人，但被分割在长春、沈阳、锦州三个互不相连的地区内，陷于十分孤立的境地。长春与沈阳的铁路交通被切断后，全靠空运补给。卫立煌任东北"剿总"总司令后，采取了"固点——连线——扩面"的方针，即第一步收缩兵力固守大据点，第二步在时机成熟后再打通各点之间的联系，第三步扩大占领区，但在解放军的打击下，做到第一步已是心有余而力不足，根本谈不上第二步第三步了。这时，摆在东北国民党军面前有两个可供选择的方案：一是继续固守长春、沈阳、锦州几个据

---

[1]《毛泽东文集》第5卷，人民出版社1996年版，第134页。

中国的1948年：两种命运的决战

点，一是撤出东北，将数十万"精锐之师"撤入关内。

早在这年3月，驻华美军顾问团团长巴大维即向蒋介石提出撤退东北军队的建议。他分析东北形势后认为，"继续据守被孤立的满洲城市是徒劳无益的"，沈阳和长春两座孤城，"不能永无止境地由空运供给"。因此他坚决敦促蒋介石，利用解放军冬季攻势后休整的机会，"渐进的撤出满洲"。巴大维的建议在当时的情况下不失为一个可行的方案。当东北解放军的冬季攻势正猛的时候，蒋介石心中十分焦虑，他有过作"破釜沉舟"打算，即以积极的行动，从东北撤退，保全东北50万官兵不致成为瓮中之鳖。但当时正要召开"国民大会"的背景和国统区舆论反对放弃东北的压力，使蒋介石不敢作出这样重大的战略退却决定。4月9日，他在国民大会上作施政报告时，还说今天东北的战略，"不必要求作全面的控制，但必须守住几个重要的据点如长春、沈阳和锦州——以象征我们国家力量的存在"。为了空洞的"国家力量的存在"，蒋介石不惜几十万大军困守孤城，陷于被歼的境地。

东北将领的态度也制约了蒋介石。4月初他将卫立煌等召到南京商议。蒋介石提出：长春、沈阳交通断绝，单凭空运无法维持，还是将主力部队撤到锦州，沈阳、长春只留少量部队防守。卫立煌坚决不同意，说部队尚未整训完毕，不可能打到锦州，有中途被消灭的危险。其实卫立煌心里明白，他手里只要有实力，就有地位。大军撤入关内，谁知道结果会怎样？老蒋惯会嫁祸于人，丢了东北，追究起责任来，他卫立煌还不是要当替罪羊？所以卫立煌力陈

卫立煌

坚守沈阳、长春的必要性，并向美军顾问团团长巴大维要了四个师的装备。卫立煌用这些装备补足了四个师，编成两个军。[1]既然卫立煌坚持守东北，蒋也不能不让他守。6月间，他电令锦州守将范汉杰死守锦州至山海关一线，声称："东北之战略要求在于固守目前态势，使不再失一城一兵，即有利于关内作战。"

7月19日，蒋介石在总统官邸召开作战会议，参加者有国防部长何应钦、参谋总长顾祝同等人，对东北作出如下决策："暂取守势，待秋收后作以大吃小之远程奔袭，长春仍固守，北宁路暂不打通。"8月初，蒋介石在南京召开军事检讨会，卫立煌提出：维持东北至10月底，以观时局变化，原则上不放弃沈阳。这次会议决定：集中兵力，确保辽东、热河，以巩固华北。半年来在东北弃守上，国民党内部争论不休，迁延时日，而占上风的始终是固守东北。这个错误的战略方针为解放军将国民党军封闭在东北，加以各个歼灭提供了极为有利的条件。[2]

与国民党蒋介石在东北面临着两个选择一样，在毛泽东和林彪的面前也有两个可供选择的方案：一是封闭国民党军在东北予以各个歼灭，一是将国民党军赶出东北。关键是将东北人民解放军的作战定在哪个方向，如是前者，就要将作战方向定在北宁线，重点是锦州；如是后者，就要从长春打起，步步推进，迫使国民党军主力向关内撤退。在这两个不同的方案中，毛泽东和作为东北主帅的林彪之间，既有一致，也有分歧。将帅协谋，各抒己见，经过反复交换意见，终于达成共识，在此基础上创造了震撼世界的辽沈决战。

1948年2月7日，毛泽东给林彪的电报中明确提出了"对我军的战略利益来说，是以封闭蒋军在东北加以各个歼灭为有利"的设想。如何实现这个战略目标，有许多具体的问题要商量。

先来看一下当时双方的态势。东北国民党军的情况是：东北"剿

---

[1] 彭杰如：《卫立煌到东北》，《辽沈战役亲历记》，文史资料出版社1985年版，第50页。
[2] 胡哲峰、于化民：《毛泽东与林彪》，广西人民出版社1998年版，第352页。

"总"总司令卫立煌、副总司令廖耀湘率两个兵团、八个军、二十四个师又三个旅约30万人防守沈阳、铁岭、抚顺、本溪、新民。副总司令兼第一兵团司令郑洞国率两个军、六个师又三个旅约10万人防守长春。副总司令兼锦州指挥所主任范汉杰率一个兵团、四个军、十四个师约15万人防守锦州、山海关、葫芦岛,维持着与关内的铁路和海上交通。

林彪、罗荣桓指挥的东北野战军此时已发展到十二个纵队,加上一个炮兵纵队、一个铁道兵纵队和十七个独立师,共五十三个师,75万人。加上地方部队,总数已过百万。经过冬季攻势后的大练兵运动,部队的军事素质和政治思想觉悟都提高到新的水平。东北野战军从数量到质量都已形成优势,具备了彻底消灭东北国民党军事力量,解放全东北的实力。

冬季攻势结束后,东北局和野战军领导就在考虑何时、何地与国民党军展开战略决战的问题。当时东北已经没有小仗可打,只能在长春、沈阳和锦州这三个地区中选择一个。偏偏卫立煌又采取保存实力,坚守不出的策略,在运动战中歼敌的机会很难找到。这就需要解放军主动出击,打大城市攻坚战。东北局领导人经过反复研究,1948年4月18日联名致电中央,提出先打长春的战略部署。为什么要打长春,而不是锦州或其他地方?林、罗、刘的电报强调了决策的理由和多方面的考虑:

> 如我军攻锦州,则所遇敌人更较长春强大。如我军等候敌人打通锦、沈线,则不知要等到何时。且即令敌人出来打通,但我主力一向锦、沈线前进时,该敌必自动收缩,使我军扑空。如我军向锦州、唐山之线或冀东、平绥前进时,在敌目前采取放弃次要据点、集中兵力固守大城市的方针下,则必到处扑空或遇到四、五个师兵

力守备的城市。且大军进到那些小地区，衣服、弹药、军费皆无法解决。同时东北战士入关，经长途跋涉，士气必降，逃跑必发生。在我主力南下情况下，长春之敌必能乘机撤至沈阳，打通锦、沈线。如我军以小部兵力(如三个纵队)入关，沿途仍不易求小仗打；遇大的战斗(又攻城又打援)则又吃不消。而留在东北的部队既不能打大仗，又无小仗可打，陷于无用武之地。故目前只有打长春的办法较好。[1]

虽然这个决策与毛泽东2月7日电报的意图不合，但4月22日毛泽东复电东北局领导人，同意先打长春，并准备派华北的杨得志等三个纵队到承德以东地区配合东北的行动。但毛泽东以批评的口气告诉东北局领导人："我们同意你们先打长春的理由是先打长春较先打他处要有利一些，不是因为先打他处特别不利，或有不可克服之困难。你们所说打沈阳附近之困难，打锦州附近之困难，打锦榆段之困难，以及入关作战之困难等，有些只是设想的困难，事实上不一定有的。有些是实际的困难，在你们打开长春南下作战时会要遇着的。特别在长春万一不能攻克的情况之下要遇着的。因此，你们自己，特别在干部中，只应当说在目前情况下先打长春比较有利，不应当强调南下作战之困难，以免你们自己及干部在精神上处于被动地位。"[2]

1948年5月，东北野战军开始了攻击长春的作战。防守长春的郑洞国为保证飞机场的安全，并尽可能多抢些粮食运回城内。21日派新7军新38师主力和暂61师出西门，由大房身机场向西北方向进攻，占领了小合隆镇。林彪得知长春城内国民党军出动，认为机会来了，立即下令一纵、六纵出发，夺取大房身机场，并切断新7军的退路。5月24日一、六纵队赶到长春西北郊区，干脆利索地全

---

[1] 王道平等著：《震撼世界的大决战》，解放军出版社1990年版，第35页。
[2] 《毛泽东军事文集》第4卷，军事科学出版社1993年版，第455页。

中国的1948年：两种命运的决战

歼守卫机场的国民党军，占领了大房身机场。[1]

郑洞国听说大房身机场失守，极为震惊。下令新38师反击，夺回机场。25日中午，新38师师长史说指挥两个团向机场发起进攻。双方酣战之际，一纵主力突然从侧翼杀来，在右翼担任掩护的暂61师当即被冲垮。国民党军招架不住，师部官员都劝史说下令后撤。史说考虑如果自己跑了，前方进攻机场的两个团必遭歼灭。只有硬着头皮顶住，或许还有希望。他喝令炮兵还击，让后卫团跑步前来增援。部下还是想跑，史说又气又急，命令卫士就地打开铺盖，躺在上面怒吼："我就睡在这里了，看你们哪个要退?!"这才把部下镇住，大家返身抵抗。待后卫部队赶到，史说才收拢部队，匆匆撤回城内。

这场恶战，国民党军暂56师约两个团被歼，暂61师也损失了两个营，只有新38师基本保全。粮食没抢着，反而把机场丢了。从此，长春与沈阳之间的空中交通彻底断绝，只能靠空投接济。[2]

林彪听取了一纵、六纵关于长春外围战斗的汇报，眉头紧锁。看来长春的国民党军队并非想像的不堪一击，还有相当的战斗力。如果硬攻长春，目前没有绝对把握。他与东北局领导人商量研究，于5月29日给中央军委写了一个报告，建议"改变硬攻长春的决心，改为对长春以一部分兵力久困长围。准备乘其撤退时在途中追歼该敌，而使我主力转至热南承德、古北口一带作战的方针"。

毛泽东看了这份报告，感到林彪反映困难太多，对进攻长春的信心不足。6月1日早晨他给林彪发出一封电报，一口气提了十个问题：对长春是否已展开全力攻击，外围工事是否均已夺取，是否实行了军事民主，你们指挥所在何处等等。最后列举徐向前指挥攻克临汾的战例，说明敌军顽强的防御也不是坚不可摧。6月3日，毛泽东又提出三个问题要林彪回答，中心内容还是能不能攻坚。林彪

---

[1]《中国人民解放军第43军第三次国内革命战争战史》，1956年初稿。
[2]《我的戎马生涯——郑洞国回忆录》，团结出版社1992年版，第499页。

与罗荣桓、刘亚楼等经过认真的研究，6月5日复电军委，提出了东北野战军行动的三个方案：一是目前即正式进攻长春，但无把握，成功的可能性较小。二是目前以少数兵力围困长春，封锁粮食，主力到北宁线、热河、冀东一带作战，但南下作战可能到处扑空，粮食极为困难，同时长春之敌又可能乘机逃回沈阳，可能造成两头都无战果的结局。三是用二到四个月时间，对长春实行较长期的围城打援，然后攻城的办法。他们的意见认为"目前以采取第三个方案为好"。"估计敌人被困饿到极点时，沈阳敌也有可能被迫增援，因而我们以长春为钓钩就可能求得打运动战的机会。"毛泽东6月7日复电同意了围困长春的方案。但他只是"基本上同意"，并要林彪"主要应从攻城方法方面与打援的兵力配备及作战方法方面着眼"。也就是要他们立足于打，而不是围而不攻。经过一番争论，围困长春的决策算是定了下来。[1]

光阴如流水，一个多月很快过去了。关内的华东、中原战场打得热火朝天，东北战场静悄悄的没有战事。围困长春两个月了，一时还看不到大的变化，卫立煌守在沈阳死不动窝。这样僵持下去不是办法，7月中旬东北局在哈尔滨召开常委会，决定放弃先打长春的计划，大军南下作战。7月20日，林、罗、刘向军委报告："最近东北局常委重新讨论了行动问题，大家均认为我军仍以南下作战为好，不宜勉强和被动的攻长春。"这符合毛泽东的战略意图，7月22日毛泽东复电林、罗、刘：

---

[1]《毛泽东军事文集》第4卷，第479页。

中国的1948年：两种命运的决战

向南作战具有各种有利条件，我军愈向敌人后方前进，愈能使敌方孤悬在我侧后之据点被迫减弱或撤退，这个真理已被整个南线作战所证明，亦为你们的作战所证明。攻击长春，既然没有把握，当然可以和应当停止这个计划，改为提前向南作战的计划。在你们准备攻击长春期间，我们即告知你们，不要将南进作战的困难条件说得太多，以致在精神上将自己限制起来，失去主动性。现在你们已经将注意力移到向南作战方面，研究南面的敌情、地形、粮食等项情况，看出其种种有利的条件，这是很好的和很必要的。并且应向全军指战员首先是干部充分说明这些条件，以鼓励和坚定他们向南进取的意志和坚定他们的决心。[1]

虽然林彪同意南下作战，但在总的战略意图上与毛泽东仍有相当的差距。林彪的意图是打辽西走廊北宁线上的几个小城市，但是长春、沈阳、锦州这三大据点怎么打，林彪没有说。1947年四平攻坚战失利的阴影始终笼罩着他的心。因为城市攻坚战斗对部队的损伤太大，林彪打仗一向算计很精，战役打起来他会命令部队不惜一切代价去夺取胜利，但在战前的筹划时他总是算计怎样以最小的代价换取最大的战果。毛泽东认为，林彪现在有百万之众，武器装备又是最好的，在这关键时刻，必须要给林彪压担子，要他敢于去同东北国民党军决战。毛泽东把南下作战的目标，定在了锦州。7月30日他指示林、罗、刘：

关于你们新的作战计划，我们觉得你们应当首先考虑对锦州、唐山作战，只要有可能就应攻取锦州、唐山，全部或大部歼灭范汉杰集团，然后再向承德、张家口打傅作义。如果你们不打范汉杰先打傅作义，则卫立煌将以大力集中锦唐线，卫、范协力向西援傅，

---

[1]《毛泽东军事文集》第4卷，第541页。

那时你们可能处于很困难地位。

毛泽东的指示使林彪感到为难,他没有理由拒绝毛的指示,但也不愿意直接打锦州。那些天的往来电报,林彪一会儿要求华北兵团先出动,他们才能决定行动时间。一会儿又说华北敌情有变化。8月11日的电报中又说南下大军的粮食没准备好,铁路桥梁又被洪水冲坏,总之一句话:"目前对出动时间,仍是无法肯定。"这下可把毛泽东惹火了,8月12日他起草一封电报,严厉批评林彪:

关于你们大军南下必须先期准备粮食一事,两个月前亦已指示你们努力准备。两个月以来你们是否执行了我们这一指示一字不提。现据来电则似乎此项准备工作过去两月全未进行,以致现在军队无粮不能前进。而你们所以不能决定出动日期的原因,最近数日你们一连几次来电均放在敌情上面。你们六日十九时电,虽曾提到粮食问题,但是你们说"如杨成武部出动时间能提早,则我们出动时间亦能提早"。你们八日十七时电,则全未提到粮食问题,但说敌情严重,并作出结论说:"东北主力行动时间,须视杨成武部行动的迟早才能确定。"当着我们向你们指出不应当将南面敌情看得过于严重,尤其不应当以杨成武部之行动作为你们行动的标准,并且同时即确定了杨成武的行动时间以后,你们却说(相距不到三天)"决不以杨成武部行动之迟早为标准",而归结到了粮食问题。对于你们自己,则敌情、粮食、雨具样样必须顾虑周到,对于杨成武部则似乎一切皆不成问题。试问你们出动遥遥无期,而令该部孤军早出,傅作义东面顾虑甚少,使用大力援绥,将杨成武赶走,又回到东边来对付杨罗及你们,如像今年四月那样,对于战局有何利益。你们对于杨成武部采取这样轻率的态度,是很不对的。对于北宁线

中国的1948年：两种命运的决战

林彪（中）、罗荣桓（右）、刘亚楼在作战前线

上敌情的判断，根据最近你们几次电报看来，亦显得甚为轻率。为使你们谨慎从事起见，特向你们指出如上，你们如果不同意这些指出，则望你们提出反驳。[1]

在解放战争中，毛泽东很少用这样严厉的口气批评一个野战军的高级指挥员。他与林彪密切的关系，说话可以无所顾忌。但也反映出毛泽东对东北野战军寄予极大的期望。林、罗、刘研究了毛泽东的电报，感到事情严重。为了向毛解释清楚，他们于8月13日给毛泽东发了一份长电，委婉地说明了情况。主要的原因是洪水冲垮了铁路和桥梁，使大军不能按时出动。但他们表示："只要雨势不继续上涨能逐渐下降，则仍可能做到按时出动。"

毛泽东看到林、罗、刘态度明确，心情才平静下来。考虑到这是一场大战，林、罗、刘认为必须亲临前线指挥。8月7日请求中央军委将东北军区和东北野战军机关正式分开，各司其职。14日军

---

[1]《毛泽东军事文集》第4卷，第563页。

委批准他们的报告,林彪任东北军区司令员兼政治委员、东北野战军司令员,罗荣桓任东北军区第一副政治委员、东北野战军政治委员,刘亚楼任参谋长,谭政任政治部主任。后方军区机关工作交给高岗、陈云、李富春、伍修权等负责。

8月29日,林、罗、刘、谭向各纵队、各师首长下达了战斗动员令:"以部分兵力围困长春,而以最大主力南下,向北宁线前进,以奔袭的动作,坚决歼灭分散于北宁线上守备的各处敌人,切断与摧毁东北敌人与华北的联系,使两处敌人彼此完全陷于绝望的孤立中,并求引出长春之敌突围,而在突围中歼灭该敌,由此求得加速全东北解放之早日到来。"

这个仗怎么打,林彪有自己的考虑。他预测解放军进攻北宁线和锦州之后,沈阳的国民党军一定会出来增援。那时候就可以在广阔的辽西平原上与国民党军决战。9月3日他向军委报告了预定的作战计划:以十一纵和热河三个独立师进攻北宁线的昌黎、绥中等地,切断卫立煌集团与傅作义集团的联系,防止华北国民党军北上增援。以三、四、九纵攻打义县,二纵也到北宁线作战。以一、七、八、十四个纵队在新民以西地区,监视和准备打击沈阳西进的国民党军。以五、六纵在长春、沈阳之间,防止长春守军突围。以十二纵和六个独立师继续围困长春。

从以上部署可以看出,林彪的重点是摆在锦州与沈阳之间的地区,准备消灭沈阳出动的国民党军,而锦州方向反而成了配合作战,反映出林彪不愿倾其全力去打锦州。这与毛泽东的战略意图不一致。9月7日毛泽东给林、罗发出指示,明确提出辽沈战役的作战方针。他指出:"你们应当使用主力于锦州、山海关、唐山一线,而置长春、沈阳两敌于不顾。并准备于打锦州时歼灭可能由长、沈援锦之敌,因为锦、榆、唐三点及其附近之敌,互相孤立,攻歼取胜比较确实可靠,攻锦打援亦较有希望。"毛泽东要林、罗确立两个决心:"一、确立攻占锦、榆、唐三点并全部控制该线的决心。二、确立打你们前所未有的大歼灭战的决心,即在卫立煌全军来援的时候敢于同他作战。"[1]

经过几个月的反复商讨,毛泽东终于一锤定音,确定先打锦州,与东北国民党军队展开前所未有的大决战。历史实践证明:毛泽东的战略决策大大加速了解放战争胜利的进程。在大战之前下这样大的决心,是需要非凡的胆略的。

3

9月初东北铁路运输是一片繁忙景象。当时铁路运输线主要有两条:主线是从哈尔滨经齐齐哈尔、白城子、郑家屯、通辽、彰武、新立屯到阜新。另一条线是从哈尔滨经吉林、辽源、四平、郑家屯到阜新。在政委罗荣桓和东北局领导指挥下,东北军区后勤部部长李富春同志总抓运输工作,军工部部长何长工负责调运军火弹药,铁路总局局长吕正操负责组织车辆调度。野战军后勤部在阜新车站设立前线指挥所,后勤部参谋长李聚奎负责将火车运到的物资用卡车、大车运往前线。为了隐蔽我军的战略企图,铁路运输兵员物资都在夜间,白天则是空车回返。为了保证运输油料和军火的安全,运输车队拉开距离,一辆油车后边跟一辆军需车,再跟一辆弹药车,照此顺序一字排开行进,避免在空袭时引起连续的爆炸或燃烧。

从9月下旬起,国民党空军发现辽西地区铁路夜间运输繁忙,白天也有大量人员运动现象。但是这些并未引起国民党方面的高度警觉。卫立煌对长春的前途极为忧愁,但对锦州却是十分放心的。

---

[1] 《毛泽东军事文集》第5卷,军事科学出版社1993年版,第2页。

锦州是交通枢纽，一旦有事沈阳、北平都可以出兵救援。1946年初国民党军占领锦州后，就陆续修筑城防工事，构成了环城十余里的土城墙。卫立煌上任后，命令增修外围工事和地堡群。1948年8月卫立煌到锦州视察，满意地说："在江西和共军作战的时候，哪里有这样的水泥工事？那时都能打胜仗，现在有了这样的工事，更没有问题了。"那时锦州是一片太平景象，范汉杰上任后，还把家眷接来，打算长住下去。

8月下旬，范汉杰从南京开会回来，召集部属开会讨论锦州前途。有人认为锦州是关系东北全局的要地，可能会成为共军的主攻目标。锦州一旦陷落，东北全局就会瓦解。但范汉杰不这样想，虽然早在6月间蒋介石就给他发电报，警告他共军即将进攻锦州，要他早作准备。范汉杰以为老蒋神经过敏，锦州有关内和海上的增援，沈阳还有30万大军可以西进，共军缺乏坦克，炮火也不甚强大，攻坚力量还不足拿下锦州。如果共军越过沈阳，远来辽西，交通补给不易，顿兵于坚城之下，必定陷入困境。他料定林彪断不敢走这步险棋，肯定还是先打长春。所以锦州国民党军上上下下都沉溺于和平气氛之中，谁也没想到辽沈战役的重拳会首先砸在他们的头上。[1]

1948年9月10日，林彪、罗荣桓下达命令：以三、四、七、八、九、十一纵、二纵5师、炮纵主力出击北宁铁路锦州至唐山段，切断东北国民党军与关内的联系。以一、五、六、十纵和独立2师集结于彰武、新立屯地区，准备截击沈阳出动的国民党军。十二纵和五个独立师继续围困长春。9月12日，东北野战军第二兵团的十一纵及三个独立师在北宁线上首先打响。连克昌黎、北戴河、绥中并包围兴城。秦皇岛港与锦州之间的联系被切断。四纵、九纵于16日包围了锦州以北的军事重镇义县。几天之后，乘火车赶来的三纵、

---

[1] 盛家兴：《第九十三军锦州被歼概述》，载《辽沈战役亲历记》，文史资料出版社1985年版，第88页。

中国的 **1948年：两种命运的决战**

顾祝同

二纵5师和炮纵主力到达义县外围，接替了四纵、九纵的任务。四纵、九纵挥师南下，在锦州外围打响。9月24日夜，九纵奇袭锦州东北帽山屯。锦州外围北部的亮甲山、白老虎屯等阵地也被解放军占领。

此时，国民党统帅部才如梦初醒，明白了解放军的主攻方向是锦州。9月26日，蒋介石派参谋总长顾祝同飞到沈阳，向卫立煌、廖耀湘等传达他的命令：一、立即空运49军增援锦州。二、由沈阳派出得力兵团向锦州攻击前进，以解锦州之围。卫立煌答应第二天就开始空运49军援锦，但对第二条持有异议。他说："根据情况判断，目前共军主力部队在辽西走廊的彰武、新立屯一带集结。如果沈阳出兵，中途必遭覆灭，正中了共军的围城打援之计。现在由沈阳空运一个军援助锦州，已经是迫不得已，再把沈阳主力拿出去，置沈阳于不顾，这是失策的。希望华北增兵葫芦岛，由锦西增援锦州。"廖耀湘则建议乘共军集中力量攻锦州，辽南空虚，抢占营口，将长春和沈阳主力一起撤往关内。顾祝同断然拒绝了廖耀湘的建议，说："总统的命令，主要不是如何安全撤退沈阳主力的问题，而是要你们出辽西，东西对进，夹击锦州地区的共军，以解锦州之围的问题。"廖耀湘指着地图对顾祝同说："我沈阳主力单独出辽西，背三条大河，远出锦州，确实有被节节截断、分别包围、各个击破的危险。"卫立煌也说："按照总统的办法做，很可能锦州之围未解，先送掉沈阳的主力。总统早就答应我抽调军队增援东北，以打通锦沈交通，现在正是时候。"顾祝同见他们不肯出兵援锦，只好答应把卫、廖的意见报告蒋介石，听候指示。一天时间就在扯皮中浪费掉了。

27日下午蒋介石回电，仍然要沈阳主力出辽西。卫立煌把廖耀湘找来说："总统一定要我们立即出辽西增援锦州，你看怎么办？"廖也不同意单独出辽西，要锦州、葫芦岛方面配合行动才行。卫立煌自言自语地说："不能单独出辽西，这是真理！"然后愤懑地说："我宁愿不干，也决不愿再使沈阳主力单独出辽西。"说完他就拉上廖耀湘一同去见顾祝同，一见面卫立煌就激动地说："我们两个是多年同事和共患难的好友，我的事情就像你自己的事一样。我这次遇到平生以来从没遇到过的困难，无论如何希望你帮忙解决。我们不是不愿执行总统的命令，也不是不愿意行动，只是在时间和空间上如何配合的问题。我们只是要求葫芦岛与锦州的部队会师后，东西两方同时并进，以避免被共军各个击破。"顾祝同一口拒绝说："我已经把你们的意见电告总统，但总统考虑后仍然要你们执行他原来的命令。我是奉命来监督命令执行的，不能再向总统说话。"卫立煌着急地说："因为你代表总统，所以我再一次请求你负责向总统进言，采纳我们的意见。这是关系几十万人命运的大事，你我都有责任，要很好地商量。"

顾祝同见卫立煌逼得紧，也火起来，说："这是总统命令，不能违背。"卫立煌高声说："我们不是不愿意执行命令，只是要求葫芦岛与锦州会合后，再东西对进，共同行动！"顾祝同也提高调门说："但总统命令你们立即行动！"卫立煌再也按捺不住内心的愤怒，站起来厉声说道："单独出辽西，一定会全军覆灭！你不信，我两个打赌，画十字(意为写军令状画押)！"说完，彼此不欢而散。

28日早上，顾祝同单独召见廖耀湘。因为廖是蒋介石的忠实门

中国的1948年:两种命运的决战

廖耀湘

生,又比顾祝同低一辈,总是好说话一些。他对廖施加压力,说:"总统比任何人更关切东北部队的命运,总统要你们经辽西出锦州,就是要把你们救出去!你们反而坐着不愿意行动,企图回避战斗,这是不行的。我已把你们的意见电告总统,总统仍要按照原命令执行,我不能再代你们打电报。你们已经耽误了好几天时间,这样贻误战机,我不能再代你们负责任。你们必须服从命令,先开始行动,才能再说话。"廖耀湘不敢违抗蒋介石的命令,又不敢冒险出辽西,想了一个折中的办法,建议先令部队向巨流河、新民地区集中,作出准备出动的样子,再请顾祝同回南京向蒋介石进言。卫立煌感到这样僵下去也不是办法,同意这样做。宝贵的三天时间,又在扯皮中消耗掉了。[1]

如果卫立煌坚决执行蒋介石的命令,放弃沈阳,集结大军出锦州,林彪尚未部署完毕,很难挡住国民党军。东北国民党军一旦入关,与华北傅作义会合,战争的进程就很难说了,至少解放战争的时间会延长。但是地方将领为了各自集团利益,置大局而不顾,使蒋介石的战略部署一次又一次落空。就在国民党军将领们为西进锦州争来争去时,解放军却在北宁线上不停顿地进攻。9月27日,七纵攻占了锦州以南的高桥和西海口。四纵进占塔山,二纵5师、三纵和炮纵主力完成了对义县的包围。29日,四纵再克兴城。北宁线唐山至锦州的要地都被解放军占领,切断了东北与关内国民党军的

---

[1] 廖耀湘:《辽西战役纪实》,载《辽沈战役亲历记》,第160页。

战略决战前的运筹

陆上联系。关内与锦州的联系,只剩下了一个葫芦岛海军基地。

要打锦州,必须先打下义县。义县是锦州北面的交通要道,解放军南下攻锦州,主力部队和后勤运输都要经过义县。拔掉这颗钉子,才能免除攻锦的后顾之忧。10月1日上午9时,对义县的总攻开始了。解放军的大炮怒吼起来,密集的炮弹把义县打成一片火海。短短四小时,战斗结束。

战场情况瞬息万变。9月30日,林彪决定将野战军指挥部迁往锦州前线。他与罗荣桓、刘亚楼、谭政及精干的前线指挥部机关乘火车从哈尔滨以南的双城出发,10月2日到达郑家屯。在郑家屯车站,林彪要刘亚楼通知参谋人员下车隐蔽,架起电台与中央军委、各部队联络,收集新情况。很快,一条重要情报送到林彪手中。

原来,顾祝同回到南京后,向蒋介石汇报了卫立煌等不肯出兵辽西的情况,蒋介石极为愤怒,决定亲自出马调兵遣将,与共军在锦州决战。9月30日,他带领空军司令周至柔、海军司令桂永清一行飞到北平,与傅作义研究抽调华北兵力增援锦州。蒋介石命令17兵团司令侯镜如指挥华北的62军、92军一个师、独立95师由塘沽海运北上,守卫烟台的39军两个师也渡海北上,在葫芦岛会合原驻那里的54军共十一个师组成"东进兵团",在海军、空军配合下由锦西登陆,增援锦州。傅作义从唐山召回侯镜如,要他作好准备。塘沽、烟台港一艘艘军舰升火待发,全副武装的国民党士兵列队上船。

看到华北动起来,蒋介石于10月2日飞到沈阳,召集师以上军

中国的**1948年**：两种命运的决战

官开会。声称："我这次来沈阳是救你们出去，你们过去要找共军主力找不到，现在东北共军主力已经集中在辽西走廊，这正是你们为党国立功的机会。我相信你们能发挥过去作战的精神，与关内部队协同动作，是一定可以成功的。万一你们这次不能打出去，那么，来生再见。"会后，蒋介石单独接见了廖耀湘，训斥说："你是我的学生，为什么你也不听我的命令！"不容廖耀湘辩解，蒋就下了命令："这次沈阳军队出辽西，解锦州之围，完全交你负责。如有贻误，也惟你一人是问！"蒋介石架空了卫立煌，直接命令新1军、新3军、新6军、71军、49军主力和三个骑兵旅组成"西进兵团"，由廖指挥，向彰武、新立屯攻击，切断共军的后勤补给线后，再向锦州前进，与华北兵团夹击锦州的共军主力。蒋介石告诉廖耀湘："现在的问题不纯粹是撤退东北主力的问题，而是要在撤退之前与东北共产党进行一次决战，给他一个大的打击！否则华北就有问题。当大将，一定要顾虑全局，你应该考虑到整个局势，好好努力完成这一次任务。"廖耀湘服从命令，表示一定尽力。蒋介石与他研究了行动细节后，象征性地见了卫立煌，便飞回北平去了。卫立煌对蒋做法极为不满，向部下发牢骚说："委员长的用人，人人可以通天，谁也无法统一指挥。东北局势恐难收拾！"[1]

华北国民党军增兵葫芦岛的情报，在10月2日送到林彪手中，情报不是非常准确，只说是增兵四个师。这个消息使林彪感到压力很大，准备的一桌菜，上来了两桌客，怎么办？他还一直担心后方补给的问题，部队南下的时候，只带了单程的汽油，后方运输线太长，万一傅作义兵团北上，锦州打不下，大量汽车、坦克、重炮会因为没有汽油撤不出来，那样的后果就不堪设想了。林彪越想这些不利因素，就越不安，翻来覆去下不了决心。考虑到夜里，林彪把秘书谭云鹤喊来，口授给军委的电报：

---

[1] 廖耀湘：《辽西战役纪实》，载《辽沈战役亲历记》，第163页。

军委：

一、得到新五军及九十五师海运葫芦岛的消息后，我们在研究情况和考虑行动问题。

二、估计攻锦州时，守敌八个师虽战力不强，但亦须相当时间才能完全解决战斗。在战斗未解决前，敌必在锦西、葫芦岛地区留下一两个师守备，抽出五十四军、九十五师等五、六个师的兵力，采取集团行动，向锦州推进。我阻援部队不一定能堵住该敌，则该敌有与守敌会合的可能。在两锦间，敌阵地间隙不过五六十里，无隙可图。

三、锦州如能迅速攻下，则仍以攻锦州为好，省得部队往返拖延时间。

四、长春之敌经我数月来围困，我已收容敌逃兵一万八千人左右，外围战斗歼敌五千余。估计长春守敌现约八万人，士气必甚低。我军经数月整补，数量质量均大大加强，故目前如攻长春，则较六月间准备攻长春时的把握大为增加，但须多延迟半月到二十天时间。

五、以上两个行动方案，我们正在考虑中。并请军委同时考虑与指示。

林、罗、刘

谭秘书记录后，将电报稿交给罗荣桓、刘亚楼阅过，22时以特急绝密电发出了。深夜，东总列车继续向锦州方向开去。在列车上，罗荣桓再三考虑，觉得发这封电报不合适。作为政委，他在大政方针上一贯尊重林彪，作战的具体问题他基本不干预，而且千方百计地配合工作。但这一次是关系到解放全东北的大决战，攻锦计划已

中国的 1948 年：两种命运的决战

由中央军委批准，南线攻势已经全面展开，部队士气正旺。临时改变计划，不仅违背军委意图，大部队往回返，也可能影响士气、造成混乱。事关全局，他不能再保持沉默。3日早上，他与刘亚楼一起去找林彪。

罗荣桓委婉地说："打锦州的事，这是主席、军委坚持的意见。葫芦岛敌人虽然增援了四个师，但我们还是有办法阻击敌人的。估计锦西方面我们再增加一个纵队或再加一两个独立师即可，是不是打锦州的决心还是不改的好。"刘亚楼也表示了相同的意见。

林彪也觉得那份电报不合适，想要追回。但电报已经发出，这时估计已经送到中央首长面前了。罗荣桓建议："为了补救，是否重新给中央发个电报，还是继续打锦州。"林彪同意，于是三人坐在一起，共同拟定了电报稿。东总列车到达彰武以北三十里的冯家窝堡，停车后机要人员于九时发出了林、罗、刘的第二封电报。[1]

一、我们拟仍攻锦州，只要我们经过充分准备，然后发起总攻，仍有歼灭锦敌的可能，至少能歼灭敌之一部或大部。目前如回头攻长春则太费时间，且不攻长春，该敌亦必自动突围，我能收复长春，并能歼敌一部。

二、我们拟采取如下的部署：以四纵和十一纵及热河的两个独立师对付锦西、葫芦岛方面敌八个师；以一、二、三、七、八、九共六个纵队攻锦州；以五、六、十、十二共四个纵队对付沈阳增援之敌；以大小新老九个独立师对付长春突围之敌。

林彪10月2日夜里的电报，到3日上午才译出送到毛泽东那里。毛泽东一看林彪想回头打长春，非常生气。这天他连续起草了两封电报，于十七时和十九时发给林、罗、刘。

---

[1] 谭云鹤：《见证历史》，中国工人出版社2002年版，第156页。

3日十七时的电报说：

一、你们应利用长春之敌尚未出动，沈阳之敌不敢单独援锦的目前紧要时机，集中主力迅速打下锦州，对此计划不应再改。在义县、兴城、绥中之敌已被歼灭的情况下，葫芦岛、锦西地区虽然已增加新五军及九十五师，并准备以四个师打通两锦交通，你们可于攻锦州之同时，部署必要兵力于两锦交通线上，首先歼灭由锦西增援锦州之四个师，然后打下锦州。在五个月前(即四、五月间)，长春之敌本来好打，你们不敢打，在两个月前(即七月间)，长春之敌同样好打，你们又不敢打。现在攻锦部署业已完毕，锦西、滦县之第八第九两军亦已调走，你们却又因新五军从山海关、九十五师从天津调至葫芦岛一项并不很大的敌情变化，又不敢打锦州，又想回去打长春，我们认为这是很不妥当的。

二、你们指挥所现在何处，你们指挥所本应在部队运动之先(即八月初旬)即到锦州地区，早日部署攻锦，现在部队到达为时甚久，你们尚未到达，望你们迅速移至锦州前线，部署攻锦，以期迅速攻克锦州。迁延过久，你们有处于被动地位之危险。

3日十九时的电报说：

本日十七时电发出后，我们再考虑你们的攻击方向问题，我们坚持地认为你们完全不应该动摇既定方针，丢了锦州不打，去打长春。除了前电所述之理由外，假定你们改变了方针打下了长春，你们下一步还是要打两锦。那时，第一，两锦敌军不但决不会减少，还可能增加一部，这样，将增加你们打两锦的困难；第二，目前沈阳之敌因为有长春存在，不敢将长春置之不顾而专力援锦，你们可

中国的 **1948**年：两种命运的决战

利用长春敌人的存在，在目前十天至二十天时间(这个时间很重要)，牵制全部至少一部分沈阳之敌。如你们先打下长春，下一步打两锦时，不但两锦情况变得较现在更难打些，而且沈敌可以倾巢援锦，对于你们攻锦及打援的威胁将较现时为大。因此我们不赞成你们再改计划，而认为你们应集中精力，力争于十天内外攻取锦州，并集中必要力量于攻锦州同时歼灭由锦西来援之敌四至五个师。只要打下锦州，你们就有了战役上的主动权，而打下长春，并不能帮助你们取得主动，反而将增加你们下一步的困难。望你们深刻计算到这一点，并望见复。

林、罗、刘3日九时签发的电报，中央军委的电台直到晚上20时十五分才收到。译好交到毛泽东手里已是半夜。这个时间差使毛泽东着急上火。但这两封电报中，更清楚地体现了毛泽东为何从一开始就坚持打锦州的战略意图。后来的战争进程表明，毛泽东是正确的，抓住了要害。"文革"中曾把这场争论作为林彪历史上反对毛泽东的罪证，这不是历史唯物主义的态度。在解放战争时期，尤其是确定大的战略方针时，中央领导人与战区指挥员反复讨论、争论的事，时有发生。这正说明中国共产党人是团结一致的，有争论表现了共产党在政治上、军事上的民主作风。与蒋介石的独断专行、不与将领商议就下命令的作风，形成了鲜明的对照。

当毛泽东看到林、罗、刘3日九时的电报后，顿时转怒为喜。一切烦恼、焦虑都烟消云散。他4日六时致电林、罗、刘："你们决心攻锦，甚好甚慰。""你们决定以四纵和十一纵全部及热河两个独立师对付锦西、葫芦岛方面之敌，以一、二、三、七、八、九共六个纵队攻锦州，以九个独立师对付长春之敌，这是完全正确的。你们这样做，方才算是把作战重点放在锦州、锦西方面，纠正了过去长时间内南北平分兵力没有重点的错误(回头打长春那更是绝大的错误想法,因为你们很快就放弃了此项想法,故事实上未发生影响)。""在此之前我们和你们之间的一切不同意见,现在都没有了。希望你们按照你们三日九时电的部署,大胆放手和坚持地实施,争取首先攻克锦州,然后再攻锦西。"[1]

罗荣桓

毛泽东的三封电报,也使东北野战军指挥员坚定了信心,打消了顾虑,对迅速打下锦州起了很大的推动作用。虽然在重大决策过程中,中央与战区指挥员之间产生不同意见的争论,也属正常。但罗荣桓心里总是感到不安。辽沈战役结束后,他在沈阳起草给毛主席、东北局的《九、十两月份作战情况综合报告》中,就这个问题作了自我批评:"后由蒋介石飞平、飞沈亲自指挥,从华北抽调独95师、62军全部、92军之21师,陆续经海运葫芦岛登陆,加上葫、锦原有之四个师共九个师,企图由锦西向北驰援锦州。这曾使我们攻击锦州之决心一度发生顾虑……但这一过程共两三小时,即确定仍坚持原来之决心不变。"

后来毛泽东知道了这些情况,对罗荣桓在辽沈战役决策过程中所起的作用,给予高度评价。1963年12月罗荣桓元帅病逝后,毛泽东写了《吊罗荣桓同志》诗一首:"记得当年草上飞,红军队里每相违。长征不是难堪日,战锦方为大问题。"诗中的意思是:1935年9月,张国焘要求越过草地的右路军南下。在一、四方面军面临分裂的危急关头,毛泽东决定率中央和一方面军先行北上。罗荣桓

---

[1]《毛泽东军事文集》第5卷,第35—41页。

中国的**1948年：两种命运的决战**

当时任红三军团政治部代主任,担任后卫警戒,保护中央的安全。但那毕竟是党内的斗争,所以"不是难堪日"。而辽沈战役则是国共双方大决战的第一战,对中国革命的胜利有举足轻重的意义。当我们读了以上的情节,就能够理解毛泽东诗句的深刻含义了。

12 辽沈战役（一）攻克锦州

1948

中国的 1948 年：两种命运的决战

1

1948 年 10 月 4 日早晨，东总列车到达阜新。因前面的铁路尚未修通，林、罗、刘与大家下车，乘汽车前往锦州。

攻锦的决心既已确定，林彪等详细研究了敌情，对攻城和阻援作出具体部署，上报军委。报告中说："1.锦西敌阵地北至塔山东南之大小东山，锦州敌阵地南至松山街附近村庄为止，故两锦间空隙地区只三十余里。我军决以第四纵和十一纵在此地区，采取攻势防御(不是运动防御)，顽抗和消耗敌人。并控制主力准备在阵地前反击和消耗敌人，乘胜尽量扩大战果。另以两个独立师在锦西、葫芦岛向敌侧后面进攻，以拖住敌人。估计敌在我未正式攻锦以前，不会向锦州前进。我十一纵目前已到兴城附近，我四纵明日即可转至两锦之间防御。2.沈阳之敌，目前有四个军到五个军的兵力在新民以南、辽河以东地区集结，大约亦必在我正式攻锦以后，才会出动。我军拟以第十纵及第一纵的一个师担任抗击该敌，以我六纵两个师，及五纵、十二纵全部担任策应十纵之作战。采取运动战方式，从敌侧后歼灭敌人和争取时间。"这个东、西两头阻援，主力攻锦州的方案，很快得到毛泽东的批准。

四纵打下兴城后，10 月 5 日下午，吴克华司令员和莫文骅政委接到总部命令："四、十一两纵队及热河两个独立师，阻击由锦西向锦州增援之敌。四纵在塔山、高桥地区布防。"四纵的三个师经过一夜行军，第二天早上到达塔山。

塔山不是山，它是锦西和高桥之间的北宁铁路上一个百户人家的小村庄。村南有一条干枯的河滩，宽约30米，叫饮马河，北宁铁路经过处有个铁路桥。塔山村地势低洼平坦，有公路通过。从东海岸到白台山脚下，整个防御正面有8000米宽，看上去无险可守。东面紧靠渤海，岸边有个小山包叫打鱼山，涨潮时就是个小岛，退潮后中间露出大片沙滩。塔山村以西地势渐高，有个海拔二百多米的制高点叫白台山。白台山连接虹螺岘山，就是连绵的丘陵地带了。塔山是国民党军东进兵团增援锦州的必经之路，先头部队已经到了距离塔山很近的营盘车站。

进驻塔山村的是四纵12师。江燮元师长把34团摆在塔山村，35团在白台山，36团与师部在稍后一些的潘家屯。师、团首长到前边看地形，大家都皱眉头。这样平坦的地方，一点天然障碍都没有，怎么防御兵力和火力都占据优势的国民党军呢？师首长根据经验，决定把防御重点设在白台山。占住这个制高点，就能用火力封锁塔山村一带。如果国民党军攻进塔山，解放军可以居高临下，从两翼包抄消灭他们。所以塔山村不准备重点防守，摆上两个连，而把主力放在后面。[1]

此时，林彪心里也在考虑塔山的防御。国民党军队增兵锦西、葫芦岛，对他产生了很大的压力。东边的廖耀湘离锦州还远，暂时不会构成威胁。而西边的侯镜如兵团离锦州近在咫尺，万一顶不住将对整个战局极为不利。他对罗荣桓和刘亚楼说："攻击锦州最重要的保证，是要把锦西方面的敌军挡住。据报告，葫芦岛方面又增加了五个师，我们的饭菜只够请一桌客，现在突然来了两桌客人，两锦相距约五十多公里，万一堵不住敌人，攻锦部队就要受到很大威胁。"

回到指挥所，林彪立即口授电报给第二兵团司令程子华和四纵司令员吴克华："锦西以北大、小东山，锦州以南松山街皆为敌阵地，两锦敌仅距三十里，我军绝对不能采取运动防御方法，必须采取在塔山、高桥及其以西、以北部署，进行英勇顽强的防御战。必

---

[1] 江燮元：1962年12月2日的回忆。

须死打硬拼,死守不退,抵抗敌之飞机、大炮、步兵的猛烈冲击,利用工事沉着地、准确地大量杀伤敌人,使敌我阵地前尸横遍野。"林彪以严厉的口气告诉他们,塔山阻击战"完全是一个正规战,绝对反对游击习气,必须死打硬拼,不应以本身伤亡与缴获计算胜利,而应以完成整个战役任务来看胜利。"[1]

林彪把话说到这个地步,谁也不敢掉以轻心。10月8日,程子华、吴克华来到塔山视察阵地,看了12师的布防情况后,程子华坚决地说:一定要守住塔山村,要以塔山村、铁路桥和刘家屯北侧高地为防御重点。他强调"守山必守村",说这是毛主席的指示。江燮元师长命令把34团最强的1营摆在塔山村,把炮兵向前推进,连夜在塔山村前的河滩地上抢挖工事。

为了解塔山防御准备,向四纵交代清楚总部的意图,8日林彪、罗荣桓把参谋处长苏静找来,派他到塔山去走一趟。林彪说:"锦州地形有利于我发扬火力,攻取锦州看来没有问题。关键在于能不能守住塔山一线阵地,挡住援敌。你告诉四纵的领导,希望他们死打硬拼,坚决地守住阵地,创造模范的英勇顽强的防御战例。"罗荣桓叮嘱说:"塔山这个方向很重要,有的部队打仗对部队伤亡大了会有些顾虑,但这次不能怕大的伤亡,要坚决挡住。有些同志过去打这种防御战经验不多,你要去四纵和他们研究,并告诉他们这个仗要打好,有什么情况可以及时和我们联系。"苏静向吴克华、莫文骅传达了林、罗的指示。四纵首长表示:四纵一向猛冲猛打惯了,这次奉命来守塔山,打防御战,确实很多同志感到不习惯,但是四纵已经提出了"与阵地共存亡"的口号,我们准备以牺牲一万人的代价,决心打好这一仗。[2]

在战前政治动员中,四纵党委发出了《告全纵指战员书》和《告全纵共产党员信》,要求指战员坚决贯彻林、罗首长的指示精神,在

---

[1] 《中国人民解放军第41军第三次国内革命战争战史》,1956年初稿。
[2] 苏静:《关于锦州战役的回顾》,《辽沈决战》续集,人民出版社1992年版,第216页。

紧急关头不负党的嘱托，以自我牺牲的精神执行任务。全纵普遍进行了阵地宣誓，纵队提出了"死守阵地"、"寸土必争"、"与阵地共存亡"的三大口号。战士们投入了紧张的战前准备。机关干部和民众搬运枕木、铁轨，帮助部队构筑工事。经过两昼夜的紧张劳动，塔山村和高家滩阵地初具规模。

10月6日，蒋介石率领东进兵团司令侯镜如、海军司令桂永清、空军司令周至柔等高级将领，乘"重庆"号巡洋舰来到葫芦岛，在国民党54军军部布置援锦行动。蒋介石对团以上军官训话："这一次战争胜败，关系到整个东北的存亡，几十万人的生命，都由你们负责。你们要有杀身成仁的决心。这次集中美械装备的优势部队，兼有空军助战和海军协同，是一定可以消灭共军的。"他命令侯镜如马上去唐山调动部队，塔山前线先由54军军长阙汉骞指挥，海军配合用重炮摧毁塔山阵地。部署完后，蒋介石又与锦州的范汉杰通话，告诉他援军马上就到，让他放心。下午，蒋介石登上"重庆"号返回塘沽。[1]

担任主攻的54军军长阙汉骞是黄埔毕业生，在山东战场还没吃过大亏，骄横自负。他说："总统亲来葫芦岛，比增加十万大军还强。"蒋介石的督战官罗奇也认为他们的兵力比共军多两倍，拿下塔山不成问题。不等侯镜如的援军到达，他们就决定10日提前发起进攻。

10日天色微明，塔山大地在猛烈的炮火声中剧烈地颤抖起来。54军数十门重炮向四纵塔山、白台山前沿阵地猛轰。国民党军的炮火几乎摧毁了四纵前沿所有的工事。地堡掀掉了，掩体炸塌了，铁轨飞上天，枕木碎成片。54军打了几千发炮弹后，见解放军阵地上静悄悄的没了动静，阙汉骞便命令步兵开始冲锋。8师向塔山村正面，暂62师向铁路桥和高家滩，62军的151师向白台山的刘家屯、

---

[1] 侯镜如：《第十七兵团援锦失败经过》，《辽沈战役亲历记》，文史资料出版社1985年版，第244页。

中国的 **1948**年：两种命运的决战

泉眼沟阵地，气势夺人地冲过来。

守卫刘家屯前沿阵地的是12师36团警卫连的2排，仅有43人。当炮火袭来时，排长机警地招呼大家疏散到阵地后方的坟地里隐蔽。等炮火打向纵深，大家一跃而起，进入阵地。不一会，约一个营的国民党军分成几批冲上来。排长让大家保持镇静，直到国民党军到达阵地前二十米时，轻重机枪一齐开火。国民党士兵在开阔地上找不到隐蔽的地方，死的死、伤的伤，后面的只好趴在地上。排长命令两个班从侧面迂回，一串手榴弹扔出去，炸得国民党士兵掉头就跑。第一次进攻被打退了。就这样反反复复，解放军依靠近战，拼手榴弹和刺刀，这天一共打退国民党军九次进攻。[1]

暂62师这天以三个营的兵力轮番冲击铁路桥和高家滩阵地。吴克华司令预料到塔山村和铁路边的平坦地区将是国民党军进攻的重点，将纵队炮兵团的110门大小火炮都对准了这里。下午国民党军开始冲锋时，解放军用密集的炮火打向他们的身后，将国民党军第一梯队和后续部队隔断，前沿的轻重机枪也一齐开火。国民党军进不得退不得，只好趴在地上。34团组织队伍从侧面迂回包抄，在阵地前俘虏暂62师二百多人。国民党军对塔山的第一天进攻失败，伤亡1100多人。解放军第一天伤亡319人。

第一天战斗结束后，四纵战士们最深刻的教训就是工事没搞好。地堡不结实、战壕太浅，阵地前障碍物太少，国民党军的炮火一来，把四纵的工事几乎全破坏了。从那天起，白天作战，夜里积极修工事，成了大家自觉的行动。平时多流汗，战时少流血。有了坚不可摧的工事，才能守住阵地。四纵的老战士很少打防御战，开始不知道工事怎么搞。一些新解放的战士原来在国民党军里经常挖工事，显得很有经验。一个新战士在交通壕边上挖个洞，敌人炮击时就躲进去。只要炮弹落不到交通壕里，就伤不着他。大家深受启

---

[1] 四纵司令部编：《锦州战役塔山阻援战斗典型战例》。

发,把单人掩体都挖成"烟斗式",炮一响,每个人都进洞藏起来,大大减少了伤亡。交通壕要挖到一米五深,地面上看不到部队运动。地堡上盖两层枕木,蒙上一米多厚的浮土,就可以防御重炮。就这样,打了六天防御战,修了六天工事。根据战斗的具体情况,形成了白台山、塔山村和铁路桥头堡三处重点防御体系。

阙汉骞第一天攻击失败,11日以四个师的兵力再次向塔山进攻。从早晨七时起,国民党军的大炮把塔山打得浓烟滚滚,足足倾泻了几千发炮弹。海军司令桂永清坐镇"重庆号"巡洋舰,用152毫米的舰炮向塔山轰击。舰长邓兆祥是位爱国将领,对打内战十分厌恶。他借口军舰吃水深,不能靠近海岸,距离远得看不见目标,只能依据地图上的标志打炮。桂永清感到效果不佳,下令停止射击。国民党海军的配合实际上没起作用。

炮火准备后,两个营的兵力向塔山村34团1营阵地发起冲锋。解放军待国民党军接近到二三十米时,轻重机枪一齐开火,打得对方溃退下去。阙汉骞又集中几十门重炮,对塔山村轰击了半个小时。这时国民党空军五架飞机也来助战,向塔山投下一串串炸弹、燃烧弹。34团前沿工事大部被毁,阵地上硝烟弥漫。国民党军一个营再次冲锋,解放军坚守不退,但因伤亡过大,国民党军冲到塔山村边占领了几座房子。在这危急关头,1营副营长鲍仁川冒着炮火冲进塔山村,把1连零散人员组织起来拼杀。团政委带领预备队也冲了上来,形成优势兵力,在34团反击下,经过二十分钟的搏斗,国民党军在村边站不住脚,败退下去。战后清理部队,34团1营1连由战前的170人仅剩下了7个战士。国民党军对铁路桥、白台山和杨家洼阵地的进攻也被一一打退。

两天进攻均遭惨败,阙汉骞变得垂头丧气。11日下午,侯镜如从唐山到达葫芦岛。来自华北的独立95师也已到达。侯镜如召开会议，听取阙汉骞两天来作战的汇报，研究下一步行动计划。身为东进兵团的司令官，侯镜如对作战有自己的想法。会上研究了两个进攻方案：一个是54军提出的，以主力攻击白台山以西的山区，那边地形广阔，工事稀少，可以迂回到塔山背后，突破共军防守。另一方案是兵团参谋长张伯权提出的，仍然按前两天的打法，从正面推进，依靠优势兵力攻下塔山。张伯权的建议实际是侯镜如授意的，侯对他私下说："按我们目前的情况，对塔山和锦州是不能打进去的，若打进去也出不来，如果不打进去还可以多维持几天。"表现了侯镜如保存实力的意图。卫立煌这天也飞到葫芦岛，见到侯低声说："你这个兵团解锦州之围，并率部与廖兵团会师是不容易办到的。"再三嘱咐他要谨慎。卫的观点与侯镜如不谋而合，这样侯镜如就更不愿意冒险了。[1]

  54军提出的迂回塔山是惟一正确的方案，这是阙汉骞他们用两天血的教训换来的。但是侯镜如的方案通过了，阙汉骞的方案被否决。如此奇怪的结果是督战官罗奇决定的，他以为有这么多兵力，又有自己的老部队——号称"华北赵子龙师"的独立95师前来参战，还怕拿不下塔山！罗奇坚持正面进攻，并且自告奋勇，要亲自指挥95师从正面主攻塔山。其余部队则由62军军长林伟俦统一指挥。

  10月13日清晨，国民党军的炮火开始向塔山猛烈轰击。独立95师与8师从两个侧面向塔山铁路桥和高家滩阵地冲来。95师使用"波浪式"的冲击战术，每个营为一波，轻、重机枪集中火力，掩护步兵连前进。第一波受挫，第二波接上去。更少见的是他们的营、团军官走在队伍前面，很有一股"敢死队"的味道。四纵28团等待国民党军前进到阵地前的障碍物，各种火器突然开火。95师一个连打光了，又上来一个连，但28团没有一个人后退，宁肯成班成排战死在阵地上，与塔山共存亡。95师的进攻终于被遏制。

---

[1] 侯镜如：《第十七兵团援锦失败经过》，《辽沈战役亲历记》，第247页。

95师朱师长向罗奇报告：他们的第一拨部队几次冲到共军阵地前，都被共军火力阻止，头都抬不起来，伤亡很大，进退不得。林伟俦在白台山方向也打电话告急：62军各师进攻受挫，营长以下官兵伤亡很大，死的没人抬，伤员没人救，非常影响士气。罗奇要95师不惜一切代价，再组织进攻，今天非拿下塔山不可。

更残酷的厮杀又开始了。国民党军如黄色的潮水一般涌上来，解放军用机枪、手榴弹把他们一排排打倒在阵地前。在铁路桥和高家滩之间有片坟地，守在这里的是28团2连1排，由指导员程远茂指挥。他们在这里构筑了五个地堡，摆上一挺重机枪和三挺轻机枪。13日早晨国民党开始炮击时，这个阵地并没有被发现。天亮后，95师像羊群似的涌上来。程远茂一声令下，机枪步枪一齐开火，国民党士兵成片地倒下去，两次进攻很快被打退了。

第三次攻击开始后，95师的炮弹向冰雹一样落在这个小小的集团工事上。中心地堡被打塌了，惟一的重机枪被打坏，排长也负了重伤。程远茂重新组织了队伍。当国民党军前进到离阵地30米远的地方，程远茂下令开火。机枪夹着手榴弹，又把国民党士兵打倒一片。这时95师的督战队提着冲锋枪，驱赶着士兵掉过头来继续往上冲。经过几次拉锯式的战斗，程远茂他们的弹药快打完了。后方弹药运不上来，怎么守阵地呢？程远茂让大家从牺牲和负伤的同志身上把弹药集中起来，平均分配。在战斗中节省子弹。黄昏前，95师发起了最后一次进攻。程远茂已经两次负伤，他高喊着："同志们，守住阵地！援兵快来了！我们要与阵地共存亡！"他和仅存的几个战士拿起石头，准备作最后的拼杀。在这危急时刻，增援部队上来了。国民党士兵惊惶失措，开始向后撤退。这一天程远茂和1排一共打退了九次进攻，自己也付出巨大的牺牲，连程远茂本人在内，1排阵地上只剩7个人。[1]

---

[1] 四纵司令部编：《锦州战役塔山阻援战斗典型战例》。

中国的 **1948**年：两种命运的决战

　　10月13日是塔山阻击战最残酷的一天，四纵表现出极其顽强的战斗作风，在绝大多数阵地被炮火摧毁的情况下，前沿一线阵地的部队顶住了国民党军四个师一次又一次的疯狂进攻。许多阵地都像程远茂他们一样，一个连、一个排打得只剩几个人，但是没有一个阵地被主动放弃。这天解放军共毙伤和俘虏国民党军1245人，自己伤亡1048人，可见战斗之激烈。看到10师28团伤亡很大，吴克华命令28团当夜撤下来休整，由10师30团接替他们的阵地。28团的顽强战斗，当夜得到林、罗的嘉奖。

　　四纵的浴血奋战，为总攻锦州提供了坚强保证。此时，攻锦部队已经完成了所有的准备工作，总攻即将开始。林彪知道，越到这个时候，塔山就越显得重要。为了保证总攻锦州战斗顺利进行，他甩出了最后一张王牌——将最强大的一纵调往高桥、杏山地区，作四纵的预备队。就在四纵最艰难的时刻，吴克华接到一纵李天佑司令员的电话。他告诉吴克华："我们奉野战军首长命令来做你们的预备队，现在高桥一带。你们什么时候需要，我们随时可以支援上去！"吴克华非常激动，表示感谢一纵的支持。

　　国民党军那边却是一片垂头丧气的景象。13日晚上侯镜如、罗奇召集师以上军官会议研究对策，独立95师朱师长发言时，与早晨那种骄横自负的形象判若两人。他说：看地形的时候，塔山没什么动静，以为共军兵力不多。但炮火延伸射击后，步兵进入共军的有效射程内，共军突然集中火力向我们射击，打得部队抬不起头来，只有白白牺牲，这是在华北战场从没遇到过的。其他各师师长也纷纷抱怨，有的骂海、空军支援不力，有的要求调坦克来。罗奇站起来严厉地说："开会前接总统来电，锦州战事非常激烈，这一战关系党国存亡。我奉命前来督战，如有执行命令不力者，将报请严办。"见大家沉默不说话，罗奇又自作主张，要95师进行夜间偷袭。54军的人表示反对,说夜间战斗将使我海、空军优势全部失去作用,只能与共军拼刺刀和手榴弹,很难占到便宜。但罗奇根本不听,固执己见。

14日凌晨,天还一片漆黑,95师两个营的敌人经过长距离匍匐前进,悄悄接近塔山村34团1营阵地,挖了一夜工事的战士们正在休息,一个战士沿着交通沟到后面去取子弹,迎面发现戴有帽徽、扛着机枪向前爬的敌人。他冲上去掏出手榴弹砸在敌人头上,夺下机枪跑回阵地。这时阵地前传来低沉的"冲啊"的口令声,一场短兵相接的战斗开始了。铁路桥头堡被95师偷袭得手。天色渐明,95师占领了铁路两侧阵地和地堡的全部顶盖,34团仍然坚持战斗。危急关头,增援部队及时赶到,将国民党军打退,解救出困在地堡里的战友。

当罗奇得知已占领铁路阵地和接近塔山村时,连声高呼:"突破了,突破了!"命令后续部队发起集团冲锋。这时解放军炮火开始反击,95师接近塔山村的部队又被打了回来。几个回合之后,95师已经伤亡惨重、疲劳不堪,难以继续进攻。朱师长向兵团司令部求援,要求把预备队21师派上来。62军军长林伟俦不愿拿自己的21师去送死,竟命令已经开始向前运动的部队停下来,由151、157师向塔山右侧和常家沟发起进攻。这个损招使95师关键时刻得不到增援,陷入孤军作战的悲惨境地。而151、157师的迂回进攻,也在解放军的顽强阻击下失败。

13、14日的战斗,国民党军独立95师损失最为惨重,三个团打得只剩下三个营,基本失去了战斗力。迟至14日黄昏,国民党的坦克才海运到葫芦岛。罗奇建议15日休战一天,16日用坦克一定能把塔山攻下来。然而这一切都为时已晚,15日锦州的一个国民党军副团长逃出重围到了塔山,报告了范汉杰集团全军覆灭的消息。

大家顿时精神紧张，现在不是东进增援锦州的问题，而是锦州方面的共军主力会不会乘势西进来打锦西和葫芦岛。侯镜如下令各部队巩固阵地，转攻为守。

16日蒋介石从沈阳乘专机来到葫芦岛，锦州的惨败令他极为震惊和沮丧。当听取罗奇汇报进攻塔山失利的经过时，蒋介石大骂道："塔山如此靠近，敌人怎么能够这样快就修了这么多的坚固工事和障碍物呢？阙军长驻在葫芦岛，早就应该发现这些情况，为什么不进行破坏呢？"他痛骂阙汉骞不是黄埔学生，是蝗虫，声言要枪毙他。吓得众将领都立正低头，谁也不敢出声。过了一会儿，罗奇才慢慢地说："将士是用命的，独立95师打得只剩下三个营，此次作战海陆空军得不到协同，战车又赶不到，部队已经伤亡很重。"蒋介石这才转移了话题，研究锦西部队下一步的行动。在离开葫芦岛的时候，蒋介石紧握拳头，眼含泪水，低声自语："我和他们拼了！"[1]

塔山阻击战至今还是军事家们研究的话题。国民党军有九个师的兵力，以五个师集中进攻守卫塔山的一个四纵，激战六天，从人数上、装备上、海空军支援上，国民党军都占有绝对优势，但付出了六千多人的伤亡，却未能拿下一个小小的塔山，原因何在呢？应该指出：作战不仅是人数和武器数量的对比，最重要的是谁能发挥出最大的战斗力。而战斗力是由指挥员的战术、士兵的士气和各部队的协同等多方面因素组成的。国民党军在进攻塔山过程中数易主帅，互不配合，更谈不上齐心合力了。正如一位国民党将领所说："现代化的军队必须是协同一致，才能发挥出战斗力来，这是人所尽知的。但他们进攻塔山，在最紧急关头，头两天侯镜如还没有来，阙汉骞指挥不了林伟俦，罗奇又妄加干扰。即便以上诸人能够和衷共济，试问有谁敢对海空两军那批骄兵悍将发号施令。当时的海军头子桂永清、马纪壮，空军头子王叔铭等买过谁的账！"[2]54军挨打

---

[1] 侯镜如：《第十七兵团援锦失败经过》，《辽沈战役亲历记》，第251页。
[2] 惠德安：《国民党军在葫芦岛作战侧记》，《辽沈战役亲历记》，第286页。

辽沈战役（一）攻克锦州

"塔山英雄团"战士在阵地前

之后，提出迂回塔山的合理建议。罗奇为了让95师立功，仍然坚持从正面硬攻。结果再次遭到惨败，把95师也断送掉大半。62军为了保存实力，不肯派21师增援95师。致使95师已经突破正面，又被解放军打了回来，前功尽弃。国民党军尽管有兵力和火炮的绝对优势，但却形不成合力，这就是为什么攻不下塔山的原因。

　　四纵在塔山阻击战中，充分表现出勇猛、顽强的战斗作风。防御战他们过去没打过，但在战斗中无论炮火有多猛，冲击有多凶，他们都拼死守住阵地，只要还有一个人活着就决不后退一步。34团2连一个通信员把坚守的命令错传为撤退，一位班长立刻指出："你传错了，我接受任务时，只有守，没有撤！"战士们斗志高昂，干部身先士卒，党员冲锋在前，这种精神甚至感动了国民党军俘虏。36团5连坚守泉眼沟，10月13日连续打退国民党军七次进攻，并与国民党军展开白刃战。一个刚被俘不久的士兵看到解放军这样勇敢，也积极投入战斗。他准确地打出几十发迫击炮弹，为打退国民党军进攻立了大功。在战斗中各部队互相支援，一个团一天战斗下来伤亡很大，另一个团立即顶上去，轮番战斗。前方部队在浴血奋战，后方机关干部、兄弟部队和地方群众源源不断地把弹药、饭菜、修工事的木料运往前线，把伤员及时送往后方。当四纵撤离塔山后，国民党军官来到空无一人的阵地上看来看去。只见堡垒星罗棋布，障碍物纵深，交通沟连贯。他们环顾四周，几十里内树木很少。实在想像不出解放军怎么能在短短十天内筹集运输这么多木材，建造如此牢固的阵地？塔山阻击战后，12师34团被东总授予"塔山英雄团"称号，36团被授予"白台山守备英雄团"称号，10师28团被授予"守备英雄团"称号，四纵炮兵团被授予"威震敌胆"锦旗。仅12师就有2026人立功，鲍仁川、程远茂成了全军闻名的战斗英雄。塔山阻击战作为四纵战斗历程中最光辉的一页，被载入中国人民解放军的史册中。

2

说完塔山再回头来说锦州。1948年10月7日，东北野战军总部到达锦州北郊的牤牛屯。在一个简陋的农家小院刚刚安顿下来，林、罗、刘就急着要看地形。他们在攻锦部队首长的陪同下，徒步登上四百多米高的帽儿山山顶，观看着锦州的情况。

锦州城，背山面海，坐落在小凌河、女儿河的北岸，自古以来就是连接华北与东北的咽喉要道。北宁和锦承两条铁路在这里交会，使其战略地位更加突出。这里原是一片荒凉的土地，明末满人在关外兴起，成为与明朝争夺天下的主要对手。为了阻挡满族骑兵冲入华北平原，明朝在辽西走廊锦州至山海关一线部署重兵，层层设防，建起一座座军城要塞。锦州是双方角逐的前沿，也是明军最

辽沈战役（一）攻克锦州

重要的据点。1641年，清太宗皇太极亲率清军主力与洪承畴的明军主力在这里进行了一场惊心动魄的决战，十几万明军的惨败导致形势的剧变。清朝极为重视锦州，称其为"山海要冲，边关锁钥"。

三百年后的历史竟然也如此相似，锦州又一次成为大会战的焦点。正如范汉杰所说：锦州好比一条扁担，一头挑着东北，一头挑着华北。现在解放军要把这条"扁担"从中砸断，堵塞东北几十万国民党军的退路，将其彻底消灭在关外。

日本人占领锦州时期，构筑了不少工事和坚固的建筑物。国民党军来后，又经过几年经营，形成了比较完整的防御体系。城北的亮马山、大疙瘩，城东的大、小紫荆山，城南的罕王殿山(就是清军与明军会战的松山)等制高点是外围阵地，山顶上修了工事。以女儿河、小凌河为天然屏障，以锦州老城和环绕新市区的土城墙为骨干形成了环城阵地。城墙下有二丈宽深的壕沟，壕外又有铁丝网、鹿砦、地雷。城墙上布满了明暗火力点。范汉杰的指挥所设在锦州铁路局大楼上，守军有卢浚泉的第六兵团所属93军、新8军等七个师、冀热辽地方武装约十万之众。无论从兵力和防御体系的坚固性来看，锦州都远远超过了四平。

林彪在帽儿山上拿着望远镜一边看一边想，锦州这个仗该怎样打。他看着地图琢磨选择主攻方向和突破口的问题。回到牤牛屯驻地，听取参谋处长苏静汇报义县攻城作战经验。当苏静说到攻城部队为了减少伤亡，采取近迫作业，大挖战壕、交通沟时，林彪立刻重视起来。问道："要用多少兵力挖？"苏静答："据二纵5师汪洋参谋长说，除尖刀连外，要用绝大部分的兵力日夜抢挖，多挖几条交通沟，直到冲锋出发阵地前。"林彪马上叫来参谋，口授电报发往攻锦各部队：

中国的1948年：两种命运的决战

一、每个师需以六个营的兵力(三分之二的兵力)全部用于挖交通沟，只留下担任尖刀部队在后面进行充分的突击准备。绝不可只依靠少数部队挖交通沟。

二、挖交通沟时，要有不怕伤亡、不怕疲劳的精神，大胆进至距敌五六十米处，沿途摆开由前向后挖，前后同时挖。

三、每个师要挖五条或三条交通沟。

四、每条沟须高宽各一米五。

五、挖沟时先须以卧倒姿势挖卧沟，然后逐渐挖成站沟。要不怕疲劳，只要我肯挖交通沟，则不管敌火如何激烈，工事如何坚固，都将使其大大丧失作用。

六、以上指示必须坚决执行，不可懒散怕疲劳不执行。今后东北全军的基本任务是攻大城市，故各部须在此次挖沟中，在思想上与作风上，打下坚固基础。这样，今后作战就增加了重大的必胜因素。[1]

电报指示如此之细，口气是如此坚决。东总《阵中日记》10月9日记录："攻锦部队今晚开始挖交通沟。"解放军的步兵一下变成了工兵，黑夜里连刨带挖，分段包干，战士们一个个干得挥汗如雨。到第二天天亮时，平坦的田野上已经布满了纵横交叉的交通沟。国民党军大吃一惊，眼睁睁看着共军挖到他们阵地前沿，说话声音都听得见，就是打不到人。总攻开始后，这些交通沟就变成了突破国民党军阵地的尖刀。可以说，锦州攻坚战的胜利是挖沟挖出来的。

在锦州外围战斗中，八纵出现失误。10月6日凌晨二时八纵68团打下城东南小紫荆山后，团长下山吃饭去了。不料上午国民党军来个反冲锋，把阵地丢了。八纵想马上夺回来，就没向总部报告。国民党电台广播"紫荆山大捷"的消息，总部才知道此事。紫荆山是城东南的制高点，林彪大发脾气，罗荣桓与刘亚楼在8日夜里赶

---

[1] 苏静：《关于锦州战役的回顾》，《辽沈决战》续集，第216页。

到八纵指挥部,严厉批评纵队司令员段苏权和政委邱会作。罗荣桓说:"毛主席专门来电批评了这件事,指出'大军作战,军令应加严'。这不是件小事,你们要作深刻检查。"[1]

最深刻的检讨就是马上夺回阵地。邱会作翻身上马赶到紫荆山下的68团,当着全团的面宣布将团长和副团长撤职,那个丢失阵地的连长被当场枪毙。这样严厉的处罚在解放军中是极为罕见的。10日6时,23师向小紫荆山发起猛烈进攻,战士们个个死打硬拼,仅用一小时就夺回了阵地。完成任务之后,邱会作回到指挥部向罗荣桓报告,罗才离去。为了充分吸取教训,保证总攻锦州的顺利,林彪就此事向各部队发了一个通报。

根据东总的部署,攻锦各部队从8日起陆续开始外围战斗。经过两天战斗,七纵和九纵11日打到锦州城下的小凌河边。八纵收复小紫荆山后不停顿地进攻,10日早晨攻占城东南的百官屯和北大营。锦州城南的国民党军也退缩到锦州城内。在这紧急关头,范汉杰居然想不出任何办法来挽救败局。当初他对解放军进攻锦州缺乏思想准备,当解放军出现在锦州城外时,他向蒋介石和卫立煌连连呼救。10月6日他就想弃城突围。8日卫立煌来电严厉制止,如果锦州丢了,东北国民党军就断了退路,这也是蒋介石绝对不允许的。范汉杰只好临时召集军官会议部署防御。长官如此消极,下级就更无信心。当10月10日塔山方向传来隆隆炮声时,范汉杰尚存一线希望,等援军来给他解围。

毛泽东密切关注锦州战局的发展,10月10日他致电林、罗,要他们集中精力打好锦州这一仗。电报说:"这一时期的战局,很有可能如你们曾经说过的那样,发展成为极有利的形势,即不但能歼灭锦州守敌,而且能歼灭葫、锦援敌之一部,而且能歼灭长春逃敌之一部或大部。如果沈阳援敌进至大凌河以北地区,恰当你们业已

---

[1]《罗荣桓传》,第22章第4节,当代中国出版社1991年版。

中国的 1948 年：两种命运的决战

攻克锦州，使你们有可能转移兵力将该敌加以包围的话，那就也可能歼灭沈阳援敌。这一切的关键是争取在一星期内外攻克锦州。"
"你们的中心注意力必须放在锦州作战方面，求得尽可能迅速地攻克该城。即使一切其他目的都未达到，只要攻克了锦州，你们就有了主动权，就是一个伟大的胜利。"[1]

林彪把攻击重点放在城北。三纵负责进攻配水池、大疙瘩这两个国民党军最坚固的阵地，二纵从城西北方向进攻。在这两大主力的后边，林彪又调来一个强大的预备队——号称"攻坚老虎"的六纵17师。

配水池位于城北二里处一个高地上，与东边二里远的大疙瘩形成呼应的两个制高点，作为城北的屏障。配水池是日本人搞得钢筋水泥建筑，守在这里的是暂22师1团的一个加强连。他们自称"守配水池的都是铁打的汉"，要把配水池当作"第二个凡尔登"。为了拿下这个小小的高地，三纵派出了战斗力最强的7师20团，并配备了炮纵的9门野炮、11门山炮，突击营集中了12挺重机枪。

12日8时解放军开始攻击，猛烈的炮火打得配水池小高地一片火海。但是国民党军的火力点修得很隐蔽，炮火未能将其彻底摧毁。当20团1营发起冲锋后，国民党军的暗火力点突然射击起来，解放军战士遇到地雷和铁丝网的障碍，在密集火力下遭到伤亡。第一次突击没有成功。解放军的炮火向配水池再次进行猛烈轰击，20团1营冲上高地，占领了一个独立房子和西部的大地堡，但是核心地堡群没有拿下来。国民党军在团长带领下，乘两辆装甲车冲过来，想把解放军从配水池上挤下去。双方展开了硬碰硬的对攻战。一辆装甲车被炸毁，国民党团长当场丧命。20团1营也遭受重大伤亡，在赵兴元营长"一人一枪，战斗到底"口号激励下，打退国民党军一次又一次冲击，到最后全营只剩下二十多名负伤的战士，终于保住了阵地。

---

[1]《毛泽东军事文集》第5卷，军事科学出版社1993年版，第52页。

7师于黄昏时再次发起强大攻击。炮兵集中火力射击国民党军地堡群,四发命中。20团3营如猛虎出山,向地堡冲去。国民党军战斗一天,伤亡严重加上弹药不继,终于丧失了战斗力。3营冲进地堡,俘虏二百余人,坚固的配水池终于拿下来了。韩先楚司令员立即将他的指挥所移到配水池,炮兵也将阵地推进到这里,占据了总攻最有利的阵地。[1]

8师打大疙瘩也极为艰苦。12日一天发起多次进攻,伤亡很大。13日早晨,距离总攻的时间越来越近,这个大疙瘩还拿不下来,韩先楚也着急了,他亲自指挥进攻大疙瘩。三纵集中炮火朝大疙瘩猛轰,24团1营发起进攻,发现地堡群下面有条盖沟,国民党军就是从这条沟里对地堡群进行支援。几个战士冲上去炸塌了盖沟。到下午二时,大疙瘩顶上的地堡群终于被24团攻克,锦州外围最后一个钉子被拔掉了。

几天的外围战斗,国民党军被全部压缩在锦州城内。林彪看到范汉杰的部队战斗力并不像原来估计的那样强,更加胸有成竹。11日夜里他向军委汇报情况,坚定地说:"阻住锦西援敌和打下锦州均有把握。"12日,他下达了总攻锦州的部署:以二纵、三纵、六纵17师为北突击集团,统归韩先楚指挥。以七纵、九纵为南突击集团,统归邓华指挥,由南向北并肩突破。八纵为东突击集团,由东向西进行辅助突击。总攻时间定为10月14日上午十时。

为了总攻的顺利进行,林彪调集了最强大的炮火。炮纵主力加上各纵的重炮(山炮、野炮、榴弹炮、加农炮)共三百多门,再加上各部队的小口径炮多达六百余门。特种兵战车团的15辆坦克,也从后方千里迢迢运到锦州前线。用这样多的重武器攻打一个城市,在解放军的历史上是第一次。

锦州外围的国民党军队退入城内后,陷入一片混乱状态。众多

---

[1]《锦州战役炮兵战斗总结》,炮兵司令部1959年翻印。

官兵食宿无着,在城内乱抢乱闹。范汉杰构筑的工事主要在外围,城内尚未形成体系,各部队就在驻地附近修建临时工事。炮兵团退入城内后,拥挤在邮电局大楼的第六兵团司令部旁。由于城内楼房的遮蔽,炮兵没有合适的观察所,等于失去作用。炮兵指挥官怕卢浚泉把他们赶往城边,隐瞒不报真相。卢浚泉下令开炮,他们就朝城外漫无目标地乱打。范汉杰、卢浚泉望眼欲穿,侯镜如、廖耀湘的援军就是来不了。锦州城内国民党军士气低落,人无斗志。

14日九时三十分,总攻开始。解放军的炮火齐声怒吼,打得锦州城内烟雾弥漫,火光冲天。范汉杰为了安全,把自己的指挥部迁移到中央银行地下室,与卢浚泉的兵团指挥部相隔几十米远。此刻,他感到共军的炮弹都倾泻到自己头顶上,虽然这是心理作用,可见解放军的炮火之猛烈。30分钟炮火准备后,各路攻城大军同时发起突击。九纵因炮火支援少,未等炮火延伸射击,突击部队两个连就从交通沟里冲出,涉过齐腰深的小凌河,冲到城墙下,打开突破口。76团5连战士朱万林第一个登上城墙,刚刚竖起红旗,就中弹牺牲。班长赵洪泉负伤,忍痛爬上突破口,第二次竖起红旗,一个手榴弹在身边爆炸,旗杆炸断,赵洪泉再次负伤倒地。排长刘金第三次举起红旗,召唤战友们前进。当他又负伤倒下,战士李玉明第四次举起红旗。三分钟内九纵战士四竖红旗,成为锦州战斗中感人的英雄事迹。七纵与九纵并肩突破,杀入城内,与国民党军展开巷战。七纵沿大凌街、小凌街前进,攻克中央银行、陆军医院等重要据点。在锦州电影院,一个营的国民党军依托工事拼命抵抗。七纵几次攻击没奏效,决定采用重量爆破。战士们冲到电影院墙边,一包又一包码上六七百斤炸药。一声巨响,里面300多国民党官兵全被炸死或震昏。[1]

总攻的主要方向在城北。二纵5师14、15团不到十分钟就突破了城垣。当15团10连冲到铁路路基北侧时,受到火力封锁,前进

---

[1] 詹才芳、李中权:《并肩驰骋在辽沈战场》,《辽沈决战》上册,人民出版社1988年版,第362页。

受阻。10连两次爆破均未成功，2排5班战斗组长、共产党员梁士英挺身而出，冒着枪林弹雨冲到地堡前，将爆破筒从枪眼塞进地堡。里面的人拼命向外推，梁士英拾起冒烟的爆破筒再次塞进地堡，并用身体死死顶住。排长急得高喊："梁士英快回来！"话音刚落，一声巨响，国民党军的地堡被炸上天，梁士英壮烈牺牲。他虽然比董存瑞炸碉堡晚了一百多天，但他舍身为部队铺开前进道路的英雄行为被人民永远怀念。[1]

在二纵、三纵的攻坚战斗中，解放军的坦克大显神威。14日十一时，炮火延伸向锦州纵深，配合二纵进攻的坦克从隐蔽的草堆中吼叫着钻出来，分成两路向城里冲去。其中一路顺着洼地向大铁桥开去，步兵看到坦克为他们开路，士气大振，抱着炸药包紧随其后。有一辆坦克是解放军在东北接收的第一辆坦克，因样式老旧，大家叫它"老头坦克"。驾驶"老头坦克"的董来扶是个机灵的年轻人，坦克速度不快，他乘着烟雾行进，躲避炮火。前边一辆坦克被炮击中出了故障，董来扶时进时退，在运动中寻找目标。炮手李群瞄准桥洞两侧的碉堡，几炮把它们打烂。后续部队在"老头坦克"带领下，勇猛地攻进市区。在城里激烈的巷战中，坦克因为没有无线通讯设备，不能统一指挥，只能依靠坦克兵的机智勇敢，主动配合部队单车作战。"老头坦克"沿着大街向前冲击，机枪手武佩龙站在炮塔上向前面的国民党军工事猛烈射击。打得国民党军纷纷逃窜。在进攻锦州老城时，因为事先没有机会侦察地形，有三辆坦克不慎掉进城边的壕沟里，退出战斗。"老头坦克"沿着壕沟边缘，一边消灭地堡工事，一边寻找进入城内的突破口。炮弹在坦克身边爆炸，震得车内的人眼冒金星，耳朵都聋了。但大家仍然坚持战斗，为步兵开辟前进道路。战斗结束后，"老头坦克"被上级命名为"功臣号"，今天还静静地安放在北京军事博物馆的大厅里，让人们一睹

---

[1] 刘震等：《东北解放战争中的第二纵队》，《辽沈决战》续集，第137页。

中国的1948年：两种命运的决战

它当年的风采。[1]

解放军像多把尖刀，从四面八方刺入锦州市区。中午，韩先楚见一线攻击部队疲劳，放出"攻坚老虎"六纵17师。17师49团于十五时攀登城墙突入城内，担任突击的3营一边爆破，一边前进。20分钟消灭21个地堡。到黄昏时，各纵已突入锦州城内五个师的兵力，他们分割穿插，不停顿地进攻。正如林、罗10月18日向毛泽东报告的那样："先头部队与主力不顾一切，横直向敌纵深猛插、猛进。对坚固据点，以后续部队进行有组织的进攻和爆破。""不少连队原有人数一百三四十人，打得只有二三十人，但仍继续攻击。有的师、团长、副团长全部伤亡，营级干部伤亡更大。突破后，部队不顾侧射，拼命多路向敌纵深猛烈穿插，迅速将敌人分割，把敌指挥系统打烂。"

十七时半，总部又下达命令："今晚各纵队应继续作通夜之作战，打得敌人没有机会重整已烂的部署。"这一夜，飞向天空的照明弹和爆炸的火光映红了锦州城，清脆的机枪声和喊杀声彻夜不断。在解放军四面合击之下，范汉杰、卢浚泉等被打得晕头转向，国民党军的军、师指挥部都受到不同程度的损坏。通讯联络中断，各部队只能自己顾自己，失去协调和指挥。下午，锦州旧城内的弹药库和火车站附近的地下汽油库均被炮火击中，火焰冲天。范汉杰见大势已去，匆匆赶往卢浚泉的指挥部商量对策。其实卢浚泉也早就想逃跑，他派人到城边侦察情况，发现东南角比较平静，路还是通的。(这里是八纵、九纵的接合部——作者注)十六时左右，范汉杰带着老婆子女、参谋长和亲信随从来到卢浚泉的地下室，与93军军长盛家兴、18师师长景阳等商量。范汉杰说，在目前情况下，坚守下去只能是坐以待毙，不如向锦西方向突围求生。但是怎样突出去，几人都想牺牲别人保全自己。范、卢表示：突围由盛军长和景

---

[1] 苏进：《辽沈战役中炮兵纵队的战斗片断》，《辽沈决战》上册，第522页。

师长指挥，黄昏开始行动。盛家兴则表示18师正在战斗，很难收得拢，要范、卢先行动。

长官要逃跑的消息，很快就在司令部中传开。炮兵官员桂协华是卢浚泉的亲信，当卢要他准备走时，他问："盛军长走不走？"卢说："他们都表示不走，人越少越好嘛！"桂协华想拉上一位朋友一起走，没想到这位老兄气愤地说："这种情况，出得去吗？是出去找死啰！实在没办法，就把白旗扯出去。"当范汉杰、卢浚泉离开第六兵团指挥部时，所有的人都冷眼相待。等范、卢刚走，盛家兴马上叫景阳集合队伍向城西突围。原来他们想甩掉范、卢自己逃命。[1]

战斗到15日拂晓，攻城各部队在锦州市内的中央大街、白云公园、中央银行和邮电局等地会师。范汉杰、卢浚泉的指挥部都已被占领。尚有一万多残存的国民党军退入锦州老城内顽抗。当日中午林、罗命令七纵由西南攻击，二纵由东北攻击。在高级长官均已逃跑，失去指挥的情况下，国民党残兵有的投降，有的企图跳墙突围，被解放军截获俘虏。到十八时，解放军攻克锦州老城，锦州战役结束。

再说范汉杰、卢浚泉在几十名士兵掩护下，沿着交通沟向城东南角行进。爬过土墙、外壕到了女儿河边。卢浚泉命令部下把枪扔到河里，分散逃命。这时天色已晚，范、卢一行摸到南山脚下，被山上的解放军发觉，打了几枪，他们顿时慌乱起来，范汉杰与卢浚泉跑散了。卢浚泉派人找了一阵没找到，也顾不得许多，钻进山沟隐蔽起来。

范汉杰带着夫人，向东南摸黑跑出十多里地，回头看看锦州枪声越来越稀，估计锦州已经完了。他想向塔山方向跑，在老乡家躲了一夜，脱下中将军装，换上破旧衣服，16日早上沿着小路到了一个叫谷窝棚的地方。这里有解放军九纵的后方机关，干部们发现这三男一女形迹可疑，上前盘问。女人讲福建话，大高个男人说广东

---

[1] 桂协华：《范汉杰卢浚泉被俘始末》，《辽沈战役亲历记》，第129页。

话,自称是"沈阳难民"。当盘问他们几人的关系时,大高个说:"我没话可谈,你们枪毙我吧。"把他们几人拘留后,随从的人交代自己是范汉杰的副官。大高个男人就是国民党东北"剿总"锦州指挥所中将主任范汉杰。[1]

卢浚泉一行在山沟里躲了一阵,又借着月光高一脚低一脚地往南跑。他们扔掉了手枪和身上所有的军用品,饿了就拔地里的白菜充饥。天亮后他们又钻进高粱地,看着一队队的俘虏从城里出来。到了一个窝棚,桂协华用金子向当地农民换了五身破衣服和早饭。化装后卢浚泉命令分散走大路。到了一个村子边,这五个陌生的男人立即引起当地人的怀疑,在村口被解放军哨兵拦住。问他们:"老乡,站住!哪里来的?到哪里去?"桂协华支吾说:"沈阳逃难来的。"一个干部走上来说:"一口云南口音,哪里是沈阳逃难来的,一定是锦州逃出来的。军人要坦白。"这样,他们到底也没跑出九纵的地盘,当了俘虏。卢浚泉被查出身份后,送往野战军总部。

在牤牛屯,林彪、罗荣桓分别接见了范汉杰、卢浚泉。范汉杰沮丧地说:"这一着(打锦州)非雄才大略之人是做不出来的。你们炮兵的炮火之猛烈,出乎意料。我们的炮火全被压制住了,我们走到哪里,你们的炮火就跟到哪里。你们部队的近迫挖壕作业很熟练,我们在地面上看不到部队运动,无法组织反击,这是我们未曾料到的。你们的部队勇猛攻击,势难抵挡呀。"出于人道主义,解放军释放了范汉杰的家属,18日她们逃到葫芦岛,向侯镜如等报告了范汉杰被俘的消息。

31个小时的锦州攻坚战,解放军将锦州城内的10万国民党军全部歼灭。缴获各种炮1121门、枪支4万多及大批物资。解放军也付出了24000人伤亡的代价。攻克锦州,就封闭了东北国民党军撤退的通道,为辽沈战役的胜利迈出了关键性的一步。

---

[1]《东北日报》,1948年10月27日。

13 辽沈战役（二）辽西大会战

1948

中国的 1948 年：两种命运的决战

1948 年 10 月，长春在东北野战军的长期围困下，国民党守军冻饿交加，突围无望。郑洞国虽然坚持死守的方针，但部下都纷纷在寻找出路。这时，蒋介石下令突围，大家都认为部队官兵体力衰弱，根本走不到沈阳。在解放军政治工作人员的努力争取下，60 军军长曾泽生决定率部起义。10 月 17 日，60 军向解放军移交阵地后，开出长春。国民党嫡系部队新 7 军见大势已去，也同解放军联络，协议放下武器，并促请郑洞国投降。21 日凌晨，当郑洞国被部下拥簇着从中央银行的地下室走出来的时候，解放军战士已经持枪列队站在两边恭候他了。

"不战而胜"是战争中最理想的结局，长春的解放是解放军用不流血方式占领大城市的第一次成功范例。这一胜利为正在进行的辽沈战役解除了后顾之忧，大大加速了东北解放的进程，也对解放战争后期许多省市的和平解放起了典范作用。

这时，廖耀湘率领的东北国民党军西进兵团，还按照原定计划由辽西的彰武向新立屯进攻。10 月 15 日早上，在徐州的杜聿明突然接到蒋介石急电，要他飞到沈阳去。杜预感到东北形势严峻，当天下午就赶到了沈阳，蒋介石也从南京到达这里。第二天，锦州方向没有任何信息，估计范汉杰兵团大势已去。蒋介石匆匆飞往葫芦岛，杜聿明则到新立屯召集廖耀湘和各军军长开会。当杜聿明与他们见面时，发现这些与他一同进东北的老部下情绪发生了很大变化。东北形势的逆转，解放军的强大攻势，使廖耀湘和几位军长都感到震惊和恐惧。当初蒋介石命令廖兵团西进，卫立煌坚决反对。廖耀湘占领彰武后，表面上看是切断了解放军的后方供应线，有所

辽沈战役（二）辽西大会战

进展。卫立煌仍然不许廖兵团继续西进，要廖把主力部队摆在新开河以东。15日这天与锦州联络中断后，卫立煌和参谋长赵家骧都反对廖兵团继续西进，要求杜聿明见到廖耀湘后，让他把大部队撤回沈阳来。

廖耀湘也觉得西进无望，但是他又有自己的算盘：回沈阳要越过三条大河，万一被共军抓住，后果不妙。即使退回沈阳，也无法扭转局面。他早就向蒋介石建议将东北国民党军主力从营口撤退，这是惟一的生路。摆在西进兵团面前有两条退路：一条路是由巨流河车站南渡辽河，经辽中退往营口。这样要经过四条大河，行军速度慢，如果共军得知他们的企图，很可能在半路拦截或抄近路直取营口。另一条路是由新立屯南下，经黑山、大虎山以东撤往营口。这条路是一条狭长的走廊，没有像样的公路。但距离短，没有大的河流障碍，如果抓紧时间，两天半急行军就可以通过。廖耀湘考虑："实行这一案，首先须争取时间，其次需要占领黑山，以掩护兵团主力通过走廊。不能占领也要猛烈攻击黑山，以免被截断走廊。同时，造成我继续向锦州进兵的假象，以迷惑敌人，掩护我向营口撤退的企图。"[1]

杜聿明见到廖耀湘，向他传达蒋介石的西进命令。廖耀湘摆出种种理由，力陈西进的危险和南下营口的可行。杜不敢违背蒋的命令，又拉他回到沈阳与卫立煌商量。卫立煌认为，此时绝不能再西进，但是对撤回沈阳还是南下营口犹豫不决。他让廖马上回去集结部队，作好进攻黑山的准备，等蒋介石批准就开始行动。

蒋介石18日再次飞抵沈阳，听取卫立煌等下一步行动的汇报。参谋长赵家骧汇报了情况后说："敌军兵力超过我军近两倍，而且无后顾之虞，可以集中兵力同我决战。而我军既要保卫沈阳，又要收复锦州，有被敌军各个击破的危险。所以，继续向锦州攻击，是

---

[1] 廖耀湘：《辽西战役纪实》，《辽沈战役亲历记》，文史资料出版社1985年版，第171页。

杜聿明

值得慎重考虑的。"蒋介石顿时大怒道:"我们有空军优势、炮兵优势,为什么不能打?"仍旧坚持要廖兵团西进。杜、卫、赵三人都不表态,蒋只得说:"你们再研究研究。"当日又飞往北平。

当日廖向卫报告一切准备完毕,请下达前进命令。卫说要等蒋介石的决策,廖耀湘进攻黑山的行动就这样被延迟了。十万大军进不进、退不退,白白浪费着一天又一天的宝贵时间。卫立煌与杜聿明又被蒋召到北平,与傅作义共商对策。19日的会议开了四个小时,仍然争吵不休。蒋介石坚持要夺回锦州,卫立煌要集中兵力守沈阳,杜聿明、傅作义则不表态。蒋介石见众将领都不支持他的意见,急得拍桌子瞪眼,先骂卫立煌,后骂马歇尔。说:"马歇尔害了我们的国家。抗战胜利后,我决定军队进到锦州后就不再向前推进,以后马歇尔一定要接收东北,把我们所有的精锐部队都调到东北,弄得现在连守南京的部队也没有了。真害死人了!"

这时,杜聿明提出两个方案:一是东北国民党军有计划地向营口撤退,放弃东北。二是要廖兵团继续西进,攻击黑山、大虎山,打得下就进而收复锦州,打不下来就逐次向营口撤退。蒋立即表示同意第二方案,并把东北的指挥权交给杜聿明。杜聿明顿时感到沉重的压力。国民党军队在东北败局已定,谁都看得清,惟独蒋介石还仗着空军和炮火的优势,执意要收复锦州。杜聿明只得搬出《孙子兵法》,作最后的劝说。

杜问："校长看收复锦州有几成把握？"

蒋说："六成把握总有。"

杜说："孙子说：夫未战而庙算胜者，得算多也，未战而庙算不胜者，得算少也。多算胜，少算不胜。(杜咽下了'而况于无算乎'这句话)现在我们只算到六成，只会失败，不会胜利。"

蒋说："你看如何才可以收复锦州?锦州是我们东北的生命线。我这次来时，已经和美国顾问团商量好，只要我们保全锦州，美国就可以大量援助我们。现在应研究如何把锦州的敌人打退，将沈阳的主力移到锦州，保全锦州。以后我们一切都有办法。"

蒋介石对杜聿明说了实话，杜只好答应指挥东北战事。他不愿和卫立煌搞僵，蒋就任命杜为东北"剿总"副总司令兼冀热辽边区保安司令，指挥部设在葫芦岛。他向杜聿明面授机宜：要第八兵团司令周福成守沈阳，第九兵团司令廖耀湘率主力部队进攻黑山，收复锦州，52军军长刘玉章夺取营口。蒋介石说："你们对共军作战都丧失了信心，我料定只要我军主力从沈阳出来攻击，与葫芦岛各军南北夹攻，共军必退，我们就可以收复锦州。万一共军打不退，有52军占领营口掩护后路，再令廖耀湘撤退也不晚。"当天下午蒋介石再次召集卫立煌、傅作义、杜聿明开会，宣布了杜的任职和收复锦州的决定。会后，卫、杜同乘飞机回沈阳。

在飞机上，两人谈起蒋介石的策略，卫立煌气愤地说："这不是今天的事，从今年春天起，蒋就三令五申要打通沈锦铁路，将主力移到锦州，我一直顶着。蒋几次来沈阳都是不顾大家反对，不分皂白的骂人。我不同意就不参加意见，也不执行他的命令。"杜也左右为难，在飞机上发了电报，叫廖耀湘、刘玉章来沈阳商议。

廖耀湘在新立屯等着命令，但一天又一天过去，上边总是扯皮。

中国的1948年：两种命运的决战

他急得不得了，19日直接给蒋介石发电报，要求南下营口。20日他接到杜聿明的电报，夜里赶到沈阳卫立煌家中，听杜聿明传达蒋介石的命令。廖耀湘、刘玉章都表示：攻下黑山、营口没有问题，可以马上行动。杜强调说："你们行动要快，施行这一计划主要在于行动迅速，能战就战，不能战就退。"

卫立煌、杜聿明睡不着，还在商量。他们感到蒋介石的决策隐藏着危险。杜说："廖耀湘要是行动迅速，打得机动，将黑山、大虎山敌人牵住，还有可能从营口撤退。否则有全军覆没的危险。"卫说："沈阳怎么办呢？"杜说："沈阳久守是无望的，你看出老头子的意思没有？但是我现在不能提从沈阳撤退的意见。老头子预计我们夹攻之下，共军会撤退。如果共军真退了，我们不是成了放弃沈阳的罪人？"卫立煌肯定地说："共军不会退，你看着吧！新立屯后路一断，黑山再过不去，廖耀湘危险得很。咱们叫工兵到辽中架几座桥，万一廖耀湘退不到营口，也还可以退到沈阳。"杜表示同意，交代参谋长赵家骧去办此事。[1]

国民党统帅部犯了一个致命的错误：蒋介石根据以往的经验，认为锦州战役后解放军伤亡很大，林彪必定要用一段时间休整补充部队，才能准备下一次行动。因而要廖耀湘兵团继续西进。廖耀湘则充满自信，认为林彪还没有足够的力量来吃掉他这十万大军。他虽然想撤往营口，总觉得时间还很从容。谁也没有想到：就在10月16日到21日这几天中，毛泽东和林彪已迅速决策，调遣主力来歼灭廖耀湘兵团了。直到廖被俘之后，他才痛悔自己为什么不当机立断，迅速南下。在新立屯等待的五天宝贵时间，断送了他们求生的最后机会。

---

[1] 杜聿明：《辽沈战役概述》，《辽沈战役亲历记》，第21—33页。

2

林彪、罗荣桓在辽沈战役结束后给毛泽东的报告中,也特别强调了蒋介石的错误决策给他们提供了全歼廖耀湘兵团的机会。报告说:"徘徊于彰武与新立屯地区之廖耀湘兵团,既未达到解锦州之被围,也没有达到策应长春之突围。如果按卫立煌之办法,锦州一被打下,即缩回新民,或退守沈阳,可以不致失败到如此之快。但蒋介石误认为刚攻克锦州之师,必不可能迅速继续作战。同时,我将锦西附近两个独立师和十一纵一个师向南佯动,并通知沿铁路线到山海关地区,准备军房舍及粮草,虚张声势。这更促成蒋介石决心以廖兵团继续沿北宁线攻击前进,企图重占锦州。"

锦州战役结束后,攻锦部队仅仅休整了三天。10月17日,林、罗、刘向中央军委请示下一步行动计划。毛泽东复电让他们准备打锦西和葫芦岛,争取11月完成任务。这时,长春解放的消息传来,形势发生了重大变化。19日林、罗向中央连三封电报,决定放弃打锦西,全力以赴回头打廖耀湘集团。毛泽东彻夜不眠,连续发出四份答复和指示林、罗的电报。20日凌晨四时,他在给林、罗的复电中说:"你们行动方针已有电示,即不打锦葫而打廖耀湘。我们完全同意你们的建议,如廖兵团继进,则等敌再进一步再进攻之;一经发觉敌不再进,或有退沈阳退营口的征象时,则立即包围彰武、新立屯两处敌人,以各个击破为方法,以全歼廖兵团为目的。望即本此方针,即刻动手部署,鼓励全军达成任务。"三个小时之后,毛泽东又指示林、罗、刘:"以一、二、三、五、六、七、八、九、十共九个纵队二十七个师全部,分割包围廖兵团五个军十二个师。"[1]

辽西大会战的计划,在短短三天内就酝酿成熟,付诸实施了。没有任何争论,大家各抒己见,谁的意见正确可行就照谁的办,充

---

[1]《毛泽东军事文集》第5卷,军事科学出版社1993年版,第109—113页。

中国的 **1948年**：两种命运的决战

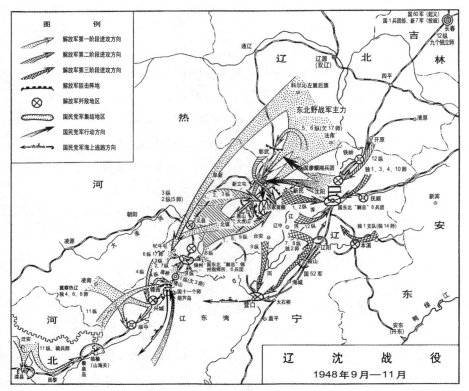

辽沈战役地图

分体现了中共高层指挥机关的高效率和团结协作精神,与国民党统帅部的争吵扯皮,形成了鲜明对比。

收到毛泽东的复电后,林、罗、刘立即定下歼灭廖耀湘兵团的决心,并于20日十时向各纵队发出命令:十纵并指挥一纵3师进至黑山、大虎山一线,组织坚守防御,阻止廖兵团南下和再占锦州。原在彰武的六纵(缺17师)、五纵进至黑山东北的厉家窝棚、郑家窝棚、二道岗子一线,切断廖兵团回沈阳的退路。主力一、二、三、七、八、九纵、六纵17师及炮纵,由锦州向辽西急进。"拦住先头,截断后尾,夹击中间",务求全歼廖兵团。锦西方向仍由第二兵团指挥四纵、十一纵牵制侯镜如兵团,阻其北上。十二纵和一兵团十一个独立师由长春南下,拖住沈阳国民党守军。东总命令强调:"此次大战关键在于是否能截断新立屯、彰武之敌的退路,如敌退路已断,则沈阳之敌将亦被拖住。"总部要求"目前各部应忍受疲劳,奋发精神,坚决歼灭廖兵团之五个军,并继续歼灭沈阳周围之敌,解放全东北。"

同日,林、罗、刘谭颁发了全歼东北国民党军的政治动员令,指出:"东北局势已发生了新的重大变化,我应乘敌连遭惨败,极端恐慌混乱,企图作东北总撤退的时机,连续作战。为此,首先抓住沈阳出来的廖耀湘兵团,与敌决一死战。此战成功,不仅能引起全国军事形势之大变,还将引起全国政治形势之大变,促成蒋介石的覆灭。"动员令还指出:"此战我军有绝对胜利的把握,我军必须有连续打胜仗的决心,一口吃掉敌七八个师、十数个师,一次俘虏七八万、十数万人。全歼东北国民党军,解放全东北。"[1]

10月21日,驻在黑山县城内的十纵司令员梁兴初、政委周赤萍接到总部命令,要十纵立即到黑山、大虎山"选择阵地,构筑工事,进行顽强死守,以掩护我军主力到达后歼灭前进之敌。"梁、周马上找来各师首长,部署任务,进行动员。梁兴初在纵队党委会上表情严峻地说:"要想打好这一仗,不咬咬牙是不行的!现在野司首长在看着我们,各兄弟部队也在看着我们。打好了就是全东北的解放,又抹掉了蒋介石的十万大军。打坏了,十万敌军就要逃入关内,我们就对人民犯下了滔天大罪!"各师首长都表了决心,党委会提出"死守黑山,抗击敌人,与阵地共存亡"的口号,当天夜里,各部队紧急出发,向指定位置奔去。

黑山、大虎山是北宁、彰武两条铁路的交会处,又有公路交错,黑山以西是医巫闾山脉,山高500米以上,像一堵大墙挡住西行道

---

[1] 韩先楚:《东北战场与辽沈决战》,《辽沈决战》上册,人民出版社1988年版,第130页。

路。大虎山以东是绕阳河沼泽地，水网交错，不宜大军行动。大山和沼泽之间是一条宽20公里的狭长走廊。黑山以北3000米长的丘陵地带，把公路限制得更加狭窄。千军万马到这里也使不上多少劲，能够展开作战的部队是很有限的。

22日早晨，十纵的三个师都到达指定地区。黑山到大虎山的正面约16公里，十纵装备不好，除了机枪、步枪，只有30多门炮。要防御这样宽大的正面，就只能把三个师一线摆开。梁兴初到担任正面防御的28师去察看构筑工事的情况，这里西侧是大白台子，东侧是高家屯，丘陵地带突出部是"一零一"高地。这个制高点是个寸草不生的石头山，没有任何可以隐蔽的地形。战士们挖工事，根本刨不动。梁兴初与28师贺庆积师长商量，果断决定在地表上堆起工事来。当地老百姓扛着木板、拉着钢轨，浩浩荡荡前来助战。两千多军民扛起装满泥土的麻袋、草包，在高家屯一带堆起十个火力发射点。在二十多个小时里修起壕堑、机枪掩体、指挥所、观察所、救护所等。大虎山阵地前还挖了一道防坦克壕。大家严阵以待，一场血战就要展开。

就在同一天，廖耀湘下达了攻占黑山的命令。23日早晨，国民党军先头部队从芳山镇向尖子山发起进攻。守山的7连与敌人短兵相接，硬是坚持到黄昏，在人员大部分伤亡后，退出阵地。7连的英勇战斗，为主阵地防御赢得了宝贵的一天准备时间。

24日清晨，国民党军以四个师的兵力、五个炮团的火力向十纵黑山、大虎山阵地发起全线进攻，黑山阻击战打响了。梁兴初在纵队司令部询问各师情况，29、30师还没有什么情况。28师贺庆积师长报告：国民党军避开黑山正面防御工事，向侧面的高家屯阵地发起猛烈进攻。梁兴初心里一沉，高家屯阵地因工事难修，原来没有作为防御重点。国民党军企图进攻十纵的薄弱环节，冲破防线。想到这里，梁兴初一跃而起，到前方 28 师指挥部亲自坐镇。

国民党军集中了绝对优势炮火，打烂了高家屯三个高地上的大部分工事，防御部队也遭受重大伤亡。梁兴初从望远镜里看到高家屯阵地笼罩在一片烟雾之中。密集的炮弹不断落到三个高地上。他告诉贺庆积师长：要把防御重点放在一零一高地，坚决守住阵地。就是丢了，也要马上夺回来。要 82 团作预备队，随时准备上前接应。

国民党军的进攻开始了，冲在前面的是 207 师，展开三个营的兵力，呼喊着向一零一高地和侧面的石头山发起冲锋。十纵的 84 团两个排守在一零一高地上，连续打退两次进攻。但是进攻石头山的国民党军不顾伤亡，反复冲击。解放军一个排在激战中大多数伤亡，援兵不继，十四时国民党军在第四次进攻时占领了石头山。

石头山失守，九二高地的 4 连侧翼暴露，受到两面夹攻。十六时国民党军占领九二高地后，又向九零高地进攻。84 团 2 营经过大半天战斗，阵地失守。这时，一零一高地上仅剩下 6 连的 10 个战士坚持战斗。国民党军又向一零一高地冲上来。解放军战士已经没有阵地可以依托，只能在弹坑里滚进滚出，投出一个个手榴弹。很快手榴弹也打光了，只有拼刺刀作最后的搏斗。十六时二十分，一零一高地也失守了。

情况万分危急！高家屯阵地失守，国民党军将突破黑山防线，打开南下的缺口。在这千钧一发的时刻，28 师师长贺庆积表现出了高度的沉着。他不给国民党军丝毫喘息机会，立即命令集中全师的 12 门山炮，向一零一高地猛轰。高地上密集的国民党士兵正准备修工事，解放军的炮弹就劈头盖脑落下来，炸得国民党军伤亡惨重。贺师长又命令 82 团的 1、3 营统由 84 团团长蓝芹指挥，迅速向高家屯阵地冲去。经过半小时激战，夺回高家屯阵地。国民党 207 师耗尽三个团的兵力，猛攻了一整天，就这样惨遭失败。

中国的 **1948年：两种命运的决战**

这天，向黑山西北十纵29师阵地进攻的国民党71军，向大虎山30师进攻的新6军22师，在解放军的顽强抗击下也未能前进一步。廖耀湘兵团对黑山、大虎山第一天的进攻，没有取得任何进展。

第一天攻击失败，廖耀湘极为愤怒。他以最精锐的新6军169师代替207师进攻，新6军军长李涛傲慢地说："207师打不下黑山，看我们新6军给他打下来看看！"在二线的49军军长郑庭笈预感到了危险，建议不要在黑山久留，改道后撤寻找退路。他在电话中警告李涛："你要走不走，这样的打，我们都要到哈尔滨扫茅房去(即当俘房)！"但是廖耀湘坚持认为能打开黑山，命令新6军不计牺牲，占领黑山走廊。并要新1军以全部炮火支援，作最后的努力。

25日清晨六时，新6军169师一个团向高家屯阵地发起进攻。他们接受了207师失败的教训，不从正面硬攻，而是迂回到一零一高地东南侧，然后配合正面的主力，发起多路进攻。守卫石头山的6连虽然顽强防御，但在国民党军炮火下伤亡大半，阵地也基本被摧毁。在人员大多伤亡的情况下，前沿阵地于十一时被国民党军占领。207师的助攻部队，也迂回攻占了九四高地。82团军事教导队队长张国率领全队一百多名学员，向九四高地发起反冲锋，半小时内收复了九四高地。但是一零一高地受到国民党军炮火的不断轰击，82团2营战斗了大半天，阵地上的部队基本打完了，在弹尽人寡的情况下，一零一高地于十六时再次失守。

高家屯阵地失守，又一次打开了黑山的门户。师长贺庆积在电话中请示梁兴初，能否等到晚上再反击？梁兴初斩钉截铁地回答："一定要黄昏前反击！我们现在虽然极度疲劳，有伤亡；但敌人的伤亡比我们更大。晚上攻，敌人就喘过气来了，工事也修好了，当然是现在就进攻划得来！"贺师长马上组织反攻，集中82团全部和84团3营，于二十时在炮火支援下，分四路直扑高家屯阵地。82团1

营主攻一零一高地，82团的2营和3营分头收复石头山和九二高地。解放军所有的山炮、迫击炮和轻重机枪都向高地猛烈射击，掩护步兵前进。担任夺取一零一高地任务的82团1营1连在战斗英雄倪恩善的带领下，巧妙避开敌人火力，十多分钟就冲到一零一高地上。经过一小时战斗，高家屯又回到十纵手中。梁兴初听到报告之后，一块千斤重石才从心头落下，长舒了一口气。[1]

10月25日是黑山阻击战最残酷的一天，廖耀湘集中了新6军、71军和207师五个师的兵力、全部重炮火力，发射了近万发炮弹，发起数十次猛烈冲锋。十纵与国民党军死缠烂打，寸土必争。只要还有一个人，就绝不放弃阵地。阵地丢失后又马上组织反冲锋，坚决在当天把阵地夺回来。三天的战斗，黑山前沿硝烟弥漫，尸横遍野。国民党军伤亡8000余人，十纵也付出了4100多人伤亡的沉重代价。

黑山三天攻不下，使廖耀湘完全丧失了西进锦州的决心。情报机关向他报告，共军主力已经到达北镇地区，行动之迅速出乎意料之外。廖耀湘决定放弃进攻黑山，向东南方向退却，准备逃向营口。他请示卫立煌，马上得到批准。卫立煌还告诉他："万不得已时可退回沈阳。"廖耀湘命令25日黄昏停止进攻，队尾变排头，新3军和49军作先头部队向东南方向的台安、大洼前进，71军殿后掩护大军行动。

此刻，十纵也打得筋疲力尽。梁兴初正在为明天如何组织战斗苦苦思索，26日凌晨三时，野战军司令部发来急电："北上主力已到达。敌已总溃退。望即协同一、二、三纵队，从黑山正面投入追击。"梁兴初万分激动，这真是他日夜盼望、期待已久的"一声春雷"！他立刻命令将总部指示传达到各部队，让大家分享这胜利的喜讯。黑山阻击战，是辽沈战役中具有决定意义的一战。十纵以顽强

---

[1] 梁兴初：《黑山阻击战》，《辽沈决战》上册，第440—460页。

的战斗精神,顶住了东北国民党军最精锐的廖耀湘兵团,封闭了他们的南下之路。为东北野战军主力从锦州北上赢得了宝贵时间。

当十纵在黑山顽强阻击廖耀湘兵团的时候,一、三、八纵为第一梯队,由锦州分三路向东急进;二、七、九纵为第二梯队跟进;长春的十二纵和各独立师也兼程南下,从四面八方向廖耀湘兵团逼近。但是究竟在哪里与廖兵团决战,情况尚不明朗。因为林彪不清楚廖耀湘将向哪个方向移动。在野战中吃掉国民党十万精锐部队,在以往的历史上还从未有过。为了打好这一仗,林彪、罗荣桓于23日九时给各部队发出重要指示:

以下指示,请仔细阅读。

一、沈阳、新民、彰武、新立屯之敌,正全部经打虎山、黑山向南总退却。

二、我军决全力乘敌撤退中,与敌决一死战,以连续作战方法,求得歼灭全部敌人。此战成功,则不仅能引起全国军事形势的大变,且必能引起全国政治形势之大变,促成蒋介石的迅速溃灭。我全体指战员须振奋百倍勇气与吃苦精神,参加此一光荣的大决战。不怕伤亡,不怕疲劳,不怕遭受小的挫败,虽每个连队遭受最大伤亡(每个连即打散,或剩几个人,也不害怕),但对全国革命来说,仍然是最值得的。

三、争取此战完全胜利的基本条件有三:1.在干部和战斗员有充分之认识和动员。2.各级干部每次攻击之前,均须走在部队前面,亲自侦察地形和布置攻击准备,但并不是随便暴露目标;或在部队冲锋时，也跑在前面，这仅仅是个人勇敢，对战斗指挥无大益处。3.须严戒沙后所、王道屯的打法，那种打法是在未侦察地形状况、未等大部队到齐、未将兵力火力很好配备、未将敌人退路截断，即仓促的乱打乱冲。此次大战只要我各级干部遵守准备好了再猛攻的原则，则必然横直打胜仗。

23日早晨，六纵奉命进攻彰武。原以为廖兵团的主力和后方应该在这里，结果扑了个空。当天晚上，总部命令六纵南下进军到泡子地区。司令员黄永胜拉起队伍就走，第二天早上到达泡子，又扑了个空。黄永胜等判断廖兵团应在新立屯以南，请示总部继续前进，然而却接到总部停止待命的命令。

黑山阻击战打响后，林彪并没有马上下命令要各纵队合围廖耀湘兵团，其中原因可能是多方面的：如果十纵顶不住，就在黑山以南阻击；如果廖掉头回沈阳，就在新民一带阻击；或是等廖兵团在黑山打得疲劳了，各部队再一齐围上去。也可能最主要的原因是廖兵团的行动方向还不明确，所以林彪还要观察一下，再定决心。然而就在25日这一天，围歼廖兵团的大会战却由辽南独立2师和六纵16师主动打响了。

此前，总部给独2师布置的任务是从盘山南下进攻营口，阻止国民党军从海上增援或逃跑。为了完成这一任务，林彪特地派参谋处长苏静带领一个重炮连从锦州去独2师指挥。22日苏静出发两天后，总部发觉国民党军没有向营口撤退，于是令独2师去新民和半拉门一带。23日，当独2师到达盘山时，苏静也带重炮连赶到了。他与左叶师长研究了情况，认为应该在大虎山以东地区阻击国民党军。

25日中午，总部还没有命令来。苏静果断地对左叶师长说："我们不能再等了,敌人昨天占了营口,今天廖耀湘肯定南逃。你师于三点半出发,目标是打虎山以东地区。遇见敌人就马上迎头痛击,打他个措手不及。"苏静以主动求战的姿态下达了命令,事实证明是十分正确的。独2师刚出发不久,林彪就向各部队下达命令:"五、六、七、八纵应即由现地向台安急进,独2师应即至台安东大胆猛击退却之敌。"

独2师经过急行军,夜里到达大虎山至台安公路与绕阳河交汇处。先头部队发现大批戴钢盔的国民党兵。他们看来十分疲劳,有的一边走一边打瞌睡,解放军一拥而上,没开一枪,用刺刀将他们解决了,一问原来是49军105师的前卫团。抓住了国民党军主力部队,左师长下令将部队展开,阻击后面的国民党军。105师的跟进部队不知前卫团出了事,仍无战斗准备,直到解放军手榴弹、机枪一齐打响,他们才发现已经受到围攻。顿时惊慌失措,四下逃散。独2师没有追赶,而是继续向后方插去。26日凌晨,他们在三家子附近发现大批国民党军,正在集合站队,解放军悄悄围上去,在三十米内突然开火。抓住俘虏询问,原来这是新6军22师。[1]

独2师在台安的截击,使国民党军大为慌乱。他们以为遭遇林彪的主力部队,遂改变方向向沈阳撤退。按廖耀湘的命令,49军应作为前卫,为南下营口打开通道。但49军军长郑庭笈胆小,竟然跟在新6军22师之后行动。所以105师遭受打击他竟然不知道,也没有向新6军军长李涛和廖耀湘通报。廖事后认为,他们的失败,郑负有不可推卸的责任:"郑庭笈没有执行他们兵团战略前卫的任务,没有使用他的主力对敌攻击或继续向翼侧搜索,看看解放军的包围圈究竟有多大。反之他却在新22师之后和在新22师掩护下,停止于大虎山以东陈家窝棚地区(在大虎山至老达房往沈阳的公路上)。他直接报告卫立煌,卫竟要他立即率该军两个师和在他近旁的新6

---

[1] 左叶:《辽沈战役中的辽南独立第2师》,《辽沈决战》续集,人民出版社1992年版,第287页。

军的新22师与新3军的第14师经老达房退回沈阳。也是直到26日黄昏，我到新22师师部时才知道这一重要情况的。"[1]

玩忽职守的不仅是郑庭笈，还有廖兵团的参谋长杨焜。25日下午，国民党空军侦察机向廖兵团司令部报告："在彰武以南发现一个长约五华里的大行军纵队，向无梁殿方向前进。是否我们自己的部队，如果不是，我们就轰炸了！"杨答复："不是我们自己的部队，你们轰炸、扫射吧！"说完，杨焜接通新3军军长龙天武的电话，告诉他这个情况。但却忘了将这一极重要的情报报告廖耀湘。

更要命的是龙天武也没当回事。25日夜里，新1军军长潘裕昆来到新3军军部，进门就说："你们还不走?我军奉命来这里接防的。"龙天武说："慌什么，明早天亮了再走不迟。"没想到天还没亮，六纵就已经赶到，与新3军打响了。

原来，六纵司令员黄永胜于24日夜接到总部命令，要他们以强行军速度由彰武以南插到半拉门地区，防止国民党军向西南撤退。六纵连夜行动，25日中午赶到预定位置。正构筑工事准备作战，黄昏时又接到命令：要他们向台安以东急进，途中遇敌则歼灭之。六纵行军途中，又接到总部命令，要他们立即向大虎山前进，切断新6军退路。

半天之内几道命令，行军和攻击方向一变再变，说明战场情况瞬息万变，稍有迟疑就可能失去战机。黄永胜来不及给总部回电，部队也来不及作片刻休息，当夜出发，向大虎山方向急行军。26日凌晨4时，六纵16师46团通过北宁线，进至腰家窝棚，先头部队与敌新3军14师遭遇。46团团长从枪声判断村里最少有两个连国民党军。他当即拉上来四个连，摆上三门迫击炮，开始向村子里猛攻。战斗进行了两个小时，46团占领了腰家窝棚，全歼新3军一个营，自己也付出了很大伤亡。

---

[1] 廖耀湘：《辽西战役纪实》，《辽沈战役亲历记》，第179页。

中国的 **1948** 年：两种命运的决战

九时，六纵首长到达16师指挥所于家窝棚。黄永胜亲自审问了一个刚投诚的国民党军少将。据其供称：因黑山、大虎山路被截断，廖耀湘决定由半拉门退回新民，固守辽河东岸。廖兵团主力新1、新3、新6、71共四个军正集结于黑山东北胡家窝棚一带，准备沿公路东进。前卫部队新3军已经到了这里。

六纵遇到了前所未有的强敌。能不能堵住国民党军的东进之路，关系到能否全歼廖兵团。这是对六纵严峻的考验。来不及请示总部了，黄永胜与政委赖传珠、副司令李作鹏当即决定：不再按总部命令组织突击，而是改为阻截，打到最后一兵一卒也不放跑廖耀湘。16师正当国民党军退路，由李作鹏负责指挥战斗。[1]

六纵强行军两天，又紧张投入战斗，一直没来得及向总部报告情况。林彪25日一天没得到六纵的消息，既不知道他们堵住廖兵团没有，也不知道他们到了什么地方。一向不动声色的林彪也沉不住气了，不断催问谭云鹤秘书六纵有电报没有。刘亚楼比林彪还急，两人越说越生气。林彪沉着脸说："这个黄永胜，怎么一点消息也没有呢？要让廖耀湘跑了，非严办不可！"刘亚楼起草了一个电报，于26日五时三十分发往六纵。命令他们立即向大虎山东南地区追击，迅速前进，寻敌攻歼。必须完成任务，否则应受处分！[2]

26日十八时，六纵的电报终于来了。黄永胜告诉林彪：六纵为了堵住廖兵团，强行军两天一夜，走了二百多里。为了减轻负担，加快行军速度，他们扔掉了行李和干粮袋，只留下枪支弹药。部队二十多个小时没有休息，有的战士累得吐血。既没时间埋锅做饭，也没时间架设电台。现在六纵已经堵住了廖兵团主力，正在进行决战。六纵决心以16师死守阵地，18师向东北突击，绝不让廖兵团跑掉。林彪、刘亚楼看了电报，顿时精神振奋，连声称赞六纵做得对，干得好。部队都有这种积极主动的作风，仗就好打了。林彪亲

---

[1] 《43军秋季攻势作战概述》。
[2] 谭云鹤：《见证历史》，中国工人出版社2002年版，第159页。

自复电给六纵和16师："26日十八时电悉，盼你们顽强固守，勇敢反击，保持阵地歼灭敌人。我各纵队均可陆续加入战斗。"

新3军14师在腰家窝棚遭到截击后，龙天武与新1军商量，企图绕道翟家窝棚向东北突围。六纵首长闻讯，抽调18师54团跑步占领段家窝棚，歼灭国民党军一个营，将翟家窝棚的国民党军也堵了回去。为了加强防线，黄永胜决定将16、18师统归李作鹏指挥。防御的重点是北宁路上的厉家窝棚火车站。

26日黄昏，廖兵团大部队潮水般涌向厉家窝棚车站，18师52团坚守有利地形，打退多次冲击。国民党军集中炮火，猛轰六纵阵地，并以步兵两面迂回进攻。48团1连遭受重大伤亡后，国民党军占领张家窝棚。六纵全线防御有被冲破的危险，48团立即调遣主力在朱家窝棚、崔家窝棚一线展开防御，坚守不退。这一夜厉家窝棚地区各个村子都在激烈战斗，许多村庄房屋倒塌，草垛起火，映红了黑夜的天空。六纵许多连队打得只剩不到十人，仍然坚持战斗。许多指战员被炮弹掀起的泥土埋住，又爬出来；一些战士身负重伤还咬着牙奋勇作战。52团2营一昼夜连续打退国民党军十四次进攻，终于没让他们越过北宁线。战至27日凌晨四时，国民党军突然全线溃散。原来是五纵、十纵等兄弟部队赶来围歼。与六纵分开一个月的"攻坚老虎"17师，也从锦州赶到这里，加入围歼廖兵团的行列。

六纵在厉家窝棚阻击廖兵团主力一昼夜，为东北野战军各部队迅速赶来围歼廖兵团创造了条件，立了大功。特别是16师迅速捕捉廖兵团主力，顽强坚守，受到总部的高度赞扬。10月31日东总传令嘉奖16师的电报说："十六师此次堵击廖兵团向新民东南突围的战斗中，表现了无上的英勇。勇敢顽强的抗击了敌人绝对优势兵力的汹涌反复冲锋，使敌突围企图未遂。你师虽有九个连队每连打得只剩六七人至十余人,但这是光荣的和壮烈的,单是你师就俘获了敌人一万八千余人。由于你师的顽强抗击和其他各师的勇猛进攻,使廖兵团十二个师及两个团全军覆没。你们的这次胜利是由于你师在政治工作及党的工作上有很大的转变,因而军事教育也大有进步。但师级首长作战决心勇敢顽强则是有直接意义的因素,纵队首长此次战斗中的决心与指挥也是好的。"[1]

三纵7师21团3营,竟然摸到了廖耀湘的兵团司令部,打烂了国民党军的指挥中枢。三纵原来的任务是向正安堡方向进攻,24日黄昏赶到那里时,发现国民党军已向东南方向撤退。7师一夜行军,25日六时追到黑山以北的尖山子与8师会合,决定向胡家窝棚一带搜索,寻找国民党军主力决战。

这时,廖耀湘还不知道解放军正从各个方向向他包围过来。由于兵团参谋长杨焜和新3军军长龙天武的疏忽,没有向他通报发现共军大部队运动的情况。所以他下达停止攻击黑山的命令后,还从容不迫地率新3军和新6军向胡家窝棚撤退。25日夜晚,廖耀湘命令71军接替新3军和新6军在胡家窝棚的防区,71军军长向凤武提出部队连续进攻黑山,十分疲劳;夜间换防容易引起混乱,要求26日早晨再行动。廖想想有道理,就答应了。新3军和新6军急于南下,也放松了警戒。没想到就在这一夜,胡家窝棚的接合部正好成了三纵的突破点。

26日早晨,胡家窝棚西边高地突然枪声大作。廖耀湘在村中的兵团司令部大惊,连忙往新3军挂电话问情况。龙天武军长回答:他的军部附近发生了战斗,71军部队正在纷纷向后撤,共军快要打到军部门前了。廖耀湘要他尽快脱离危险区,去掌握部队,仍按原计划向营口撤退。龙天武口头答应,不久就与廖耀湘中断了通讯联系。

---

[1] 《中国人民解放军第43军第三次国内革命战争战史》,1956年初稿。

原来，龙天武惊慌失措，临阵逃脱。他抛下军部官员不管，跳上一辆吉普车，带上一辆拉行李的卡车逃出村子。出村不远，两辆车都陷在一条小河中，龙天武等只好弃车徒涉过河。水深没膝，河面上结着薄冰，他的军裤和皮鞋都泡了水，冻得瑟瑟发抖，真成了光杆司令。他这一跑，新3军便陷入混乱之中。

廖耀湘又呼叫新1军，军长潘裕昆也不见了踪影。廖耀湘扔下话机就往新6军军部跑，只见村里村外秩序大乱，街上挤满了卡车、大车、骡马，一群群的溃兵向潮水一样涌向村东，谁也制止不住。廖耀湘跑到新6军军部，所幸李涛军长还没跑。廖要李涛务必收拢部队，稳住阵脚，占领胡家窝棚西头的高地。然后掩护兵团司令部转移到新22师那里去。当廖耀湘到胡家窝棚以东的开阔地区观察形势时，只见胡家窝棚西面的高地正在进行激烈战斗，解放军眼看就要打进村子。胡家窝棚以东有条小河，解放军部队正沿着小河向新1军军部所在的村庄运动，切断新1军和新6军的联系。当时解放军距离廖耀湘本人不过四五百米，枪弹就在廖的头顶上呼啸而过。廖吓得不敢再返回新6军军部，落荒而逃，向东南方七八里外的新1军30师驻地跑去。半路上回头看看，胡家窝棚已经笼罩在战火之中，他的兵团部和新6军军部都被打散了。[1]

冲向胡家窝棚的是三纵7师21团3营。他们黎明时行军到这里，发现村里村外到处是卡车、吉普和大炮。料定是国民党军主力，根本没想到廖耀湘就在这里。当时新3军部队正在公路上向东南撤退，3营战士冲上去突然开火，将对方打得乱成一团。随后他们在19团配合下冲上村西的高地，向村里扫射。3营8连2排从胡家窝棚南边迂回过河，发现村东有国民党军的重炮阵地。他们冲上前去，俘虏近百人，缴获155毫米榴弹炮十八门和数十辆卡车。国民党军为了争夺重炮，集合两个营的兵力向2排反扑。国民党军骑兵也扔下

---

[1] 廖耀湘：《辽西战役纪实》，《辽沈战役亲历记》，第181页。

战马，与解放军战士肉搏。因增援部队未能赶到，2排在与绝对优势之敌激战之后，终因寡不敌众，全部壮烈牺牲。

三纵的这场遭遇战虽属偶然，但是他们猛冲猛打，打烂了廖耀湘的兵团部和新3军、新6军的军部，使十万国民党大军失去指挥，陷入混乱。三纵事先没有想到会打出这样的战果，但确实为解放军在辽西围歼廖耀湘兵团，创造了极为重要的条件。[1]

林彪获悉部队在胡家窝棚与国民党军主力激战的消息，立即发电报给二纵和六纵17师："黑山以东之敌正向东南退却，二纵及17师立即出发向胡家窝棚(黑山东北)东南地区猛追敌人。"一旦抓住了廖耀湘的行踪，他就插翅难逃了。

这天中午，廖耀湘逃到新1军新30师师部，这里尚未受到攻击。廖耀湘惊魂甫定，立刻呼叫各军军长向他靠拢。新1军军长潘裕昆、新6军军长李涛、71军军长向凤武和兵团参谋长杨焜先后来到。被打散的兵团指挥部官员也陆续来会合，聚在一起商量出路。此时的廖耀湘完全失去了往日的自信，惊慌失措，全无主张。他用无线电话呼叫各军长时，竟用明语直接喊。参谋长杨焜大惊，这不是等于向共军暴露自己的目标吗？他再三劝说廖不要性急，要用密语，廖也不听。[2]这天黄昏廖耀湘转移到唐家窝棚的新22师师部，与49军军长郑庭笈通话。郑汇报说：他的军部位于大虎山至沈阳铁路线上的陈家窝棚，目前还没有行动。从陈家窝棚有一条公路直通老大房，过了辽河就可以到达沈阳。目前这是他们的惟一通道，沿途还没有发现共军。他还告诉廖耀湘：卫立煌命令49军退回沈阳，要走就快走，晚了就来不及了。

听郑庭笈这样一说，廖耀湘南下营口的决心动摇了，回沈阳又觉得没有前途。其实郑庭笈也不知道，他的退路早已被八纵堵住了。八纵经过两天两夜急行军，终于按总部规定的时间赶到预定地点，

---

[1] 《中国人民解放军第40军第三次国内革命战争战史》，1956年初稿。
[2] 杨焜：《辽西战役补述》，《辽沈战役亲历记》，第192页。

接替了独立2师的阵地。49军的前卫团已经被歼灭。这时，卫立煌给廖发来电报，说在这样危急的情况下，辽西的部队应该迅速退回沈阳。廖耀湘拿着电报发愣，一脸痛苦羞愧的表情，感到没脸回去见卫立煌。杨焜焦急地催促道："现在正是万分紧急的时刻，卫老总要你回沈阳，你就依照他的命令办好了!是他要你这样做,责任由他承担。"廖耀湘觉得有道理，就开始算计还能拉出去多少部队。照目前情况，只有新22、新30、14师和49军的一个半师能拉出去，其余的部队就很少有希望了。廖耀湘越想越痛苦，命令接通新1军潘军长的电话。他命令潘率领新1军、71军和169师及兵团重炮部队，于27日拂晓沿大虎山至新民铁路向沈阳撤退。在老大房地段渡过辽河。重炮和车辆如果带不走，可以毁弃。潘接受命令时也很痛苦，声音颤抖地说："我将尽我的能力去做。"

10月27日是廖耀湘兵团全军覆没的日子。26日下午林彪命令各纵队："六纵已在二道境子以南地区击溃敌人，现敌已成混乱。我各部队速向二道境子、半拉门方向猛追，乘机歼敌。"夜晚二十一时，林彪又命令各部队：

一、今夜及明日、后日各部队均应勇敢主动寻敌攻歼。

二、应集中主力各个击破敌，最好以三个师围敌一个师，以二、三个团歼敌一个团。

三、应各抓住一股敌人，先包围后，经过几小时准备再发起攻击；对溃退的敌人立即发起冲锋。[1]

[1]《第八纵队司令部作战日记》。

中国的 **1948年**：两种命运的决战

东北野战军在辽西围歼廖耀湘兵团

最后的总攻开始了。一纵、十纵从黑山向胡家窝棚，二纵、五纵向无梁殿、半拉门，三纵、六纵向厉家窝棚，七、八、九纵向姜家屯，把廖耀湘兵团十万大军包围在方圆几十里的狭小范围内，进行分割围歼。各纵队都下了命令：今夜不许吃饭、睡觉和休息，哪里有敌人就往哪里打，哪里有枪声就往哪里追。各纵队发起攻击后，枪声、炮声、喊杀声震天动地。国民党军溃不成军，根本无法组织战斗。廖耀湘等随新6军军部和22师行动，在一片开阔地被解放军隔断包围。东边枪响，人群往西逃；西边枪响，人群又往回跑。廖耀湘、杨焜、李涛等坐在吉普车上，颠颠簸簸坐不住，又下来跟着汽车跑。只见大炮、卡车、辎重被扔得到处都是，官兵们四下溃散。

辽沈战役（二）辽西大会战

杨锟等分头向人群大喊："你们不要跑，组织起来吧，帮我们突围出去！司令官、军长都在这里，你们保护着出去，要官有官，要钱有钱啊！"此时谁还理睬他们，顾命要紧。廖耀湘等眼睁睁地看着22师逃散，只剩他们几个人不知如何是好。最后也只好分散开，各自逃命去了。

此时的战斗，已经不分前方后方，一线二线，各纵队的建制也跑乱了。27日一天林彪没有再下达命令，把权力下放各部队。解放军人人上阵，捉俘虏、缴武器，忙得不可开交。这天有三四百国民党军骑兵闯到六纵司令部驻地的村子，六纵全体机关人员，包括男女宣传队员、医生护士，人人投入战斗。国民党军反而惊慌失措，人马全部被俘。这一天六纵总共俘虏两万人之多。

中国的 **1948** 年：两种命运的决战

27日十七时，林罗刘向中央军委和东北局发出告捷电报："廖耀湘兵团五个军已全部被包围和击溃。已俘敌数万，俘虏中已查出副军长一名、师长一名，目前正猛烈扩张战果中。"毛泽东于23时回电，表示"极为欣慰"。并要他们指挥部队向沈阳、营口进军。

10月28日早晨，围歼廖耀湘兵团的战斗基本结束。各纵队陆续退出战斗，清理战场。算起来，他们连续战斗了四十多小时，如果加上行军时间就更长了。战斗中猛烈追杀和胜利的高度兴奋，使指战员们忘记了疲劳和饥饿。战斗结束后，五纵14师41团王团长在刘屯向老百姓买了一只鸡，收拾好用面粉裹住油炸，做了个香喷喷的"虎头鸡"，请吴瑞林副司令员和师政委丁国钰来尝个鲜，大家喝杯庆功酒。几个人围在一起津津有味地吃起来，王团长刚吃了几口，手里的筷子不觉滑落到地下，趴在桌子上打起了呼噜。

大虎山以东的辽西平原，硝烟散去，又恢复了平静。解放军战士在村里村外收集战利品，拉大炮、推汽车，一箱箱弹药堆积如山，垂头丧气的国民党军俘虏，排着长长的队伍，被押送到后方。成千上万的民工在地方政府组织下，帮助部队运送伤员，搬运物资，掩埋阵亡者的尸体。

一大批国民党军高级将领被解放军俘获。49军军长郑庭笈带着195师一个团，27日在厉家窝棚从上午打到夜里，也没有突出去。28日凌晨他带着师长和少数随从想过辽河逃往沈阳，走了二十多里被七纵俘获。71军军长向凤武混在俘虏群中，也在台安被解放军查出。

廖耀湘、李涛带了部分卫兵仓皇逃命。周围村庄都已被解放军占领，廖为了缩小目标，遣散了卫兵，与李涛、22师副师长周璞等躲在一个洼地里，等到天黑再行动。他们向南徒涉绕阳河，周璞不慎掉进一个深坑，大呼救命，招来了解放军的巡逻队，李涛又跑散了。天亮后廖耀湘、周璞走进一个村庄,没想到村里也住满了解放军,幸亏天还不太亮,他们躲过哨兵,又钻进一个高粱秆堆里藏身。白天他们看着解放军大部队向各个方向行军,等解放军过完了,他们才找当地农民用钱换便衣和吃的东西。廖原打算逃回沈阳,走到辽河边上,听说沈阳已经解放,遂决定掉头往回走,进关去找出路。他们混在逃难的老百姓中,走走停停,11月6日到了黑山西南的中安堡。

辽西围歼战结束后,东总政治部就给各部队发出电令缉拿廖耀湘。并指出廖是湖南口音、矮胖、眼睛近视。这天,驻在中安堡的解放军某部后勤部的战士发现街上来了两个身穿破衣、肩披麻袋的"南方商人",其中那个头发花白的胖子,特征与通缉令上说得一样。后勤部将两人扣留,李股长负责审问。矮胖子自称姓胡,在沈阳做生意,战乱中被人抢了,只好逃难回老家。这些话当然骗不了人,李股长命令把他送警卫连看管,却把周璞给放了。

到了连里,连部卫生员是个解放战士。他指着廖问:"你不是廖耀湘吗?在西安阅兵时你还给我们讲过话呢!"廖慌忙否认,脸涨得通红。警卫连林指导员看在眼里,心想八九不离十了。行军时廖将帽檐拉得盖住脸,只露两只眼,生怕原国民党军士兵认出他来。林指导员劝告他:"你最好自己承认,不然新解放的战士也能认出你来。"他还是否认,并乞求给他开通行证,放了他。后勤部让他坐卡车,司机是新解放战士,一看就说:"没错,他就是廖耀湘!"在无法抵赖的情况下,廖耀湘终于低头承认了自己的身份。[1]

新6军军长李涛是最后被俘获的。他与廖耀湘失散后,装成"乞丐"东躲西藏近半个月,11月14日,他穿着破棉裤经过北镇南关,见到解放军岗哨就躲躲闪闪。卫兵见其形迹可疑,上前盘问,一听他是南方口音,立即将他扣留,送到政治部去。李涛又累又饿,看

---

[1] 《东北日报》,1948年11月24日。

到桌上的高粱米饭，抓了一把就往嘴里塞。审讯时他自称是铁岭县政府文书，但是要他写出县政府科长以上名单时，他犹豫半天写不出来。干部问他："你看这次东北解放军打得好不好？"他马上回答："贵军战术颇佳，装备优良。"满口的军事术语，更暴露出他的身份。当干部向他要证件时，他脱口而出："丢在胡家窝棚了。"干部向他交代政策，告诉他廖耀湘就是刚刚在这附近被俘的，现在很平安，要他坦白承认。这位"文书"双手颤抖，含着眼泪请求给他换身军官服装，承认自己就是李涛。[1]

东北国民党军最精锐的廖耀湘兵团，除新1军军长潘裕昆、新3军军长龙天武带少数残部冲出重围，在新民乘火车逃回沈阳外，就这样全军覆灭了。短短的三天辽西大会战，表现出东北野战军灵活机动的战略战术，猛打猛冲的战斗作风和连续作战、不怕牺牲、不怕疲劳的顽强精神。是东北解放战争中打得最漂亮的一仗。偌大一个国民党战略机动集团，因为蒋介石的错误决策和最高统帅部的迟疑不决，长时间徘徊，无用武之地，失去了战机和撤退的时间，再加上廖耀湘临阵慌乱，导致陷入解放军合围，不能组织有效的抵抗，陷入混乱而被分割歼灭。对胜利者来说，这是解放军战史中一次成功的大兵团运动战的范例，对失败者来说，也有深刻教训可以总结反思。

歼灭廖耀湘兵团后，林彪指示七、八、九纵南下解放营口和辽东半岛，一、二、十二纵向沈阳急进，解放这个东北最大的城市。

10月27日以后，卫立煌就再没得到廖耀湘的报告，急得派出

---

[1]《东北日报》，1948年12月7日。

飞机到辽西上空侦察,只见地面上一片混战,卫立煌知道廖兵团算是彻底完了。28日上午,新1军军长潘裕昆、新3军军长龙天武率少数残兵,疲惫不堪地逃回沈阳。听了他们的报告,卫立煌愤慨地骂道:"我早就向委员长说过,一出辽西走廊就会全军覆没,他不相信。我画个十字,他也不信。现在你们看,我不是说中了吗?"大家你一言我一语,然而一切牢骚都已无济于事,他们都清楚大势已去,问题是如何逃生。

杜聿明在葫芦岛也是忧心如焚。30日蒋介石命令他去沈阳布置防务,当他飞到沈阳上空时,空军通知地面机场已经失控,千万不要降落。杜无可奈何地飞向北平,在机场正遇到蒋介石。杜向蒋汇报了东北的情况,蒋窘态毕露,沉默不语,只是要杜回葫芦岛等命令。空军司令王叔铭请示蒋:"是不是把卫先生接出来?"蒋答:"叫他到葫芦岛指挥。"说完就登机飞回南京去了。

此时的沈阳一片混乱,国民党军政大员纷纷收拾金银细软,准备逃命。卫立煌把沈阳防务交给第八兵团司令周福成,于30日下午与参谋长赵家骧等乘汽车赶往东塔机场。机场上挤满了想要逃跑的国民党军政官员,吵吵嚷嚷,乱作一团。等了约一小时,降落了两架运输机。卫立煌在卫兵保护下第一个登机。参谋长赵家骧和军长潘裕昆、龙天武等也争先恐后地爬上飞机。这时秩序大乱,人们你争我挤,卫立煌的副官把守舱门,把从舷梯往上爬的人一脚一个都踹下去。有的爬上飞机翅膀赖着不动。赵家骧见无法起飞,急中生智,在舱门口向下喊道:你们不要着慌,马上有四架飞机来到。他假装宣布名单,哪些人乘第一架,哪些人乘第二架。然后又说:等一会飞机来了,都按排定的次序登机,我保证大家都走得了,不要乱抢!这一着果然把飞机下面的人都蒙住了,飞机翅膀上的人也下来了。于是飞机立即起飞。黄昏时飞机在葫芦岛降落,杜聿明、侯

中国的**1948年:两种命运的决战**

解放军占领沈阳警察局

镜如前去迎接。卫立煌一下飞机,长叹一声:"差一点见不了面!"[1]

在葫芦岛稳住神,卫立煌越想越窝火。简直不明白他们怎么会败得如此之快,如此之惨。杜聿明、赵家骧与他一起检讨东北失败的原因,卫立煌说:"蒋介石的用人是人人直接通天,弄得谁也不能统一指挥。我在东北未下过一道命令,看谁负责!"

蒋介石当然不会负责,他拿卫立煌当了替罪羊。1948年11月10日,他发布命令:"东北剿总总司令卫立煌迟疑不决,坐失军机,致失重镇,着即撤职查办。"卫立煌从"东北王"沦为阶下囚,被宪兵、特务软禁家中。幸亏战局变化快,1949年1月,蒋介石被迫"下野"。李宗仁代行总统之职,恢复卫立煌的自由,并听取了卫的申诉。李宗仁在回忆录中写道:

东北在大势已去之后原不应死守,而蒋先生一意孤行,下令死

---

[1] 赵荣声:《回忆卫立煌先生》,文史资料出版社1985年版,第338页。

守到底,实犯兵家大忌。最后锦州之战,如果蒋先生从卫立煌之议,不胡乱越级指挥,则国军在关外精锐不致丧失殆尽,华北亦不致随之覆没,则国民党政权在大陆或可再苟延若干时日。蒋先生不痛定思痛,深自反省,反将全部战败责任委诸卫立煌一人。立煌不但被拘禁,几遭枪决。直至蒋先生下野后,我才下令将卫立煌释放。卫氏感激涕零,特来向我拜谢,一夕长谈,我才明白东北最后战败的情况,原来如此![1]

卫立煌逃跑后,沈阳城内的国民党军队还有8万人。除了207师有些战斗力,其余部队都军心涣散。在兵团会议上,周福成宣布要固守待援,副军长赵国屏、130师师长王理寰等纷纷反对,说这个仗是打不了啦。散会后王理寰和新1军暂53师师长许赓扬就开始各找门路,与解放军接洽起义。在辽北军区答应沈阳国民党军各部的起义要求后,沈阳国民党军政官员组织了"和平解放沈阳委员会",以王化一、王理寰、许赓扬、秦祥征等为委员。10月31日,他们到周福成的司令部,严肃宣布:"大势已去,不能再打,我们不愿无辜替蒋介石去死,决定放下武器。"周福成像泄气的皮球,颓然坐下,仍拒绝投降。大家决定把他送到"世合公"银行大楼,沈阳解放后周被解放军俘虏。

11月1日,东北野战军一、二纵由铁西区进入沈阳。新1军暂53师奉命向解放军移交阵地,开出城外。其他部队集结在指定地点和大楼内,等待接收。重炮11团官兵守护着十八门美式155毫米重炮,交给解放军说:"这是国家的财产,现在要交给国家了。"汽车11团将全部车辆排好队,司机端坐车上等待命令。到了中午,老百姓都涌到大街上,热烈欢迎解放军。遗憾的是营口方向解放军慢了一步,国民党第52军一万多人乘船从海上逃跑。

---

[1]《李宗仁回忆录》,广西人民出版社1988年版,第637页。

中国的1948年：两种命运的决战

11月4日，林彪、罗荣桓、刘亚楼、谭政率领东北野战军总部乘火车到达沈阳。历时52天的辽沈战役，解放军共消灭国民党军47万余人。其中毙伤55000人，俘虏32万人，投诚起义9万人。解放军也付出了67000人伤亡的代价。11月12日，锦西、葫芦岛和承德的国民党军分别从海上和陆路向关内撤退，东北全境解放。

毛泽东为辽沈战役的胜利兴奋不已。11月14日毛泽东为新华社起草了《中国军事形势的重大变化》一文，指出："现在看来，只需从现时起，再有一年左右的时间，就可能将国民党反动政府从根本上打倒了。"东北解放战争的胜利，使国共力量对比发生了转折性的变化。东北野战军成为一支最强大的战略机动力量，东北地区雄厚的工农业基础成为全国解放战争的强大后方基地，共产党已经真正具备了最后战胜国民党的军事和经济实力。

14 陈布雷之死

1948
Liangzhongmingyundejuezhan

中国的 1948 年：两种命运的决战

1

1948年11月1日，南京行政院宣布放弃限价的经济管制政策，蒋经国在上海的"打虎"行动也以失败告终。顿时，物价如同脱缰的野马，急速暴涨。"金圆券"引起的通货膨胀，更动摇了普通百姓的信心。国统区陷入一片混乱之中。

上海放开物价后，不但没有起到物流畅通、供应丰富的效果，反而引发了新一轮的抢购风潮。老百姓用自己的金银美钞换来的金圆券，转眼间贬值数十倍，叫人如何不痛心！情急之下，只有将手中的金圆券尽快抛出，换成实物，还能弥补一些损失。最实惠的东西莫过米面油盐，于是市民们便蜂拥而至米店。而米店饱尝前段限价之苦，存货无多。到乡下进货，农民怕上金圆券的当，都不肯把余粮出售，出多进少，又造成了米价的飞涨和抢购风。上海《大公报》11月10日的社评分析：

这几天上海抢购配给米辄起风波。升斗小民饥肠辘辘，恐慌万状，有些机关，将告断炊。更由于米市没有做开，米价暴跳，一石米从几十元喊到几百元，人心受此刺激，益发慌张。买不到米的，买不起米的，俱感苦恼，恍若大难将到来。其实像上面我们所说的一样，米荒是人为的。现在还不是有无问题，四乡存米是有的，问题在不来——不肯来及不能来。因为农民卖出存米，买不到所需的东西，物价看涨，市场窒息，上海抛不出物资，农民也就不愿保存金圆券，眼看着受贬值的损失。另方面，最坏的是现在抢米成风，秩序欠佳，以致商贾裹足，米源硬化。这样在事实上和心理上，都加甚了米荒的程度及挤米的混乱。

就在这天,南京发生了大规模的抢米风潮。石鼓路的一家米店首先被抢,闻讯赶来的警察开枪镇压,愤怒的民众纵火焚烧了米店。如同连锁反应,城里多家米店都被饥饿的市民抢劫,直到深夜才告平息。据南京警察局给上级的报告说:"抢米饥民二三百人或数十人一伙不等,见有米店,即将店门冲开,一拥而入,强行取走。抢米群中男女老幼士农工商各色俱全,宪警干涉亦未见效。"当日统计,被抢米共2505石,米店被抢者22家。[1]

雪上加霜的是,随着国民党军队的不断溃败,大量的难民从战区涌向国统区的后方,尤其是江南的沪宁地区,令国民党当局大为头痛。《观察》的一篇文章分析说:"从这些流动人口的身份说,除了学生、公教人员以外,大都是达官贵人,尤其是贪官污吏,以及豪门、富商、大地主和他们正式与非正式的眷属及仆从等。从经济的立场说,这些人都是只消费而不生产的人。具体地说,解放区骤然地减少一大批这样的人,所以解放区减少一大重负担;政府控制的区域骤然地增加一大批这样的人,所以政府区增加一大重负担。这些人之中,只有少数人是诚心要追求所谓'思想自由'的人,然而大多数的人,都是怕留在解放区里受清算(如贪官污吏、豪门、汉奸等)或不愿留在解放区勤恳工作并稍微降低生活程度的人。一个社会之中,这种人越多,这个社会一定愈腐化,愈瘫痪,愈接近于崩溃的边缘。"[2] 1948年初,国共两军逐鹿中原,就有大批苏北难民南下上海。济南战役后,大量山东难民沿津浦路南下。至于东北的难民,一开始跑到北平、天津,到辽沈战役结束后,又有大批难民沿铁路和海路逃到南京、上海。一时间,江南大小城镇,到处是难民,更加剧了国统区城市的混乱。各地报纸上天天是难民的悲惨消息,天天呼吁政府救济安置。救济没有钱,不救济难民就请愿、骚乱,

---

[1] 《中华民国史档案资料汇编》第5辑第3编政治(四),江苏古籍出版社2000年版,第148页。
[2] 刘绪贻:《狂澜》,《观察》第5卷第17期 1948年12月18日。

搞得当局焦头烂额。

这些"难民",情况复杂。起初国民党教育部为了安置来自苏北的流亡学生,在丹阳开办了"淮北联合中学"。谁知苏北沿江城镇学生知道了,以为只要渡江,政府就给安置,可以免费读书。于是上千人南渡到丹阳,其中夹杂有逃避兵役的壮丁、商店小开,他们伪造证件,都冒充学生。国民党江苏教育厅不胜其烦,严格审查,结果合格的难民学生只有274人。当局还要发一笔路费,打发这些"难民"回家。山东临沂来的学生千余人长途跋涉到芜湖,被当局安置在一个农场里。只发了200套棉衣,结果多数学生只能裹着棉被上课。救济的饭费是每天70万法币,连稀饭都喝不上。[1]

上海是难民聚集最多的地方。1948年初,流入上海的难民已达数万人。他们在窝棚里度日,时有冻饿倒毙者。当时社会各界曾发起"劝募寒衣"活动,各校大学生都积极参与。但难民有增无减,情况日益严峻。社会局想了个办法,把难民迁移到江西去垦荒。《大公报》10月4日报道:"上海市救济委员会决定组织难民垦殖大队,到江西去垦荒。江西可垦的土地,计有78万亩,每人可垦10亩,共需78000人。本预备移难民5000户,共2万人。现因经费的关系,改为3500人。自16岁到45岁没有显著病象的,又不愿去垦荒的难民,限期返回原籍"

移民江西的计划果然实行了。在战乱的年代还能组织移民垦荒,听起来怪不错的。实际情况如何呢?1948年11月10日《大公报》载:"国立大梁临中学生已有2700多人到了铅山,并已开始上课。这批学生因不服水土,加以营养不足,害疟疾、痢疾的人已有500多,这几天已有很多死了。"

而《观察》披露的真相则令人震惊。它刊登一封江西铅山县的读者来信说:

---

[1] 《大公报》,1948年11月10日。

陈布雷之死

铅山是赣西南隅的一个三等县,县域虽小,风景却幽美,人民安居乐业,和平相处。自从××中学学生奉命来铅后,凭空给百姓带来了滔天大祸。他们光临后,老百姓的橘子、甘蔗、蔬菜、花生、鸡子都被他们抢光、吃光、杀光。不但不给钱,还要时常打骂老百姓。城内的铺子,不知给他们捣毁多少家了。弄得本地百姓怨声载道,敢怒而不敢言。因为县城太小,突然来了两千多人,本地粮食本来不多,物价自然上涨。而学生以为是奸商抬价,出官价硬要买到食米油盐。可怜无辜的百姓,有苦无处诉,因为种种原因,学生百姓间结下了深仇。10月17日,一颗炸弹终于爆发了。

原因是学生十余人到乡下买米和老百姓发生冲突,结果学生13人被百姓掳去,四五人重伤回来。这样可不得了!一声号起,成千的学生集合起来,团团围着县政府,声言要冲入县府解除县府武装,并定全体学生到乡下报仇。后经校长与县长百般劝解,决定县府派二十余武装弟兄,会同学生代表八十余人,到乡下去了。可是到了乡下,一个人影也看不到,当地四五个村的老百姓连财产一股脑儿搬走了,据说到深山中去了。据说城东15里以内的百姓都搬光了,未来的发展,不敢想像。

先生,按说百姓与学生是很容易和平相处的,然而为什么会闹出这样大的冲突?这个责任谁负?政府当局满以为学生离开了首都,一切事情就算完全解决了,别的都可不管,这是可能的吗?看到这一群无家可归的流浪孩子,虽然已是深秋了,穿的盖的都是单衣单被,住的是潮湿的地铺。他们从小都生在北方中原,骤然来到了多雨的江南,在这深山里的秋天,早晚的天气和冬天一样。病魔围上了他们,前天病死一个,今晨又病死一个。学校当局说,他们每天都有电报到南京要被服医药,然而首都的要员们是否想到了这一点,却成问题。老实说,这些问题不及时解决,这些学生的前途是不可想像的。[1]

11月1日辽沈战役结束。国民党东北"剿总"的精锐部队47万人被歼灭,东北全境解放。这是国民党空前的大失败,引起国统区人心的震动。虽然人们还未能预料以后的淮海、平津和渡江战役,但是已经预感到大难临头。《观察》刊登了季明的《五十天军事局势的总检讨》,反映出国民党内部的种种心态:

局势演变至今,对于政府,显属不利。于是一部分"中间人士"和国民党的"开明分子"有"重开和谈"之说。姑无论共方是否接受"和谈",即令接受,其所提出之条件如何,政府"容忍"之程度又如何?明眼人以为"东北易手"不能压垮政府,正如延安攻下,不能屈服共军一样。今日政府所考虑者,"苦撑待变"而已。既然苦撑待变,变的途径不外乎"对内"与"对外"两种。对内的变,两年来人民已经看够,由训政变宪政,由法币变金元,变来变去,越变越糟。甚至政府对自己的"变"也失去了信心。[2]

兵败如山倒,引起连锁反应。上海百物腾贵,惟有一物价格下跌,就是房地产。有钱人看形势不好,纷纷卷起资产,逃往香港或国外。11月25日《大公报》报道《豪富纷纷离沪,房地产跌价了》的新闻:"随着大批豪富的离开上海,最近本市房产业又冷落了,报纸上召顶和出售的广告也热闹起来,这与一二个月前争购居奇的情形刚巧成一对照。11月1日限价放开后,过去竞购房地产的游资都涌向物资,房地产生意就转呆滞。再加战局紧张,许多显要豪富纷纷离沪,房地产更乏人问津,市价也日益跌落。照金条计算,比限

---

[1] 张弦:《政府·百姓·学生》,《观察》第5卷第11期,1948年11月6日。
[2] 《观察》第5卷第12期,1948年11月13日。

陈布雷之死

价以前要跌掉一半。从前要20条的地产,现在只要10条就够了。"短短时期内,迁到香港的上海人就有一万多。11月29日的《大公报》说:"这一万左右来港的'难民',他们对一般旅店的影响并不大。理由很简单,这些都是高等的难民,他们用不着去一般中下级的旅店居住。最倒霉的是一般居住在港的人民,他们眼见香港政府征用房屋后,满以为可以自己掏荷包租一层廉价屋了。哪知来了一批上海人把房屋顶手费一冲,已比上个月上涨了45%以上。新楼的房租因为没有限制,更上涨了70%多。"上海市参议会开会时,许多议员忿忿地说:"逃到香港去的高等难民,不外乎军政要员、豪门资本。平时他们高喊安定,现在自己反而扰乱人心。"还有人建议:"豪门要员眷属,不准逃往国外。家眷疏散须限于国内,以还乡为原则。现已逃难去港的,必须叫他们回来。若不回来,应查封他们在当地的财产。"[1]这话不过是泄愤而已,能走的都是有门路的,谁能把他们怎么样!

在这混乱动荡的时候,11月14日,南京又传出一条惊人的消息:国民党政府委员、蒋介石的国策顾问陈布雷自杀了!

陈布雷,名训恩,浙江慈溪人,1890年生。早年从事新闻业,曾在上海《天铎报》、《时事新报》担任记者和主笔,积极宣传国民革命。1927年到南昌会见蒋介石,蒋看重他的才学人品,将其召至幕下。从此,陈布雷作为蒋的大笔杆子,开始了长达20年的幕府生涯。蒋的文告讲话,多出自陈的手笔。蒋对陈也非常器重,尊之为"先生"。在国民党人中,陈布雷是一个克己奉公,廉洁方正的人。

---

[1]《大公报》,1948年11月23日。

中国的1948年：两种命运的决战

陈布雷

他身居重地，从来不谋私利，更痛恨贪污腐败的行为。自己做了半辈子官，身处机要，但从不搞特权。生活上清苦俭约，抗战时在重庆的伙食尤其简单，同部属同桌吃饭，衣着朴素，人所共见，房间里家具装饰也很简单，会客室中只有三把旧沙发，配给他用的汽车，从不许家人使用。

抗战时期，大后方的腐败已经相当严重，陈布雷对此深恶痛绝。在他看来，蒋介石"是一心为党为国的"，国民党所以弄得这样糟，主要是下面这批人把事情搞坏了。他除了开会等公开场合不能不与孔、宋、二陈等人周旋外，私下很少接触，他曾不止一次地对兄弟和朋友说："只有德操相同的人，我才与之交往，孔、宋一批人即使到我家来，我也是不接待的，因为无话可谈，话不投机半句多。"

1943年，孔祥熙代理行政院长职务，陈布雷是侍从室第二处主任，有事须与孔祥熙联系。一天谈毕公事，正要告别时，孔祥熙突然塞给陈一个信封说："布雷先生，你身体不好，子女又多，负担重，战时物价高涨，我这一点区区小意思，聊表微意。"陈布雷脸孔一阵红，立刻把信封退还给孔。对于CC派，陈布雷坚决不参与其派别和小组织，尤其是抗战以后，与陈果夫、陈立夫兄弟更渐渐疏远。有一次二陈办合作金库，聘陈布雷为名誉顾问，有干薪可支取。陈布雷退还聘书，对部属说："以往我虽反对二陈自立派系，钩心斗角，但终还以为不至如孔、宋一辈人之公然贪污，现在他们办起什么中央信托局，并将某一银行也把持起来，搜括以肥私，可说与孔、宋是一丘之貉了。"[1]

---

[1] 翁泽永：《我的舅父陈布雷》，《从名记者到幕僚长——陈布雷》，浙江人民出版社1988年版，第61页。

陈布雷之死

陈布雷对蒋介石,可以说达到了愚忠的程度。尽管身体瘦弱,长期患有严重的神经衰弱症,但为蒋介石起草文稿,从来都是夜以继日,一丝不苟。他几次想辞职休息,为了辅佐蒋介石,总是牺牲自己的利益。在抗战期间,他曾为蒋起草了几篇鼓舞全国军民抗战、斥责日本侵略者的文章,振奋了国人的士气。1941年周恩来在重庆时,见到陈的外甥翁泽永。周恩来对翁说:"请你传话给布雷先生,对他的道德文章,我们共产党人钦佩。但希望他的笔不要为一个人服务,要为全中国四万万人服务。"而陈则不止一次表示,他要报答蒋的知遇之恩,只能从一而终。抗战胜利后,蒋介石为了对抗共产党和民主人士的宣传攻势,于1945年11月成立了一个"宣传小组",成员有国民党组织部长陈立夫、宣传部长李惟果、教育部长朱家骅、行政院新闻局长董显光等,召集人是陈布雷。内战爆发后,这个小组又改名"戡乱宣传小组",控制了国统区的宣传舆论大权。陈布雷为了维护国民党和蒋介石的声誉,效尽犬马之劳。1947年3月,胡宗南占领延安,国民党的军事进攻达到顶点。与此同时,国民党一手包办的"行宪国大"也在紧锣密鼓地筹备。这时,陈布雷认为"民主建国"的目标即将实现,情绪极为乐观。4月25日,他与三青团负责宣传工作的杨玉清漫谈,讲了很长的一席话。陈说:"自从政府改组以后,国家前途极有希望。关于训政结束以后,是否还有各党各派的问题,在十六年(1927年)以后不久,我即问过胡(汉民)先生。胡答:'依总理遗教所言,不应有各党各派。'问吴(稚晖)先生,则答:'此问题甚重要,但尚未深思,暂不能作答。'问蒋(介石)先生,则答:'此问题极好。惟在未提出此问题前,实从未想过。不过,以我的想法,中国国情不同,不应取人家一党专政的办法,顶好将来要各党各派共同负起建国的责任。'我觉得蒋先生的看法,胸襟极远大,于国家有利,故从那时起就死心塌地地为他服务。过去对此问题不敢谈,现在竟已成事实,而无敢再怀疑者!此系国家一大进步。"6月,陈布雷在南京召见《文汇报》总编辑徐铸成,颇为自信地说:"我们国民党人自己也有所不满,但国民党再腐败,二十年天下还能维持。"[1]

但是1947年形势的变化却令陈布雷始料未及。5月,华东野战军全歼蒋军五大主力之首的整编第74师,中原野战军挺进大别山。战争局势发生逆转,对国民党越来越不利。奉蒋之命,陈布雷数次召集中央宣传小组会议,讨论修改"全国总动员案"。此后,在他的主持下,宣传小组起草了《动员戡乱完成宪政实施纲要》,对外颁布。此时,各界舆论对国民党当局的批评和不满日益加剧,陈布雷对这一时期的新闻舆论抓得很紧,维持国民党的声誉和地位。他认为《大公报》在王芸生的主持下,对政府的批评恶意多于善意。陈布雷曾对人说:"我如果年轻10岁,就下海再做记者,和他们周旋,不让这般人如此猖獗!"因王芸生不听劝告,陈布雷愤怒地对陶希圣说:"王芸生不是评论政治,他要指挥政府,甚至于指挥最高统帅。"[2]

陈布雷的忠诚,一次次遭受现实的打击,令他陷入痛苦的深渊。他主持宣传小组,当局拨法币100亿元作为宣传经费。当时这是一笔巨款,有人建议换成黄金、美钞,以免贬值。但是他无论如何不答应,认为这与国家法令相抵触。他指示把这笔经费存在几大银行,"如须开支,动用利息"。他经手的公款,手续极为严格。支票和印鉴由他自己亲自管理。秘书蒋君章把每笔应该支出的钱和报告,合成一个卷宗呈上,他自己开出支票,由蒋君章转交受款机构,取回收据,再次呈报他,才算完成手续。他有一本支票开出的记事簿,蒋君章有一本收支详细的账目和卷宗。他真的可以说是做到了"涓滴为公",与贪污盛行的官场形成鲜明对照。

---

[1]《徐铸成回忆录》,三联书店1998年版,第148页。
[2] 杨者圣:《国民党"军机大臣"陈布雷》,上海人民出版社1999年版,第424页。

陈布雷之死

币制改革会议之后,陈布雷顺道去上海,对夫人王允默说:"我家的金器、银元,可以整理出来,去兑换金圆券。"

"金圆券?"王夫人不明白。"关金、法币,怎么一下子又出来一个金圆券?"

"这是挽救经济危机的措施,马上就要颁布,我们要遵纪守法。"

没想到金圆券发行不久,物价就直线上升。10月物价的批发指数上涨到17.5倍。这一情况已经不用下属汇报,王允默也对他说了:"上海正泰新棉布店,最多一天换了16次牌价。职员、工人一个月工资只能买一块肥皂。蒋经国先生在上海打老虎,现在也偃旗息鼓了。"

陈布雷用私人积蓄兑换的金圆券变成了一堆废纸。中央宣传小组的公款100亿元法币只换成几千元金圆券。物价飞涨,货币贬值直接影响到陈布雷周围工作人员的生活,连伙食费都付不出了,陈布雷只得先拿自己的钱给大家垫伙食费,至月终结算时,名曰归还,而实际上再移作下个月的垫款,不足时,再由他垫付。陈布雷长叹一声:"我们为了守法,牺牲了国家利益,牺牲了个人利益,却便宜了金融家!"[1]

军事上连连失败,经济形势又是一片混乱,如何是好,出路何在?国民党中不少人认为,失败的关键是丧失了民心。一方面是局势这样困难,而那些拥有特权的豪门却照样发横财,过着奢侈腐败的生活。蒋经国尚且扳不倒他们,国民党还有什么希望?11月4日,南京《中央日报》发表题为《赶快收拾人心》的社论,提出清算豪门的问题,代表了国民党内多数人的意愿:

国家在这样风雨飘摇之秋,老百姓在这样痛苦的时分,安慰在哪里呢?享有特权的人,享有特权如故,人民莫可如何。靠着私人

---

[1] 王泰栋:《陈布雷传》,东方出版社1998年版,第194页。

中国的1948年：两种命运的决战

政治关系而发横财的豪门之辈，不是逍遥海外，便是倚势豪强如故。不用说到现在还没有人替老百姓施用政治力量，强制他们捐输资财，以戡乱救民，甚至不曾用指甲轻轻弹他们一下。人事上也偏私如故，似乎没有国人置喙的余地。国家弄成这个样子，老百姓人人装着一肚皮的闷气，人心失尽，如何得了！目前少数人这样享受一切特权生活，骄奢淫逸，没有一个人去当兵，一文钱也不肯出，而却完全要穷苦老百姓抽丁纳粮，如何使人心平气服？国事演变到这个地步，势必牺牲极端少数人来挽救最大多数的人。假若吾人能天下为公，用人唯才，疏远小人，罢黜一切害民之官，严办豪强特权之辈，减轻人民的负担。将千千万万人民的负担，放在极端少数豪门巨富身上，令民困得以稍苏，那么人民耳目必然为之一新，前方军心立即因而大振。

济南战役、辽沈战役后，大量难民随着涌入关内，风餐露宿，无家可归。陈布雷显得更加焦虑不安。他叹道："已有二千万百姓流离失所，再打下去真不得了。""国将不国，一片废墟，三民主义还有何希望？"他向同僚表示："我一定要劝劝委员长，这个仗不能再打下去了。""跟共产党谈判，国民党或许还能坐半个江山。"陈的副官陶永标回忆：

辽沈战役后，蒋介石因伤心过度又连续吐血。陈布雷曾去蒋的官邸探望过两次，并密谈良久。因为陈布雷知道，这种劝和的意见是不宜在蒋召集的会议中公开提出来的。

有一次，陈同蒋介石密谈至深夜，蒋送他步出总统府大门，我从侍卫室出来跟随在后，听见蒋介石对陈布雷断断续续讲的几句话："战局……不利，我们……被打败，不会被消灭，你悲观。""谈判也保不住国民党的半壁江山。如今,只有背水一战,成败在天了。"

事后我发现陈布雷的脸色很难看,回到寓所还自言自语叹道:"成败在天,成败在天。"一连数天抑郁不欢。[1]

1948年11月8日,蒋介石在国民党中央举行的总理纪念周发表讲话,仍然决心贯彻"戡乱"方针。他说:

> 自东北军事失利以来,共匪谣言攻势的猛烈已达于极点。不但一般民众受了谣言的煽惑,感到恐慌,就是知识分子也不能认清国家真正的利害,而在心理上发生动摇。前几天南京竟有少数知识分子,公然发表文字,提出和平的主张,这实在是自己丧失了民族精神,完全是投降主义者。……最近共匪指使一班徒众提出两句口号,一是"求温饱",一是"求和平"。这完全是抄袭苏联内战时代"土地、面包、休战"的三个口号,他们要以此来迷惑全国的同胞,瓦解剿匪的精神力量。……现在的问题就是看我们内部能不能坚定信心,团结一致,能不能振作精神,集中力量。希望中央各部长负责同志坚忍镇定,在军事第一的原则之下,拥护整个决策,共同一致认真执行。

蒋所斥的主和派,当然主要是指那些审时度势、深知内战打不下去而主张和谈的国民党上层人物。在陈布雷看来,无异是当着和尚骂贼秃。像陈这样一个忠实追随蒋介石二十多年、自尊心极强而且士大夫气节很重的人,受到蒋介石公然的指斥,精神上打击之巨大是可想而知的。陶副官回忆:

> 陈布雷生前的最后一些日子,变得更加沉默寡言。每天开完会

---

[1] 陶永标:《陈布雷自杀经过》,《从名记者到幕僚长——陈布雷》,第163页。

回来,总是紧锁眉头,一根接一根地猛抽着香烟,他的胃口也大为减少,以前每餐能食近两小碗饭,现在只能食一小碗,菜吃得更少。晚饭后到寝室,也就是他晚上的工作室,时而伏案批阅文件,时而翻翻报纸又放下,时而又衔着支烟在屋里来回踱步长叹短吁,或吟着杜甫的诗句:"君不见,青海头,古来白骨无人收……"烟灰缸的烟蒂不到半天就满了,一天要倒二三次。

陈布雷的精神和体质已经差到这个地步,蒋介石还催他起草"战时体制"的方案。一向提笔行云流水的陈布雷,这时却一个字也写不出来了。他写什么呢?还能再愚弄全国人民吗?连他自己都被愚弄了,怎么还有脸再自欺欺人!他感到心力交瘁,11月11日写了一篇"杂记":

人生总有一死,死有重于泰山,有轻于鸿毛。倘使我是在抗战中因工作关系被敌机扫射轰炸而遇难,虽不能是重于泰山,也还有些价值。倘使我是因工作实在紧张,积劳成疾而死,也还值得人一些些可惜。而今我是为了脑力使用得实在太疲劳了,思虑一些也不能用,考虑一个问题总觉得头绪纷繁,无从入手,而且拖延疲怠日复一日,把紧要的问题应早些提出方案之交件(如战时体制)一天天拖延下去。着急尽管着急,而一些不能主动,不但怕见统帅,甚至怕开会,自己拿不出一些主意,可以说我的脑筋已经是油尽灯枯了。[1]

陈布雷报效国家的理想已经破灭了,他为国民党兢兢业业地干

---

[1]《申报》,1948年11月19日。

陈布雷之死

了二十年，没想到国民党现在的威望已经扫地。他毕生忠于蒋介石，现在却形同路人，政见已无共同之处。哀莫大于心死，这个世界对他来说，已经没有什么可留恋的了。此时的陈布雷，反而从容了。他的副官陶永标记录了陈布雷最后的日子：

11月10日晚，他提出要同我共进晚餐，饭后，他不时询问我家庭生活开支和孩子等情况，问我经济上有什么困难，我说总能应付。他叹口气说："物价暴涨，工薪阶层困难哪！"末了，他用深情的语气说："陶副官，你忠心耿耿跟我这么十多年，任劳任怨，患难与共，你也知道我两袖清风，你和你的家属也从来没有沾到我什么光，我总过意不去，不知该怎样谢你。"我听了这话，泪水差点滚下来。他又叹了一口气道："近年来我身体愈来愈差，自己也觉得一天比一天难以支持，倘然有个三长两短，请你自己保重，并望能时常去看看我的太太，她也是一个老实人。"我心中难过，便劝他："主任不要想得太多，千万要爱惜自己身体，一俟战事结束，主任便可向委座告老还乡，著书作文。"他听了，沉默良久，才长叹一声："恐怕等不到这一天了。"

11月11日上午，布雷先生出席中央政治委员会临时会议，这是他生前参加的最后一次会议。这次会议时间拖得很长，我开车接他回公馆已是下午三点钟光景，几位秘书还在等他吃午饭，大家看他脸色不好，可是在饭桌上，布雷先生一反近来沉默寡言态度，从容地作了一次长谈。他从辛亥革命、武昌起义、推翻清朝、北伐战争，一直谈到眼前局势，又忆及自己青年时代加入同盟会，办报、教书一些轶闻，最后语重心长地要我们保重身体，免得像他那样未老先衰。

11月12日，是孙中山先生诞辰。纪念活动他请假不参加了。这

中国的 1948 年：两种命运的决战

天，他反而比往常从容。上午请了理发师，替他理发修面，他女婿陪着他聊了一通话。随后又去洗了个澡，换了一身干净的衣服和一双新布鞋。午饭后，他叫我驾车去郊外散散心，我们绕着玄武湖兜了一圈。我只见他两眼发愣地凝视着窗外的湖光山色出神。在离中山陵不远处，他示意我将车子停住，他下了车，吃力地攀上附近一个山丘顶极目瞭望。中山陵在夕阳的映照下，气象万千。他眼角中流出了泪珠，一直呆呆地瞭望着，直至夜幕开始下垂，临上车回家时，他问我："陶副官，你还记得我以前讲过的一则笑话吗？"我回答："主任莫非指有朝一日辞官隐居，到灵谷寺或鸡鸣寺做和尚？"他点了点头说："和尚做不成，死在这里也好。"

回到公馆时间已不早，我叫伙房快上饭菜，不料他一口推却说："我觉得没有胃口，一点也不想吃。"我劝他："不吃怎么行，多少吃些吧，半碗也好。"可是，这次他态度很坚决："我实在一点也吃不进，你们去吃吧，不用管我。"接着他又吩咐："我今夜要赶写一些重要东西，任何客人不见，电话也不接，一切改日再说，你也不要上来催我睡觉，我写好自己会服药睡的。"他上了一半楼梯又转过身来重复一遍："一定不要让人来打扰我，让我安静些！"

"让我安静些！"这是布雷先生留下的最后一句话。[1]

陈布雷会见的最后一位家人是他的女婿袁永熙。袁是中共地下党员，与陈的次女陈琏结婚。夫妇两人在北平从事地下工作，于1947年9月被国民党特务机关逮捕。陈布雷托人把两个人保出来，调到南京工作。由于他们在狱中没有承认自己是共产党员，陈以为他们是思想激进，总是劝他们安分守己，不要惹麻烦。在决定离开这个世界之前，陈布雷最不放心的就是陈琏夫妇。他对袁永熙意味深长地说："我一生最大的错误就是从政，以至不能自拔。政治这个东

---

[1] 陶永标：《陈布雷自杀经过》，《从名记者到幕僚长——陈布雷》，第165页。

陈布雷之死

西不好弄,你们千万不要卷到里面去。"意思是让他们好自为之,自己保护不了他们了。这些话,也是陈布雷对自己一个惨痛的总结。[1]

这天夜里,陈布雷在灯下,一连写了十一封遗书。其中两封是给蒋介石的。第一封遗书说:

> 布雷追随二十年,受知深切,任何痛苦均应承当,以期无负教诲。但今春以来,目睹耳闻,饱受刺激,入夏秋后,病象日增,神经极度衰弱,实已不堪勉强支持。值此党国最艰危之时期,而自验近来身心,已无丝毫可以效命之能力。与其偷生尸位,使公误计以为尚有一可供驱使之部下,因而贻误公务,何如坦白承认自身已无能为役,而结束其毫无价值之一生。[2]

在这封遗书中,可以看到陈对蒋还有割舍不去的感情,但是遗书中没有一字谈到"戡乱",也没有一个字提到国共之间的战争,而借自己"结束毫无价值的一生",对国民党的历史作了根本的否定。在第二封遗书中,笔调为之一变,通篇都是自谴自责之词。他引用"瓶之倾兮惟罍之耻",表示国民党的失败也是自己的耻辱和罪恶。但他又觉得自己问心无愧,"我心纯洁质直,除忠于我公之外,毫无其他私心,今乃以无地自容之悔疾,出于此无恕谅之结局,实出于心理狂郁之万不得已。"他引用唐朝诗人韩愈的诗:"中朝大官老于事,讵知感激徒媕婀",这是韩愈指斥朝中权贵都是老练圆滑、老奸臣猾之徒,一个个只知依违随人,献媚迎舍,而不知感激、奋发。陈布雷一语骂尽了蒋身边那些只知揣摩逢迎、醉生梦死的官僚。

除了给蒋介石的两篇遗书外,其余九篇有四篇是写给同僚及友好的,即《致张道藩》,《致洪兰友》,《致潘公展、程沧波》,《致陈方、李惟果、陶希圣》。两篇写给部属,即《留交蒋君章、金省吾

---
[1] 翁泽永:《我的舅父陈布雷》,《从名记者到幕僚长——陈布雷》,第70页。
[2] 《大公报》,1948年11月19日。

两秘书》,《遗副官陶永标书》。三篇写给夫人、兄弟、子女,即《遗夫人书》,《遗训慈、训慰、叔同诸弟书》,《遗诸儿书》。陈布雷是一个感情丰富而又细心的人,他要向这个世界作最后的告别,并将后事一一安排妥当。

写完十一封遗书,已是11月13日凌晨。陈布雷吞下一瓶半安眠药,倒在床上永远地睡去了。上午九时,陶副官接到电话,催陈去开会。陶到卧室敲门,没有反应,而且门从里面上了闩。陶感到异常,从窗户中钻进去,才发现陈布雷已经僵硬气绝。陶大惊失色,赶忙叫来蒋君章秘书,一面找医生来抢救,一面向有关方面报告。陶副官亲自跑到国民党中央党部,向蒋介石报告。蒋介石大吃一惊,匆匆赶到陈布雷寓所。望着陈的遗容,蒋的表情悲哀,他脱帽肃立,并嘱咐手下好好料理后事。

如何发布陈布雷的死讯,成了一大难题。当天来看望吊唁的官员和客人络绎不绝,每个人都问蒋君章秘书是怎么回事,蒋知道事情严重,不敢直言,只得说假话:布雷先生原来有失眠症和心脏病,经常服安眠药才能入睡,有时候半夜醒来再服一些,也是常有的,这几天精神特别不佳,可能加服因而中毒。次日《中央日报》发的消息,就说陈"以心脏病突发逝世"。第二天,陈布雷的好友、上海《新闻报》主笔程沧波从上海赶来,看到陈留给他遗书后,严厉指责蒋秘书等人的说法。他认为这样就抹杀了布雷先生为党、为国家的苦心,至少他个人不同意病死的说法。这时,外界对于布雷先生死因传说纷纷。治丧委员会在审阅全部遗书以后,经蒋介石批准,决定全部发表。19日,各报口气为之一变,公布了陈布雷自尽的消息。

蒋介石读了陈的遗书后,颇为伤感,为他写下了"古今完人"的匾额。陈布雷的葬礼也办得隆重风光。在大敛和公祭仪式上,蒋

陈布雷之死

介石两次率领政府要员出席,说明他对陈是有感情的。他还特派蒋经国与陈氏遗属一起护送陈布雷的灵柩往杭州安葬。《观察》以"特约记者"身份的知情人透露:

廿年来患难相随,忧乐与共的职掌总文案和内府机密的陈布雷之敢于在自杀前以"停止戡乱,放弃独裁,绝交孔宋"三事直言相谏,谏之不从,则以死明志。这件事在政局发展的研究上是颇值得参考的。……陈乃觉国运不绝如缕,而他的"领袖"又是要"宁为玉碎不为瓦全"的硬干到底,既倒之狂澜已无挽回的余地,终于以死谏之。[1]

陈布雷之死是一个象征。当年北伐时,像他这样的一批立志救国的人投身国民革命,希望能为国家的复兴贡献力量。他们曾为蒋介石政权尽心竭力,不辞辛苦。但是蒋介石在政治上的独裁,国民党官僚在经济上的腐败,使国民党政权彻底失去了民心。经济的崩溃,军事的惨败,使陈布雷这样的人彻底绝望了。旧道德的束缚使他无法解脱,只能选择自杀的下策。惟一可以安慰的是,陈布雷的灵魂安宁了。他静静地躺在西湖边上,不用再看到半年之后,蒋介石仓皇逃离大陆,南京政府如鸟兽散的惨状了。

---

[1] 观察特约记者:《大局外弛内张》,《观察》第5卷第16期,1948年12月11日。

15 从"第三条道路"转向革命的知识界

1948

中国的 **1948**年：两种命运的决战

①

1947年11月国民党政府宣布中国民主同盟为非法组织后，国统区内的民主政治团体不复存在。一些坚持民主信念的知识分子，运用他们掌握的报纸、刊物，继续同国民党的统治进行抗争。当时在群众中影响最大的是两家：储安平主持的《观察》和王芸生主持的《大公报》。

储安平

储安平的《观察》周刊集合了一群志同道合的学者，他们大多数有留学欧美的背景。虽然政治见解和学术观点各有不同，但却信奉"民主、自由、进步、理性"的基本立场。他们没有党派，被称为"自由思想分子"或"民主个人主义者"。储安平的自我定位是："在今日中国的自由分子一方面，除了民盟、民社党这些组织外，就是散布在各大学及文化界的自由思想分子了，这批自由思想分子，数量很大，质亦不弱，但是很散漫……这批人所拥有的力量，只是一种潜在的力量，而非表面的力量；只是一种道德权威的力量，而非政治权力的力量；只是一种限于思想影响和言论影响的力量，而非一种政治行动的力量。"[1]

与民盟等积极参政的做法不同，这些"自由思想分子"尽可能地模糊"政党"或"组织"的概念，表示他们的文章和见解都是个人行为。他们不依附于任何政党，也不偏袒国共任何一方。他们希

---

[1] 储安平：《中国的政局》，《观察》第2卷，1947年3月。

望能走第三条道路,将中国引向民主。1948年1月10日,萧乾为《大公报》起草的社论《自由主义者的信念》明确表达了这个立场:

> 自由主义不是一面空泛的旗帜,下面集合着一簇牢骚专家,失意政客。自由主义者不是看风使船的舵手,不是冷门下注的赌客,自由主义是一种理想,一种抱负,信奉此理想抱负的,坐在沙发上与挺立在断头台上,信念得一般坚定。自由主义不是迎合时势的一个口号。它代表的是一种根本的人生态度。这种态度而且不是消极的,不左也不右的。政府与共党,美国与苏联一起骂的未必即是自由主义。尤其应该弄清的是自由主义与英国自由党的主张距离很远很远。自由主义者对外并不拥护十九世纪以富欺贫的自由贸易,对内也不支持作为资本主义精髓的自由企业。在政治在文化上自由主义者尊重个人,因而也可说带了颇浓的个人主义色彩,在经济上,鉴于贫富悬殊的必然结果,自由主义者赞成合理的统调,因而社会主义的色彩也不淡。自由主义不过是个通用的代名词,它可以换成进步主义,可以换为民主社会主义。

这个立场是否太理想化了?在当时国共尖锐对立的状态下能做到吗?这种"自由主义"实际上并不空洞,本身就是一种政治立场。如同毛泽东所说:"有一部分知识分子还要看一看。他们想,国民党是不好的,共产党也不见得好,看一看再说。其中有些人口头上说拥护,骨子里是看。但他们不是国民党反动派,他们是人民中国的中间派,或右派。他们就是艾奇逊所说的'民主个人主义'的拥护者。"[1]

毛泽东的分析,一针见血。储安平在新中国成立后复刊的《观察》第6卷第1期上,回顾了自己在国统区办刊的经历,反省道:

---

[1]《丢掉幻想,准备斗争》,《毛泽东选集》第4卷,人民出版社1991年版,第1485页。

中国的 1948 年：两种命运的决战

坦白言之，我们在政治上不是没有理想的。在那个时候，消极地，我们认为蒋介石国民党这个反动政权是绝对要不得的，绝对没有理由让它继续存在下去；积极地，我们希望改造我们的社会制度，改善人民的生活状况，我们希望我们的国家能够达到独立、民主、和平、统一、富强的境界。但是用什么方法才能实现上述的理想，走怎样一条道路才能达到上述的目的，在我们内心是空洞的、彷徨的。我们有理想，但是这个理想是抽象的、笼统的，没有具体内容的；我们有热情，但这股热情是虚浮的、飘荡的，没有一定寄托的。

这种矛盾的心理集中体现在储安平的代表性论文《中国的政局》中。"国民党是不好的，共产党也不见得好"的思想使他对双方都不认同，对国民党是深恶痛绝，对共产党则是充满疑虑。他写道：

在国民党的心目中，今日他们最大的敌人是共产党。然而他们很少反省，今日共产党势力之所以如此膨大，到底是谁培植出来的。我们可以一一分析。先说青年。青年本来纯洁，对于政治初无成见。只要政治清明，社会安定，一切上轨道，国家有前途，他们自然拥戴政府。但是政府种种表现，无不使人失望……再说中年人。现政权的支持层原是城市市民、公教人员、知识分子、工商界人。现在这一批人，一股脑儿都对南京政权没有好感。国民党的霸道作风使自由思想分子深恶痛绝；抗战以来对公教人员的刻薄待遇，使公教人员对现政权赤忱全失；政府官员的贪污作弊，种种刁难，使工商界人物怨气冲天，因财政金融失策以及内战不停而造成的物价暴涨，使城市市民怨声载道。

共产党是一个组织严密的党。多年以来,我们一直住在国民党统治区域内,对于共产党的内情,我们自承所知不多,我们暂时只能根据常识来说。近几年来,外间对于中共在延安边区一带的作风,颇有好评。共产党在这样一种艰苦的环境内,能站得住,亦自有他们所以能站得住的道理。一个政党当他在艰苦奋斗的时候,总有他一股生气和生命的力量的。就后一点说,我们虽非共产党党员,但一样尊重共产党的党员,只要他确是信奉他所相信的主义,忠于他的党,忠于他的思想,忠于他的工作,忠于他的事业,我们都在心底里对他尊敬。但是共产党的对人,只有"敌""我",跟他们跑的,他们可以承纳,不跟他们跑的,他们一律敌视。一切都以实际利害为出发,不存任何人情与友谊。要捧一个人,集体地捧他起来,要攻击一个人,集体地把他打了下去。公平的反面就是极端,共产党的极端作风,实在大大地限制了他获得同情的范围,亦即减少他获得成功的速度,梁漱溟先生的摆脱现实政治和张君劢先生的脱离民盟,也多少与共产党这种极端作风有关。老实说,我们现在争取自由,在国民党统治这个"自由"还是一个"多""少"的问题,假如共产党执政了,这个"自由"就变成了一个"有"与"无"的问题了。

这反映了当时自由派知识分子的真实立场。他们一边在批判现实,一边在探索中国的出路。至少在1947年,他们自信有能力改变中国的政治现状,这就是走"第三条道路"。从政治立场来说,他们是自由主义的温和分子。他们自认为有理智,有信仰,有专长;懂得人民的需要,可博得人民的支持。倘使他们能够推行缓进的社会改革,组织一个多党的联合政府,必能安定中国。然而,中国政局的急剧变化,国民党统治的黑暗和高压,共产党在战场上的节节胜利，使这些自由派知识分子的思想产生了种种变化。他们一面同国民党作斗争，一面在思想上接近共产党。他们自己也经常争论，在作不同的政治选择。

1947年是转折的一年。国民党由强大走向衰败，国统区经济的恶化，迫使人民为自己的生存起来斗争。反饥饿、反内战、反迫害的学生运动此起彼伏，就连平日最温和的学者，也按捺不住内心的愤怒，奋起抗争了。朱自清教授在《观察》上发表文章说："狗急跳墙，何况是人！到了现状坏到怎样吃苦还是活不下去的时候，人心浮动，也就是情绪高涨，老百姓本能地不顾一切地起来了，他们要打破现状。他们不知道怎样改变现状，可是一股子劲先打破了它再说，想着打破了总有些希望，这种局势，规模小的叫'民变'，大的就是'造反'"。[1]

但是知识分子温和的本性，使得他们不会去参与"造反"。吴晗教授这样描述朱自清："整饬、谨慎、周到、温和、宽容、高度正义感，加上随时随地追求进步，这些德性的综合，构成了佩弦先生的人格。不过，在有的场合，他会告诉你：'请原谅我，也许是年岁太大的关系，太刺激的文字于我不适宜。你们要斗争是可敬的，不过，我得慢慢的来。'事实上，几年来他确实是在向青年学习，他出席每一次学生主持的文艺座谈会，讨论《李有才板话》、《赵家庄的变迁》、《王贵和李香香》，提出极精到的意见。"[2] 从幽雅的《荷塘月色》到山药蛋味的解放区文艺，这位走出象牙塔的学者以自己的方式接近革命。

---

[1] 朱自清：《论不满现状》，《观察》第3卷第18期，1947年12月27日。
[2] 吴晗：《悼朱佩弦先生》，《观察》第5卷第1期，1948年8月28日。

从"第三条道路"转向革命的知识界

一向以"民间"、"中立"自诩的《大公报》，为了维持生存，从蒋介石宣布"戡乱"起，《大公报》就慎言慎行，社评的语调尽量温和，报道的消息尽量不与《中央日报》差距过大，副刊尽量登一些闲适的散文。惟一可取的，就是还报道一些人民群众在通货膨胀、战争动乱中饥寒交迫、饱受煎熬的见闻，以期使当局看到民众的呼声。《大公报》的这种骑墙态度，受到了激烈的抨击。

首先是1947年5月20日南京学生的大规模抗议国民党政府的游行，遭到军警的镇压。《大公报》轻描淡写的态度引起了储安平的愤慨。他在《观察》的评论中写道：

> 在这次学潮中，大公报所表现的态度，实在不孚众望。5月20日南京发生了这样壮烈的惨案，这样震动全国而有了强烈政治意义的新闻，大公报还不肯编在第二版要闻中，这是什么编辑态度？同时，像南京5·20惨案这样一个严重的新闻，大公报竟用"首都一不幸事件"这样一个轻描淡写的标题，这是什么编辑技术？至于说到评论，该报5月21日的短评论南京惨案说："不幸执行禁令者在方法上未能充分体会在上者爱护青年的本心，率至演出惨剧。"全国青年听着：你们同意大公报的话，承认今日在上者还有一点爱护你们这批青年的意思吗？你们承认，当有人用木棍铁棍在你们头上劈打下来，这就是爱护你们的表现吗？在8月19日的社评中，认为学生的请愿为暴力的革命？认为"学生近来的行动"太天真幼稚了，认为"青年人太简单了"，认为学生在请愿中"充分表现其行动的儿戏性"，并且甚至认为今日之学潮，直为"小孩玩火"。我读大公报前后几十年，实在从来没有看到大公报有过这样违反民心的评论。

中国的 1948 年：两种命运的决战

　　紧接着的一件事是 1947 年 5 月 24 日，上海警备司令部下令查封《文汇》、《新民》、《联合》三报。查封的罪名是"连续登载妨害军事之消息及意图颠覆政府破坏公共秩序之言论与新闻"。1947 年 2 月 20 日《新民报》上海版副刊"夜光杯"上，刊登了一首《冥国国歌》歌词，作者采用了国民党党歌的词调，借以讽刺国民党政府。这件事令当局暴跳如雷，指令国民党上海市党部追究《新民报》的政治责任。这个事件刚刚平息，《新民报》重庆版在 3 月 16 日又登出一篇题为《无题》的杂文，说一个国民党军人买了一大篮青菜，不但不照市价给钱，反而肆意辱骂毒打菜贩。于是，文章结论说："枪就是强权，也就是公理，就能够一意孤行。有枪阶级是何等令人羡慕呀！我要大声疾呼：枪是伟大的！武力至上！强权至上！"结果，文章登出当晚，几卡车全副武装的"士兵代表"就开到报社，割断电话线，包围编辑部，冲入印刷厂，对报社员工进行武力威胁。

　　《新民报》、《文汇报》、《联合晚报》经常发表揭露国民党黑暗统治的言论和新闻报道，被当局查封是早晚的事。三家报纸被封后，激起了舆论界和广大知识分子的强烈抗议。而《大公报》的态度是不一样的。它对三报的被封，没有表示明确的抗议和同情。当年《文汇报》总编辑徐铸成回忆：

　　据解放后所见档案，从那年(1947 年)3 月以后，新闻界党(国民党)团(三青团)联席会议即讨论和决定，相机查封这三家报纸。拖延到 5 月，国内局势日益紧张，作为国民党经济、文化的心脏——上海，由于政治上的白色恐怖，经济上的恶性通货膨胀，物价飞腾，一日数变，激起工潮、学潮之不断发生，此起彼伏，如申九罢工、交大学潮，最后发生复旦大学学生被军警、特务搜捕事件。前去采访的我报记者麦少媚被特务围殴。翌日——5 月 25 日《文汇报》、《联合晚报》、《新民报》三进步报纸被反动政府封闭。被封前一天的《编者的话》，对市当局提出抗议和质询，是我和宦乡等商酌后执笔的。

过了一天，《大公报》刊出了一个短评，题为《请保障正当舆论》。大意说："三家报纸已被封闭了。今后希望政府切实保障正当舆论。"这是一支冷箭，射向手脚已被缚住的对手。很明显，它是影射这三家报纸是不正当的舆论。明白说，是"为匪张目"的报纸。这是《大公报》历史上罕见的卑鄙评论。我看了真是又伤心，又痛心。

第一个站出来抗议的是《密勒氏评论报》。它提出"中国今天只有两张真正的民间报，一张是中间偏左的《文汇报》，一张是中间偏右的《大公报》。应彼此扶持、支援，而不应冷眼旁观，更不应投井下石！"第二个起来严正抗议的是《观察》的储安平先生。他以个人署名撰文说："《大公报》的短评，乘人之危，落井下石，太违犯起码的新闻道德了！"[1]

《大公报》何以会如此？国民党政府要控制舆论，就要消灭一切不听命于它的报刊。《大公报》为了生存，不得不保持低调。另外还有原因。抗战胜利前夕，《大公报》老板胡政之从国民党中央银行以官价兑换了20万美元，购买设备发展事业。在当时外汇极为困难的时候，这是一笔优惠的巨款。蒋介石是不会白扔钱的，他认为这是政府对《大公报》的"津贴"。[2] 吃人家东西嘴软，受人之惠，当然不好意思再骂人家。《大公报》在政治问题上就不敢那么尖锐了，胡政之还参加了南京的"国大"，替蒋介石捧场。但是他心里明白，《大公报》这样下去是自毁招牌。他一生做的最后一件大事，是将20万美元大部分投到香港创办港版《大公报》，在一个言论相对自由的环境开辟新的阵地。

---

[1] 《徐铸成回忆录》，三联书店1998年版，第145页。
[2] 王芝琛：《百年沧桑》，中国工人出版社2001年版，第91页。

中国的 1948 年：两种命运的决战

所以，1948年初，《大公报》在上海学潮、舞潮、工潮的风暴中，表现得相当软弱，不但不支持人民群众反抗国民党统治的斗争，反而高唱"社会需要祥和空气"，这是典型的"小骂大帮忙"。与此同时，又连续发表社论，倡导"自由主义"，对内战要做"填土工作"。这些行为招致了左派的严厉批评。也为进步的知识分子所不满。1948年3月出版的《时与文》杂志发表《近年来的〈大公报〉》一文指出：

> 一个真正的自由主义者的起码条件，当是明辨是非。可惜的很，大公报在这一方面是非常欠缺的。统观它的言论，除了对日本问题尚能严守立场以外，其他问题，尤其是国际及国内政治问题，有时看来看去，简直不知它说些什么。看惯大公报的人，有两个公式可以概括它，其一我名之曰"糊涂县官"式：糊涂县官问案，上堂不问青红皂白，原告被告各打四十大板。大公报谈问题也是这样，甲方这样这样不对，乙方那样那样不该，支吾一通，结果不知所云。其二我名之曰"允执厥中"式：诸如"命固不可以不革，而亦不可以太革"之类。

> 不辨是非，不愿辨，不肯辨，不敢辨，这样的自由主义者，真令人怀疑。[1]

"自由主义"和"第三条道路"的言论，引起了毛泽东的关注。1月14日他电告香港、上海地下党和文化机构："要在报纸上刊物上对于对美帝及国民党反动派存有幻想、反对人民民主革命、反对共产党的某些中产阶级右翼分子的公开的严重的反动倾向加以公开的批评与揭露，文章要有分析，要有说服性，要入情入理。""对一切应当争取的中间派的错误观点，在报纸刊物上批评时，尤其要注

---

[1] 陈石铭：《近年来的大公报》，《时与文》第2卷第23期。

意文章的说服性。"[1]在香港,共产党领导的左翼文化界首先对《大公报》的言论发起了猛烈的批评。胡绳的文章《为谁"填土"?为谁工作?——斥大公报关于所谓"自由主义"的言论》写道:

> 公然为旧势力歌颂,诋毁和侮辱新势力,这是一种说法;以较含蓄的语句说,旧的纵然不好,新的也何尝合于理想,真正的"理想"还远得很呢,这是又一种说法。后一种议论虽装出是超然独立的姿态,但其实际企图仍走在损害新势力和新中国在人民中的信心,而给旧中国统治者寻觅苟存的罅隙。大公报近一月来先后发表过两篇社论,提出什么自由主义者的信念,又论什么"自由主义者的时代使命",就是这类议论的代表。[2]

郭沫若写的《斥反动文艺》,直接点出萧乾、朱光潜、沈从文的名字。在这篇充满了大批判语言的文章里,郭沫若犀利而尖刻地以红、黄、蓝、白、黑等颜色,将萧乾等人定性为反动文艺的代表。这是萧乾完全没有想到的。他不理解左派们为什么要把自己与自己所憎恶的国民党政权划等号。当时萧乾主持文艺副刊,发表了沈从文的散文《芷江的熊公馆》。今天来看,这是一篇文字优雅、闲适的作品。他描述了前国民政府元老熊希龄在家乡的老宅,湘西的田园风光和安贫乐道的当地百姓。但是这篇文章遭到了左派严厉的批判:

> 作者描写熊公馆仓库里面储藏的东西,可以开出一张无穷尽的清单来。在作者看来这些都是值得津津乐道的宝贝,但是翻身农民打开了地主的这些仓库,发现了那么多见所未见的东西,又看见"坏掉的自然也不少"的时候,他们只有感觉愤怒的。人世间的幸与不

---

[1]《毛泽东文集》第5卷,人民出版社1996年版,第15页。
[2] 李辉:《萧乾传》,江苏文艺出版社1993年版,第280页。

幸,在作者看来是无足轻重的事情。地主收租,农民纳贡也是天经地义,这里没有什么剥削可言。整个作品所要说的就是一句话,地主是慈悲的,他们不剥削。拿这种写法来遮掩地主剥削农民的生活现实,粉饰地主阶级恶贯满盈的血腥统治,这就是沈从文写"熊公馆"的主题。沈从文之所以写这作品,并且安置这样的主题,显然并不是无意义的。土地改革运动的狂潮卷遍了半个中国,地主阶级的丧钟已经敲响了。地主阶级的弄臣沈从文,为了慰娱他没落的主子,也为了以缅怀过去来欺慰自己,才写出这样的作品来;然而这正是今天中国典型地主阶级的文艺,也是最反动的文艺。[1]

这就是问题的所在了。你可以写田园风光,但要看时间和场合。当时解放区农村正是土改的暴风骤雨,《熊公馆》这样的文章可谓不合时宜。今天看来,对沈从文先生的批判过于苛刻,近乎于"左",那么郭沫若在《斥反动文艺》中提出的一个原则就很能说明问题:

今天是人民的革命势力与反人民的反革命势力作短兵相接的时候,衡定是非善恶的标准非常鲜明。凡是有利于人民解放的革命战争的,便是善,便是是,便是正动;反之,便是恶,便是非,便是对革命的反动。我们今天来衡论文艺也就是立在这个标准上的,所谓反动文艺,就是不利于人民解放战争的那种作品、倾向和提倡。大别地说,是有两种类型,一种是封建性的,另一种是买办性的。[2]

在国共双方决战的时候,在旧中国与新中国交替的历史时期,阵线是分明的,没有第三条道路可走。不仅共产党方面是这样划分,国民党当局也不能容忍。主持国民党宣传工作的陈布雷认为,《大公报》的言论在王芸生的主持下,一变张季鸾时期的"公允"态度,

---

[1] 冯乃超:《略评沈从文的"熊公馆"》,《大众文艺丛刊》第1辑,香港生活书店1948年版。
[2] 《大众文艺丛刊》第1辑,香港生活书店1948年版。

从"第三条道路"转向革命的知识界

言论偏激,对政府的批评恶意多于善意。陈布雷曾对王芸生提出警告,但王不听。陈布雷怒不可遏地对陶希圣说:"王芸生不是评论政治,他要指挥政府,甚至于指挥最高统帅。"

在两大壁垒的夹击下,《大公报》的活动空间是越来越狭小了。1948年5月30日《大公报》发表了题为《论宣传休战》的社评中说:

说来可怜,《大公报》一非"国特",二不"尾巴",在这天下滔滔,不归于杨则归于墨的情形之下,《大公报》实在落于一条极狭的夹缝当中。我们咒骂内战,愤恨内战,要安定,要进步。这同一立场,两面受攻。一面飞来红帽子,使我们苦笑;另一面又骂你是"帮闲",骂你是"法西斯帮凶",更使我们莫名其妙。

《大公报》的中间路线,明摆着走不通了。王芸生心里明白,跟着国民党走是没有前途的。《大公报》开始同情和支持学生运动,明确反对美国扶持日本军国主义。1948年7月10日,《新民报》在短期复刊后,再次被国民党当局"永久停刊"。这次《大公报》不再沉默,王芸生撰写一篇社评《由新民报停刊谈出版法》,抗议查封《新民报》,批判国民党当局制定的"出版法"。社评说:"中国

王芸生

新闻界立言纪事,向来有一种极其畸形的现象,就是对政府大官极不自由,动辄受到停刊封门等处分;而对社会个人则极度自由,造谣中伤,恶意诽谤,受害者无可奈何。这种欺软怕硬的情形,是极丑陋无光的。"他大声疾呼:中国应该进步了!

中国的 1948 年：两种命运的决战

《大公报》这一吼，马上招来了国民党的围攻。7月16日南京《中央日报》在社论《在野党的特权》中先说："王芸生是新华广播的应声虫。"7月19日又在题为《王芸生的第三查》的社论中说："我们大可发起三查运动来检讨王芸生君。我们第一查，查出1946年7月至1947年3月，王芸生君致力于国际干涉运动，为莫斯科会议作准备。我们的第二查，查出自1947年2月以后至今日，王芸生君以大公报贡献于反美扶日运动。今天我们等待着第三查，本月10日，中国共产党中央委员会通过了一个决议，响应共产国际谴责南斯拉夫共产党的决议，我们等待着王芸生君谴责南斯拉夫共产党，特别是狄(铁)托元帅的论文和通讯，在大公报发表，作为他效忠共产国际的证明。"社论最后说："王芸生向主张反对党有颠覆政府的特权，指摘我政府是袁世凯政府，可谓已尽其响应新华社之能事。上面所举国际干涉运动与反美扶日运动，更是王芸生君'查思想''查作风'良好的资料。只这两查，已足证明他是双料的新华社应声虫。"此文一出，立即引起公愤。《观察》发表署名文章反击《中央日报》，称这篇"阴辣"的社论是"一竹篙打翻一船人"。文章揭露国民党当局"不仅是向王芸生君，抑是向整个文化界和知识分子挑战、示威。它采取'杀一人而三军震者，杀之'的方策，向一人以外的众人恫吓，从迫害一人开始迫害众人"。[1]

国民党的大棒挥下来，王芸生知道自己在《大公报》的日子也不长了。那些日子，王芸生的心情十分苦闷，不知何去何从。这时，共产党向他伸出了手。1948年9月，毛泽东在中共中央政治局会议上，强调要做好团结中间派的统一战线工作。他指出："我们政权的阶级性是这样：无产阶级领导的，以工农联盟为基础，但不是仅仅工农，还有资产阶级民主分子参加的人民民主专政。""现在不是国共合作，但原则上还是'国共合作'。现在不是同蒋介石合作，是

---

[1] 方秋苇：《评南京中央社对王芸生的攻击》，《观察》第4卷第22期。

同冯玉祥、李济深合作，同民主同盟、平津学生合作，同蒋介石那里分裂出来的资产阶级分子合作。'中间路线'、'第三方面'的主张行不通，但是我们要同有这种主张的分子合作。"[1]中共中央积极开展统一战线工作，中共地下党员、《大公报》驻美记者杨刚被调回国内。杨刚此次归国负有的重要使命，是促成《大公报》在新中国成立前夕，作出留在内地，并把中立立场改为拥护共产党的重大转折。当时王芸生主持日常社务，杨刚直接住进了王芸生公馆。一连几天，王与杨刚作竟夜长谈。早在重庆时期，杨刚就在周恩来领导下做统战工作，她性格豪爽，待人真诚，王芸生把杨刚当作共产党派来的"使者"，详细了解共产党的政策。王芸生最关心的是《大公报》的前途和命运，杨刚代表党组织表示：《大公报》现有四馆，即沪、津、渝、港四馆不易名、不换人，照原样出版。王芸生得到了这个承诺，决心摆脱国民党的束缚，投向共产党。《大公报》另一位地下党员李纯青又转达了毛泽东邀请王芸生赴解放区参加新政治协商会议的口信。王芸生得知此消息，并经过印证后，才最后定下决心。1948年11月5日王芸生取道台湾，11月8日到达香港。11月10日香港版《大公报》发表王芸生撰写的社评《和平无望》，标志他本人和《大公报》立场的转变。[2]

《大公报》的转变绝不仅仅是一张报纸的事，它反映出国统区内相当大的一部分"中间派"作出了具有历史意义的选择。这些"中间派"有知识分子、工商业者和社会各阶层的人士。国共双方的斗争是阶级斗争的两极。在这两极中间还有一大片，就是中间势力。

---
[1]《毛泽东文集》第5卷，第135页。
[2] 王芝琛、刘自立编：《1949年以前的大公报》，山东画报出版社2002年版，第64页。

中国的1948年：两种命运的决战

"自由主义"的知识分子就是中间势力的代表人物，他们的政见也多种多样，并不一致。但他们共同的希望就是寻求结束动乱，使中国走上安定发展的轨道。在政治立场的选择上，他们不可能一开始都自动跟共产党走。像北京大学教授、心理学家朱光潜，曾当过国民党的中央监察委员、国大代表，左派认为他是亲国民党的学者，但他本人说："我的政治态度，像每个望中国好的国民一样，我对于国民党政府是极端不满意的；不过它是一个我所接触到的政府。我幻想要中国好，必须要这个政府好；它不好，我们总还要希望它好。我所发表的言论大半是采取这个态度，就当时的毛病加以指责。由于过去的教育，我是一个温和的改良主义者，当然没有革命的意识。"[1]国民党的黑暗和腐败，使中间派人士对其丧失了信心，但是要让他们选择跟共产党走，还要有一个转变过程。中国革命能胜利，解放战争能在1948年发生根本性的变化，是因为共产党把中间势力争取过来了。如果中间势力依然站在国民党一边，共产党就不可能夺取全国的胜利。中间势力的特点就是动摇、不断分化。这个分化的过程既有国民党的压迫，也有共产党的争取。分化的结果，大多数站到共产党一边，只有极少数人跟国民党去了台湾。1948年的历史，就是这个大动荡、大分化的写照。《大公报》的转变是历史潮流中一个比较典型的例子。

王芸生出走香港，使《大公报》得以继续维持下去。而储安平主编的《观察》则是在劫难逃，储安平是上海复旦大学教授，曾留学英国。他崇尚英国的民主政治，希望以超脱党派的独立身份来参与政治，对国家大事发表意见，代表民意，影响政府的决策。《观察》自1946年9月1日创刊以来，每周一期，主要内容是对时局的评论和分析，风格以文笔犀利，敢于揭露黑暗著称。在两年零四个月的时间里，《观察》在全国发行，不仅在北平、天津、南京、上

---

[1] 朱光潜：《自我检讨》，《人民日报》1949年12月27日。

海四个大城市打开了局面，影响还在持续扩大。到1948年底的时候被封杀前，发行量已达到10万份。据一位老北京说，这份杂志非常流行，就连一些在他们家门口胡同里停车待客的人力车夫也经常阅读。据《观察》自己的统计，它的读者大体上可以分为三类：知识界，学生和教师；政府雇员，包括中下级职员和军官；工商业和金融界人士。储安平曾自豪地提到一件事，以证明杂志的成功：1948年夏天，清华、南开和北大的入学考试中，有一道时事政治题目，让考生写一篇关于他们经常阅读的报纸或杂志的评论，当时绝大部分考生写的都是《观察》。[1]

1948年的《观察》最吸引读者之处是它的军事报道。每一期都有"特约记者"写的军事述评，内容和观点都是国统区报纸上看不到的。如导致陕北战局转折的宜川战役，当时正是南京"国大"开会期间，国民党政府为了粉饰太平，严格保密。《观察》发表《宜川之役的检讨》，把胡宗南战败、刘戡阵亡的消息透露出来。此后，随着战局的发展，《观察》即时跟踪热点，无论是东北、华北、中原，哪里打了大仗，必有军事评论为读者道出来龙去脉。在分析国民党高层战略部署和人事动态上，这些评论写得相当准确，一看就是熟悉高层内幕的人透露的消息。早已不相信国民党报刊上吹嘘"胜利"、"前进"消息的公众，将《观察》作为获知战争进程惟一准确的消息来源。当辽沈战役和淮海战役相继展开时，《观察》的军事报道更为频繁。11月27日出版的第5卷第14期上，连发《徐淮战局的变幻》和《徐蚌会战的分析》两篇评论，将国民党的消极防御部署和没有后备兵团的弱点一一点出。蒋介石读后，大发雷霆，严厉训斥国防部将领："我们的军事秘密都被人在杂志上泄漏了，还打什么仗！"他悬赏30万金元券，搜捕这个神秘的"观察特约记者"。[2]

---

[1] [美] 胡素珊：《中国的内战：1945—1949年的政治斗争》，中国青年出版社1997年版，第159页。
[2] 《观察社被国民党反动政府迫害经过追记》，《观察》第6卷第1期，1949年11月1日。

中国的 1948 年：两种命运的决战

1948年7月，当《新民报》被永久停刊，王芸生遭到《中央日报》攻击后，很多人预料《观察》将与《新民报》遭到同样的命运。储安平做好了被查封的准备。他写了《政府利刃指向〈观察〉》的"告别辞"，表明自己不妥协、不低头的立场。他写道：

我们愿意坦白说一句话，政府虽然怕我们批评，而事实上，我们现在则连批评这个政府的兴趣也已没有了。近数月来，我们已很少刊载剧烈批评政府的文字，因为大家都已十分消沉，还有什么话可说？一个政府弄到人民连批评它的兴趣也没有了，这个政府也就够悲哀的了！可怜政府连这一点自知之明也没有，还在那儿抓头挖耳，计算如何封民间的报纸刊物，真是可怜亦复可笑！我们愿意在此告诉一切关心我们的朋友们，封也罢，不封也罢，我们早已置之度外了。假如封了，请大家也不必惋惜，在这样一个血腥遍地的时代，被牺牲了的生命不知已有多少，被烧毁了的房屋财产也不知已有多少，多少人的家庭骨肉在这样一个黑暗的统治下被拆散了，多少人的理想希望在这样一个黑暗的统治下幻灭了，这小小的刊物，即使被封，在整个的国家的浩劫里，算得了什么！朋友们，我们应当挺起胸膛来，面对现实，面对迫害，奋不顾身，为国效忠，要是今天这个方式行不通，明天可以用另个方式继续努力，方式尽管不同，但我们对于国家的忠贞是永远不变的！

虽然思想上有随时被封门的准备，《观察》的同仁们还是抓紧最后的时间，保证每周按时出刊。眼见上海的气氛越来越紧张，储安平也采取了自我保护的措施，他很少到社里露面，行踪飘忽不定，有事打电话与助手林元、雷柏龄联系。这时进步人士纷纷离沪去了香港。在大家劝说下，储安平决定到北平去避避风头，顺便为刊物约稿。12月21日，他乘飞机离开上海前，对助手作了最后的交代。

12月23日，上海一家夜报以《观察封门》为标题刊登了当局的"永久停刊的勒令"。社内同仁都知道，最后的时刻终于到了。24日是《观察》发行第5卷第18期的日子，编辑部一片忙乱。为了作者的安全和读者的利益不受损，《观察》的员工们一面焚烧往来信件与名册，一面紧张地办理本埠和外埠的发行。没人号召、没人约束，也没有中共地下党员暗中领导，却没有一个人离开岗位。下午四时，林元、雷柏龄等人正忙着打最后一包《观察》，准备托运南京，三名特务闯进来，自称受警备司令部派遣，宣读了对《观察》的"勒令永久停刊"命令。雷柏龄签字后，请求允许出一期休刊号，以便对社会和读者有个交代。因为前些日子《时与文》杂志被封的时候，就是这样做的。特务哼了一声："休刊号？别做梦了，现在是追查编者和南京那个特约军事记者的问题。原稿呢？账簿呢？拿出来！"大家都推说不知道，特务们把准备发行的5000本杂志当"战利品"抢走，向上司交差去了。

特务走后，林元、雷柏龄紧张地处理文稿和账目，不给特务留下任何有价值的信息。他们最担心的是那位"南京特约记者"，听说他就在上海，很可能会到编辑部来。当初储安平为了确保新闻来源的秘密，对于《观察》在南京、北平、天津、西安、汉口、成都、昆明、迪化、兰州等地的特约记者，其真实身份和联络方式只有他一个人掌握。为了工作上的机密，林元等人也从来不问储安平。但警备司令部一定要找到这个神秘的"特约记者"，事情后来的发展很像一部惊险小说。特务们从林元身上搜到了《徐淮战局的变幻》一文的部分原稿，又找到一个南京国防部史政局的信封，这使他们摸到了一点"特约记者"的线索。于是特务在观察社布下了个"口袋"，把凡是去联络工作的人都捕了进去，大约捕了一百多人。笪

中国的1948年：两种命运的决战

移今先生刚进门，见势不妙想逃，特务们喊着："你总算中彩了。"扑上去把他抓住。在北平，储安平也不得不躲起来，他与编辑部约定的北京联络点——大公报驻平办事处被包围，特务照老规矩也作了"口袋"，联络人徐盈被软禁。特务还不放心，因为北平的户籍记录共有3个叫徐盈的，于是那两处也布下网。碰巧第二个徐盈有一位身材高大如储安平的朋友来访，马上抓起来，还动了刑。多亏北平外围很快解放，储安平躲过了这场劫难。上海编辑部的林元、雷柏龄被打入大牢，从提篮桥解到南京，他们从押差那里看到公文，才知道是蒋介石亲自给顾祝同下的手令，交上海警备司令陈大庆执行的。他们算是"重犯"了。直到1949年4月25日南京解放，管监狱的国民党官员逃跑，他们才获得解放。

至于那位"南京特约记者"，他的真名叫张今(金)铎。张是山东东平人，早年就读于天津北洋大学，大革命时期到了广州，在黄埔军校任教，与周恩来相识。北伐时到冯玉祥军中任职。1935年他在北平被国民党宪兵逮捕，后来转到南京宪兵司令部看守所，与著名的学者范文澜、台静农、黄药眠关在一间牢房里。他生性耿直，经常痛骂蒋介石。黄药眠的印象：张虽然不是共产党，却是坚定的反蒋人士。不久张今铎被保释出狱，抗战中曾到过延安，后来在新四军工作，"皖南事变"前离开。[1]后来到昆明的盟军机构中任职。张本人阅历丰富，对军事很有研究，在国民党将领中有很多关系，也与中共地下党保持着联系。这样一个游离于国共两方之间的"民主个人主义者"被储安平看中，向他约稿后，张今铎积蓄多年的能量终于释放出来，发表了一系列分量很重的文章。他站在旁观者的角度上，以老到锋利的文笔，揭开了国民党军连连战败的内幕[2]。当国民党特务追捕时，他正好在上海，但没有露面。因为林、雷二位

---

[1] 《黄药眠口述自传》，中国社会科学出版社2003年版，第272、483页。
[2] 唐宝璋：《民主杂志〈观察〉封闭前后》，谢泳主编《追寻储安平》，广州出版社1998年版，第53页。

拒不招供，给他提供了时间逃出上海。在朋友帮助下，他化装一路经杭州、南昌、衡阳、广州，最后逃到香港才获得安全。上海解放后，张今铎任山东省政协委员，在"晴朗的天空下"，他可以向林元当面道谢。这也是林元第一次认识这位神交已久的老朋友。[1]

《大公报》与《观察》的政见并不相同，它们之间还经常发生争论。但是最后却走上了同一条道路。还有一些"自由主义"的知识分子，例如北平一批教授创办的《新路》杂志，曾提出23条纲领，幻想走西方资产阶级民主的建国之路。《新路》对国民党的批评要比《观察》温和得多，有人猜测这个杂志背后有司徒雷登的支持。但是《新路》也没有避免遭到国民党当局查封的下场。在国民党的高压和恐怖手段之下，这些"自由主义"的舆论显得如此无奈。海外历史学家汪荣祖以"夹心饼干"来形容他们的处境，这样评论：

> 回顾历史，战后中国的自由主义者固有其严重的弱点，但对情势的发展，看得很清楚，并无幻想，只是他们的命运并未操在自己手中，万分无奈。自由与民主为极大多数的知识分子所欢迎，反对内战更是极大多数国人的共识。但自由主义者无法将此一共识，转化为有效的政治力量，更起不了领导作用。所以如此，除了自由主义本身的问题外，外在的恶劣环境，更不可忽视。国民党的专政固不利于自由主义的发展，美国对华政策亦属不利。至于内战爆发之后，日渐恶劣的社会与经济危机，更迫使自由主义者放弃许多自由民主的原则。最后在内战中成为"夹心饼干"被迫放弃中立。他们

---

[1]《观察社被国民党反动政府迫害经过追记》，《观察》第6卷第1期，1949年11月1日。

中国的 1948 年：两种命运的决战

之中的大部分选择左倾，其实，他们对共产主义，并不曾一厢情愿地接受，只是觉得战乱中的中国，自由主义已不相干。与社会主义妥协，不仅可行而且是正确的。就储安平本人而言，当国民党政府通缉他时，已别无选择。1949 年以后，储安平及其自由主义伙伴，大部分留在内地。他们的命运，很可以说明自由主义在战后的命运。

张申府

一批又一批的知识分子，从"第三条道路"投向了革命。然而却有个别人在这个历史重要关头栽了跟头。值得一提的是张申府。这位当年中国共产党的创始人之一，周恩来、朱德的入党介绍人，因为不赞成暴力革命、武装斗争而中断了他的革命路程。此后他作为民主人士，在国共之间周旋。他一贯主张民主，反对内战，这个立场在1947 年以前，被视为是进步的。1948 年 10 月 23 日，张申府在《观察》杂志的头版发表了《呼吁和平》，引起轩然大波：

我们现在最要紧的事，消极地说，就是打破现状，积极地说，就是恢复和平。假使战事还不设法结束，和平还不速谋恢复，必致全国人，至少东北人与华北人，或至少在东北华北大城市住的人，都不得活，国家更将丧尽了元气，丢尽了脸。

事实上，这些年来，国人，尤其是读书人，已犯了一个极大的毛病，就是把是非成败利害混在一起，且常常是只管眼前成败利害，而不管是非。其实为国家打算，只应辨是非，而不应计较个人的成败利害。可惜就在抗战之前,有些号称进步的知识分子,就已是左了怕得罪现在,右了怕得罪将来,畏首畏尾,真是身其余己。

接着,张申府陈述他个人对停止战争恢复和平的看法,提出了一个简单的公式:

前几年,我曾鼓吹过一个全国公认的口号,那就是"民主"、"和平"、"统一"。这个次序是有意的。意思就在:必须先民主了,然后才能和平,必须先和平了,然后才能统一。今日实际,我相信也还不过如此。

下面,张申府说了一段最不合时宜的话:

也许有人以为,现在有一方正打得顺手,正打得起劲,正要一劳永逸,一举而成功。在此时呼吁和平,也许会转移他们的战志,必为他们所不快,必为他们所不睬。戡乱不能止于乱,革命不能止于革。如果双方都完全标明只为和平而战,也许会出师更有名,也许会打得更起劲。如此,作战的双方既都要和平,而且只要和平,这岂不更可证明:呼吁和平,要求恢复和平,有百是而无一非?可是当其双方都要和平,那就应该立即停下来,而不该再打![1]

如果这篇文章在一年半前发表,正是国民党军大举进攻解放区的时候,是可以被大家接受的。但是1948年10月底正是国共双方大决战的时刻。辽沈战役已经以解放军的胜利而结束,淮海战役即将展开。在国民党土崩瓦解的时候,张申府呼吁停战,只能对国民党有利。结果此文两面不讨好,国民党方面说他"扰乱民心",民

---

[1] 《观察》第5卷第9期。

盟同人则谴责他"有违民盟的政治主张"。11月15日，民盟在香港开会，作出了开除张申府盟籍的决定。理由是："张申府最近于《观察》杂志第五卷第九期更复发表《呼吁和平》的荒谬言论，公开承认蒋府的'宪政'，拥护蒋介石的'戡乱政策'，污蔑人民解放军为匪。"[1]

12月16日，中国共产党机关报《人民日报》发表"民盟发表时局声明，重申为民主奋斗决心"的报道，副题为"痛斥叛徒张申府等卖身投靠"。12月26日，《人民日报》刊登了夫人刘清扬的离婚启事，标题为"张申府背叛民主为虎作伥；刘清扬严予指责"。此时，刘清扬带着子女和北平的一批民主人士到达石家庄，奔向解放区。孤单的张申府依然留在北平。在历史大转折的时刻，他却被排除在外。晚年的张申府回忆起当时的情况，一方面归咎于他对解放战争进程缺乏了解，另一方面，他说："我写这篇文章，赚了3000元。当时这是一笔不少的收入。教授们那时都断粮断饷，吃饭是一个问题。储安平向我索稿，我怎能拒绝？他的杂志是当时民主刊物中销路最广的，同时一交稿就有稿费。我大概是他稿酬最高的作者之一。"[2]真令人啼笑皆非，张申府搞了30年政治，居然还没摆脱他的书生气。建国后他为此背了40年的政治包袱，这代价未免太沉重了。

形成鲜明对比的是，王芸生到达香港，有如脱出樊笼的感觉。他恢复了犀利的文风，在11月10日香港《大公报》写了《和平无望》的社评：

人类历史虽已进步到20世纪的现代，而中国尚迟留在剥削重重的农村经济中；世界政治虽已演进到资本主义与社会主义最后较量短长之时，而中国的政治形态尚迟留在家长封主的时代。康梁维新

---

[1]《中国民主同盟历史文献》，文史资料出版社1983年版，第484页。
[2] [美] 舒衡哲：《张申府访谈录》，北京图书馆出版社2001年版，第220页。

未曾损其毫毛,辛亥革命未曾挫其根株,北伐只完成一瞬的统一,抗战仅于挣脱了一具近侧的帝国主义的枷锁,政协未曾解消内在的矛盾,三年战乱又扯开了一切疮疤,到现在,石走悬崖,箭已脱弦,其势已无法挽转,再难得简易的和平了。那么,难道就这样乱下去了吗?人类虽然不免战乱,毕竟是需要和平生活的。而且战乱是变,和平是常。我们所付战乱的代价已甚高,希望历史的轮子是向前进,在战乱纷纷痛苦重重中,让我们获得真实而持久的和平。什么是真实而持久的和平?一句话,是人民大众的合理生存。和平既已不可遽得,且也不能廉价取得,那么我们便惟有忍痛挣扎,以争取真实而持久的和平了。大局板荡,生民涂炭,身在水火,忧心曷极。但要知道,真正的历史创造者,并不是稀世的英雄,而是亿万生民。亿万生民的求生力量,才是人类历史的真正动力。违逆了人民大众的生存轨道,必无治,摧折人民大众的求生欲望,必乱,明白了这基本的道理,则如何拨乱返治,自可不言而喻。看目前中国的乱局,人民真是痛苦极了,目前纵然和平无望,人民大众终会走上合理生存之路。我国挥泪跋涉,总希望这条真实而持久的和平之路已不再远!

　　王芸生期待的和平之路,就是迎接新中国的诞生。1948年5月1日,中共中央发布了纪念"五一"劳动节口号,其中一条是"各民主党派,各人民团体及社会贤达,迅速召开政治协商会议,讨论并实现召集人民代表大会,成立民主联合政府"。同一天,毛泽东委托潘汉年转交了致中国国民党革命委员会主席李济深、主持民盟工作的沈钧儒先生的一封信,表达了中国共产党希望与民主党派合作,筹备政治协商会议的愿望。中共中央的号召很快得到了中国国民党革命委员会、中国民主同盟等8个民主党派和其他无党派民主

中国的 1948 年：两种命运的决战

人士的拥护，并于 5 月 5 日在香港通电表示支持。但是，这些支持召开新的政治协商会议的民主党派负责人，大多数还在国统区。中共中央决定，将这一大批民主党派负责人、工商业家、文化界人士，先从西南、西北、华中、上海等地集中到香港，再由中共地下党负责人潘汉年等租船把他们秘密送往烟台、大连，然后到河北平山西柏坡汇合。护送民主人士去解放区的秘密行动历时半年多(从 1948 年底到 1949 年 3 月)，从香港乘船到解放区的知名人士有：何香凝、李济深、沈钧儒、黄炎培、马寅初、郭沫若、马叙伦、沈雁冰、叶圣陶、邓初民……总共有 350 人左右，王芸生也在其中。他们向着一个共同的目标：奔向解放，奔向新中国！

16 淮海战役（一）徐东大血战

1948

中国的 **1948年**：两种命运的决战

1

1948年9月8日到13日，毛泽东在河北平山西柏坡主持召开了中央政治局会议，历史上称之为"九月会议"。这是为加速解放战争的进程而举行的一次重要会议，毛泽东号召"五年左右根本上打倒国民党"，并就加强经济工作，准备接管新解放的大城市，学习工业管理等方面的问题做了部署。会议结束后，各战区的中央委员们迅速返回。随后济南、辽沈战役相继举行，既是对中共中央指示最坚决的贯彻，也大大加快了解放战争的步伐。

济南战役结束后，粟裕于9月24日向中央军委建议：立即进行淮海战役。电报中说："该战役可分为两个阶段：第一阶段以苏北兵团攻占两淮，并乘胜收复宝应、高邮，而以全军主力位于宿迁至运河车站沿线两岸，以歼灭可能来援之敌。如敌不援或被阻，而改经浦口、长江，自扬州北援，则我于两淮作战结束前后，即进行战役第二步，以三个纵队攻占海州、连云港。"[1]

9月25日，毛泽东复电华野和中原野战军刘伯承、陈毅等(邓小平出席中央九月会议正在返回途中——作者注)，认为"举行淮海战役，甚为必要"。并筹划了战役的三个阶段：1.歼灭黄百韬兵团于新安、运河之线；2.歼灭两淮、高邮、宝安地区之敌，为第二个作战；3.歼灭海州、连云港、灌云地区之敌，为第三个作战。毛泽东指出："进行这三个作战是一个大战役。打得好，你们可以歼敌十几个旅，可以打通山东与苏北的联系，可以迫使敌人分散一部兵力去保卫长江，而利于你们下一步进行徐州、浦口线上之作战。"[2]

在粟裕和毛泽东的往返电报中，首次提出了"淮海战役"的设想。这个设想把战役范围定在徐州以东的苏北地区，打击对象主要

---

[1] 《粟裕军事文集》，解放军出版社1989年版，第392页。
[2] 《毛泽东文集》第5卷，人民出版社1996年版，第157页。

是黄百韬兵团。可以称之为"小淮海"的作战计划。

10月9日，华东局书记饶漱石从西柏坡返回华东野战军司令部驻地曲阜后，就与粟裕、谭震林及各纵队首长举行作战会议。会议研究了两个方案，一是运用"围城打援"战术，以一部攻打连云港、海州，调动黄百韬东援，在运动中歼灭之；二是直接对黄兵团进行分割包围，力求全歼，并以一半以上的力量组织打援。

10月11日，毛泽东以军委名义发出《关于淮海战役的作战方针》的重要指示，对战役的设想和部署作了更明确的规定，他指出："本战役第一阶段的重心，是集中兵力消灭黄百韬兵团，完成中间突破，占领新安镇、运河车站、曹八集、峄县、枣庄、临城、韩庄、沭阳、邳县、郯城、台儿庄、临沂等地。"第二阶段"攻歼海州、新浦、连云港、灌云地区之敌，并占领各城"。第三阶段准备在淮阴、淮安方面作战。针对国民党军徐州"剿总"主力集结于徐州附近，随时可能增援的情况，毛泽东着重指出：为达成第一阶段的任务，应采取"攻济打援"那样的部署，以一半以上的兵力担任牵制和阻援，对付邱清泉、李弥两个兵团，使其不敢全力以赴东援黄兵团，这样才能达到歼灭黄兵团三个师的目的。刘邓陈迅速部署攻击郑州至徐州铁路线，牵制孙元良兵团。毛泽东指出："淮海战役的结果，将是开辟了苏北战场，山东苏北打成一片。"

发出上述指示后，经过与华野的商讨，毛泽东于14日对战役作了更具体的部署。他强调华野打援部队应放在侧面，造成围攻徐州的态势，使徐州国民党军"第一个感觉是我军似乎有意夺取徐州，而不能确切断定我军并非夺取徐州，而是歼灭黄兵团。等到我军对黄兵团攻歼紧急而决定增援时，又发现如不解决南北两侧威胁，则很难赴援。这样就给我军以必要时间歼灭黄兵团"。他强调要"以一、四、六、七、十一、鲁中等六个纵队再加特纵，担任歼灭黄兵团三个师,这是全战役的中心目标"。并以刘邓主力在淮海战役发起前就进攻郑州、开封,吸引刘汝明、孙元良兵团停留于郑州、开封之间,不能东援,以配合华野作战。[1]

毛泽东以战略家的眼光,为淮海战役设计了更大的方案。淮海战役成为华东、中原两大野战军共同执行的任务。当初谁也没有预见到淮海战役后来会打到那样大的规模,取得那样辉煌的战果,但是毛泽东提出的两大野战军协同作战的方案,不局限于歼灭一个黄百韬兵团,而是力求歼灭国民党军徐州"剿总"的主力。这就使原来设想的"小淮海"变成了"大淮海",开阔了华野、中野首长的眼光,使他们去争取更大的胜利。

就在毛泽东运筹帷幄之际,国民党统帅部也没有闲着。济南失守,对国民党统帅部是极大的震动。作为徐州国民党军机动兵团的指挥官杜聿明,更是深深自责。他考虑要扭转国民党军处处被动挨打的局面,必须主动出击。以国民党军的武器优势,可以集中优势兵力寻找华野主力决战。9月下旬,他制定了一个作战计划:放弃郑州、开封、商丘等城市,集中机动兵团,在鲁西南寻求与华野主力决战。徐州"剿总"总司令刘峙原则上同意这个计划,10月2日,杜聿明到北平请示蒋介石,获得批准。杜再飞南京,与参谋总长顾祝同商讨实施方案。顾祝同犹豫不决地问:"你们发动攻击,有没有把握?"杜说:"关键在于黄维兵团是否能将刘伯承牵制住。如果能牵制住的话,徐州方面打华野的各纵队都是有胜算把握的。"顾问:"万一刘伯承过来,又怎么办呢?"杜说:"我们采取稳扎稳打的战法,集中主力形成圆形态势,让共军钻不了空子,吃不掉我们。一旦抓住共军一部,即迅速猛攻,将其包围消灭。万一共军主动先撤,我们采取'钓鱼'战法,诱其来攻,再行包围。万一这期间刘伯承过来,我们可以阻击华野于微山湖以东,配合黄维先击破刘伯

---

[1]《毛泽东军事文集》第5卷,军事科学出版社1993版,第66、76页。

承部,再回头击破华野。"顾祝同觉得杜聿明的计划尚属稳妥,表示同意。7日,杜聿明在徐州召集邱清泉、黄百韬、李弥开会进行部署,并决定15日开始行动。[1]

如果国民党军先于华野开始行动,淮海战役的历史就可能是另外一个样子。历史就是这样地巧合,10月15日早晨,杜聿明正要上车去前方指挥部,突然接到蒋介石的电报,叫他乘飞机去东北。东北野战军发动了规模空前的辽沈战役,杜聿明奉命去指挥东北国民党军的行动。这样,徐州方面的作战计划被搁置,直到华野发起淮海战役前,国民党军一直没有主动出击。这20天的时间,为华野进行战前准备提供了充分的保证。

南京国防部于10月22日召开军事会议,顾祝同等根据情况判断,认为共军可能进攻徐州、蚌埠,进逼江淮。与会者坚持"守江必守淮"的战略方针,决定放弃陇海线上郑州、开封等大城市,集中重兵集团于徐州外围,调黄维兵团东进,对华东共军采取"攻势防御"。此后,南京国防部开始调整部署,将郑州的孙元良(第16)兵团调往涡阳、蒙城地区;邱清泉(第2)兵团调到砀山地区;黄百韬(第7)兵团在运河以东的新安镇;李弥(第13)兵团在运河以西的曹八集;台儿庄、贾汪是冯治安的第3绥靖区部队;海州是李延年的第9绥靖区部队。此外,命令驻确山的黄维(第12)兵团出周口,策应徐州方面作战。从地图上看,国民党军在徐州方面是沿津浦铁路摆了个"一字长蛇阵",他们的意图是依托坚固据点,可以及时调动,进可攻,退可守。

杜聿明得知徐州方面的部署后,大为不满。他认为:"自徐州到蚌埠间二百多公里的铁路两侧,摆了数十万大军,既弃置徐州既设永久工事而不守(徐州那样庞大纵深的据点工事,只留一两个军,几乎等于不守),又将各兵团摆于铁路两侧毫无既设阵地的一条长形

---

[1] 杜聿明:《淮海战役始末》,《淮海战役亲历记》,文史资料出版社1983年版,第7页。

地带,形成鼠头蛇尾,到处挨打的态势。据我了解,古今中外的战史中还找不到这样一种集中会战的战略先例。"白崇禧也意识到这个部署的危险性。蒋介石打算让白崇禧统一指挥徐州和华中部队与共军决战,白10月30日从汉口来南京开会,也满口答应承担指挥职责。但他与李宗仁和桂系将领研究之后,第二天开会时突然改变态度,坚决不肯指挥徐州方面的行动。只同意将黄维兵团调给徐州配合作战。与会者对白崇禧的出尔反尔感到不解,猜测白是怕蒋做成圈套,准备在会战失败后委过于他。也有人认为是李宗仁、白崇禧合谋拆蒋介石的台,如果战败就逼蒋下野,由李宗仁取而代之。大战尚未开始,国民党内部的派系斗争就显现出来了。[1]

10月22日,郑州、开封的国民党守军开始撤退。刘邓部队抓住时机,迅速占领郑州、开封。25日,毛泽东指示刘邓南下蒙城,直取蚌埠。刘邓表示他们在永城、涡阳地区集结,无论是打孙元良还是攻蚌埠都更有利。毛泽东批准刘邓的计划,同时要求华野在进军中要注意隐蔽作战意图,不要过早惊动敌人。对黄百韬的主攻和对邱清泉的佯攻最好在同一天发起,使国民党军难以判断。

10月28日,华野首长确定了作战部署:以一、二、六、九、十二纵及鲁中纵队、中野十一纵共七个纵队主攻新安镇,消灭黄百韬兵团;四、八纵和苏北的十一纵南北对进,突击运河车站,分割黄百韬、李弥兵团的联系;七、十、十三纵出台儿庄、贾汪,歼灭或促使冯治安部队起义;三纵和两广纵队归中野指挥,向商丘、砀山出击,牵制邱清泉兵团。30日毛泽东复电粟裕等,同意华野的作战部署,强调战役应在11月7日或8日"各处一起动作,使各处之敌同时受攻,同时认为自己处于危险境地,互相不能照顾,要在两三天后才能查明我之主攻方向,但又因为我各部均已迫处他们面前,又已无法互相增援,尤其使黄兵团各部丧失收缩集结的必要时间,

---

[1] 郭汝瑰:《淮海战役期间国民党军统帅部的争吵和决策》,《淮海战役亲历记》,第54页。

极为重要"。毛泽东对战役寄予厚望:"此战打得好,可能歼灭黄兵团八个师,李兵团两个师,冯治安两至三个师,接着不久并可能歼灭东海及两淮之敌,则长江以北之局面便可展开。……故望你们精心组织这一伟大的战役。"[1]

  这时,辽沈战役已接近尾声,廖耀湘兵团全军覆没。蒋介石马上考虑到徐州的危机,11月4日,参谋总长顾祝同飞到徐州,与邱清泉、李弥、黄百韬、孙元良等商议徐州会战。邱清泉说鲁西南发现共军大部队,先头已到曹县、城武。黄百韬则说郯城以北有共军主力南下,可能要向他进攻。众将领一致认为,徐州"剿总"各部队在陇海线上的"一字长蛇阵"态势不利,必须调整。于是顾祝同拟订了一个"徐蚌会战"计划,6日,南京国防部正式下达命令:徐州以两个军固守;黄百韬兵团撤到运河西岸,海州方面的第9绥靖区和44军撤至新安镇归黄指挥;邱清泉兵团在永城、砀山集结;李弥兵团在灵璧、泗县集结;孙元良兵团在蒙城集结。这样,国民党军把原来的"一字长蛇阵"改变为沿津浦线两侧布防,各兵团相对靠拢。但是,国民党军队的行动迟了一步。就在他们刚刚开始调动时,华东野战军主力大举南下,拉开了淮海战役的序幕。

2

  11月4日,粟裕等下达淮海战役攻击命令。6日夜里,华野中路突击集团一、六、九纵直扑新安镇的黄百韬兵团,四、八纵经邳县抢占运河铁路桥。山东兵团七、十、十三纵从临城、枣庄地区向万年闸、台儿庄、韩庄进军,攻击冯治安部。三纵和两广纵队配合中野从鲁西南的单县向砀山挺进,进逼徐州。解放战争中规模最大

---

[1]《毛泽东军事文集》第5卷,第153页。

的淮海战役拉开了序幕。

国民党军的情报工作,始终处于落后状态。战前解放军依靠国统区情报系统,对国民党军的部署和调动情况了如指掌,并根据国民党军的变化几次变更部署。而国民党军对解放军即将发起的战役行动几乎一无所知。济南战役后,南京国防部情报部门方面曾派遣104部电台,企图深入解放区搜集情报,由于解放区军民的严密组织和高度警惕,使国民党特务无隙可乘。虽然有4部电台在教会掩护下从鲁北地区潜入,却发不出报。他们只能蹲在解放区的边缘,打听一些消息。主要情报来源是靠监听解放军的电台信号。[1]到11月初,国民党方面得到华东野战军调动的消息,才判断可能是要打徐州。为此,11月4日顾祝同、刘峙在徐州会议上决定变更部署,将主力集中于徐州周围。黄百韬建议"以徐州为中心,集结各兵团对东南西北四个方向备战,各兵团互相衔接"的战法,并建议放弃海州,将第三绥靖区部队和44军西调。刘峙批准了这个计划。

在国民党高级将领中,黄百韬不是黄埔出身,能够当上兵团司令,是不寻常的。内战开始时他只是整编25师师长。在孟良崮战役中,他拼命救援张灵甫,事后又能主动承担责任,替汤恩伯解脱。南麻、临朐战役中,他为胡琏的11师解围。在豫东战役中,他亲自登上坦克冲锋,使25师免遭歼灭。所以蒋介石授予他勋章,任命他为第7兵团司令。当黄百韬回到新安镇布置转移时,兵团所属的三个军相距不过二三十里。刘峙5日、6日连下两道命令:将原来准备开往海州的第100军和驻海州的44军统归第7兵团指挥,要求黄带领这两个军和第9绥靖区司令部向徐州撤退。黄百韬在电话里大声问:"第9绥靖区究竟何时到新安镇?本兵团究竟何时撤退?"刘峙无法具体答复,黄只好在新安镇坐等李延年和44军到来。

5日晚,第9绥靖区司令李延年正在海州的官邸里会见南京总

---

[1] 李以劻:《淮海战役国民党军被歼概述》,《淮海战役亲历记》,第63页。

统府战地视察官李以劻,议论撤退的问题。突然一家盐店的经理唐某来见李延年,说刘峙总司令有电报告诉他与李延年一起回徐州。李延年惊讶地问:"你怎么知道我要回徐州?"唐某说:"不要海州了。"原来,刘峙私下做盐生意,唐某是他的经纪人。李延年大为不满地对李以劻说:"刘经扶(峙)看钱财比国家的事还大,这样泄漏军事机密,不败何待!"李延年连夜部署撤退事项。海州城内顿时乱作一团,第9绥靖区的司令部和直属部队、44军、国民党各县政府官员、商人、学生等,乱哄哄地向新安镇方向撤去。

11月6日,华东野战军攻击郯城王洪九部,打响了淮海战役的第一枪。王洪九是临沂地区的土匪武装,抗战结束后被国民党收编为山东保安1旅。济南战役后,他放弃临沂逃到郯城。郯城是山东与江苏交界的一个小县城,南距新安镇25公里,王洪九在此为黄百韬充当前哨。华野鲁中南纵队临沂出动,6日黄昏到达外围。经过一夜激战占领郯城,歼敌三千余人。王洪九带少数人南逃。

6日晚间,李延年、李以劻从海州到了新安镇。黄百韬向二李说明形势:"陈毅的部署(国民党军情报不灵,一直以为华野是由陈毅指挥——作者注)是先打7兵团,现在兵团的位置非常不利,在新安镇打则孤军无援,如侧敌西进,到不了徐州就会遇敌。我已命令63军从窑湾镇强渡,其余各军明早西行。转进太迟了,要掩护44军从海州西撤,不能贻误戎机。否则全兵团将被包围。国防部作战计划一再变更,处处被动,正是将帅无才,累死三军。这次会战如果垮掉,就什么都输光了。"午夜,黄百韬紧急把睡着的李以劻叫醒,告诉他共军先头部队已经到了郯城,肯定是来打7兵团的。黄百韬情绪激动地对李以劻说:"请你告诉刘总司令,要其他兵团快点集结,迟了就会误大事。如果我被包围,希望别的兵团来救。古人说:胜则举杯相庆,败则出死力相救,我们是办不到的。这次与以前的战役性质不同,是主力决战,关系到存亡。请你面报总统,我黄某受总统知遇之隆,生死早置之度外,我临难是不苟免的,请你记下来,一定要转到呀!"最后,黄百韬又沉重地说:"国民党是斗不过共产党的,人家对上级指示奉行彻底,我们则阳奉阴违。"他已经预感到末日的来临。[1]

7日中午,王洪九蓬头跣足,只剩一只鞋,满身泥斑地逃到新安镇黄百韬兵团司令部,大家才知道情况紧急。这天,黄兵团的五个军开始渡过运河。运河上只有一座铁桥,部队行列太长,拥挤不堪。黄百韬命令工兵在铁桥以北架一座平行的浮桥,加快过河速度。63军军长陈章主动请求到南边的窑湾镇渡河,避免拥挤,率部队南去了。即使如此,估计也要到10日,兵团主力才全部渡过运河。8日下午100军正在渡河时,华野四纵的先头部队已经赶到运河车站以北,与100军后卫部队交火。

7日,华野主力突击兵团一、四、六、八、九纵分路南下,向运河东岸的新安镇、官湖镇、运河车站等地挺进。当天四纵占领邳县,从俘虏口中知道,黄兵团已经渡河向徐州靠拢,有逃跑的可能。8日早晨,粟裕命令四纵不顾一切,于今晚午夜攻占运河铁桥;命令九纵主力由新安镇以南渡河追击。四纵、九纵接到命令,立即展开急行军。四纵指战员不顾天气寒冷,徒涉水深及胸的河流,向炮车、运河车站之间猛插。许多战士在行军中跑掉了鞋,光着脚继续行军。8日黄昏,四纵12师36团在运河车站以北的八家杨村与黄兵团100军后卫部队遭遇,激战一夜。到9日天明,华野主力部队赶到,逼近运河铁桥。

9日这天,黄兵团25军在100军掩护下通过运河桥,下午100军军长周志道命令后卫44师撤退。在一座狭窄的铁桥上,步兵、卡车、马车拥挤不堪。还有许多从海州逃过来的国民党官员、地主、

---

[1] 李以劻:《淮海战役国民党军被歼概述》,《淮海战役亲历记》,第69页。

商人也要过桥,运河两岸一片混乱。守在桥头的25军工兵怕共军逼近,想提前炸毁铁桥。周志道来到桥上,跳脚大骂:"老子一个师没有过河,哪个敢炸!等仗打完了,非和黄百韬到国防部打官司不可!"44师军官也骂25军:"我们打了一天,掩护你们过河,现在你们过去了,就要炸桥。真是只顾自己,不顾别人。"25军工兵见军长发火,没敢炸桥。44师师长刘声鹤率领一个团匆匆过河,周志道才一起离开铁桥。当44师担任掩护的部队撤下来,接近铁桥的时候,桥东的一辆弹药车突然起火爆炸。25军工兵以为共军到了,慌忙将桥炸毁。44师近3000人被隔在运河东岸,急得团团转。[1]

四纵没有与国民党军纠缠,主力向西强渡运河,追击黄百韬兵团。10日天明,后续部队上来,将滞留运河东岸的44师人员消灭,占领了运河铁桥。桥破坏得不十分严重。解放军找来木板,铺成桥面。10日晚十八时,八纵两个师渡过运河,向西追击。

九纵从新安镇继续南下,追击国民党63军。在沂河边的埝头集追上了63军后卫的两个团。九纵27师立即分成几路渡河。79团1营2连走在前面,命令3班火速架设浮桥。3班找来一些木板和两架梯子,架起一座简易浮桥。由于战士们通过时容易落水,国民党军火力已经开始封锁渡口,为了不延误时间,在副排长范学福和班长马选云带领下,全班一齐跳进冰冷的河水中,十人分两排扛起浮桥,保障全营顺利通过。这个"十人桥"的故事广泛流传,并写进了建国后的小学教科书中。63军军长陈章惊慌失措,率领残部逃向窑湾,成了黄兵团中惟一被丢在河东的军。[2]

鉴于徐州国民党军有总退却迹象,11月9日十六时毛泽东电令华野:"集中七、十、十三纵及由南向北之十一纵,以全力向李弥兵团攻击,用迅速手段歼灭该兵团的全部或大部,控制并截断徐州至运河车站之间的铁路,运东主力则歼灭黄兵团。只要以上几点办

---

[1] 谭冀平:《44师在八义集的覆灭》,《淮海战役亲历记》,第236页。
[2] 《中国人民解放军第27军第三次国内革命战争战史》,1956年初稿。

到，就能破坏敌人总退却的计划，遭我全部歼灭，并占领徐州。现在不是让敌人退至淮河以南或长江以南的问题，而是第一步(即现在举行之淮海战役)歼敌主力于淮河以北，第二步(即将来举行的江淮战役)歼敌余部于长江以北的问题。"他告诉华野："敌指挥系统甚为恐慌混乱，望你们按照上述方针，坚决执行，争取全胜。此时我军愈坚决，愈大胆，就愈能胜利。"[1]毛泽东再次扩大淮海战役的规模，把目标定为歼灭徐州国民党军主力。

粟裕等研究了敌情，认为当务之急是主力兵团渡运河西进，与山东兵团会合，围歼已经到达碾庄圩的黄百韬兵团。9日，粟裕命令四、六、八、九纵迅速渡河，消灭运河东岸敌63军的任务，留给一纵。一纵经过一昼夜近百里的急行军，终于在10日傍晚赶到窑湾镇外围，完成对63军的包围。

黄百韬到达碾庄后，本应继续前进，向徐州靠拢。但是兵团渡过运河后，部队相当疲劳，建制混乱。黄百韬打算在碾庄休整一天，10日再行动。军长们多数主张不要停留，兼程前进。25军军长陈士章说："西走一里好一里，豫东之战，我们25师和72师只相隔20里，炮火相接，但终于冲不开共军的隔绝。现在留在此地，万一被围困，梦想邱清泉远道来援，恐怕不可能。"黄百韬说："相隔5里，他也不会来救我们。"但64军军长刘镇湘反对。因为64军最早过运河，没有损失，他们已经构筑好阵地，舍弃可惜。如果在行军中遭遇共军，后果不堪设想。黄百韬考虑63军还没过来，丢掉也不好，还是决定在碾庄停留一天。这一天耽搁，就为华野包围黄兵团创造了有利时机。[2]

8日，当华野山东兵团向台儿庄、贾汪地区进军时，驻守当地的国民党第3绥靖区冯治安部队第59、77军，在绥靖区副司令张克侠、何基沣率领下举行起义。这两个军原属冯玉祥的西北军，官兵

[1] 《毛泽东军事文集》第5卷，第182页。
[2] 陈士章：《第7兵团的覆灭》，《淮海战役亲历记》，第192页。

不愿打内战。淮海战役前夕,官兵急于寻找出路。中共地下党员张克侠、何基沣抓住时机,在华东局国军工作部的杨斯德等同志的配合联络下,策动了这次起义。11月8日下午,当华野山东兵团到达贾汪、台儿庄后,59、77军让开大路,使解放军顺利通过第3绥靖区防地,挥师南下。随后起义部队二万三千余人在张克侠、何基沣带领下到达鲁南解放区,加入人民解放军的行列。[1]

第3绥靖区部队在运河前线的起义,使华野山东兵团顺利通过运河防线,直插陇海线的宿羊山、曹八集地区,切断了徐州"剿总"和黄百韬兵团的联系,为包围黄兵团赢得了时间。粟裕事后曾说:"只要我们在贾汪多呆四小时,我们的战机就丢失了。"这次起义对保证淮海战役第一阶段的胜利,有不可低估的作用。[2]

11月10日,驻扎在碾庄以西20里曹八集(今八义集)的李弥兵团接到徐州"剿总"的撤退命令,不等黄兵团来到,即全部撤往徐州。致使黄兵团被单独甩在碾庄地区。如果黄百韬这天坚决西撤,华野可能来不及形成合围。但是蒋介石在关键时刻错误判断,他认为以徐州几个机动兵团的力量,完全可以和共军决战。他指示徐州"剿总":"应本内线作战之原则,集中全力先求运河以西、徐州以东之匪而击灭之。黄百韬兵团应在原地位置固守待援,其余各部队不应再向后撤,应协同邱兵团夹击运河以西、徐州以东之匪。邱清泉兵团应以主力转用于徐州以东,协同黄兵团之作战。李弥兵团应抽出一个军参加攻击。"[3]蒋介石企图在徐州以东和华野举行决战。黄百韬接到蒋介石的电令后,把兵团部设在碾庄,以此为中心,25军在北,64军在东,44军在南,100军在西,形成一个环形防御体系。

10日早晨粟裕得知一纵已将63军包围。黄百韬的四个军仍在碾庄地区。他立即调整部署,除三纵配合中野作战,一纵在河东歼

---

[1] 何基沣:《运河前线起义》,《淮海战役亲历记》,第134页。
[2] 谢有法:《山东兵团在淮海战役中》,载《中国共产党历史丛书——淮海战役》第2册,中共党史资料出版社1988年版,第64页。
[3] 南京国防部:《华东战场作战指导检讨》。

灭63军外,华野其余十一个纵队都向碾庄方向前进。"战役第一步应以完成包围黄兵团,不使其西逃为主要任务。待我包围后,则分割聚歼之。如敌西逃,各部应不受战斗地境限制,坚决追歼之。"

国民党第100军的44师在运河东岸被解放军消灭一大半,残余部分由师长刘声鹤带领下向徐州撤退,10日下午到了曹八集。这里原来是李弥兵团的驻地,修筑了大量的地堡工事。围墙、外壕、鹿砦、铁丝网形成层层障碍。44师本来想继续西进,但是听到北面有密集的枪声。他们不相信共军会来得这样快,有的主张赶快走,有的主张留下据守。等侦察部队回来报告,真的是共军大部队来了,刘声鹤才赶紧部署防御。来到的是华野十三纵,在通过运河防区后,经过一昼夜急行军,38师的三个团于10日下午赶到曹八集。纵队首长指示:"哪个团先到,哪个团发起攻击。"114团在黄昏时首先发起攻击。突击部队冲进圩子,与国民党军展开巷战。刘声鹤亲自督战,组织"敢死队"与解放军争夺突破口。双方都打得很艰苦。11日十三纵投入更多的兵力。在炮火支援下,两个团南北夹击。刘声鹤见大势已去,举枪自杀。下午战斗结束,44师被全歼。

曹八集战斗,华野十三纵切断了碾庄圩与徐州之间的陇海线,将黄百韬、李弥兵团分割开。11日七纵向大许家、单集等地进攻,十纵占领韩庄。黄百韬西去道路被华野山东兵团四个纵队切断,东路主力四纵占领碾庄以北的大杜庄、太平庄,六纵占领碾庄车站西面的孔庄、曹家楼,八纵占领碾庄东南的天启庙、小古庄,九纵占领碾庄车站以南的徐井涯。黄百韬兵团被包围在碾庄方圆18平方公里的范围内,陷入华野主力的合围。

黄兵团63军被一纵包围在窑湾。窑湾位于邳县以南运河、沂河汇流处,小镇三面环水,东面有一道围墙。墙外有断续的外壕和水塘相连,地形开阔,外围有许多零星小村落。居民听说国民党军来了,早已躲避逃跑。63军到镇中连粮食也找不到,军长陈章和师长们靠从地里挖来的芋头充饥。11月9日夜里,一纵三个师开始围攻63军。63军是仓促转入防御的,工事修得很差。一纵干部决定大胆突破,插入纵深,迫使63军全线动摇。经过一夜战斗,一纵肃清了外围,把63军残余的近万人包围在窑湾镇内。11日十六时一纵开始总攻,解放军重炮向窑湾镇猛轰,小小的镇子硝烟弥漫,到处起火。炮火准备后,1师2团炸开围墙、鹿砦,由小东门突破。63军组织三次反冲锋失败后,全军陷入混乱。陈章见部队失去控制,带领卫队向运河边逃去,企图抱块木板顺流而下。后面的士兵大骂:"丢那妈,叫死守阵地,怕死鬼先跑了!"陈章等刚到河边,就遭到解放军对岸密集火力扫射,陈章中弹毙命。窑湾战斗到12日凌晨结束,一纵全歼63军一万三千余人。[1]13日一纵全部渡过运河,配合兄弟纵队阻击徐州方面的国民党援军。

淮海战役打响了三天,国民党徐州"剿总"总司令刘峙还没摸清解放军的主攻方向。直到11月10日华野主力合围黄百韬兵团于碾庄地区,国民党统帅部才如梦初醒。蒋介石以刘峙指挥不力,紧急召杜聿明来南京出席军事会议。杜聿明指挥东北国民党军残部从葫芦岛撤退,就被召到南京,心里预感到徐州战局不妙。他先去找参谋总长顾祝同打听情况,得知黄兵团被包围。他问顾祝同:为何不按原来制订的"徐蚌会战"计划将主力撤到蚌埠?顾祝同生气地说:"你讲得好!时间来不及啊!李延年还没撤回来,共军就发动攻势了。"

---

[1]《中国人民解放军第21军解放战争战史》,1952年初稿。

中国的1948年：两种命运的决战

刘峙

10日下午蒋介石主持军事会议。国防部官员报告：根据情况判断，共军目前是以有力之一部牵制徐州国军主力，而以主力包围消灭黄百韬兵团。因此建议：以李弥兵团和72军守徐州，集中邱清泉、孙元良兵团主力东进，解黄百韬之围。蒋介石当即表示："一定要解黄百韬的围！"并指定杜聿明到徐州指挥。顾祝同还答应杜聿明在指挥时可以机宜行事，不必完全按照国防部的指令行事。当天深夜，杜聿明飞抵徐州。

刘峙想解黄百韬之围，又怕丢了徐州，束手无策。杜聿明一到，立即与刘峙和参谋长李树正研究情况。杜根据自己与共军作战的经验判断，他认为共军不会直接进攻徐州，而是要集中主力消灭黄百韬兵团。他们又得到情报，黄维的12兵团正向徐州方向前进，刘邓主力有南下阻击黄维的迹象。杜聿明感到必须解救黄百韬，但是黄维的援军不到，他没把握战胜华野主力。因此他提出两个作战方案：1.以黄百韬兵团坚守碾庄，李弥兵团守徐州，集中邱清泉、孙元良兵团会合黄维先击破中野的六个纵队，再回头解黄百韬之围。2.以孙元良兵团守徐州，以邱清泉、李弥兵团为黄百韬解围，命令黄维兵团向徐州急进。

刘峙、李树正认为黄百韬兵团不可能坚持很久，西进如果扑空，两头落空。执行第二方案，又怕邱清泉不听调遣。找邱清泉前来商议后，11日下午，刘峙才下达命令：以邱清泉、李弥兵团东进解黄百韬之围，邱兵团在南路，5军向林佟山以北攻击，70军向潘塘一线攻击。李弥兵团在北路，8军向团山方向进攻。徐州空军配合轰炸。同时将李延年的第9绥靖区改为第6兵团，辖三个军。将刘汝明的第4绥靖区改为第8兵团，辖两个军。两个兵团在蚌埠集结后，沿津浦路北上宿县。黄维的第12兵团向阜阳进军，然后向蒙城、宿县推进。孙元良的第16兵团进至符离集。命令下达后，各部队于12日开始行动。[1]

至此，国民党军摆出了决战的架势。徐州"剿总"集中了七个兵团及其他直属部队共80万人，在人数、装备方面均占有优势。蒋介石希望黄百韬能够坚守碾庄，配合邱、李兵团使我军两面作战。蒋介石派空军给黄百韬投下亲笔信："此次徐淮会战，实为我革命成败、国家存亡之最大关键。务希严督所部，切实训导，同心一德，团结苦斗，期在必胜。"12日上午，顾祝同乘飞机到碾庄上空与黄百韬通话，为他打气。国民党空军的通讯科长抱着电台跳伞降落在碾庄。黄百韬得意地说："天助我也。"他有了电台，可以随时要求空军支援，并与南京保持密切联络。

粟裕得知国民党军的部署后，仍然没有动摇先打黄百韬兵团的决心。为了阻击徐州东援的国民党军，华野再次调整部署：以山东兵团的七、十、十一纵在林佟山至大许家地带进行顽强防御，阻挡邱清泉、李弥兵团。以苏北兵团的二、十二纵和中野十一纵、鲁中南纵队进至徐州东南的潘塘，切断邱、李兵团的退路，会同山东兵团围歼之。以四、六、八、九、十三纵继续包围碾庄，迅速歼灭黄百韬兵团。这个部署是打援部队多于攻坚部队。因为能否阻挡邱、李兵团是保障华野取得胜利的关键。碾庄地区区域狭小，难以展开更多的部队。华野以五个纵队围攻黄百韬兵团四个军，兵力上没有绝对优势，碾庄攻坚，必定是极为艰苦的战斗。[2]

碾庄地区位于江苏邳县境内运河西岸，陇海路北侧，地势平坦。

---

[1] 杜聿明：《淮海战役始末》,《淮海战役亲历记》，第19页。
[2] 《中国人民解放军第三野战军暨华东军区第三次国内革命战争战史资料》，1958年初稿。

中国的1948年：两种命运的决战

因历年河水泛滥，居民都将村庄地基筑高(高出2—3米不等，居民称为"台子")。每个村庄由几个台子组成，台子之间是水塘、洼地。大部分村庄有围墙和外壕，村庄外是开阔地。李弥兵团原来在这里驻防时修了工事，黄百韬兵团利用村庄台地和原有工事，逐村设防，形成圆周形的野战防御阵地。以台子为依托，地堡群为核心阵地，壕堑和交通沟纵横连贯，设置大量鹿砦，将每个村子构成具备独立防守能力的支撑点。在村与村之间也构筑地堡群，控制间隙，防备解放军突破分割。[1]

11月11日晚，碾庄外围攻坚战斗打响。六纵是在长途追击后马上投入战斗，对地形和国民党军配备并不熟悉。有的干部以为黄百韬是溃退之师，有轻敌思想。六纵是华野中攻击力很强的部队，在前三天的战斗中虽然集中了兵力，每天只能占领一个村子，这在过去是很少见的。其他几个纵队也打得不轻松。八纵政委王一平回忆："我们两个团12日打进村子后，冲破敌人一层层火网和一座座堡垒。敌人的射击孔大都紧贴地皮，很难发现。就是匍匐前进，也多遭杀伤。有几处工事，敌人构成夹墙式，我们部队冲过去，敌人却从我们背后开火。我们两个团遭受重大伤亡，经过一夜激战，攻下半个村庄。"[2]

在前三天的碾庄攻坚战斗中，华野干部战士感到黄百韬兵团相当顽强。华野战后的总结中这样写道："敌野战阵地以各集团家屋为基点构成支撑点，每个支撑点均采取子母堡式交通壕散兵坑，散兵壕内外连接，并将各村庄之间空地普遍修筑野堡式的阵地，形成犬牙交错、纵横贯通、蜘蛛网式的以堡垒群为骨干的野战阵地。敌人四个军八个师九万多人即依此集中守备于碾庄周围纵横十里的狭小地区，使我困难实施楔入分割、各个解决之态势。敌军在战术上

---

[1]《中国人民解放军第23军第三次国内革命战争战史》，1960年初稿。
[2] 王一平：《华野八纵在淮海战役中的日日夜夜》，载《中国共产党历史丛书——淮海战役》第2册，中共党史资料出版社1988年版，第291页。

以上述阵地为依托，分区固守，逐村逐屋逐堡顽抗。并组织炮火协同白天空军大量轰炸摧毁我之攻击阵地，掩护其步兵反击。尤以64军(广东军)守备比较顽强。善于避开我之炮火轰击(散兵坑多，房内均修了地堡)与小组爆破，地堡里面不放部队，主要部队放在两侧之散兵壕内隐蔽，待我爆破组接近爆破时，由两翼遂行小部队反击，捕歼我小部队。待我占领某一小村庄后，适时集中炮火，乘我初占阵地立足未稳之际，实施集中轰击，使我无法控制该点为进攻依托。其最大弱点为部队多，地面狭窄，便我集中火力毁灭杀伤。此次战役俘虏较少，毙伤数字约占三分之一以上，个别整连整营即被我全部同阵地一同毁灭。"[1]

14日晚，粟裕召集攻坚各纵队司令员在邳县土山开会，研究敌情，调整部署。粟裕指示要"先打弱敌，后打强敌，攻其首脑，乱其部署"，集中兵力先消灭44、100军。利用夜间搞近迫作业，隐蔽接近国民党军；进而实行对壕作业，突破其网状阵地，大胆插入各村之间，逐个消灭之。

毛泽东非常关注淮海前线作战。得知碾庄攻坚进展不顺利，徐州国民党军开始东援的报告后，14日电告中野、华野负责人："目前数日内必须集中精力，彻底解决黄兵团全部及宿蚌段上敌人。"为了争取战役的胜利，毛泽东下了最大决心："此战役为我南线空前大战役，时间可能要打两个月左右，伤员可能在十万以上，弹药、民工需要极巨，请华东局、中原局用全力组织支援工作。"[2]

毛泽东的电报坚定了华野消灭黄百韬兵团的决心。粟裕在淮海战役结束后的总结报告中说："战役第一阶段中，在打64军时，有些部队发生气馁叫苦，'伤亡太大了'，'部队不充实了'，'不能再打了'。后来军委来了一个准备伤亡十万人的电报，才将这种情绪克

---

[1] 华东野战军司令部：《碾庄圩地区歼灭黄百韬兵团野战村落攻坚战术经验教训初步总结》，1948年12月。
[2] 《毛泽东军事文集》第5卷，第215页。

服了。"[1]华野调来了重炮和坦克,配合各纵队向黄百韬兵团发起新一轮更猛烈的进攻。

为了给黄百韬兵团解围,杜聿明亲自上阵,指挥邱清泉、李弥两个兵团于11月11日开始行动。李弥兵团部署于运河以南、陇海线以北,8军进攻寺山口,9军进攻团山。邱清泉兵团部署于陇海线以南,5军进攻魏集,70军进攻邓家楼。国民党军集中了最精锐的四个军,拥有几百门重炮和数十辆坦克,还有空军支援。杜聿明等认为共军不会打硬仗,也不会打持久战。只要他们猛攻几天,共军就会撤退,为黄百韬解围是有把握的。

华野山东兵团已经做好了阻击的准备。十纵于北面防御团山、寺山一线;七纵居中防御魏集一线;十一纵在南防御邓家楼一线。三个纵队由宋时轮司令员统一指挥。徐州以东地区地形开阔,除少数丘陵小山,基本无险可守。华野这三个纵队装备不是很强,要挡住国民党军的进攻是非常困难的。在战前准备时,大家充分估计到敌强我弱的现实,提出有重点的防御,把有限的兵力和火力集中在几个核心工事,切忌单线阵地和无重点的配备。防御要有纵深,掌握机动部队实行运动防御,不断出击,将失去的阵地夺回来,将国民党军死死拖住。

11月12日,国民党军发起全线攻击。李弥兵团的8军向寺山口(今孤山村)、团山(今大黄山)进攻。守卫寺山口的十纵28师83团奋起阻击,一天打退了国民党军的十余次冲锋。13日天亮,国民党空军对团山、安子村十纵阵地狂轰滥炸,8军也集中重炮猛轰。团

---

[1] 粟裕:《淮海战役的伟大胜利和华野1949年六大任务》,《粟裕军事文集》,解放军出版社1989年版,第464页。

山是一座秃山，无法隐蔽，被国民党军的炮火和炸弹打成一片火海。解放军为避免伤亡，主动撤出阵地。第二天夜里，十纵突然向团山发起反击。国民党军不善夜战，丢了团山附近的两个村庄。杜聿明亲自到李弥的兵团部督战，李弥命令8军军长周开成千方百计夺回这两个村子。杜聿明目睹了双方激烈战斗的场面，对李弥说："今天攻击部队虽然完成任务，但伤亡太大，以后应设法减轻伤亡。"杜聿明计算了一下，国民党军一天进展少则3公里，多则6公里。他估计共军阻击几天后，会因伤亡大或弹药不足而撤退。

13日邱清泉的5军沿陇海线以南向十纵的大庙阵地发起攻击，受到28师82团的顽强阻击。大庙车站以东陇海线与房亭河交汇处有座铁桥，河东岸几个村子。十纵把这一带称为"夹河套"，由82团2营防守。桥旁修筑了桥头堡，在村外河岸挖了多道战壕。13日晨，5军以猛烈炮火轰击82团阵地，桥头堡因目标明显，很快被炮火摧毁。5军在进攻上是有一套的，十纵战后总结说："敌进行攻击时善于集中其炮火与兵力，多采取宽大正面的而有重点的攻击。在主攻方向集中炮火轰击一点，集中坦克与步兵攻击一点。突破一点巩固一点，再行伸展。在攻击队形上采取前接头的三角队形，并有纵深的配备。在战术上善于寻我侧背或接合部，实行迂回攻击。如正面攻击不利时即就地停止，进行近迫作业，判知我翼侧薄弱时，即以一部实行大胆的翼侧攻击。待翼侧成功后，正面即行攻击。"[1]

十纵与5军是豫东战役时的老对手，他们也有对付5军的办法，国民党军炮火准备的时候，2营都藏在战壕里，地堡里不留人。当5军步兵前进到阵地前沿200米时，炮火停止，2营战士们从两个侧面以猛烈火力封锁其前进路线，使国民党军伤亡很大，狼狈溃退。十匹骡马拉着一门炮跟在后面，解放军的射手打死牲口，让这门炮停留在开阔地上失去作用。5军正面进攻无效，又施展迂回进攻的

---

[1] 第28军82师，《淮海战役中几个主要战斗的检讨报告》，1949年3月。

战术。下午开过来六辆坦克，攻击82团与88团的接合部，解放军在接合部兵力不足，被迫后撤，桥头主阵地东侧暴露，形势危急。82团首长赶紧把预备队派上去，恢复了桥头阵地。82团2营坚守夹河套阵地一整天，打退5军的多次进攻。

邱清泉、李弥兵团强攻了三天，前进不到二十里。蒋介石见援军进展甚慢，焦急不安，命令邱清泉："黄兵团危险万分，本晚恐难支持，尤以碾庄东北更为艰难。希倾全力东援，星夜挺进，务于本夜挺进碾庄附近解围，免误大局。"邱清泉认为自己部队已经付出了惨重代价，大发牢骚。15日顾祝同到徐州督战，一见杜聿明就问："敌人不过两三个纵队，为什么我们两个兵团还打不动？"杜聿明解释说："打仗不是纸上谈兵，敌人已先我占领阵地，兵力也在陆续增加，战斗非常顽强。每一村落据点，都要经过反复争夺，才能攻占。"顾祝同、刘峙非常着急，杜聿明下了狠心，将总预备队74军从徐州九里山调到潘塘方向，由邱清泉指挥，企图迂回华野阻击部队后方，以求突破防线，为黄百韬解围。

局势的发展非常巧合，毛泽东看到黄百韬兵团即将被歼灭，邱李兵团又受到阻击，于是设想以奇兵出击邱清泉兵团侧后，包围消灭邱兵团。14日他电令粟裕等："令韦吉兵团于本夜切断邱匪退路，完成对该匪之包围。否则该匪一闻黄匪被歼，将迅速退回徐州。"[1]同日粟裕、张震命令苏北兵团二纵、十二纵、中野十一纵向徐州东南的侯集、赵圩方向出击，楔入邱清泉兵团后方。

韦国清指挥苏北兵团兼程北上。15日夜，二纵在行军途中与国民党74军遭遇。双方发生激战。当时都不清楚对方是谁，第二天天亮后，二纵先头部队6师俘虏两名电话兵，了解驻潘塘镇是74军。74军是新组建的，战斗力与孟良崮战役中被解放军歼灭的原74师不是一个档次。军长邱维达信心不足，出发前就问邱清泉是不是存

---

[1]《毛泽东军事文集》第5卷，第215页。

心让他们孤军深入。兵团参谋长李汉萍答复他:"这是总统的命令,不去要军法从事。"74军与苏北兵团在潘塘遭遇后,发现共军越打越多,才知道是与华野主力碰上了。邱维达赶紧收缩兵力,固守潘塘镇,并向邱清泉呼救。邱清泉得知后非常紧张,因为74军不是他的基本部队,能否顶住没把握。如果潘塘失守,74军被歼,不仅徐州保不住,连自己的退路也被切断。邱清泉一夜没合眼,亲自用电话指挥74军作战。并要求空军派飞机轰炸扫射。17日苏北兵团与74军打得难解难分,邱清泉对参谋长说:"现在预备队都用光了,到晚上共军必然会对邱维达发动更猛烈的进攻,74军顶不住怎么办?"参谋长只好将战斗力最强的70军96师及32师从主攻方向撤下来,用汽车运到潘塘镇救援74军。邓军林率96师于当日黄昏到达后立即投入战斗。鉴于国民党军力量增强,苏北兵团楔入后方的任务不易实现,粟裕决心放弃歼灭邱清泉兵团的计划,指示苏北兵团主动撤退,另寻战机。

18日晨,96师师长邓军林发现共军有撤退迹象,立即报告邱清泉。邱清泉在电话中大喊:"敌人是溃退!赶快要部队猛追,千万不要让敌人跑掉!"邱清泉兴高采烈,向刘峙报告"徐东大捷"的消息。[1]

就在华野为围歼黄百韬兵团,阻击邱清泉、李弥兵团苦战的时候,刘伯承、邓小平、陈毅指挥中原野战军在南线为阻止黄维、李延年、刘汝明兵团北上增援,也在紧张地战斗着。11月9日毛泽东指示中野,要他们直出宿县,切断津浦铁路徐州至蚌埠间的联系。宿县是徐州、蚌埠间的重镇,战略地位十分重要。攻占宿县,就孤立了徐州,堵塞了国民党军的退路。中原野战军出动四个纵队,15日攻克宿县。中野的行动对配合华野作战,夺取淮海战役的胜利创造了极为有利的条件。

---

[1] 李汉萍:《邱清泉第2兵团覆没记》,《淮海战役亲历记》,第313页。

5

战役的规模越打越大,已经形成了长江以北国民党军重兵集团与解放军华野、中野两大主力的战略决战。华野和中野需要密切配合、协同作战。在兵力使用、指挥关系、后勤保障等方面必须统一行动。11月16日,毛泽东以军委名义指示两大野战军:"中原、华东两军必须准备在现地区作战三个月至五个月(包括休整时间在内),吃饭的人数连同俘虏在内将达八十万人左右,必须由你们会同华东局、苏北工委、中原局、豫皖苏分局、冀鲁豫区党委统筹解决。……望从这个观点出发,统筹一切。统筹的领导,由刘、陈、邓、粟、谭五同志组成一个总前委,可能时开五人会议讨论重要问题,经常由刘陈邓三人为常委,临机处置一切。小平同志为总前委书记。"[1]

淮海战役进行到11月18日,形势相当严峻:黄百韬兵团虽然已被歼灭一半以上,但仍固守碾庄顽抗,华野等待补充弹药,才能发起新一轮攻击。原来设想以苏北兵团楔入邱、李兵团后方,切断他们与徐州的联系,因国民党军力量强大,难以完成任务。中野同时对付黄维等三个兵团,也感到力不从心。粟裕18日给谭震林的电报中,最担心的是"在黄百韬未全歼,对邱李出击正进行,同时兼顾,恐都成胶着状态。"刘陈邓经过反复考虑,认为同时想消灭几个强敌,不切实际。19日他们致电军委和粟裕,建议集中兵力,先解决黄百韬,再打黄维。电报分析战局和我军行动说:

徐东作战据我们观察,歼黄百韬使用了华野六个较能攻坚的纵队,历时已十二昼夜尚未解决战斗。如再以其余部队,其中只有两三个较能攻坚的纵队,加以部队相当疲惫,刀锋似已略形钝挫。以

---

[1]《毛泽东军事文集》第5卷,第230页。

之歼击较黄为强的邱、李诚非易事。我们认为徐海作战必须从三、五个月着眼,必须分作三、四个战役阶段,每阶段都需要有休息、整补俘兵才能保证必胜。因此,在目前情况下,特别是李延年、黄维北进的条件下,最好力争迅速歼灭黄百韬,尔后即将主力集中于徐东、徐南,监视邱李孙三个兵团,争取休息十天半月,同时以尚未使用之五个纵队或三个纵队用于南线,协同我们歼击黄维、李延年,这个步骤最为稳当。如我们不这样,过低估计本身困难,而在南线又无保障,两路大敌不断北进的情况下,我们六个纵队,除四纵均六个团,九纵只来五个团,平均每纵不到两万人,炮兵很弱,故只能用于一处。马上打邱李既无胜利把握,且可能陷入被动。[1]

中央军委同意总前委的意见,于是华野集中兵力部署对黄百韬兵团的总攻。中野则对黄维、李延年采取牵制,阻挡南线敌军北上,暂不主动发动进攻。

黄百韬在碾庄天天盼望援军来给他解围。国民党空军不断向碾庄投送粮食、弹药,南京和徐州方面也不断打气,总是告诉他援军马上就到。14日,六纵、十三纵猛攻彭庄,战斗力较弱的100军在华野的穿插打击下被分割成零碎小块,军长周志道被打伤,逃往44军,副军长杨诗云以下大部被俘。黄百韬眼看阵地越缩越小,部队伤亡越来越多,援军就是迟迟不来。15日下午,他打电话给几个军长:"你们必须进一步加强工事,准备独立作战,以尽军人天职。有些人看我黄百韬是青天白日勋章获得者,他们是不会全力支援的。我们也不会给别人看笑话。"但是部下除了64军军长刘镇湘以外,其余都已近乎绝望。

11月16日,经过重新部署后,华野再次发起攻击。六纵负责打前、后黄滩,歼灭44军。前、后黄滩是几个独立的民居聚落,相

---

[1]《中国共产党历史资料丛书——淮海战役》第1册,中共党史资料出版社1988年版,第175页。

互间隔几十米远，工事比较坚固，44军军长王泽浚亲自指挥两个残缺的师顽强抵抗。六纵17师先以一个团进攻前黄滩，特纵调来坦克配合作战。17师没有配合坦克攻击的经验，战士们都等着坦克给他们开路。结果坦克走错了方向，步兵开始攻击时受到火力封锁，初次进攻没有成功。17日黄昏，六纵再次发起攻击。17师师长梁金华登上坦克，开到44军阵地前进行侦察。他们化装成国民党军主动喊话："我们是第2兵团来与黄司令官取联络的，你们是哪一部分?兵团部在哪里?"44军以为是援军到了，纷纷爬出战壕来打招呼。一个营长大喊道："情况不清楚，不准和他们讲话。"梁师长坐着坦克在前、后黄滩转了一圈，看清了44军阵地才回来。当夜24时，六纵发起总攻，炮火准确摧毁了44军前沿的大多数工事。44军军部所在的地堡也被摧毁，军长王泽浚几乎被活埋。他从废墟中爬出来，向后面村庄逃命。到18日早晨，六纵把前黄滩的44军分割成三块，进行围歼。王泽浚逃到炮兵阵地，解放军从四面八方逼近。炮兵打不了炮，又无路可走。王泽浚叫部下各自逃命，一个连长来通知他："共军已经解除了我们的武装，叫我们去集合。你也同我们去吧。"清点俘虏时，王泽浚谎报是个排长。虽然他外面穿的是士兵棉大衣，里面却是中将制服，无法蒙混过关，被送往六纵司令部。司令员王必成、政委江渭清会见了他，并把他送往后方。

黄滩战斗进行得非常激烈，44军150师师长赵璧光形容当时的场面是："通讯设备全被击毁，军、师之间通信断绝，火力猛烈，炮火连天，火药气味辛辣刺鼻，房屋着火，火势熊熊，墙壁倒塌，犹如天崩地裂一般，烟尘弥漫，对面几乎不见人。已伤者再伤，死者重遭炮击，尸横遍野，目不忍睹。"150师残存的军官聚集在指挥所里，商量是打还是降。一个营长大声说："要打，叫师长、团长去打，我们是不打了。孤儿寡母哭起来可怜!"赵璧光表示："不打就投降吧，不过，这怎么对得起军长啊。"团长肖德宣说："识时务者为俊杰，军长也跑不掉。"于是赵璧光写了信，派人与六纵联系。他聚集了150师残部2500余人，向六纵的一位教导员移交阵地。到18日中午，前、后黄滩被六纵攻占，44军被全歼。[1]

顾祝同于17日飞临碾庄上空，用电台与黄百韬通话。顾祝同说了许多打气的话后对黄百韬说："邱、李两兵团在陇海路两侧被阻截，无法前进，你们如能突围出去与邱、李会合也好。"黄百韬知道外援无望，就说："我总对得起总长，牺牲到底就是了。"顾祝同飞机走后，黄百韬对25军军长陈士章说："反正是个完，突围做什么!送狼狈样子给邱清泉看吗?不如在此地打下去，最后不过一死。叫黄埔同学看看，也好鼓励他们以后不要再钩心斗角只图私利。"

19日，华野把黄百韬兵团压缩在碾庄圩一带狭小区域内。碾庄圩是个百余户人家的村庄，有两道圩墙和水壕。两道圩墙之间有近百米的开阔地，国民党军修筑了地堡和工事，组成严密的火力网。碾庄圩内有黄百韬的兵团部和部队近万人。粟裕下令八纵由东南、九纵由南面、六纵由西面、四纵由北面总攻碾庄，并调七辆坦克助战。

19日22时，总攻开始。华野集中上百门重炮，对碾庄进行猛烈轰击。几千发炮弹把碾庄打得浓烟滚滚，房倒屋塌。九纵负责从南面突破，连续两天战斗进展不顺利。国民党军死守南门外水壕上的一座小桥。九纵25师挖的交通沟距离外壕有几十米远，从交通沟向外壕进攻中暴露时间过长。国民党军摆上20挺轻重机枪，严密封锁桥头。九纵战士成班成排地被打倒在桥上。聂凤智司令员亲临主攻的"济南第一团"73团了解情况，1营长董万华告诉他：有个战士曾经徒涉趟过水壕，证明水不深，不一定非要从桥上突破。聂凤智弄清了情况，改变战术，战斗发起后以突然的动作徒涉过壕，

---

[1] 赵璧光：《第44军150师失败经过》，《淮海战役亲历记》，第211页。

实施突破。同时指示纵队炮兵一定要压制敌军火力,步兵突击部队要紧接着炮弹的硝烟冲进圩墙。战斗开始后,47团2连战士跳进寒冷刺骨的水壕,徒涉过去,变助攻为主攻,仅用15分钟就在西南角突破第一道圩墙,打开了突破口。73团1营进行正面攻击,也涉水过壕,冲进第一道圩墙。突破前沿后,国民党军依据两道圩墙之间开阔地上的工事地堡,用火力封锁前进道路,并组织反冲锋,双方拼杀得非常激烈。这时,八纵的一支突击分队也加入战斗,向73团右翼展开攻击。73团在兄弟部队支援下经过四个小时战斗,终于冲开第二道圩墙,突入碾庄圩内,与国民党军展开巷战。

与此同时,八纵从东南角突破第一道圩墙。后续部队三个团迅速跟进,扩大突破口,向纵深发展。国民党军开始慌乱起来,纷纷向北逃跑。黄百韬命令由碾庄圩东口突围,25军军长陈士章、100军军长周志道混在伤兵当中逃掉,是黄兵团中漏网的两个军长。黄百韬本人率参谋长魏翱、25军副军长杨廷宴等一千多人逃到大院上村64军军部,他的兵团部被九纵占领。粟裕命令:"攻碾庄部队即行由碾庄圩出发,继续向东直捣大、小院上,三里庄之敌。"

20日白天,四纵主攻尤家湖村,九纵攻击大院上,八纵攻击小院上。驻守尤家湖的是25军40师残部约4000人。四纵在攻击开始前共挖交通沟7条,总长4000多米,迫近至国民党军阵地30米处,形成对村庄的包围。鉴于前一段战斗中伤亡较大,陶勇司令员交代要多抓俘虏,补充部队。21日十六时,四纵集中火炮29门,在4辆坦克配合下开始攻击。30分钟内将40师前沿地堡摧毁,战士跟在坦克后面冲锋。国民党军外围工事被突破后,村内工事不坚固,顿时陷入混乱。经过三个小时短兵相接的搏斗,战斗于19时30分胜利结束。四纵歼灭40师4600余人。陶勇下令将4100名俘虏立即补充进四纵各团。[1]

---

[1] 《中国人民解放军第23军第三次国内革命战争战史》,1960年初稿。

淮海战役（一）徐东大血战

黄百韬的胸章和照片

21日黄昏，九纵攻击大院上，八纵和九纵77团攻击小院上。64军军长刘镇湘见突围无望，命令部队作困兽之斗。华野集中了所有炮火猛轰这些村子，连昨天在碾庄圩刚缴获的迫击炮都用上了。激战一夜，到22日上午10时，九纵攻占大院上。黄百韬、刘镇湘等逃往小费庄。八纵、九纵穷追不舍。黄百韬自知气数已尽，叫刘镇湘突围。他说："我年老了，而且多病，做俘虏我走不动，而且难为情。我死之后，使别人还知道有忠心耿耿的国民党人，或可使那些醉生梦死的人醒悟过来，国民党或者还有希望。"他对杨廷宴痛心地说："我有三不解：一、我为什么那么傻，要在新安镇等44军两天；二、我在新安镇等两天之久，为什么不知道在运河上架设军桥；三、李弥兵团既然以后要向东进攻来援救我，为什么当初不在曹八集附近掩护我西撤。"[1]黄昏时刘镇湘、杨廷宴拉着黄百韬由小费庄向西突围，在野外遭到解放军追击。黄百韬跑不动，举枪自杀。杨廷宴坐在黄百韬尸体旁痛哭，一个解放军战士过来询问，杨说："我是伙夫，死的是我哥哥。"这个战士颇有同情心，帮助杨廷宴掩埋了黄百韬。刘镇湘被俘，杨廷宴侥幸逃脱。回到南京向蒋介石报告黄百韬、刘镇湘"自杀成仁"。战斗结束后华野即撤离战场，没有找到黄百韬的下落。一个月后国民党军回到碾庄找到黄百韬的尸体，运往南京埋葬。

---

[1] 郭汝瑰：《淮海战役期间国民党军统帅部的争吵和决策》，《淮海战役亲历记》，第58页。

6

邱清泉

再说邱清泉向蒋介石报告"徐东大捷"的消息,谎报"消灭共军20万"。蒋介石非常高兴,下令授予邱清泉"青天白日"勋章一枚,奖金20万元。并发给刘峙奖金100万元,赏赐其他部队。南京派出"慰劳团"到徐州,采访杜聿明、邱清泉,慰劳伤兵。国民党报刊发布黄百韬与邱清泉兵团"会师"的消息,着实热闹了几天。蒋介石认为共军既已被打垮,催促他们尽快为黄百韬解围。11月19日,邱清泉兵团向大许家、狼山、鼓山一线进攻,李弥兵团向团埠、麻谷子一线进攻,又遭到华野阻援兵团的顽强阻击。李弥的8军进攻麻谷子,攻击一昼夜没有进展。20日,李弥要求空军轰炸麻谷子,国民党飞机投掷500磅的炸弹和燃烧弹。李弥的炮兵又向麻谷子猛轰,把村子打成一片火海。李弥认为共军肯定都被炸死了,命令部队搜索前进。接近麻谷子时,不料又遭到七纵21师的猛烈反击,仓皇败退下来。李弥感叹地说:"他们是人不是神,就是钢铁都要熔化,为什么能这样顽强呢?"8军军长周开成建议:附近的5军、9军都没有跟上,8军不宜孤军深入,应该稳住阵地才好。李弥以蒋介石有命令,不能停止攻击。结果8军打了一天,付出很大伤亡,夜晚七纵主动放弃阵地转移,国民党军才又前进了一步。[1]邱清泉直到22日才攻占大许家,距离碾庄圩仅20里。这时碾庄方向枪炮声渐稀,黄百韬兵团已经完了。23日黄兵团的100军

---

[1] 周开成:《淮海战役中的第8军》,《淮海战役亲历记》,第246页。南京国防部:《华东战场作战指导检讨》。

军长周志道、25军军长陈士章先后逃到李弥那里，杜聿明、邱清泉、李弥都傻了眼。继续东进已经没有意义，杜聿明下令撤回徐州。蒋介石得知黄百韬兵团覆灭的消息，11月25日发出训令，大骂徐州东进兵团："此次徐州会战，我东进各兵团行动迟缓，未能彻底奉行命令，致陷友军之覆没，有乖军人武德。刘总司令、杜副总司令、邱、李两司令官及依次各将领不能辞其咎。另据统计，此次作战共耗各种炮弹12万余发，我军每日进展尚不及1公里，如此消耗浪费，不计战效，亦我革命军人之奇耻大辱。"[1]

淮海战役第一阶段从11月6日至22日历时17天，华东野战军和中原野战军共歼灭国民党军一个兵团部、8个军部(含起义、投诚各1个军部)、18个整师(含起义三个半师，投诚两个师)。毙伤国民党军50500人，俘虏96600人，加上起义、投诚，共计178000人。其中华野歼灭国民党军14万人。缴获大量火炮、枪支弹药、汽车和军用物资。

这个胜利来之不易，华东野战军在围歼黄百韬兵团和阻击邱清泉、李弥兵团的战斗中共伤亡49000余人，部队打得极为艰苦。粟裕1948年12月31日给中央军委的报告中说：

当碾庄圩作战一周时(11月12日到18日)，参战各纵至少已伤亡5000人，原有战斗人员所剩无几，且大部为纵、师、团、营之非战斗人员及半战斗人员(如司号、通信、侦察员等人员)。虽然九纵、十纵、十三纵人员较其他各纵为多，但各该纵于济南战役中伤亡较大(九纵伤亡11000人，十三纵伤亡7000人)，元气未复，亦颇有影响。因此骨干及干部在此战役中伤亡极大，不少连队只剩十余人(连部伙夫、上士、司务长在内)，一般班排里每班只剩下一个至多两个老的(济南俘兵即算老兵)，而这剩下的老的在即俘即补后不是班长即为班副，其余全为新俘(碾庄圩打黄百韬的俘虏)。虽然这些俘虏兵基本表现尚好(上

---

[1] 南京国防部：《华东战场作战指导检讨》。

中国的 1948 年：两种命运的决战

午补，下午即打仗)，但在部队实质上起了极大变化，故有进攻时拉不上去(俘兵不会打夜战，同时由于骨干太少，无人诱导其前进)，后退时撤不下来的现象发生。各级干部由于战术素养不够，以及兵员不充实等原因，伤亡较大，尤以班、排、连级为最严重，营级伤亡亦不少。在此次战役中，班、排、连级已有因伤亡更换五六次者。这些新提拔的干部由于无时间进行教育，指挥能力弱，因此更增加了伤亡。在某些人数原来极不充实而伤亡极大的纵队中，几乎有不能继续作战的严重情况。……为解决干部问题，各部教导团几已全部补充部队外，团、师、纵各级通信、侦察、笞卫人员及参谋等几已绝大部分调充部队干部，而在侦、通人员中亦有不少新俘虏成分。野直各部门除警卫团(较老)各级之正职干部全部调到部队提升一级使用(如警卫团连长调至纵队任营副，警卫团原来副职则提升正职)，并由司、政、供、卫各部门中抽出 1000 老的人员(包括警卫、侦察、通信及勤杂人员)，分别送往各师、团充任下级干部或连队骨干人员。司、政、供、卫抽出后所缺乏之各种人员亦以新俘补充之。野直各机关之指导员则全部调往各师、团工作，其缺职或行政首长兼任，或以女干部接充。参谋人员及各部之科员、干事、文工团员亦大量调往战斗部队工作。虽然我们想尽各种办法，抽出一切可能抽出的干部前往战斗部队，但仍感不足。[1]

各纵队战后的总结和指挥员的回忆录中，也一致认为淮海战役第一阶段的作战是极为艰苦和空前残酷的。四纵的战役总结说："此一时期，经历时间之长，战斗类型之多，情况之艰苦复杂，战斗之激烈频繁均较前期为甚。"而华野各部队都坚决执行上级命令，发扬了英勇顽强、艰苦奋战的作风，贯彻"即打即补"的原则，开展深入的政治思想工作和立功运动，"因而部队经常保持了旺盛的战斗意志及坚强的战斗力，经得起伤亡，经得起连续战斗和残酷战斗的考验。"[2]

---

[1]《淮海战役中部队情况简报》，《粟裕军事文集》，第 448 页。
[2]《中国人民解放军第 23 军第三次国内革命战争战史》，1960 年初稿。

17 淮海战役（二）歼灭黄维兵团

1948

Liangzhongmingyundejuezhan

中国的 **1948**年：两种命运的决战

1

毛泽东在设计淮海战役作战方针时，就设想这次战役是华东、中原两大野战军的协同作战。10月22日，中野占领中原重镇郑州。24日开封国民党军也弃城而去，毛泽东又构思了一个新计划。25日他指示陈邓："你们不要去开封，也不要去商丘附近。应从现地取捷径到蒙城集中，休息数日。然后直取蚌埠，并准备渡淮南进，占领蚌浦段铁路。以你们全军四个纵队十一个旅(只留九纵一个旅守郑州，秦基伟率九纵主力跟进)控制淮河以南、长江以北、淮南铁路以东、运河以西广大地区，吸引敌人来攻。""如那时孙元良好打，亦可向北打孙元良。如黄维跟踪东进，亦可回头打黄维。蒙城是机动地带，可东，可西，可南，可北。在你们到达蒙城以前，敌人亦不知道你们究竟要打哪一点。"[1]

组织一场大战役，战前的筹划犹如在棋盘上布局。部队动起来就是千军万马，选择一个最佳的集结地点非常重要。如果战斗打响后再调动部队跑几百里，必定延误战机。陈毅、邓小平考虑再三，当天复电军委："第一步集结地点建议改为永城、亳州、涡阳中间地区，无论出宿蚌线或打孙元良均更方便。由郑州到达上述地区约十天。……挺进淮南，非到万分必要以不采取为好，因为该地区狭小，滨湖、山地则缺粮缺水，大兵很难机动，同时对部队情况亦不适合。现在鞋袜、棉裤、帽子、绑带尚未补齐，财政上毫无准备及辎重不能携带。……总之实行此着，我们很难打到仗，而且可能有较大的消耗。"[2]

邓小平吸取了跃进大别山的教训，从实际出发向军委提出了自己的建议。毛泽东向来尊重野战军指挥员的意见，26日他复电陈邓，

---

[1] 《毛泽东军事文集》第5卷，军事科学出版社1993年版，第121、125页。
[2] 《中国共产党历史资料丛书——淮海战役》第1册，中共党史资料出版社1988年版，第92页。

淮海战役（二）歼灭黄维兵团

同意中野的方案。27日，陈毅、邓小平随四纵指挥部离开郑州，沿陇海路东进，一、三、四纵主力经开封南下，奔赴淮海战场。

粟裕到达华野前方指挥部后，得知中野不出淮南，而是与华野配合作战，于31日请示军委："淮海战役当遵令于（11月）8日晚同时发起战斗，但不知陈军长、邓政委所部能否于8日晚发起战斗，请陈邓复示。此次战役规模很大，请陈军长、邓政委统一指挥。"11月1日，毛泽东指示陈邓、粟裕、华东局、中原局："整个战役统一受陈邓指挥。"[1]刘伯承当时在豫西指挥牵制黄维、张淦兵团的任务，得到将举行淮海战役的通知后，于5日动身，乘坐吉普车从宝丰出发，会合陈邓。

11月6日夜，华东野战军大举南下，拉开了淮海战役的序幕。根据中央军委的指示，中野主力向陇海路商丘、砀山以南挺进。驻商丘的邱清泉兵团已向徐州收缩，留下刘汝明的55军181师担任后卫掩护。邱清泉一贯牺牲别人保全自己，在物资基本撤完时，就命令5军工兵将砀山以西的铁路桥炸毁。181师撤离时没有火车坐，只好徒步行军。6日夜181师到了虞城县境内陇海线上的小站张公店(今张公房)，被中野一纵抓住。一纵司令员杨勇决定乘其立足未稳，迅速实施分割围歼。181师师长米文和还不知道是怎么回事，7日清晨派老百姓给胡庄的解放军送来一封信："驻地友军鉴：南面不断打枪，究系匪军捣乱，抑或与我部发生误会，望告师部。"一纵根据181师的通报，当天包围张公店。8日，友邻三纵、九纵一部配合一纵发起攻击。181师被全歼，米文和以下6000人被俘。[2]

11月10日，刘伯承赶到永城以北的中野指挥部，与陈毅、邓小平会合。这时，陈邓接到毛泽东的指示："你们主力是否已达宿县附近，并开始向宿县攻击。你们务须不顾一切，集中四个纵队全

---

[1]《毛泽东军事文集》第5卷，第161页。
[2]《中国人民解放军第16军第三次国内革命战争战史》，1959年初稿。

力攻取宿县,歼灭孙元良等部,切断徐蚌路。华野三、广两纵亦应用于攻击徐宿段,至要至盼。"[1]

11日夜,刘邓陈在安徽境内的临涣集召集各纵队领导会议,邓小平政委强调:夺取宿县,对配合华野歼灭黄百韬兵团,防止徐州之敌南逃,阻击东援的黄维兵团,都有重大意义。我们占领了宿县,控制了徐蚌两侧地区,就有了战场,就可以腾出手来对付黄维。他命令各纵必须全力以赴,不惜代价地坚决夺取战役的胜利。[2]

12日,中野三、四纵冒着大雨行军,分别进至宿县、夹沟沿线。这时,孙元良兵团奉徐州"剿总"命令,正由宿县向徐州撤退途中。宿县位于徐州和蚌埠之间的津浦线上,扼南北交通要冲。它是徐州"剿总"的后方补给基地,囤积了大量武器、军火、被服等军用物资。宿县城墙高大坚固,环城有宽阔的护城河,易守难攻。但孙元良兵团北上后,留守宿县的国民党军战斗力并不强。

11月12日,中野三纵炸毁了铁路桥,切断了徐州与宿县的交通。司令员陈锡联和阎红彦副政委带领各旅的旅长到前沿勘察地形,选择突破口,明确各旅的任务。当天晚上发起攻击,经过一天战斗,夺取火车站,完成了对宿县的包围。15日三纵总攻宿县。国民党军因番号繁多,指挥不统一,无法组织有效防御,很快被各个击破。16日凌晨,宿县战斗结束。三纵俘虏国民党官兵12000人,缴获大批军用物资,解决了中野的急需。与此同时,张国华率豫皖苏独立旅和豫西军区部队攻占固镇。中野控制了宿县至固镇间100公里的铁路线,切断了徐州与蚌埠的联系。

中野占领宿县,对华野集中力量歼灭黄百韬兵团是一个有力的保障。11月23日毛泽东给中野、华野指挥员的贺电中说:"这是一个伟大的胜利。在战役发起前,我们已估计到第一阶段可能消灭敌

---

[1] 《毛泽东军事文集》第5卷,第188页。
[2] 陈锡联:《截断徐蚌线,会战双堆集》,载《中国共产党历史资料丛书——淮海战役》第2册,中共党史资料出版社1988年版,第112页。

淮海战役（二）歼灭黄维兵团

人十八个师，但对隔断徐蚌，使徐敌完全孤立这一点，那时我们尚不敢作这种估计。这种形势的造成，主观上是因为我华东、中原两大野战军会合并攻占宿县，客观上是敌人只有某种程度的防御能力（对于这一点决不可轻视），很少有攻击能力（对于这一点必须有充分的认识）。"[1]

完成攻占宿县的任务后，中原野战军的主要任务就是阻击东进的黄维兵团。黄维兵团是华中"剿总"白崇禧手下最强大的兵团。其前身是整编第18军，原来辖整编11、3、10三个师，军长是胡琏。整编11师是胡琏的骨干部队，国民党军"五大主力"之一。组建机动兵团时，将整编师升格为军。11师为18军，3师为10军，10师为14军，后又调入85军，并配属第4快速纵队。这样，黄维兵团共有4个军、一个快速纵队，总兵力达12万人。

当兵团组建的时候，大家都以为司令官一定是胡琏的。但是国民党内部的派系矛盾，在用人问题上大搞任人唯亲。白崇禧不喜欢胡琏，陈诚则推荐自己的亲信黄维，得到蒋介石的批准。黄维是黄埔一期，曾到德国留学。1938年任18军军长，是胡琏的上级。抗战结束后任武汉新制军官学校校长。当任命黄维为第12兵团司令官的命令下达后，18军上下舆论哗然。胡琏的部下愤愤不平，胡琏本人也撂挑子不干了，18军军长杨伯涛也称病住院。黄维为了笼络人心，上任时就表示：他与共军作战是外行，这次来当司令官是过渡，几个月就走，司令官还让胡琏当。兵团组建之始，内部就矛盾重重。[2]

---

[1]《毛泽东军事文集》第5卷，第263页。
[2]《杨伯涛回忆录》，中国文史出版社1996年版，第155页。

中国的1948年：两种命运的决战

11月8日，黄维兵团奉命向徐州进发。部队由河南驻马店、确山出动，集结之后按照指定路线经正阳、新蔡、阜阳、蒙城、宿县向徐州前进。这一带没有铁路和公路干线，而且要渡过南汝河、洪河、颍河、西淝河、涡河、浍河等大小淮河支流。一个庞大的兵团，带着众多榴弹炮、战车、卡车和辎重在坑坑洼洼的土路上行军，又要架桥渡过一道道河流，其艰难可想而知。当黄维兵团到达安徽蒙城时，已是11月18日了。

11月13日，毛泽东致电刘邓陈，严令中野二纵、六纵"不分昼夜，不惜疲劳，兼程前进"，务必于15日前赶到黄维前头，阻止黄维向亳县、涡阳、永城前进，"不得误事"。要求豫皖苏分局书记宋任穷动员一切力量，破坏桥梁道路，迟滞黄维兵团的行动。

此时，中野二、六纵正在日夜兼程地急行军。二纵走的路是最长的。从9月到11月初两个月间，他们在中原牵制张淦兵团，刚结束了长达3000里的行军。11月6日接到刘伯承司令员的命令，要二纵以急行军速度超越黄维。部队再次上路，进入淮北地区后，天气突然转冷。部队极度疲劳，干部战士体力衰弱，生病的很多。13日二纵到达鲁台集，豫皖苏军区为他们补充了棉衣和鞋，有些棉衣是军区干部战士从自己身上脱下来送给二纵的。二纵继续前进，18日夜终于赶到蒙城以北小涧集、西阳集，协同一纵参加堵截黄维兵团的战斗。二纵的顽强作风受到中野首长的高度评价。中原局11月20日给军委的《两个月综合报告》中说："二纵于戌(11月)初破击平汉路后，经过大别山北移。虽然部队无菜钱，尚未穿上棉衣，日行十几里以上的急行军，实甚疲惫，但仍遵守时间，不误行动，沿途纪律很好，给大别山人民以极好的影响。"

淮海战役开始一周后，整个战局变得复杂起来。在徐州以东，粟裕指挥华野主力两面作战，一面逐步压缩碾庄包围圈，争取全

淮海战役（二）歼灭黄维兵团

淮海战役总前委，左起：粟裕、邓小平、刘伯承、陈毅、谭震林

歼黄百韬兵团；一边顽强阻击东进的邱清泉、李弥兵团。在徐州以西以南，刘汝明兵团重占固镇，黄维兵团已到阜阳。中野一方面要配合华野阻击由蚌埠北上增援的李延年、刘汝明兵团，一方面要集中主力堵截黄维兵团与徐州"剿总"会合。任何一个方向搞不好，都会造成战局的恶化。11月16日，毛泽东指示两大野战军统一行动，由刘、陈、邓、粟、谭组成总前委，邓小平同志为总前委书记。

11月18日，黄维兵团进至蒙城。先头部队18军11师迅速控制了涡河南岸。这里地形平坦，国民党军发现北岸有共军构筑的工事，即进入战斗状态。当天，18军向中野一纵发起攻击。一纵只有两个旅的兵力，依托涡河北岸顽强阻击。原打算阻击三天，但是情况出乎意料。涡河河水不深，可以徒涉的地点很多，沿岸还有不少桥梁。解放军很少打阵地防御战，在"五大主力"之一的18军面前表现出明显的弱点。黄昏，18军11师开始在蒙城以西强渡，被一纵8团击退。18军转换地点，以一个营兵力在上游八里处二次强渡，占领北岸的黄家。一纵多次组织反击没有奏效,改为扼守阵地。21日,黄维令14军以三个团的兵力向一纵板桥集阵地猛攻,并用重炮和火焰喷射器摧毁解放军阵地。一纵以劣势武器顽强防御,阻击了整整一个白天。黄昏后才向五沟集以北转移。

初次打阵地防御,一纵缺乏经验,付出很大代价。他们后来总结说:"对优势敌人防御,除预先构筑工事外,必须是梯阶纵深配备。由于发现敌有从蒙城以东迂回企图时,则于18日晚将1旅主力调往双涧集对岸。结果仍变成一线,使敌突破一点,既无纵深又无反击力量。敌突破黄家后,使我沿河北之全线失掉作用,被迫转移到第二线。……漫长的河流,尤其是劣势对优势敌人与能徒涉的河流,要想根本不让其突过河是不可能的事。特别像18军(那样)有战斗力和携带渡河器材的敌人。在防御中,对河流依靠只能是有一定程度,防御配备上同样不能过宽。此次涡河北岸防御以不充实的2旅(不足2500战斗兵)担任30里正面防御,结果处处设防,处处薄弱。"[1]

黄维兵团虽然渡过涡河,但四天只前进了30公里。18军军长杨伯涛感到这次共军作战与以往不同。他认为:"过去解放军一贯采取避实击虚、侧击、不意袭击,变化多端的运动战方式,这次对我军北进则采取迎头堵击,利用河川障碍有利地形,设置整然的防御阵地,涡河以北俱发现解放军在构筑阵地,堡垒式的坚固掩体星罗棋布,这样规模前所未有,似有大打硬仗之势,以主宰战场。"他向黄维建议:应迅速调整部署,站稳脚跟,以应付严重情况。黄维接受了他的意见,拟定了"核心机动"的作战计划。即"以蒙城为核心,构筑坚固工事,囤积弹药,把触角远远地伸出去,同解放军保持接触。把拳头抱起来,瞄准目标再打下去"。他命令各部互相策应,如此逐次跃进,稳扎稳打。整个兵团抱成一团,滚动前进,

---

[1]《一纵歼灭黄维兵团初步总结》,1949年1月。

让解放军抓不住空隙，无法分割歼灭。当时吴绍周的85军还在后面，黄维命令各军在蒙城等几天，待85军靠拢后再前进。[1]

毛泽东起初对战役形势的估计相当乐观，他在18日给刘邓陈的电报中说："敌在防御时，虽尚有相当战斗能力，但攻击精神差到极点。我军抓住敌人这个弱点，可以分离敌军各部，给予各个歼灭。"他指示中野"一纵在蒙城、宿县间作正面防御，以二、六纵组成突击集团，打黄维后尾，只要能歼其二三个师，就可停止其前进"。以九纵对付刘汝明，以三、四纵加华野一纵对付李延年。"应尽一切努力，控制徐蚌路一段与我手中，务必隔断南北两敌，使之不能会合。"[2]

毛泽东的指示使刘邓感到为难，当年中野为了挺进大别山，在过黄泛区时舍弃了绝大部分重武器。在转战大别山的过程中，部队始终没有得到补充，兵员装备都不足，战斗力大受影响。现在要与拥有坦克、大炮的国民党机动兵团打正规战、阵地战，是非常困难的。19日刘邓陈复电军委："以我们现有六个纵队，单独对付两路大军困难颇多，如取正面防御，必须分散兵力，不能歼敌，且仍有一路透过增援徐州之危险。如采取机动作战，不受保障徐州作战之限制，则可逐个歼敌，但对粟陈张作战不无影响。如果实行钳制黄维，打李延年五个军，至少须五个纵队，但以一个至两个纵队防御黄维均无把握。"他们建议：只以中野九纵与李、刘兵团五个军周旋，集中五个纵队先歼黄维一两个军，再协同华野对付李延年。

此时，华野主力总攻碾庄的战斗已到最关键时刻。鉴于华野部队已相当疲惫，"刀锋似已略形钝挫"，刘邓陈认为想同时歼灭黄百韬、邱清泉和李弥三个兵团是不实际的。19日他们再次致电中央军委，决心先打黄维。毛泽东采纳了刘邓陈的建议，20日指示华野：

---

[1]《杨伯涛回忆录》，第163页。
[2]《毛泽东军事文集》第5卷，第241页。

"中野主力决定打黄维。对李延年兵团须由你们负完全责任,中野无法派兵。"粟裕等20日复电:"我们完全同意刘邓陈指示,抽出四至五个纵队,必要时还可增加三个纵队,协助中野歼击黄维、李延年。"他们从碾庄前线撤下六纵,令其急行军南下至安徽固镇,接替秦基伟的中野九纵阻击李延年兵团,使九纵可以西去参加对黄维的作战。

一纵在涡河虽然没有挡住黄维,却为中野争取了宝贵的四天时间。刘邓审时度势,决定在浍河阻截黄维兵团。中野后来的总结追述:"当时因敌进攻正面很宽,我一纵队防御纵深薄弱,且我军主力尚未赶到,更兼涡河、泗河间地区狭窄,不便大军作战。故我决定在泗河、浍河之间歼灭敌人。21日我主力全线转移至浍河北岸布阵,各纵队只以小部队接敌进行移动防御,以求消耗迟滞敌人,创造战机。"一纵在五沟集、二纵在白沙集、三纵在孙疃集、四纵在南坪集、六纵在曹市镇、九纵在蕲县集,各纵赶挖工事,纵深配备,严阵以待。[1]

蒋介石因碾庄形势紧急,严令黄维兵团迅速东进,夺取宿县。黄维不敢怠慢,他不待85军赶到,就命令10、14、18军行动。22日,黄维兵团先头部队到达浍河南岸。侦察部队报告在前方南坪集至孙疃集一线发现共军主力的阻击阵地。黄维指示18军占领南坪集,强渡浍河,打通前往宿县的道路。18军军长杨伯涛以118师为主攻,11师为助攻,配备榴弹炮营、重迫击炮营的强大火力支援。23日拂晓开始攻击。

118师对南坪集的进攻采取炮兵、坦克与步兵协同作战,据四纵战后的总结说:国民党军"攻击前以坦克由正面及两侧接近我阵地,发现我阵地之薄弱部分后,即引导步兵前进。坦克进至我阵地前百米以内,对目标明显的阵地(大部为我机枪阵地)行依次逐个摧

---

[1] 中野司令部:《双堆集歼灭战初步总结》,1949年9月1日。

毁射击。步兵接近后坦克即转至我侧后封锁交通,拦阻我出击部队,并由侧后向我前沿阵地射击。但发现我爆炸物、燃烧物或伪装阵地,则不敢前进,而行迂回运动。遇我浅窄单线之交通壕,即将积土推至壕内超越而过。但对我较复杂宽深之交通壕,则一般不敢轻易突入,只作火力摧毁"。"其步兵攻击精神极差,与坦克协同不好。往往经过坦克几次接引,才敢前进。前进时队形密集,行动迟缓;坦克掩护进入我阵地后,又多人猬集一处,发展极慢。遇我反冲锋,只以火力射击,不敢肉搏。"

四纵依照司令员陈赓的指示,不是采取单线防御,而是根据地形,选择要点,形成周围百米的三角形阵地。以机枪为骨干,各阵地之间以交通壕相连,在前沿形成浓密的交叉火力网。阵地前数十米设置燃烧爆炸物(地雷、炸药包等)。当敌军突破阵地时,立即组织短促有力的反冲锋,歼灭突入之敌,夺回阵地。[1]

23日一天,中野四纵在南坪集顽强阻击18军,战斗进行得残酷激烈。18军军长杨伯涛亲自指挥20辆坦克,分数拨向四纵阵地冲击,国民党军的榴弹炮也把南坪集打成一片火海。中野四纵在司令员陈赓指挥下坚守阵地,在缺乏重武器的不利条件下,与国民党军展开近战。当坦克突破正面阵地,解放军就出动小部队迂回到两侧,打退国民党步兵进攻。用炸药包、集束手榴弹打坦克,或点燃预先堆好的柴草,迫使坦克退回。18军118师攻到黄昏,两个团遭受重创,仍然无法突破南坪集。黄昏前杨伯涛命令11师在侧面的李庄强渡浍河。四纵两侧防线比较薄弱,被11师突破。但当时天色已暗,国民党军怕解放军夜战,又退回对岸,夜晚,杨伯涛命令工兵架桥,实行偷渡。国民党军悄悄过河,迅速展开占领滩头阵地,却发现解放军早已撤走,不知去向了。

---

[1] 四纵司令部:《淮海战役第二阶段作战总结》,1949年1月。

3

原来,刘邓改变部署,为黄维设置了一个大口袋,等他钻进来。23日夜里刘邓陈致电华野粟陈张:"我决心放弃南坪集,再缩到南坪集十余里处布置一个囊形阵地,吸引18军过河展开,而以四、九纵吸住该敌,并利用浍河割断其与南岸三个军之联系。同时于明夜以一、二、三、六纵及王张纵向浍河南岸之敌出击,求得先割歼其两三个师。"电报指出:"歼击黄维之时机甚好。因李延年、刘汝明仍迟迟不进,因此我们意见除王张十一纵外,请粟陈张再以两三个纵队对李、刘防御,至少以四个纵队参入歼黄维作战。只要黄维全部或大部被歼,较之歼灭李、刘更属有利。"[1]

这时,华野主力结束了碾庄战斗,全歼黄百韬兵团。部队经过连续十几天的战斗,非常疲劳。23日,毛泽东致电中野、华野领导人,祝贺歼灭黄百韬兵团的伟大胜利。同时告诫他们:徐州方面敌军尚有50个师的兵力,"这个敌人是可以消灭的。但是,必须准备给予全战役三个月至五个月时间,必须准备以几个作战阶段(你们已经完成了第一个作战阶段)去取得全战役的胜利,必须准备全军部队及民夫一百三十万人左右三个月至五个月的粮食、草料、弹药,十万至二十万伤员的医治,……在战术方面,必须不是依靠急袭,而是依靠充分的侦察和技术准备(近迫左右、步炮协同等)去取得成功。""只要你们注意了和完成了这些条件,你们就有可能取得这一具有全国意义的伟大战役的胜利。"毛泽东在电报中最后说:"望华野、中野全军,在刘、陈、邓、粟、谭五人总前委(邓为书记)统一领导之下,争取新的大胜利。"[2]

毛泽东的指示显示了与国民党军队决战到底的决心。也使华野

---

[1] 《中国共产党历史资料丛书——淮海战役》第1册,第189页。
[2] 《毛泽东军事文集》第5卷,第263页。

淮海战役（二）歼灭黄维兵团

指挥员放弃了打一仗歇一歇的思想。中原野战军在战役第一阶段成功地攻克宿县，阻截黄维，配合了华野歼灭黄百韬兵团的作战。现在，中央军委要求消灭黄维兵团。24日，军委电告刘陈邓："情况紧急时机，一切由刘陈邓相机处置，不要请示。"军委赋予总前委指挥全权，避免因电报往来贻误战机，为淮海战役第二阶段的胜利创造了重要条件。

11月24日，黄维兵团渡过浍河，向宿县攻击前进，逐渐进入中野预设的袋形阵地。这天，18军派出的便衣侦察人员报告：宿县公路上发现共军大部队运动。11师的先头部队在浍河以北的公路两侧遭到共军阻击，并发现共军的大纵深阵地。10军报告发现共军大部队由西向东直捣他们的侧后，有形成包围的态势。85军军长吴绍周也告急说蒙城被共军占领，兵团的后路已被切断。黄维意识到情况严重，当天晚上召集各军军长开会。介绍情况后，黄维说："兵团的任务是打到宿县，与徐州杜聿明会合。现在的情况，我们应该怎样打法，才能完成任务？"杨伯涛说："兵团所处境地，形势非常严重！共军大军云集，布置了天罗地网，有意识地放弃涡河、浍河。现在我们已经陷入圈套，但还没有到四面被围的绝境，还有相当的主动权。如果按照国防部和刘峙的瞎指挥，不加灵活变通地闯下去，那就是死路一条。"他建议趁东南方还没有发现情况，兵团立即向固镇西南靠拢。南坪集到固镇只有80里，急行军一夜就可赶到。到固镇与李延年兵团会合，就可以立于不败之地。黄维初任兵团司令，不请示国防部就擅自改变行军方向，是要负重大责任的。他迟迟下不了决心。到后半夜，才下达向固镇转移的命令。

杨伯涛接到黄维的命令一看，上面说要14军由南坪集东南到浍河南岸，85军到南坪集，掩护10军和18军转移。10军和18军与共军脱离接触，10军沿浍河南岸向固镇前进，18军由双堆集向固镇西北的湖沟集前进，兵团部随18军行动。他感到这个命令真是莫名其妙。两个战斗力差的军上去掩护两个战斗力强的军撤退，完全是浪费时间。10军和18军完全有能力自己撤下来，14军和85军原地不动，同样可以稳妥地掩护兵团转移。杨伯涛虽然不满，还是按照命令将浍河北岸的部队迅速撤回南坪集，集合好队伍准备向双堆集进发。25日早晨他到兵团部请黄维下命令开始行动，黄维神态焦急地说："兵团转移的命令让一个参谋给吴绍周送去，结果连人带吉普车都失踪了。正派人寻找，等一等再说。"杨伯涛认为这不是什么了不得的事情，重要的是部队赶快行动，不要等着挨打。但是黄维在这紧要关头，既不进也不退，就在南坪集干等。整个兵团部队荷枪列队等待，心急如焚。[1]

就在黄维召集会议的24日夜晚，中原野战军从各个方向开始了包围12兵团的行动。在黄维兵团西边，中野一纵、二纵、三纵、六纵迂回至黄维兵团背后的双堆集。浍河北岸的中野四纵、九纵和豫皖苏独立旅进攻南坪集。位于蕲县集的中野十一纵由东向西攻击。华野南下参战的各纵队则兼程前进，集结于蕲县集、桃园集地区，切断国民党军向固镇的去路。25日凌晨，中野二纵在向双堆集行军中俘获一名国民党军官，缴获吉普车一辆，就是黄维派往85军传达命令的参谋。缴获了黄维的命令，刘邓了解了国民党军动向，各纵队加快行动步伐，向黄维兵团扑过去。[2]

黄维在南坪集干等了一个白天，不见参谋的音信。到25日16时才命令各部开始行动。到了双堆集，已是日暮黄昏。本来可以夜间继续行军，甩掉解放军。但是兵团的战车和上百辆卡车行动不便。这一带没有像样的公路，战车和卡车都是在田野中行驶。白天还可以横冲直撞，到夜间水沟洼地都成了障碍，动弹不得。于是黄维决定在双堆集宿营。没想到这一住下来，就再也跑不掉了。

---

[1]《杨伯涛回忆录》，第168页。
[2]《陈再道回忆录》第40章第3节，解放军出版社1991年版。

淮海战役（二）歼灭黄维兵团

黄维的撤退部署被事实证明是自乱阵脚。14军本来可以直接向双堆集转移，却奉命去浍河南岸掩护10军撤退。27日14军接管10军阵地后，布防尚未完成，中野各纵队就以排山倒海之势冲杀过来。解放军自东、南、西三个方向，向黄维兵团实施钳形合围。据四纵战史记载："27日，本纵队发现敌以密集队形向东南移动，当即根据战役指挥首长对敌实施突击的指示，以10、11、22三个旅及第九纵队一部由南坪集至东坪集之线向敌侧背猛烈突击。此时，敌14军担任左翼，该敌在我突然打击下，措手不及，仓皇败退。我连续攻占王庄、丁庄、罗庄等十余个村庄，将敌14军之部署完全打乱。并歼其指挥所，生俘其军长熊绶春、参谋长梁岱(熊、梁二敌被俘后，又在战斗混乱之际乘机逃跑)。但因本纵队对情况判断错误，当发现敌军密集移动时，误以为敌全线溃退，因而使各旅突击过猛，部队拥挤，陷于混战，无法统一指挥。尔后又因受敌纵深炮火及坦克的拦截和反击，致造成很大伤亡。然而本纵队这一突击行动毕竟是适时的、适机的，它有力的打击了敌军的突围企图及其士气。"[1]

27日的混战，原14军参谋长梁岱回忆："兵团命令以未接战的14军、85军分别在浍河南岸南坪集附近占领阵地，掩护正在激战中的10和18军脱离战场。这一来，所有四个军，谁的头上都着了火。要脱的未能脱，要走的不能走，几乎全兵团都与解放军胶着在一起了。14军本来是可以先走的，但此时却奉令担任掩护，仓促布防，阵地未稳，解放军已涌入，先我一步渡过浍河南岸，抄袭了14军右翼。当时我在浍河南岸前线指挥所，看见解放军由后面包抄过来，前线部队不支，纷纷向后溃退，顿时乱作一团。本来14军是掩护10军和18军后撤的，这时被解放军打得七零八落，反而要依靠他们来掩护和收容了。我在这次混战中，被解放军俘虏了。"他谎报自

---

[1]《中国人民解放军第4兵团第三次国内革命战争战史》，1957年初稿。

已是书记官,被释放后又回到 14 军。军长熊绶春见梁岱死里逃生,抱着他哭了一场。[1]

解放军在追击中也发生了混乱。四纵的总结说:"当时对整个情况判断,误认为敌已全线溃退,认为一、二日即可解决战斗,敌已丧失战斗力等,故作毫无顾忌之追击。"在追击过程中,"各级干部不能掌握部队,形成建制紊乱,无一定攻击目标,到处乱撞乱碰。又与友邻部队挤在窄小地区内,形成大乱战局面,并不断发生误会。通讯联络中断,上下情况不明。部队十九时出击,直至二十四时始和我前指通话。前后整日无联系无指挥,纵队找不见旅,旅找不见团,团找不见营,各自为战,互不相关。因急进混乱,使后续部队及重火器失去联络,重火器亦因飞机轰炸不能前进。先头部队亦未赋予必要的重火器,遇敌有工事与有组织的抵抗,即无法克服,造成重大伤亡。"[2]

到 11 月 27 日,中原野战军将黄维兵团压缩在双堆集东西 15 里、南北 4、5 里的狭小地区,形成了合围。双堆集地处淮北平原,在北淝河与浍河之间稀疏地分布着十几个小村庄。双堆集南北有两个小土岗,一个南边的叫尖谷堆,北面的叫平谷堆,双堆集即以此为名。时值秋收过后,这里是一片毫无遮蔽的平原。村子里只有土墙茅草盖的小房,老百姓早已跑光。当地不仅找不到粮食,就连饮水、燃料和牲口饲料都极为困难。惟一对国民党军有利的是,开阔的地形便于他们发扬火力。

黄维虽然被包围,但他尚未惊慌失措。12 兵团毕竟是国民党军

---

[1] 梁岱:《第 14 军被歼记》,《淮海战役亲历记》,文史资料出版社 1983 年版,第 501 页。

[2] 四纵司令部:《淮海战役第二阶段作战总结》,1949 年 1 月。

淮海战役（二）歼灭黄维兵团

黄维兵团用汽车构筑的防线

的精锐部队，重武器多。黄维部署手下的四个军、一个快速纵队缩成一团，构筑环形集团工事，以坦克、火炮、轻重机枪组织层层火力网，使解放军无法将其分割歼灭。他们自称这是"硬核桃战术"，让共军啃不动，吃不掉。解放军观察黄维兵团阵地情况是："淮海地区村落尚称稠密，但颇不均匀。双堆集附近西部村庄稠密，西南部则较稀散。地形低洼，挖一公尺即可出水，土工作业相当困难。村庄都很小，且多为数户至十余户，分散独立互不连贯之家屋组成。敌即利用此筑成防御核心，火力互相交叉，村与村亦均能火力联系。村中树木均为敌砍作鹿砦，村南部大多有水池，村周皆有洼沟环绕，形成自然战壕。村四周平坦开阔，不易接近。"[1]

黄维不想在双堆集坐以待毙，经与南京方面联络，26日得到总长顾祝同指示："贵兵团应不顾一切，以全力向东攻击，击破当面之匪，与李（延年）兵团会师，俾利尔后之作战。"当天下午，黄维将85军110师师长廖运周等召到兵团部，部署突围。廖运周痛快地请求打头阵，黄维非常高兴，着实夸奖了廖一番。他根本没想到，廖运周是一位中共地下党员。

---

[1] 四纵司令部：《淮海战役第二阶段作战总结》，1949年1月。

廖运周是黄埔五期，1927年曾加入过中国共产党，参加过北伐和南昌起义。110师前身是冯玉祥的抗日同盟军。1947年师里就成立了地下党组织，与邓小平政委保持联系。此时廖运周等认为起义的时机已到，连夜派人去与解放军前线部队联系。110师的正面是中野六纵，司令员王近山、政委杜义德听说110师来联系起义，非常高兴。立即将这个消息汇报给刘邓首长。并为110师画了行军路线图，规定了联络信号，派了向导，保证起义万无一失。

27日晨，廖运周率领110师的两个团从双堆集出发，向解放军指定的大吴庄前进。两小时后，他们顺利通过中野六纵阵地，起义圆满成功。110师通过后，解放军立即封锁了通道。黄维不断用电台询问情况，回答都是"沿途畅行无阻"。[1]

跟进的国民党军在突围时遭到中野六纵的猛烈阻击，全被打了回来。黄维还奇怪110师是怎样突出去的，为了妥善安排好110师官兵，刘邓首长命令对起义的事保密三天。当12兵团得知110师起义的消息，士气大受打击。军长、师长们都上下猜疑，互不信任。黄维把85军军长吴绍周请到兵团部居住，名为照顾，实为监视。

廖运周起义极大地鼓舞了中原野战军的士气。各纵队不失时机地向黄维兵团发起攻击，战斗进行得十分激烈。11月27日刘邓陈给军委的电报中乐观地估计，"全部战斗至迟明日可以解决"。但是实际情况并非想像的那么容易。黄维兵团依靠优势的火力顽强抵御，而中原野战军重武器非常缺乏，战斗力最强的一纵仅有三门山炮。无法压制国民党军火力，攻击不能奏效。中野后来在总结中说："从11月25日到12月2日这七天，一方面是我们逐步压缩敌人，完成严密的封锁包围阵地，一方面是敌人调整部署收缩成了纵横十华里地区极坚固的防御阵势，在最初两天，我们对敌人战斗力的消耗

---

[1] 廖运周：《第110师战场起义始末》，《淮海战役亲历记》，第564页。

和混乱的状态估计过高，对敌人防御坚强能力估计不够，故在作战上，实行了过于猛烈的突击，我们的伤亡这两天也最大，而收效则甚小。"[1]根据这种情况，刘邓陈决定改变战法，一口一口地吃掉敌人。但是战役的时间要延长，不可能速战速决。

在淮海战役中，集中优势兵力的战术原则一方面体现在人数上，另一方面也体现在武器上，即以优势的炮火压制对方的火力，为步兵的攻击提供保障。二者缺一不可。中野顺利地完成了对黄维兵团的包围，由于火力不占优势而无法达到迅速歼敌的目的。在这方面，中野与华野的实力有明显的差距。作为指挥员，粟裕是深有体会的。他在淮海战役总结中说："有些同志认为中野打黄维兵团打了多少天未打下，这种认识是错误的。我们有些同志忘记了：中野最先担负了外线出击的最艰苦的任务，我们同志忘记了人家的装备，人家的情况。在消耗方面来说，我们打杜聿明，打手榴弹很少。中野打黄维兵团，打了很多手榴弹，每门炮只打几发炮弹。而我们打杜聿明，几乎用炮火推平村庄，一个村子打几千颗炮弹和成千成万斤炸药。中野一个纵队只有一两万人，而我们华野每个纵队至少有两万人。敌18军比5军强，不弱于74师，而10军、14军、85军也都不弱，以中野那样的装备，消灭最强的敌人，是不容易的事情。人家发挥了我军作战的长处，我们应该向人家虚心学习。"[2]

毛泽东关注着歼灭黄维兵团的战斗。11月29日他指示刘邓陈："从敌人固守着眼，集中火力各个分割歼击，准备以十天或更多时间解决此敌，此种计划是稳当的和可靠的。解决黄维兵团是解决徐蚌全敌66个师的关键，必须估计敌人的最后挣扎，必须使自己手里保有余力，足以应付意外情况。"30日他命令华野："七纵炮兵已

---

[1] 二野司令部：《淮海战役双堆集歼灭战初步总结》，1949年9月。
[2] 粟裕：《淮海战役的伟大胜利和华野1949年六大任务》，《粟裕军事文集》，解放军出版社1989年版，第455页。

供刘陈邓使用,这里不再说了。惟炮纵应全部开去打黄维,以厚火力。"12月4日他又指示刘邓陈:"打黄百韬和打黄维两次经验证明:对于战斗力顽强之敌,依靠急袭手段是不能歼灭的,必须采取割裂、侦察、近迫作业、集中兵力火力和步炮协同诸项手段,才能歼灭。"中野坚决执行了毛泽东的指示,提出"坚决持久围歼敌人"的方针,采取稳步的攻击作战,攻占一村,巩固一村,构筑坚固的攻防阵地,与国民党军斗战术,斗技巧,同时等待华野的炮兵和增援部队前来参战。

蒋介石见黄百韬兵团全军覆没,徐州三个兵团南下受阻,蚌埠的两个兵团又不能北上,黄维兵团日益危急,28日将杜聿明召到南京商量对策。杜聿明见到顾祝同说:"目前挽救黄维的惟一办法,就是集中一切可以集中的兵力与共军决战。否则黄维完了,徐州不保,南京也危险。"他提出了放弃徐州,率邱清泉、李弥、孙元良三个兵团西进,以解黄维兵团之围的方案,得到蒋介石同意。11月30日,徐州国民党军开始撤退。

12月1日,华野首长得知杜聿明集团已放弃徐州,粟裕立即下达命令:以一、三、四、八、九、十二纵、两广、鲁中南纵队向永城、萧县急进截击,十纵经宿县向永城进发,渤海纵队占领徐州。一场围追堵截杜聿明集团的行动开始了。华野九个纵队不顾敌机的扫射轰炸,不分昼夜沿着公路急进,追赶敌人。九纵走在最前面,12月3日拂晓,九纵先头部队在陈官庄以西超越了敌人。跟进的部队于3日夜占领薛家湖、芒砀山,切断敌军西进的去路。4日,华野各追击纵队陆续赶到,完成了对杜聿明集团的包围。

3日,蒋介石派战地视察官李以劻到蚌埠,要李延年、刘汝明集中力量北进,救出黄维兵团。李、刘兵团战斗力不强,根本没有信心。刘汝明说:"尽人力以听天命。"李延年说:"鞠躬尽瘁,死

淮海战役（二）歼灭黄维兵团

而后已，有什么可说的?我看，围是解不了的。"蒋介石惟恐他们不肯出力，特派自己的次子蒋纬国(装甲兵司令部参谋长)亲率战车2团到蚌埠以北的曹老集、鲍集前线，配合李延年兵团行动。蒋介石勉励蒋纬国，要他像当年淝水之战那样以少胜多。

这样，淮海战役的大局面为之一变。华野、中野在淮北平原相距60公里的区域内包围了两个国民党军重兵集团，蚌埠北上的援军距离黄维兵团也只有40公里。12月4日，中央军委指示总前委：对黄维兵团、杜聿明集团和李延年兵团分别采取攻歼、围困和阻击的不同方针。在中原野战军指挥部作战室里，刘伯承司令员随手将口杯、砚台、电报纸摆成三堆，对参谋们说："这就像我们面临的三股敌人。军委电令我们吃掉已围的黄维兵团，围住南下的杜聿明集团，阻住北上的李延年兵团，这叫吃一个，挟一个，看一个。要保证挟着的掉不了，看着的跑不了，就必须吃掉黄维兵团，腾出手来，再歼灭杜聿明、李延年。"能否歼灭黄维兵团，就成了淮海战役承前启后的关键。[1]

从11月28日中野将黄维兵团包围在双堆集地区，到12月5日总攻之前，双方的战斗进行得相当激烈。陈赓的四纵从11月30日起，对双堆集以北的沈庄、李围子发起一波又一波的攻击，四天未能拿下。据四纵后来总结说：国民党军阵地布防比较严密，火力运用合理。"当我进行火力准备时，敌人火器及部队进入隐蔽部躲避。待我火力停止射击或延伸射击时敌再进入阵地实行射击，常以数挺机枪封锁我突击路口，当我突击队进至敌鹿砦附近时，各火器一齐

---
[1]《刘伯承传》，当代中国出版社1992年版，第477页。

开火，用短促交叉的火力逆袭杀伤我突击部队于其阵地前。其火焰喷射器亦向我突击队喷火。"解放军"准备不充分，因急求解决战斗，未构筑交通沟与抵近工事。第一次攻击沈庄、李围子使部队在400公尺的平坦开阔地上向敌冲锋，部队伤亡很大"。[1]被包围的国民党军在严酷的军纪监督下，表现出前所未有的顽强。如14军命令各部与阵地共存亡，否则以军事连坐法惩办。因此迫使士兵逐沟逐堡地顽抗，不敢轻易放弃阵地。即使逃走，其他阵地的国民党军一律不许其进村。如中野九纵突破小张庄后，国民党军一个连逃到旁边的张围子，但因不准进村，他们只好停在野外，直到被解放军全部消灭。所以中野政治部在总结中说："敌人在最初阶段上，连、排、班长对士兵的控制较严，打的也较为顽强，政治攻势在这时成效很小。每一据点的攻破，几乎极大部分敌军官兵非伤即亡，活捉的很少。"原来的优待俘虏政策无法执行，迫使解放军提出"只要能歼灭敌人，就是没有活的也行"和"给敌人毁灭性打击"等口号。这些又增加了战斗的激烈和残酷程度。[2]

在缺乏重武器、火力不如国民党军的劣势条件下，能不能消灭敌人？刘邓指示部队多动脑筋，扬长避短，与国民党军斗战术、斗技术。双堆集地区地形开阔，最利于国民党军发挥火力的优势。如何避开火力封锁，突破前沿阵地，是克敌制胜的关键。11月27日，中野九纵27旅在攻击小张庄战斗中，有三个战士冲到国民党军鹿砦前，遭到火力压制，上不去下不来。为了隐蔽自己，他们就地挖起坑来。先将卧射掩体挖成跪射掩体，再挖成立射掩体，再将掩体用壕沟连通，居然在前沿坚持了一天。九纵司令员秦基伟很受启发，利用夜间开始了大规模的近迫作业。各连连长背着石灰口袋匍匐前进，战士们顺着白线一个接一个跟在后面爬行。到达距离国民党军阵地几十米处，战士们先卧着挖，再跪着挖，然后站着挖，到天亮

[1] 四纵司令部：《淮海战役第二阶段作战总结》，1949年1月。
[2] 中野政治部：《关于淮海战役中部队主要的思想情况向军委的综合报告》，1949年2月21日。

时，各连都挖成了通向国民党军阵地的交通沟。攻击开始后，突击部队在炮火和重机枪掩护下突然跃出壕沟，出现在阵地前沿，很快完成了突破。经过一天战斗，九纵攻克小张庄，歼灭10军一个团。邓小平政委表扬了九纵的攻坚战术，号召全军推广。[1]中野司令部将其总结为"依托壕堑前进，沿着交通沟发展，掩护连续爆破，先剥皮后挖心"的新战法，在各纵队普遍运用起来。

这种战法使黄维兵团受到致命打击。杨伯涛回忆："解放军没有硬拼，而是机智地采取了掘壕前进，近迫作业的沟壕战术。一道道的交通壕如长龙似的直伸我军阵地边缘。然后利用夜暗，调集兵力进入冲锋准备位置，在炮兵火力配合下，一声号令，发起猛烈的冲锋，当者很难幸免。这样使我军拥有火力的优势，无从发挥。在人力方面，我军是被动挨打，士气低落，而且战斗伤亡一个就少了一个，没有补充，远不如解放军拥有广大的后备力量，可以源源补充。这在第12兵团是致命的劣势。"

为了弥补火炮不足的弱点，中野部队在围歼黄维兵团战役后期，普遍使用了一种土造的"炸药发射筒"。这是依据民间烟花爆竹的原理，用空汽油桶改造成筒身，内置炸药包。筒身下用铁管制成发火装置，点火后如同迫击炮一样将炸药包射出，在百米外落地爆炸。一个炸药包可以摧毁一个地堡，并震塌附近的工事。邓小平政委在1949年1月3日致军委的《歼灭黄维兵团作战总结》中说："因我炮火较弱，我们曾大量地使用了土造的炸药抛射筒，收效极大。这种武器须要制式化起来，大量制造，携带亦极方便。"国民党军惊呼共军有了"飞雷"，被炸得魂飞魄散。

经过几天的激烈战斗，解放军将包围圈逐渐缩小。但中野部队也打得十分疲劳，接近极限。眼看黄维兵团这个"硬核桃"就是吞不下去，刘邓首长和各级指挥员都很着急。秦基伟回忆："四纵开

---

[1] 秦基伟：《中野九纵在淮海战场上》，《中国共产党历史资料丛书——淮海战役》第2册，第161页。

始的几次进攻不太理想,谢富治政委把旅长们叫来,一个个训得脸皮发黑。他号召干部破釜沉舟,烧床铺草(一方风俗,准备死的意思)。"真是豁上老本了。这时,华野七纵、十三纵赶来参战,加强了中野的力量。12月5日十一时,刘陈邓下达了对黄维兵团总攻的命令。

12月6日16时,总攻黄维兵团的战斗打响。以中野四、九、十一纵及豫皖苏独立旅、华野特纵炮兵一部组成的东集团,由四纵司令员陈赓统一指挥,向双堆集以东地区进攻;以中野一、三纵,华野十三纵和特纵炮兵一部组成西集团,由三纵司令员陈锡联统一指挥,向双堆集以西地区攻击;以中野六纵、华野七纵和陕南军区12旅组成南集团,由六纵司令员王近山统一指挥,向双堆集以南地区攻击。

被包围10天后,黄维兵团已经到了山穷水尽的地步。12万人的粮食,近2000头骡马的草料,一百多门重炮、上千挺机枪、数万步枪、冲锋枪每天消耗的弹药,不下上百吨。出发时带的物资只够兵团使用五到七天,最初战斗时不计消耗,拼命地打,几天后即弹尽粮绝,全靠南京空投接济了。黄维在双堆集修了个简易跑道,飞机还可以降落。12月5日,兵团副司令胡琏从南京飞来,传达蒋介石的指示。黄维与胡琏商量,认为只有突围才是惟一的出路。但是要想突出去,一要空军投下足够的弹药和给养,二要有援军接应。胡琏飞回南京向蒋介石汇报,蒋希望能把黄维和杜聿明两大集团都救出来。9日胡琏又飞回双堆集,传达蒋的决定。黄维感到自己突围没把握,需要与杜聿明一起行动。解放军开始总攻之后,双堆集处于解放军炮火射程之内,胡琏也跑不掉了。国民党军士气低落,12月10日,防守双堆集外围小王庄的85军23师师长黄子华在解放军争取下,率师部及所属三千余人投诚。黄维的双堆集阵地东南方完全暴露在解放军面前。一天胡琏、杨伯涛在 18 军军部刚吃完饭走开，一发炮弹落在饭桌上，将收拾碗筷的卫兵炸死。胡琏、杨伯涛吓得躲进掩蔽部，再也不敢出来。

总攻的战斗进行得很艰苦，双方寸土必争，形成拉锯战。12 月 9 日，刘邓陈报告军委："截至现在，我 6、7、8 三日攻击，已使敌防御体系开始残破，如陈谢集团能于三四天内将双堆集东北之杨围子、杨庄地区攻占，则黄维兵团直属队即完全暴露，尔后作战当更易奏效。敌现集于上千的地堡网内，故我只能稳步钳击，只要交通壕迫近，加上密集炮火，必能成功。"

10 日陈谢指挥东集团猛攻双堆集东北的杨围子，这里是 14 军的军部。陈赓集中了六个团的兵力攻击杨围子，10 日首先扫清外围，11 日拂晓，14 军以坦克、步兵向解放军右翼实施反冲击，与四纵在野外肉搏格斗，激战达九个小时。四纵 13 旅 38 团有三个连在与国民党军坦克的拼搏中全部牺牲，但是解放军没有退缩，血战到底，终于挫败国民党军的反冲击，将他们打了回去。17 时，解放军的总攻开始。密集的炮弹倾泻到杨围子村内，把 14 军打得死伤惨重。军长熊绶春精神失常，冲出掩蔽部逃命，被炮弹炸死。14 军士兵纷纷向村外逃命，被中野四纵包围消灭在野外。当天，杨围子被四纵攻占。14 军参谋长梁岱躲在掩蔽部里不动，当了俘虏。在去后方的路上，一位戴眼镜的解放军首长骑马经过，问梁岱是哪个部队的，又问军长熊绶春在哪里。梁岱告诉他熊已阵亡，首长要梁岱留下熊的卫士，吩咐道："我派人协助你去找，一定要找到，好好埋葬，立个牌，让他家人好查。"熊绶春的尸体被找到埋葬，还立了"第 14 军军长熊绶春之墓"的木牌。解放军的人道主义使国民党军俘虏都很受感动，后来才知道这位首长就是陈赓将军。梁岱到了后方收容所，接收的干部还认识他。说："原来又是你，你怎么变成参谋长了?"梁岱说:"上次不敢承认,这次算坦白了吧。"梁岱受到高级战俘待遇,每天有白米饭和肉吃,还保留了一个卫士。过了几天,卫士对梁岱说:"我要参军去了,不能照顾你了。"[1]

梁岱大难不死,两次被解放军俘虏,是12兵团中幸运的。尽管已到穷途末路,黄维、胡琏、杨伯涛等还在坚持。双堆集以南的大王庄和尖谷堆,是18军的主阵地。中野六纵和华野七纵于12月10日联合攻击大王庄。解放军把条条壕堑挖到国民党军阵地前,在夜间发起突击,以近战和肉搏把18军挤出大王庄。第二天18军用猛烈炮火轰击大王庄近一小时,然后以两个团的兵力在坦克掩护下进行反扑。解放军用炸药包和集束手榴弹打坦克,与国民党军一个一个地堡、一条一条壕堑地进行争夺,战斗的激烈和残酷是空前的,双方伤亡都很大,杀了个三进三出。到黄昏时,七纵投入最后的预备队,与中野六纵重新组织进攻,终于攻克了大王庄。

中野部队连日苦战,为了消灭黄维兵团,刘邓下了最大的决心,邓小平政委说:只要歼灭了南线的敌军主力,中原野战军就是打光了,全国各路解放军还可以取得全中国的胜利,这代价是值得的!中野各纵队在总攻中不停地向黄维兵团攻击。但黄维兵团的抵抗相当顽强,国民党空军支援的弹药,使他们能够保持炮火上的优势。中野部队一时还不能结束战斗。总前委研究了形势,决定从华野再抽调部队来加强南集团攻击双堆集的战斗。10日,刘陈邓打电话给粟裕、谭震林,粟谭当天回电:"我们决定抽调三纵、苏十一纵及鲁中南纵队(该三个纵队可等于两个纵队的战力),外加一部炮兵,即晚南下,参加歼灭黄维作战,统由陈士榘同志率领南来,请分配其作战任务。"华野援军和炮兵的到来,为彻底歼灭黄维兵团加上了一颗举足轻重的砝码。

---

[1] 梁岱:《第14军被歼记》,《淮海战役亲历记》,第507页。

6

12月12日，刘伯承、陈毅发布《促黄维立即投降书》，指出黄维及其部属"再作绝望的抵抗，不但没有丝毫出路，只能在人民解放军的强烈炮火下完全毁灭"。要求黄维"应爱惜部属的生命，立即放下武器，不让你的官兵作无谓的牺牲"。但是黄维等拒绝投降。

大王庄后面、双堆集东南有个制高点叫尖谷堆，是座25米高的土堆子。黄维兵团的炮兵的观测所就在上边，因此为双方必争之地。12日黄昏，华野七纵部队推进到尖谷堆下，18军军长杨伯涛命令发射毒气弹，解放军被迫后退，当夜没有再进攻。国民党军使用后才知道，所谓的"毒气弹"就是催泪瓦斯弹，并不能致人于死地。国民党的军工厂并没有生产剧毒瓦斯的能力，所谓的"毒气弹"是吹牛的。邓小平政委在战后的报告中也说："敌人曾多次使用催泪性的瓦斯弹，因为我们曾事先教育部队防毒，使战士们在精神上产生了紧张状态。某部在攻击杨庄时，就因为敌人放毒发生混乱，直到明了其作用不大时才安定下来。"[1]

14日，华野三纵以攻坚能力最强的8师归中野六纵指挥，进入大王庄阵地。陈士榘集中了纵队炮兵团和华野特纵的重炮团的火力，压制双堆集。当日黄昏，中野六纵、华野三纵部队对双堆集东北的18军核心工事发起总攻。这个工事由胡琏的骨干部队114师54团守备，该团号称"威武团"。解放军的攻坚部队是中野六纵49团1营（"襄阳营"）和华野三纵23团1营（"洛阳营"）两个英雄部队，来个以硬对硬。18时，解放军集中强大炮火对国民党军阵地进行毁灭性轰击。上百门炮发射的炮弹和火药抛射筒发射的炸药包倾泻在阵地上，近1小时的炮火准备，将国民党军工事完全摧毁。国民党军士

---

[1] 邓小平、张际春：《关于歼灭黄维兵团的作战总结》，1949年1月3日，《邓小平军事文集》第2卷，第168页。

中国的1948年：两种命运的决战

黄维被俘

兵被打得逃出工事，"襄阳营"和"洛阳营"并肩突击，经过短兵相接的格斗，"威武团"大部被歼。与此同时，华野七纵21师和中野六纵47团在8门榴弹炮支援下，攻占尖谷堆，歼灭国民党军一个营和工兵连。18军调上了特务营、炮兵营、工兵营向尖谷堆反扑，可以说用上了一切可以使用的兵力，也被解放军一一打退，尖谷堆阵地牢固地掌握在解放军手中。[1]

尖谷堆的攻克，使黄维兵团的司令部、炮兵阵地、快速纵队的车辆和临时机场完全暴露。胡琏和杨伯涛指挥18军的剩余部队将战车、大炮转移到兵团部附近，收缩阵地。把200辆卡车排列起来，堆上泥土，构成城墙式的防御工事。胡琏把保卫兵团部的警卫营调给18军充当战斗部队，并将逃散的14军零散官兵千余人组织起来补充18军，凡是可以拿枪的人都用上了。对于退却的团长、营长，不问理由，一律枪决。这样还是阻挡不住解放军的强大攻势。解放军的炮火可以直接打到黄维的兵团部，炮弹从黄维、

[1] 杜义德：《回忆中野六纵参加围歼黄维兵团之战》，《中国共产党历史资料丛书——淮海战役》第2册，第156页。

胡琏的头上呼啸而过,落在掩蔽部附近爆炸。黄维、胡琏躲在掩蔽部里一筹莫展。

黄维感到再也坚持不下去了,14日呼叫南京方面,表示15日要突围,要求空军配合轰炸。15日九时,空军副司令王叔铭飞到双堆集上空,对黄维说:"不能照计划实施。"黄维说:"你不能照计划实施,我只好断然处置了。"他和胡琏召来10军军长覃道善、18军军长杨伯涛,命令各部队破坏重武器和电台,抛弃伤员,于当日黄昏开始分路突围。黄维、胡琏求生心切,分头爬上坦克,在11师和战车营掩护下提前行动。他们从双堆集西边打开缺口冲出去后,黄维因坦克发生故障,只好混杂在溃兵中奔跑,被解放军追上生俘。杨伯涛冲不出去,跳入小河自杀,河水冻得他受不了,又爬上岸来,被两个解放军战士架到指挥部里烤火。10军军长覃道善也在乱军中被俘。兵团副司令兼85军军长吴绍周比较明智,黄维、胡琏乘坦克先逃,把浮桥压坏。吴绍周乘坐的坦克不能通过,他索性带着参谋长、师长和卫士坐在附近的小庙里,等着解放军来收容。只有胡琏逃到鲍集附近,被李延年兵团部队救起,送到蚌埠,算是漏网之鱼。到16日,黄维兵团四个军、一个快速纵队共十万余人全部被歼。[1]

从12月4日起,蚌埠北上的李延年第6兵团指挥96军对曹老集发起攻击,54军从左侧迂回仁和集,39军在周家口以西牵制。刘汝明的第8兵团在后面跟进掩护。中野二纵担任固镇以西何集地区防御,华野六纵担任鲍集地区防御。国民党军重点进攻鲍集,蒋纬国率战车2团二十余辆坦克向鲍集阵地轮番冲击,华野六纵依靠当地多河渠的地形,层层阻击。8日以后,豫皖苏军区张国华率地方部队五个团、渤海纵队11师相继赶到,增强何集、鲍集地区防御。解放军顶着天上飞机轰炸,地上火炮轰击和坦克冲锋,顽强阻击12

---

[1] 黄维:《第12兵团被歼纪要》,《淮海战役亲历记》,第492页。

天,三次转移阵地,付出重大伤亡。李延年、刘汝明兵团付出13000人伤亡的代价,只前进了几十里。还是不能为黄维兵团解围。蒋纬国无可奈何地说:"我们是尽人力以听天命。这样的大战,关系国家存亡,绝非少数人勇敢牺牲能挽回战局的。"当16日获悉黄维兵团被歼灭的消息后,李、刘兵团连夜撤退到淮河以南。

7

淮海战役第二阶段以黄维兵团被歼,杜聿明集团被围,李延年、刘汝明兵团溃退而结束。歼灭黄维兵团,是中原野战军在淮海战役中打得规模最大、最为艰苦的战役。中原野战军各纵队歼灭国民党军10万余人,缴获大量武器弹药和物资。解放军也付出了重大伤亡。各纵(不含华野)阵亡及失踪约8500余人,负伤2800余人。由于伤亡太多,部队都经过两三次火线整编。九纵司令员秦基伟回忆:"淮海战役结束后,当地政府发动群众清理掩埋国民党军人马尸体,埋一人尸发高粱5斤,埋一马尸发高粱24斤,张围子群众共得政府发粮万余斤。也由此可见,这股死多活少的敌人是相当顽固的,我们的仗也是打得很残酷的。"[1]

虽然打了胜仗,政委邓小平的心情却相当沉重。1949年1月11日他给毛泽东的报告中写道:

中原自10月下旬至歼黄维,作了50多天的加油作战,一般部队都很积极,问题很少。其原因是经过去年8、9月整党,对各级干部教育均大,官僚主义大大减少,干部责任心大大提高。因为干部负责,战士逃亡的也大为减少,在战斗中从上到下均颇顽强。一纵

---

[1] 《秦基伟回忆录》第11章,解放军出版社1996年版。

淮海战役（二）歼灭黄维兵团

歼181师，三纵攻宿县均能迅速解决战斗。歼黄维时各部均下了最大决心，不顾任何代价，消灭黄维的意志一直贯彻到下面。故在整个作战过程中，各纵队虽然经过三次到四次的火线编队没有叫苦的。但是在总攻的时候，中原各纵伤亡达二万余人，气已不足，结果使用了华野两个纵队才解决战斗。而在中野各纵中，四纵、九纵及六纵比较充实，伤亡虽大(四纵9000余，连同淮海第一阶段约11000余，九纵6000余，六纵5000余)尚能一直攻到底，战功亦较大。三纵在淮海战前仅16000人，攻宿县伤亡1500人，打黄维又伤亡4500余人；一纵战前三个旅、九个团仅17000人，打181师伤亡1500人，打黄维又伤亡3000人，故在最后均已丧失攻击能力。二纵及十一纵，在战前均仅万二、三千人(所有人员在内)，就更难担负艰巨任务。战后各纵一致感觉中野不充实，以不能独歼黄维，增加华野过大负担为憾。同时这次还暴露了中野现有火力，打这样的仗实嫌太弱，幸弹药充足，补给及时，特别是战场范围不大，我能交换集中使用，且有华野一部分火器加入，才勉强应付过去。歼黄维后，部队虽伤亡较大，干部伤亡比例更大，但士气甚好，特别是在大规模的攻坚作战方面过了一个重要的关，这是一个极大的收获。

淮海战役歼灭黄维兵团的战斗，使中野部队经历了大战的磨炼，在作战各方面都有极大的提高。刘伯承司令员非常重视总结经验，责成各纵队及时总结经验，并由司令部汇总为《淮海战役中双堆集歼灭战初步总结》。刘伯承在总结的题词中写道："淮海战役乃毛泽东军事学说中各个歼灭黄百韬、黄维、杜聿明三军的范例，而双堆集歼灭黄维军一战，则乃承先启后的关键。由于我在津浦西侧从黄维的外翼开始围攻，而杜聿明军则欲从徐州西南捌我外翼，以与李延年军协援黄维,因而被歼灭于永城东北地区。双堆集以运动战始,以阵地战终;以消耗敌人始,以围歼敌人终。我在转换关头上运用不同战法而持之以顽强,必须着重研究而发扬之!"这一精辟的见解,是对淮海战役的科学总结。

18 淮海战役（三）风雪陈官庄

1948

中国的1948年：两种命运的决战

1

1948年11月22日黄百韬兵团覆灭后，徐州方面的国民党将领怨声载道。蒋介石的"特派战地视察官"李以劻到徐东前线督战时，邱清泉对他大发牢骚："总统派你来视察督战，视什么？察什么？冯治安部队造反，事前为什么不知道？这种杂牌部队再多有什么用！妈的，害得我们好苦。总统只知道写手令，打电报，战场情况他老人家不清楚。共军围点打援，是一种消灭生力军的手段。对黄百韬我是出死力相救的，结果伤亡这样大，黄兵团不免于败，上了敌人的当。国防部是打糊涂仗，是亡国的国防部。敌人主力那么强大，我们能在徐州孤注一掷么？"李弥说得更为具体："敌军的人海战术是围点打援，这次陈毅同刘伯承集中力量来干，就是想把我们的主力打垮。如果在徐州我们不早撤出，将来就是陷入重围。那时敌人再用人海战术来打一点，任何部队都挡不住。敌人的政治最厉害的一点，就是会鼓动，把老百姓组织动员起来。我在山东三年和这次作战中，看到敌人抬担架、运粮弹、修工事，要人有人，我们这一套就不行。所以归根到底，我们的政治就是不行。"但是这些话蒋介石都不爱听，说："当将领的不能服从，不能任劳任怨，还行么？不着眼大局还行么？见危不救还行么？"[1]

黄百韬兵团被歼后，11月24日，蒋介石把刘峙、杜聿明召到南京开会，国防部提出新的作战方案：以打通津浦路徐蚌段为目的，徐州方面以主力向符离集进攻，黄维兵团向宿县进攻，南北夹击共军。蒋介石批准这个方案，要杜聿明回去部署。杜聿明乘飞机回徐州时，特地飞经双堆集上空。见地面上炮火连天，战斗激烈。他与黄维通话，黄维说："当面敌人非常顽强，这样打不是办法。"杜聿

---

[1] 李以劻：《淮海战役国民党军被歼概述》，《淮海战役亲历记》，文史资料出版社1983年版，第69页。

明说:"今天老头子已决定大计,马上会下命令,请你照令实施好了。"

11月26日,杜聿明指挥孙元良兵团沿津浦线两侧向孤山集、官桥(今属安徽萧县)地区进攻,邱清泉兵团向潘塘以南的二陈集、刘塘一线进攻。74军在二陈集、仁和集方向遇到强大的华野一纵,打了两天,被反击回来。70军寻找华野较弱的鲁中南纵队进攻,27日占领官庄、刘庄等六个村庄。鲁中南纵队虽然装备远不如国民党军,仍以顽强的意志且战且守,迟滞国民党军的前进速度。74军军长邱维达回忆:"各军第一线部队展开以后,大家认为成败在此一举,必须集中一切兵力与火力。26日拂晓,战斗信号刚一发出,炮声轰鸣,全线进攻部队即与当面的解放军展开了极为激烈的战斗。双方的火力、冲击、反冲击都发挥到最高度,逐村争夺,寸土不让,甚至争夺一村庄或一据点,必须反复争夺四五次,有的六七次之多。以致使70军和74军伤亡惨重,虽然有些进展,也是很迟缓的。战斗一天,前进速度仅3公里。次日清晨又继续发起进攻,战况与昨日比较,则大有逊色,这显示进攻的锐气已经走下坡路了。28日'剿总'还是强调要继续进攻,但第一线部队已呈现精疲力竭的状态。迫于军令和'总统'视察官监督之下,只好放些枪炮装装样子,部队都在原地不动。截止到28日,第2兵团的第一线还停止于褚兰、张集之线,不能前进一步了。"[1]

鉴于徐州国民党军倾巢南下,华野迅速调整部署,以山东兵团主力增援徐州以南的阻击作战。以九纵增援两广纵队担任津浦路西侧防御;以八纵接替鲁中南纵队,担任津浦路正面防御;以四纵增强一纵、十二纵方面的防务,担任津浦路东侧防御。三个强大的阻击集团在孤山集、后官桥、褚兰一线,构筑工事并组织反击。29日九纵接替广纵阵地后,当夜就对孙元良兵团发起反击,收复两个村

---

[1] 邱维达:《邱清泉第2兵团被歼记》,《文史资料选辑》第21辑,中华书局1981年版,第175页。

庄。30日八纵收复严庄等地，72军两个营进攻范庄，遭八纵包围，仓皇撤退。徐州"剿总"组织的打通津浦线的计划又失败了。正如华野总结中所说："敌曾企图乘我主力在徐州以东未及转移，及一部南下作战，在我薄弱的部分沿津浦线两侧南犯，妄图寻找我弱点乘机突进。但在此七天中敌前进约30里至10余里，遭我强力反击退回约10余里，实际敌人前进仅20余里至10里。故杜聿明所辖之邱、李、孙兵团倾巢南犯，图沿津浦线取捷径南下靠拢黄维，以便在李延年兵团策应下合股南撤江防之企图，遭严重打击，已使该敌由津浦南下之决心动摇。"[1]

蒋介石见徐州三个兵团南下受阻，蚌埠的两个兵团又不能北上，黄维兵团的形势日益危急，28日将杜聿明召到南京商量对策。杜聿明见到顾祝同说："目前挽救黄维的惟一办法，就是集中一切可以集中的兵力与共军决战。否则黄维完了，徐州不保，南京也危险。"顾祝同丧气地说："老头子也有困难，一切办法都想了，连一个军也调不动。现在决定放弃徐州，出来再打，你看能不能安全撤出？"杜聿明说："从徐州撤出问题不大，可是要放弃徐州，就不能恋战。只有让黄维守着，牵制敌人，将徐州部队撤出，经永城到达蒙城、阜阳间地区，以淮海为依托，再向敌人攻击，可以解黄维兵团之围。"蒋介石批准了这个方案。杜聿明匆匆飞回徐州，当天晚上召集邱清泉、李弥、孙元良三个兵团司令开会，部署撤退行动。杜聿明命令：30日发动全面进攻迷惑共军，当日晚上开始向萧县、永城方向撤退。李弥兵团以一个师在前面开路，其余作为掩护部队在最后撤离。邱清泉、孙元良兵团居中，各兵团以"滚筒战术"(即以各部形成圆形态势，防备解放军包围)逐次掩护前进。为了保证撤退的安全，杜聿明下了严厉的命令：1.各部行动要严格保密，务使大军撤退做到神不知鬼不觉，不能让解放军明了撤退的企图，如有

---

[1] 华东野战军司令部：《关于淮海战役经过概述》。

泄密，军法从事；2.责成徐州"剿总"前进指挥部副参谋长文强会同李弥部队，在部队撤离徐州后，彻底破坏徐州车站的所有火车头和无法带走的弹药物资，烧毁全部军用地图和档案；3.命令徐州警备司令部征用城内的所有车辆供撤退之用，并将徐州公私银行的现金集中，随军押运。

29日下午，邱清泉在徐州机场召集手下四个军长部署撤退任务。三个军长从前线匆匆赶回来，听说要撤退，都感到意外。他们提出众多的伤员和带不走的军用物资怎么办，邱清泉干脆地说："这些问题我没有办法处理，你们自行决定吧！"

杜聿明的"保密"根本保不住。29日黄昏，徐州城内就开始骚动起来。国民党官兵到处抢购绳索、扁担，征用车辆，大家都知道国民党军队要跑了。文强派保密局特务爆破队与李弥的工兵营共同破坏徐州车站的火车头，原定等30日晚国民党军撤离徐州后进行，李弥部下逃命心切，提前半天开始行动，隆隆的爆炸声传到数十里外。徐州"剿总"院内烧档案的火光冲天，浓烟滚滚。徐州警备司令谭辅烈带人到各个银行去查封拿钱，谁知一连走了几家，都是人去楼空。不但现金全部转移，连职员家属都已乘飞机逃走了。银行的行动比军队还快，肯定是得到了南京方面的消息。杜聿明得知后拍案大叫："老头子(蒋介石)钱就是命，连泄露军情都不顾，叫我怎么能打胜仗！"[1]

11月30日，徐州国民党军开始撤退。邱清泉、孙元良兵团在前，李弥兵团殿后，加上国民党党政人员和家属，共约30万人，由徐州沿徐(州)永(城)公路向西南方向撤退。由于各兵团撤退前切断了电话线，杜聿明对各部情况一无所知。12月1日晨，他带领徐州"剿总"前进指挥部的少数人员上路。西门外的公路上人马拥挤不堪。军队的卡车、大炮与马车、小轿车堵塞道路，动弹不得。各部队完

---

[1] 文强：《徐州"剿总"指挥部的混乱》，《淮海战役亲历记》，第93页。

中国的 1948 年：两种命运的决战

全不顾秩序，争先恐后地超越穿插。有的见公路堵塞，就从田野里开路前进，从徐州到萧县数十里的公路上是一片拥挤混乱的景象。杜聿明指挥不灵，命令参谋指挥车队出徐州南门，绕道凤凰山向萧县前进。出城不久因道路堵塞，杜聿明的吉普车也无法前进，卫士们只得搀扶着杜聿明，在泥泞的田野里跌跌撞撞地步行。这一天只走了几十里，到萧县以西的大吴集宿营。

李弥是最狡猾的。他奉命掩护全军撤退，但他只留下8军负责破坏徐州的仓库和火车头，自己在30日下午就带领兵团部和9军出动了，比杜聿明走得还早。他为了保存实力，故意不与杜聿明、邱清泉联系，带着部队一股劲地向西走，对部下说："不要同他们主力兵团粘在一起，兵团越大越不易行动，一有情况大家就会牵连着走不了。"还说："如果他们(杜、邱)没冲出去，我们冲出去了，那我们就成功了。"国民党军将领损人利己之心态，暴露无遗。

12月2日中午，9军军长黄淑在萧县以西的孟集附近休息，与杜聿明的总部不期而遇。杜聿明两天没与李弥联系上，见9军走在了他的前边，当即责问黄淑："你们为什么走到总部一起了，徐州后续部队通过萧县没有？"黄答："还有少数没有通过。"杜问："你们司令官在哪里？谁叫你们撤退的？"黄答："现在不知道他在哪里，昨晚司令官用报话机指示我们撤退的。"杜聿明怒气冲冲地说："他敢不听命令吗？你马上带部队回去占领原来的掩护阵地，直接归我指挥。等部队通过完毕后，再告诉你撤退。否则不论哪一个单位受到损失都由你负责。"黄淑很不高兴，只得带领部队掩护了一天。[1]

到达孟集后，杜聿明与李弥接通了电话。杜聿明责备李弥两天来未与总部联系，以致总部对13兵团情况完全不了解。李弥支吾

---

[1] 黄淑：《淮海战役第9军被歼经过》，《淮海战役亲历记》，第285页。

推托。杜又责问他为什么不按书面命令行动,李说没接到(实际上是13兵团参谋长接受的命令)。杜聿明也无可奈何,只是告诉他在前面宿营,等待命令。这天,邱清泉兵团的74军也到达孟集。74军经过三昼夜行军没有休息,官兵都十分疲劳,只要停下来就呼呼大睡,掉队的不少。邱清泉对军长邱维达说:"部队太疲劳了,这样拖下去,不要打,拖就拖垮了。我已报告杜聿明,同意收容整顿一下再走。"于是当天74军在孟集宿营,休整一天。邱维达回忆:"这一停顿,如同黄百韬在新安镇的撤退,恰好弥补了解放军迟一天发起追击的缺陷。这样解放军就赢得了一夜的时间,缩短了几十公里的追击,使强大的追击纵队由平行追击超越于我军退却兵团的先头,终于到达了大回村、薛家湖附近,把退却兵团的道路完全遮断了。"[1]

在国民党军放弃徐州之前,华野的情况是相当困难的。粟裕回忆:"当时华野除了参加打黄维的三个纵队外,其他部队放在徐州南面,防敌突围。要打李延年兵团恰好未打上,如果打上了李延年,一时又解决不了战斗,部队转移不过来,则杜聿明的三个兵团可能向西走掉。"[2]解放军战史写道:"当时,华东野战军要在三个方向上作战,即以一部兵力协同中原野战军直接参加歼灭黄维兵团,又在南北两个阻援战场上,阻击和钳制国民党军5个兵团的40余万人马,是淮海战役中最紧张的时刻。"[3]

12月1日,华野侦察部队报告:国民党军正在破坏徐州的工厂、

---

[1] 邱维达:《邱清泉第2兵团被歼记》,《文史资料选辑》第21辑。
[2] 粟裕:《淮海战役的伟大胜利和华野1949年六大任务》,《粟裕军事文集》,解放军出版社1989年版,第454页。
[3] 《中国人民解放军第三野战军战史》,解放军出版社1996年版,第291页。

仓库，中午有600辆汽车由徐州西开砀山方向。电台监听到国民党军向西开进的信息，华野首长判断杜聿明集团已放弃徐州西逃。粟裕立即下达命令：以一、三、四、八、九、十二纵、两广、鲁中南纵队向永城、萧县急进截击，十纵经宿县向永城进发，渤海纵队占领徐州。中央军委得到华野报告后，毛泽东2日指示华野："敌向西逃，你们应以两个纵队侧翼兼程西进，赶至敌人先头堵住，方能围歼，不要单靠尾追。"

一场围追堵截杜聿明集团的行动开始了。华野九个纵队不分昼夜沿着公路急进，九纵原来在徐州以南的孤山集作战，位置靠西，走在最前面。12月2日晚，九纵25师到达安徽萧县以西王引河与徐永公路汇合处，74团在一个叫官路口的村子宿营。3营长披着一件缴获的美式军大衣回到住处，发现一个士兵在卸门板。他问："你是哪个连的？"士兵立正回答："报告长官，我是8连的。"营长一听这种不顺耳的答话，以为是个俘虏兵，就命令他："叫你们连长跑步到这里来。"不一会儿，3营长只听一声"报告！"一个戴大盖帽的国民党军官站在面前。两个人都愣住了，幸亏营长的通信员机灵，扑上去缴了国民党军官的枪，一问才知道是邱清泉5军45师的，同解放军混住在一个村子里。3营当即投入战斗，村子里枪声大作，混战一场。国民党军突出包围，向西逃去。聂凤智司令员听说追上了国民党军，命令不许恋战，向西展开平行追击。3日拂晓前，九纵先头部队在陈官庄以西的大回村与国民党军遭遇，歼敌一个营，超越了国民党军。聂凤智命令后面跟上来的27师向北切断国民党军西进的去路。27师不顾长途行军的疲劳，于3日夜里占领薛家湖和芒砀山。[1] 4日，华野各纵队陆续赶到指定位置。经过三天艰苦追击，华野完成了对杜聿明集团的包围。

12月3日对杜聿明集团来说是至关重要的一天。如果杜聿明

---

[1] 聂凤智：《敢打敢拼，英勇奋战——记华野九纵参加淮海战役始末》，《中国共产党历史资料丛书——淮海战役》第2册，中共党史资料出版社1988年版，第315页。

淮海战役（三）风雪陈官庄

坚持要走，解放军追赶他们是不容易的，毕竟国民党军有汽车，四个轮子总比两条腿跑得快。那天上午，杜聿明在孟集正准备出发，突然接到飞机空投的蒋介石亲笔信。信中说："据空军报告，濉溪口之敌大部向永城流窜，弟部本日仍向永城前进，如此行动，坐视黄兵团消灭，我们将要亡国灭种。望弟迅速令各兵团停止向永城前进，转向濉溪口攻击前进，协同蚌埠北进之李延年兵团南北夹攻，以解黄维兵团之围。"杜聿明读后，感到蒋介石又改变了决心。他想：如果不听蒋的命令，继续向淮河前进，再解黄维之围，尚可将功补过。如果沿途遭共军截击，损失惨重，又不能解黄维之围，失败的责任就大了。杜聿明不敢违抗蒋介石的命令，要部队停止前进，召各兵团司令来孟集开会。大家看了蒋的命令，多数沉默不语，只有邱清泉狂妄地说："总座，可以照命令打。今天晚上调整部署，明天起第2兵团担任攻击，13、16兵团在东、西、北三面掩护。"杜聿明说："大家再把信看看，考虑一下，我们敢于负责就走，不敢负责就打。这是全军生死之地，存亡之道，不可不慎重。"大家都不敢抗命。于是杜聿明决定按照邱清泉的意见，调整部署，向南攻击。这一下，杜聿明集团就陷入华野的重围，再也爬不出来了。[1]

当12月4日杜聿明准备向濉溪口前进时，华野各路大军已云集萧县、永城、砀山三角地带，对杜聿明集团形成包围。在追击过程中，解放军抓住国民党军的尾巴猛打，造成国民党军的混乱，汽车和物资被遗弃得遍地皆是。但是解放军追得太急太快，对许多突发情况来不及应付。道路窄、部队多，也发生了拥挤堵塞的现象。因为是轻装急进，火炮都在后面，遭遇国民党军的重兵集团不敢轻易发起攻击。2日拂晓，一纵在萧县以东和国民党军接触。当时如能大胆猛插，可能会有大的战果。但听到汽车、坦克马达声音隆隆，

---

[1] 杜聿明：《淮海战役始末》，《淮海战役亲历记》，第34页。

又见其部队太多,情况把握不住,一纵未下决心投入战斗。待情况查明,国民党军已退过萧县。[1]

12月4、5两日,华野一纵由袁圩向西南的王白楼、孟集攻击;四纵向李石林、陈阁方向攻击;九纵向芒砀山、山城集、倪小楼方向攻击,三纵向刘楼、杨小乔方向攻击,十纵攻占大回村后,将阵地移交给二纵,转移到青龙集东南地区。各纵队努力向前压缩,收紧包围圈。

杜聿明集团陷入重围后,邱清泉兵团打了两天才前进到青龙集以西的陈官庄一带。李弥、孙元良的阵地多处被解放军突破,纷纷向杜聿明告急。12月6日,杜聿明的指挥部转移到李石林,邱清泉、孙元良来找杜聿明,请他重新考虑行动方案。他们一起来到李弥的兵团司令部开会,孙元良说:"我们攻击进展迟缓,掩护阵地又处处被突破,再战下去前途不乐观,现在突围尚有可为。将在外,君命有所不受。目前只有当机立断,才能拯救大军。"

杜聿明心情沉重地说:"将在外,君命有所不受。如果三天前大家按这句话办,就可以全师而归,对得起老头子了,今天做恐怕晚了。敌人重重包围,能杀出一条血路还有希望,否则重武器丢光,分头突围,既违抗命令,又不能全师,有何面目见老头子呢?"邱清泉、孙元良仍然主张突围。李弥沉默不表态。杜聿明最后只好说:"只要大家一致认为突围可以成功,我就下命令。各兵团要侦察好突破点,重武器、车辆非到不得已时,不能丢掉,笨重物资可以先破坏。"十五时散会,各兵团准备突围。

李弥召集军、师长开会,布置各军在黄昏时分三个方向突围,到阜阳集合。与会的各军、师长都表示时间过于仓促,部队现在都在一线,不要说突围,就是脱离阵地也不容易,最快也要在7日拂晓才能开始行动。邱清泉、孙元良要走,就让他们先走。李弥本来

---

[1] 20军司令部:《淮海战役纵队作战经过及主要经验汇集》。

就信心不足,见部下都这样说,表示同意。邱清泉向各军长部署时,大家情绪消沉,突围要抛弃重武器,这个兵团等于就完了。74军军长邱维达听说要突围,顿时咆哮如雷:"你们怕死!想突围逃跑,那是办法吗?为什么不集中力量硬打出去?突围有被各个消灭的危险,应该考虑这个不利的后果,我们74军包打第一线!"他这一闹,大家都没有话说了。邱清泉考虑丢了重武器,回去也无法交代,于是改变主意,与杜聿明商量暂缓行动。

坚决要跑的只有孙元良。6日下午他开会回来,对各军、师长说:"指挥部已决定离心退却,邱清泉部向南突围,李弥部向东突围,16兵团向西突围。我们集结的地点:第一步到商丘的朱集,第二步到信阳,最后到武汉会合。"(事后大家才知道,杜根本没有下这样的命令)部署完后,他就带领参谋人员赶到黄庄的47军125师,这个师是快速纵队,配备了战车,战斗力也较强。孙元良指示125师师长陈仕俊掩护兵团部突围,同时命令将所有电话线截断,电台停止收发报,特别嘱咐指挥部来的电报一概不收,惟恐杜聿明变卦不准突围。国民党军内部勾心斗角,尔虞我诈,真是无所不用其极。[1]

6日晚二十时,孙元良兵团开始行动。炮兵先乱轰一通,把炮弹打光,然后开始破坏大炮和重武器。杜聿明与邱清泉在陈官庄密切注视动向。邱清泉本来不想走,让部队象征性地试探了一下,就向杜聿明报告说:"西面、南面敌军阵地重重,无法突围。我仔细考虑了孙元良的主张,简直是自我毁灭,如何对得起老头子!"杜聿明与李弥通话,李弥大骂孙元良破坏武器,准备逃跑,表示他也不走。杜聿明要孙元良兵团的电话,怎么也要不通,于是对邱、李指示:不管孙元良兵团情形如何,邱、李兵团不突围。迅速调邱兵团的预备队来填补孙兵团遗留的阵地空缺。如果孙元良能突出去,他

---

[1] 魏煜昆:《第16兵团就歼记》,《淮海战役亲历记》,第441页。

们再跟着走。孙元良自作聪明，实际上被杜聿明等抛出去了。

孙兵团突围时根本没有侦察突围路线，也没有选择突破口。几万人分成多路纵队落荒而逃。不久部队互相拥挤，乱作一团。官找不到兵，兵找不到官，41军和47军混在一起，建制完全打乱了。大家都朝着人多的地方跑，无所谓方向和道路。在通过第2兵团警戒线时，突然村里枪声大作，密集的火力把16兵团的官兵都打得卧倒在地，死伤不计其数。47军军长汪匪锋派人联络，才知道是5军200师向他们开枪。交涉了半天，5军才停止射击，他们的行动早已惊动了当面的华野八纵。当国民党军来到刘集、郭营八纵阵地前，解放军猛烈开火。16兵团在前后夹击之下，全线溃乱，密集的人群在村庄之间的旷野里四散逃命。孙元良跳下吉普车混入乱军中，兵团副参谋长熊顺义则带领一批人掉头往回跑。八纵全线出击，枪炮声和"缴枪不杀"的呐喊声震天动地。经过两小时战斗，16兵团大部被八纵和友邻部队歼灭，41军军长胡临聪、47军军长汪匪锋等被俘。副参谋长熊顺义收容逃回的官兵7000多人，被杜聿明编入邱清泉兵团的72军。只有孙元良化装成老百姓，与少数人侥幸逃脱。12月18日，孙元良逃到信阳，被张轸部队收容。[1]

首次突围没有成功，杜聿明仍然争取在南边突破与黄维兵团会合。他命令邱清泉兵团集中炮火和战车，以一个军向南进攻。李弥兵团坚守李石林、青龙集地区，以"滚筒战术"跟进。邱兵团前进一步，李兵团就接替邱兵团的阵地，巩固后方。他们把十几万部队收缩在陈官庄一带南北十余里，东西二十余里的狭小范围内，防止解放军的突破和分割围歼。

华野指挥部察觉到杜聿明集团的意图，采取针锋相对的方针。以谭震林、王建安指挥一、四、九纵由北向南积极攻击；以宋时轮、刘培善指挥十、十二纵，以韦国清指挥二、八、十一纵、广纵采取

---

[1] 熊顺义：《孙元良兵团被歼经过》，《淮海战役亲历记》，第425页。

正面阻击和东西两侧夹击,坚决阻敌南逃。

激烈的战斗从12月8日起再次展开。邱清泉兵团的主攻方向是鲁楼。鲁楼村位于引河岸边,是国民党军南下的必经之路。粟裕特地向十纵交代:"守住了鲁楼,就等于堵住了引河的口子。"从6日起,邱清泉就派70军两个师轮番猛攻鲁楼。十纵29师顽强防御,以迫击炮、火箭筒向坦克抵近射击,使国民党军伤亡惨重而退缩。邱清泉见鲁楼攻不下,命令70军32师进攻鲁楼东南的窦凹。邱清泉亲自指挥,集中火力猛轰窦凹,支援32师的进攻。自12月10日起,南线战斗达到白热化程度。华野战后的总结中记载:"宋刘集团:十纵10日击退敌向窦凹之进攻,11日又击退犯窦凹敌两次猛攻,12日敌70军之96师及32师全部,附坦克8辆,自4时向我窦凹阵地猛攻,激战一天,得失八次,卒为敌占。毙敌副师长以下2000余人,俘百余。13日晨因窦凹阵地失守,鲁楼阵地突出,决同时放弃,上午九时敌占鲁楼阵地。十一时96师两个团附坦克8辆,分三路向我李楼阵地攻击,激战至十四时,我前沿阵地被敌突破,反复争夺至十六时,敌后续跟上,遂为敌占领。次日徐小凹亦为敌占领,我确守张庄、耿庄、后刘园之线阵地。十二纵14日攻入陈阁、王林庄、吴楼,敌四次增援,因我突击部队伤亡过大,即停止进攻,毙伤敌300余,俘20余。"[1]国民党军拼尽全力,只占领了几个村庄,邱清泉手下最能打的96师元气大伤,师长邓军林回忆:"窦凹的战斗,是在邱清泉的顽强压力下,付出了极大的代价而宣告结束的。部队的攻击精神,已是一蹶不振,一听到攻击任务,官兵都感到惶恐不安。"十纵六天顽强的防御,堵住了杜聿明集团南下的道路。粟裕、谭震林给十纵的嘉奖令中说:"此次聚歼杜聿明、邱清泉、李弥、孙元良匪部,会战初期,你们贯彻了这种坚决顽强英勇奋战的战斗作风,给予妄图夺路南窜之

---

[1] 华东野战军司令部:《关于淮海战役经过概述》。

中国的**1948年：两种命运的决战**

杜聿明、邱清泉匪之70军以连续迎头痛击，毙伤敌数千以上，确保了鲁楼、李楼阵地，对于完成全歼杜聿明集团任务，起着重大作用。"[1]

从12月6日到14日，华野在南线坚决地阻挡了邱清泉兵团的突围，在北线不断推进，压缩包围圈。但是部队苦战多日，并未达到分割围歼的目的，双方打成对峙局面。一纵叙述这段时期的作战情况说：

在攻击手段上，我仍采取过去一般对村落的攻击办法，先炮击，再爆破，最后是突击，按此三步来攻。其实当时敌人已开始全部转入村落四周之野外，已经不是过去一样集中兵力固守村落的防御，而是散开四周形成蜘蛛网式的防御了。如仍采取过去的攻坚经验，即不能取胜。具体表现：一是炮火使用，过去攻坚多用曲射，集中炮火打一点，可压制敌人，掩护部队前进。但现在敌人全部散开，隐蔽地堡交通壕内，那样打法只有浪费弹药。二是突击与爆破分成两个部分担任，不适合当前攻击。因敌已分散各工事中，几包炸药不能解决问题，如炸后突击队再上去，敌人反会封锁爆破口。三是攻击队形，如仍采取集团队形，爆炸一响后，即将部队向内塞，企图与敌进行纵深战斗，但敌主力不在村子上，这样使用部队结果伤亡反大，到处受敌地堡火力之杀伤，而不能取得胜利。必须采取小组动作，先求肃清地堡交通壕之敌，才能取得胜利，这些经验都是从实战中碰到钉子后体验出来的。[2]

杜聿明集团一时吃不掉，总前委又要华野抽调部分兵力协助消灭黄维，粟裕不免心里焦急。12月14日粟陈张给总前委和军委的

---

[1] 李曼村：《淮海战役中的华东野战军第十纵队》，《中国共产党历史资料丛书——淮海战役》第2册，第329页。
[2] 20军司令部：《淮海战役纵队作战经过及主要经验汇集》。

电报中说:"三日来杜匪对我战法,采取东西北坚守,以主力一部配合第二等部队与我纠缠,而集中其主力向五户张集、固上之间突击。在战术上采取绝对优势兵力(三个团至五个团),在战车(5辆至15辆)与空军和炮火掩护下,用密集队形反复猛扑我一个村落(如窦凹、李楼均经过四次以上之争夺)。在敌人此种攻击手段下,敌虽付出很大代价,我也伤亡消耗颇大,且不便集中更多兵力反击。因此,敌集中攻我一点时,我亦很难守住。我曾对北线采取攻势,因敌均坚工固守,每晚仅能歼敌一个团左右。而每个村守备均成敌之据点,分割不易。"粟裕建议在南边设一袋形阵地,引诱国民党军突围而歼灭之。

3

这时,毛泽东的注意力集中在平津战役上。为了不使蒋介石迅速决策海运傅作义集团南下,将其留在华北战场,12月11日毛泽东在《关于平津战役的作战方针》中提出:"于歼灭黄维兵团之后,留下杜聿明指挥之邱清泉、李弥、孙元良诸兵团(已歼约一半左右)之余部,两星期内不作最后歼灭之部署。"接到粟陈张14日电报后,毛泽东当即复电:"你们围歼杜邱李各纵,提议整个就现阵地态势休息若干天,只作防御,不作攻击。待黄维歼灭后,集中较多兵力,再举行攻击。"[1]接到命令后,华野各纵于16日进入休整,战场出现一段沉寂状态。

自淮海战役开始以来,华野各纵队已连续作战40天,部队普遍出现极度疲劳和因伤亡严重减员的现象。以四纵为例,战役开始时全纵队为18704人,第一阶段他们伤亡5306人(伤3974人,亡1332

---

[1] 《毛泽东军事文集》第5卷,军事科学出版社1993年版,第362、401页。

中国的 1948 年：两种命运的决战

人)，第二阶段伤亡4056人(伤2707人，亡1349人)。也就是说，一个月内拼掉了半个纵队。有的纵队伤亡更大，因此，各纵队都在战斗中随时调整编制，实行以俘虏补充部队的措施。对不带伤的俘虏基本上是一个不放，"随俘随补"。上午俘虏过来的国民党士兵，下午就补充到连队参战。各纵队还通过"边打边提"、"随缺随补"和"火线提拔"等办法，解决了基层干部的损失，保证了作战。从黄百韬兵团补充来的俘虏半个月后已经有当班长或副排长的了。据四纵统计，此时"连队解放成分已占80%"。开始华野政治部指示各纵队根据伤亡情况，缺一补一。到后来各纵队抓住俘虏都不放，几乎全部补充到连队，所以各纵队人数是越打越多。到战役结束时，四纵已达到43072人，为战役开始时的两倍多。华野全军从战役开始时的36万人发展到46万人。

在休整期间，华东支前部门和华野后勤部门集中大量民工和运输车辆，将徐州缴获的物资和解放区支前物资源源不断运到前线，改善了部队生活。使部队战士"穿暖、吃热、吃饱、吃好"。部队实行轮番休息，在前线的部队大力改造战壕，把战壕和阵地变成能休息、能做饭、能活动的场所，真正做到"以阵地为家"。在冰天雪地的日子里，战士们吃着解放区人民慰劳的猪肉，抽着送来的香烟，送走了1948年，迎来了1949年。

淮海战役第二阶段即将结束时，毛泽东已经开始酝酿辽沈、淮海、平津三大战役结束后，解放军进军江南，夺取全国胜利的总体规划。12月12日，毛泽东给总前委领导人发出指示："黄维歼灭后，请刘陈邓粟谭五同志开一次总前委会议，商好在邱李歼灭后的休整计划，下一步作战计划及将来渡江作战计划，以总前委意见带来中央。如粟谭不能分身到总前委开会，则请伯承至粟谭指挥所，与粟谭见一面，了解华野情况，征询粟谭意见，即来中央。"

淮海战役（三）风雪陈官庄

当时中原野战军司令部在永城南临涣集的小李庄，华东野战军司令部在萧县西的蔡凹村，两地相距近百里。刘邓陈决定前往华野司令部开会。12月17日早上，他们乘车来到蔡凹华野指挥部，淮海战役总前委五位领导人第一次共聚一堂。这次会议也是淮海战役中总前委惟一的一次全体会议。会议开了一天，鉴于杜聿明集团歼灭在即，未成为会议的主要议题。他们主要研究了渡江战役的计划和部队整编方案。当天晚上，刘伯承、陈毅驱车北上，前往西柏坡向党中央汇报。邓小平回到小李庄，谭震林回到山东兵团指挥部。

被围困的杜聿明集团则处境悲惨。近20万人的粮食弹药，都要依靠空投补给。刚被包围时，蒋介石为了抢救这支"王牌部队"，命令空军不惜一切代价维持杜聿明集团的生存。平均每天要出动120架次，空投粮食肉类食品240吨、弹药和其他物资160吨，才能满足需要。从12月16日起，南京方面以两个空运大队为主，并租用了中国、中央和陈纳德三个民用航空公司的运输机，昼夜不停地空运。开始空投大米，被围困的部队缺柴禾，烧不了饭。杜聿明来电要大饼、饼干、罐头等熟食。南京城里城外各食品厂和作坊都日夜赶制大饼和饼干，忙得不亦乐乎。开始的时候天气正常，空投频繁。12月18日以后陈官庄地区雨雪交加，天气恶劣，民航飞机都撤出了，只有靠空军负担。包围圈越来越小，国民党飞行员怕解放军射击不敢低飞，在1000米高空就顺风投下去，结果这样少的物资，还有相当一部分落在解放军阵地上。雨雪天气持续了近十天，杜聿明集团饥寒交迫，到了崩溃的地步。[1]

杜聿明起初冥思苦想，寻求突围之计。16日黄维兵团覆灭的消息传来，杜聿明的心更凉了。现在共军可以全力来对付他们，还有什么办法呢？只有死守待援了。17日蒋介石要他派人到南京商

---

[1] 程藩斌：《陈官庄地区空投记》，《淮海战役亲历记》，第107页。

议,他派参谋长舒适存乘小飞机从陈官庄起飞去南京。19日下午,舒适存带回来蒋介石的亲笔信。信中说:现在华北、华中、西北所有部队都被共军牵制,无法抽调;目前惟一办法就是在空军掩护下集中力量突围。杜聿明对突围信心不足。他与邱清泉等商量了三个方案,写信请蒋介石决定:1.必要时放弃武汉、西安,集中力量与共军决战,这是上策;2.各兵团持久固守,争取和谈,这是中策;3.如果突围,绝对达不到希望,是下策。当他将信写好,请舒适存再次飞往南京时,不料连日风雪大作,飞机无法起飞,一耽搁就到了28日。

寒冷恶劣的天气把陈官庄变成了人间地狱。国民党军互相抢夺空投的粮食,空投场变成了厮杀的战场。杜派官员监督空投场,依然不能制止乱抢的混乱局面。没有粮食吃,国民党士兵杀光了牲口。为了烧火做饭取暖,先拆了房子,又扒出地里埋的棺材,最后将阵地的鹿砦也偷来烧了。有人描述当时的情景:"在包围圈中,除了编入建制的官兵外,尚有不少的闲散国民党军人员、机关公务人员以及由徐州盲目随军而逃的男女学生、市民、地主之类的难民队伍,他们既不在建制之内,连最少量的口粮也没有。邱清泉乘机强迫将他们编入部队,在快饿死的情况下,只要有点吃的,没有不顺从的。"[1]

华野前线部队不失时机地展开政治攻势,瓦解国民党军。有的向阵地喊话,宣传政策。有的乘夜间将食品、香烟送到国民党军阵地前沿,让他们来拿。74军58师官兵收到解放军送的一口宰好的大肥猪,肚子里装满了给国民党军官兵的劝降信和宣传品。邱维达不能禁止部下吃肉,也就无法禁止大家看宣传品。只能哀叹共军攻心政策的厉害。

在解放军的政治攻势下,饥饿的国民党官兵不断越过阵地投诚。开始是零星的,以后越来越多。据四纵12月26日报告:"昨晚

---

[1] 文强:《徐州"剿总"指挥部的混乱》,《淮海战役亲历记》,第99页。

收容8军、9军87人,均零星散出,枪械没前几天多了。据供:特务和当官的较过去监视更严,晚上除放哨者外,把当兵的枪支收起,实行集体睡觉。步枪由排长看管,机枪由连长看管。发现士兵向我阵地方向跑即打枪,昨晚就打死好几个。跑出者均借口大小便,或利用放哨时偷跑。很多人是偷人家的枪过来,说:'不带枪来恐怕不大好。'敌军除营长以上还有大米吃外,连、排长均与士兵一样吃榆树叶、山芋藤,士兵都不愿意再打。想过来,没办法,我送去的饭都收到,吃了,但不敢作声。如向我阵地讲句话,甚至笑一下都杀头。"27日报告:"昨晚来之108人中,有十多人途中跌倒,头昏眼花,四肢无力,实在饿坏了。"[1]李弥得知这些情况,无可奈何地对9军军长黄淑说:"要秘密地向师、团、营长说明,士兵愿意到共军那里,就随他去吧,吃饱了回来也好,不回来也好,惟一的要求是不准带武器去。"从12月16日到1949年1月5日,投诚的国民党军官兵有14000余人,相当于两个师的兵力。这些人投诚后,先要求吃饱饭,然后讲述内部的情况。杜聿明集团的一举一动,都被解放军详细掌握。

为了体现解放军的宽大政策,四纵、十纵在包围圈东面的青龙集地区开了一个放人的口子。他们选择一条便于控制的隘路,部署好兵力,然后就大张旗鼓地号召包围圈内的难民和散兵出来。听说解放军网开一面,难民和散兵蜂拥而来。国民党军为了减轻包袱,少些没有用的人吃饭,也睁眼闭眼地随他们走。这些人中有从徐州逃难的百姓,也有国民党政府官员和地主。一些国民党军官兵也化装成老百姓,拖着枪想混出包围圈。有几次大队人流向口子涌来,搞得警戒部队十分紧张,轻重机枪一齐开火。这也挡不住人们求生的渴望。到了路口,人群好像受过训练,自觉排成一队,一个个放下武器,举着双手,接收解放军的检查和收容。据华野司令部阵中

---

[1] 华野司令部:《淮海战役阵中日记》。

日记的记录,12月27日十纵报告:"鲁老家跑出敌四五百人,内大部是民众学生,仅十分之三是当兵的,现我全部收容。"1949年1月3日四纵报告:"由青龙集放出老百姓、学生、伤员、太太等一千多人,正在政治部审查。"

12月17日,毛泽东为中野、华野司令部写了《敦促杜聿明等投降书》的广播稿,义正辞严地指出:"你们现在已经到了山穷水尽的地步。""你们的兵士和很多干部,大家很不想打了。你们当副总司令的,当兵团司令的,当军长师长团长的,应当体恤你们的部下和家属的心情,爱惜他们的生命,早一点替他们找一条生路,别再叫他们作无谓的牺牲了。""黄百韬兵团、黄维兵团和孙元良兵团的下场,你们已经亲眼看到了。你们应当学习长春郑洞国将军的榜样,学习这次孙良诚军长、赵璧光师长、黄子华师长的榜样,立即下令全军放下武器,停止抵抗,本军可以保证你们高级将领和全体官兵的生命安全。只有这样,才是你们的惟一生路。你们想一想吧!如果你们觉得这样好,就这样办。如果你们还想打一下,那就再打一下,总归你们是要被解决的。"[1]但是杜聿明、邱清泉等仍然拒绝投降。杜聿明回忆:"当时解放军的《敦促杜聿明等投降书》我未看到,就是看到,令'全军放下武器',仅保证'高级将领和全体官兵的生命安全',我也不会投降的。国民党军官对个人生命固然看得重要,但更重要的是部队实力,因为他是靠这个升官发财的。"邱清泉私下对参谋长李汉萍说:"只有欧洲人打仗最好,打得赢就打,打不赢就降。不像我们中国,明知道不能打,也非打下去不可。"

12月29日,陈官庄地区天气转晴。杜聿明立即打发舒适存上飞机,带上他的建议去见蒋介石。次日蒋介石来电说:"听说吾弟身体有病,如果属实,日内派机接弟回京治疗。"邱清泉力劝杜聿

---

[1]《毛泽东选集》第4卷,人民出版社1991年版,第1369页。

明回南京。杜聿明心里很明白，丢了部队逃生，绝没有好下场。他拒绝了邱清泉的建议，复电蒋介石说："生虽有痼疾在身，行动维艰，但不忍抛弃数十万忠勇将士而只身撤走。请钧座决定上策，生一息尚存，誓为钧座效忠到底。"其实蒋介石是无计可施，黄维兵团被消灭后，蒋介石于12月18日密令刘峙将蚌埠的主力转移到长江以南。这说明蒋介石自顾不暇，根本无力出兵来救杜聿明集团，只能看着他们被消灭了。

29日南京方面恢复了对陈官庄地区的空投。国民党官兵如同饿狼一样到处奔跑抢粮。有的跟着空投伞一直跑到解放军阵地前，不顾死活地抢大饼和生米吃。有的互相冲突，械斗残杀，秩序大乱。李弥兵团得不到粮食，大骂邱清泉。杜聿明命令邱清泉调出若干包大米，分给李弥的一线部队，矛盾仍无法平息。华野抓住天气晴好和国民党军混乱的机会，下午集中各纵队的火炮二百余门，向国民党军前沿工事进行了全面炮击。猛烈的炮火持续了一个小时，由于解放军已经全面掌握了国民党军工事的分布情况，炮弹打得又猛又准。这是总攻前的一次试射，炮击进一步摧毁了国民党军的信心，使其士气低落，人无斗志。

1949年1月3日，杜聿明接到蒋介石的电令："照第三案实行，自5日起投足三日粮弹。"这是杜聿明建议的下策——突围。杜聿明复电陈述粮弹不足，将士饥饿，无法执行命令，请继续大量空投。5日蒋介石复电，也是最后的命令："准再投三日，务必遵照实施。"杜聿明不走也得走了，他与邱清泉、李弥在陈官庄召集军师长会议，部署突围行动。突围时间定在1月9日。各部队根据命令，开始了准备。

4

国民党军的行动比解放军慢了一步。自12月29日国民党军恢复空投以来，华野就密切注视动向。据投诚士兵说：他们29日开始吃马肉，还让吃饱。投诚的人数也逐渐减少。电台监听不断收到国民党军相互联络的信息，部队集结和汽车、坦克调动的噪音也明显增加。种种迹象表明，杜聿明集团准备突围。华野经过20天休整，部队已经完成整补，战士体力充沛，士气高昂。特纵炮兵和后方补充的弹药也已经到位。华野首长认为：总攻的条件已经成熟。经中央军委批准，1949年1月2日，粟裕、谭震林、陈士榘、张震联名发出了全歼杜聿明集团的命令。具体部署是：以三、四、十、渤海纵队和冀鲁豫军区两个独立旅为东集团，由宋时轮、刘培善指挥；以二、八、十二纵为北集团，由谭震林、王建安指挥；以二、八、十一纵为南集团，从三个方向发起总攻击。另以六、七、十三纵、鲁中南纵队、两广纵队等为预备队，拦截围歼溃逃之敌。各部队接到命令后，立即开始近迫作业，以壕对壕，以堡对堡，一条条战壕挖到距国民党军阵地的前沿仅30米处，有的楔入国民党军阵地侧后，对其前沿阵地形成三面包围。国民党士兵眼看解放军的战壕挖到身边，也饿得没有力气抗拒了。

1月6日十五时三十分，华野的总攻打响了。各纵队集中绝对优势的炮火，将国民党军阵地打成一片火海。在突破前沿阵地时，解放军没有像以往那样采取集团冲锋，而是以灵活的战术，以班为单位，实施小组突破。战士们利用交通壕的掩护，接近国民党军地堡，一边爆破一边前进，以最小的代价达到歼灭敌人的目的。国民党军士气极为低落，已经不能组织有效的抵抗。解放军攻占每一个村庄,都是在两三个小时内解决战斗,这天占领13个村庄。李弥兵团受到最沉重的打击,他7日命令兵团各部放弃阵地,向邱清泉兵团靠拢。上午解放军还没有完成攻击准备,李弥兵团各部就从青龙集等11个村庄不战而逃。当天晚上,东集团各纵队占领了这些村子,杜聿明集团的整体防御被打破了。

解放军的强大炮火把邱清泉打得失魂落魄。三年来的作战,他都是以优势炮火而骄横不可一世的。今天解放军的炮火完全压制了邱兵团的火力,使他真正尝到了挨打的滋味。邱清泉自言自语地说:"真正崩溃了,真正崩溃了!"7日晚上战况发展到最激烈的时候,他喝得醉醺醺的蒙头大睡。参谋长李汉萍来请示办法,邱清泉怒气冲天地说:"让它崩溃好了。"

7日杜聿明连续向南京方面呼叫,要求空军支援他们在9日突围。空军副总司令王叔铭答应9日早晨出动上百架飞机投掷毒气弹,掩护杜聿明部突围。杜、邱决定以5军打头阵,在空军掩护下杀开一个缺口冲出去。5军是邱清泉的王牌,在陈官庄地区被围困后,尽管战斗激烈,邱清泉始终没有把5军派上第一线,就是为了保留这支力量在最后关头使用。9日上午,王叔铭果然指挥大批轰炸机飞临陈官庄上空。5军军长熊笑三只等空军投下毒气弹,就指挥部队突围。谁知投下的毒气弹只有少数几个爆炸,根本没有用。5军分头向郭营、左砦等村进攻,企图向西突围,遭到华野九纵、八纵的阻击。5军仅占领了华野两个纵队接合部的左砦,其余都被打回来。邱清泉气得暴跳如雷,熊笑三也垂头丧气地通知后续部队取消突围行动。杜聿明、邱清泉策划多日的突围计划落空了。

当天下午,解放军再次发起强大攻击。到黄昏时,邱清泉、熊笑三催促杜聿明赶快下决心突围。邱清泉说:"趁早突围总可以突出去,还可再干。如果迟疑不决,那就整个完蛋,一网打尽。"杜

中国的 1948 年：两种命运的决战

聿明仍坚持 10 日上午突围。大家都认为白天突围没有希望，杜聿明说："如果你们要走的话，你们先走，我一个人在这里守到底，以免耽误了大家。"熊笑三对杜聿明极为不满，天黑时不辞而别，自己先逃跑了。李弥也来到杜聿明的掩蔽部请示下一步行动，杜聿明看到各位兵团司令、军长都不愿坚持，只好说："既然都是这样主张，只有分头突围好了。"邱清泉见杜聿明表态，立即打电话通知各军。李弥还想和杜聿明等一道走，杜聿明说："这不是让敌人一网打尽吗？我们就这样走，如何对得起部下？赶快通知他们自找出路。"李弥走出掩蔽部，见阵地周围炮火映红了夜空，轻重机枪和

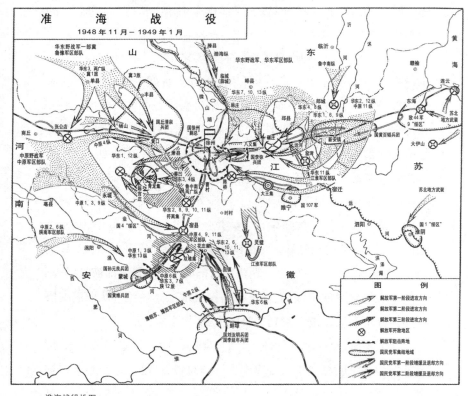

淮海战役地图

手榴弹声一阵紧似一阵。各种颜色的曳光弹像无数流星,在阵地上空飞来飞去。李弥伤心地说:"炒豆子的时候到了,我早就知道有今天。"

9日这一夜,被华野司令部称之为"迅速、惊人、巨大的发展,是全战役最重要、最紧张、最精彩的一个阶段,也是接近最后一幕最生动的场面"。华野三、四、十纵三支强大箭头都指向陈官庄。10日拂晓,华野司令部见国民党军已呈总崩溃之势,命令各部队立即实施总攻击和总追击。"全线战场于10日拂晓前后战斗的气氛更活跃起来,战斗的情绪更高涨沸腾,达于极高的高度。陈官庄及陈庄分别为十纵及四纵的勇士们插上了红旗,解决了敌人,于是全战场的敌军各部失却了指挥的中心,而四面八方强大的解放军又排山倒海压境而来,匪军的官兵们见大势已去,到处慌作一团,纷纷整师整团的放下武器要求投降。"[1]

9日二十二时,邱清泉分别打电话给70军军长邓军林、74军军长邱维达等,大喊大叫:"我没有办法了!你们自己打定主意突围吧!我放弃指挥权,马上离开指挥部。"挂了电话,邱清泉对杜聿明和掩蔽部中的其他官员们说:"现在陈庄三面被包围,只有西南方一个缺口可走,大家突出重围后,谁能到达南京,谁就向总统报告这次全败经过及今晚的情况。"说完,杜聿明、邱清泉等在200师工兵营的掩护下,在茫茫黑夜中四散逃命。他们出陈庄后,因人马拥挤,很快失去联络。邱清泉这时精神失常,到处乱跑,高声大叫:"共产党来了!"他被子弹击中,倒地毙命。72军军长余锦源率残部向十纵投降。邓军林、邱维达等在突围中被俘虏。原70军军长高吉人重伤在身,被部下抛弃。解放军将他收容,送往后方治疗。高吉人隐瞒了身份,伤愈后逃跑了。

李弥离开杜聿明后,不敢回兵团指挥部,随着溃散的部队东跑

---

[1] 华东野战军司令部:《关于淮海战役经过概述》。

西跑,半夜才摸到9军3师师部。师长周藩希望李弥能领着大家冲出去,李弥疲劳不堪,对周藩等说:"你们都当过参谋长,还想不出办法吗?"周藩看到解放军已经突破他们的阵地,就要打到师部来,便与部下商量投降。10日天亮,周藩派人把投降书送给当面的解放军部队。中午得到答复:要3师立即投降,主官出来报到,部队放下武器集合,不得延误。李弥说:"他们要主官出去报到,你们哪一个愿意去?"他放声大哭起来,边哭边说:"我不能死呀!我若能回去,一定照顾你们的家属,你们都可以放心。"周藩见他这样怕死,心想解放军知道他们的部队番号,身为师长是跑不了的。索性自己去报到,给李弥逃脱的机会。他向九纵的一位团长投降,整理自己残存的部下离开战场。[1]李弥换上伤兵的衣服,混在人群中,乘天黑人乱逃跑。狡猾的李弥没向南逃,因为他知道解放军肯定会封锁道路,清查俘虏身份。他向北跑到解放区后方,化装成老百姓到了济南,又到青岛,在那里上船逃往上海,是淮海战役中惟一脱逃的兵团司令。

9日夜里杜聿明与邱清泉失散后,带着副官和卫士十来人仓皇向北逃跑。跑到夏砦,躲进一条战壕。副官给他剃掉胡子,化装一番。他们看着解放军大部队从路上经过后,又向北跑。大约走了二十里路,天色大亮。副官看到附近村庄都有解放军,问杜聿明是跑还是投降。杜聿明还想继续逃,正商量时,迎面来了两个解放军战士问:"你们是哪一部分?"副官瞎编说:"送俘虏的。"解放军战士看他们手里都有武器,命令他们缴枪。杜聿明等只好放下武器,被解放军战士带进村庄。

吃了一顿饱饭,杜聿明等被带到政治部门分别接受审查。负责审查的干部是四纵一位姓陈的政治部主任。询问杜聿明的身份,他自称是13兵团军需高文明。陈主任很有经验,笑着问道:"13兵团

---

[1] 周藩:《掩护李弥化装潜逃概述》,《淮海战役亲历记》,第299页。

淮海战役（三）风雪陈官庄

杜聿明被俘

有几大处?请把处长的名字写出来。"杜聿明顿时傻了，手里拿着派克金笔写不出字来。陈主任看他使用的高级金笔和手表，猜测他不是低级军官。向他交代政策说："你们只要坦白交代，我们一律宽大，除了战犯杜聿明以外。"说完就命令战士把他们带到广场上，与大批13兵团的俘虏们一起听候处理。杜聿明看到许多熟悉的老部下，又羞愧，又恼火。知道早晚会被揭发出来，与其被枪毙，还不如自己了结。乘解放军战士不在身边，杜聿明捡起一块石头朝脑袋上砸，砸得皮破血流，自己也晕过去。

　　四纵的干部见俘虏们骚动不安，传说"总司令死了"。从俘虏中找到这位"高军需"，为他包扎了伤口，单独关押起来。第二天陈主任再来问："你叫什么名字？"杜聿明说："你们已经知道了，何必再问呢？"他被送到四纵指挥部，陶勇司令员等对他以礼相待，但杜聿明态度消极，不愿谈任何问题。1月11日，粟裕、陈士榘电告军委："匪首杜聿明确已被我四纵俘虏，邱、李正继续搜查中。"

中国的1948年：两种命运的决战

淮海战役第三阶段的作战，到1949年1月10日结束。华野经过最后四昼夜激战，全歼杜聿明集团2个兵团、8个军、22个师，共176000人。华野仅伤亡17870人。对比一下，第一阶段围歼黄百韬兵团，国共双方伤亡比例为2.8∶1；第三阶段国共伤亡对比为9.8∶1。所以华野司令部称：淮海战役第三阶段"是收获最大与消耗较小的一个阶段。"

1月9日，蒋介石与杜聿明的电台失去联络后，他在日记上沉重地写道："杜聿明部今晨已大半被匪消灭，闻尚有三万人自陈官庄西南突围，未知能否安全脱险，忧念无已。我前之所以不能为他人强逼下野者，为此杜部待援，我责未尽耳。"当杜聿明集团被彻底消灭的信息传到南京，国民党上下人心震动。杜聿明的夫人曹秀清从上海到南京求见蒋介石、宋美龄，蒋介石不敢见，只批示"杜已被俘，着速厚慰其家属"。曹秀清大为不满，便到总统府找蒋介石的原侍卫长、军务局局长俞济时，又哭又闹地说："我丈夫身体有病，还要他率部突围，他走不动，突什么围呀！不是明明要他的命么？"在场的国民党官员看到家属的悲伤，个个感到寒心。

新中国成立后，杜聿明作为重要战犯关押。1956年初，公安部设立战犯管理所，将全国重要战犯都集中到北京，进行学习改造，杜聿明也来到这里。在管理所医务人员精心治疗和护理下，杜所患的胃溃疡、肺结核和肾结核等长年痼疾，逐渐康复直至痊愈。在思想上，杜聿明逐渐转变觉悟，在再生之路上自觉迈进。1959年9月

17日，中华人民共和国主席刘少奇发布特赦令，特赦一批确实已经改恶从善的罪犯，包括杜聿明在内的十名战犯被特赦，杜还作为代表在特赦大会上发言。1961年，杜聿明到全国政协文史资料研究委员会任专员。后任第四届全国政协委员、第五届全国政协常委，1981年5月7日病逝于北京。

1955—1956年，杜聿明托人转信给在美国的女儿杜致礼、女婿杨振宁。这时，杜家的人才知道杜聿明仍活在人间。1957年杨振宁获诺贝尔奖的消息传到北京，周恩来总理派张文裕（杨振宁的老师）作为中国科学家代表前往祝贺，并带去杜聿明给女婿写的一封言简意赅的信："亲爱的宁婿，我祝贺你获得诺贝尔奖金。这是中华民族的光荣。"1963年，杜聿明夫人曹秀清谢辞女儿、女婿，离开美国。到北京与丈夫团聚，开始了新的生活（曹秀清是在最困难的时候，女儿、女婿将她从台湾接到美国去的）。

淮海战役是解放战争三大战役中规模最大的战役。自1948年11月6日到1949年1月10日，历时66天。人民解放军参战的有华东野战军16个纵队，中原野战军7个纵队，以及鲁中南、苏北、冀鲁豫等军区部队共60余万人。国民党军参战的有徐州"剿总"的7个兵团、2个绥靖区、34个军约80万人。解放军以伤亡136000人的代价，歼灭了国民党军在长江以北的主要战略集团，共歼灭5个兵团、22个军、56个师，共555000多人。在兵力和武器装备都不占优势，战场情况复杂多变的条件下，解放军能取得如此辉煌的胜利，是中央军委、总前委的正确决策，华野、中野密切配合，各部队首长卓越指挥，广大人民群众全力支援的结果。而国民党方面统帅部一再改变决心，各兵团之间互不配合，见死不救，在陷入重围后人无斗志，乃至整师整团放下武器。这说明决定战争胜负的关键不是武器和兵力多少，而是蒋介石的内战彻底失去人心的结果。

　　淮海战役的结果是国民党军队在中原和华东战区的精锐部队损失殆尽，解放军基本上解放了长江以北的华东、中原地区，使蒋介石的统治中心南京、上海、武汉等地处于解放军的直接威胁之下。国共双方军事力量的对比发生根本性的变化。

19 车轮滚滚的支前大军

1948

中国的 **1948**年：**两种命运的决战**

1

淮海战役双堆集战斗结束后，黄维、杨伯涛等12兵团的将领们被解放军俘虏，从战场押送到后方的临涣集。杨伯涛回忆：

> 经过几十里的行程，举目回顾，不禁有江山依旧，面目全非，换了一个世界之感。但见四面八方，熙熙攘攘，车水马龙，行人如织，呈现出千千万万的人民群众支援解放军作战的伟大场面。路上我们经过一些市集，我从前也打这些地方经过，茅屋土舍，依稀可辨，只是那时门户紧闭，死寂无人，而这时不仅家家有人，户户炊烟，而且铺面上有卖馒头、花生、烟酒的，身上有钱的俘虏都争着去买来吃。押送的解放军亦不禁阻，他们对馒头、花生是久别重逢，过屠门而大嚼。还看见一辆辆大车从面前经过，有的车上装载着宰好刮净的肥猪，想是犒劳解放军的。我以前带着部队经过这些地方时，连一撮猪毛都没看见，现在怎么有了，真是怪事。通过村庄看见解放军和老百姓住在一起，像一家人那样亲切，有的在一堆聊天欢笑，有的围着一个锅台烧饭，有的同槽喂牲口，除了所穿的衣服，便衣与军装制式不同外，简直分不出军与民的界限。我们这些国民党将领，只有当了俘虏，才有机会看到这样的场面。在强烈的对照下，不能无动于衷，不能不正视铁的事实，承认共产党、解放军所在的地方，和国民党、国民党军队所在的地方，有两个世界的天壤之别。我当时就大为感慨：认为18军的最后败灭，非战之罪，应归咎与脱离人民群众，进而敌视人民群众，在人民群众的大海里淹没了。[1]

---

[1]《杨伯涛回忆录》，中国文史出版社1996年版，第155页。

车轮滚滚的支前大军

杨伯涛所见的场面,只是淮海战役中广大人民群众支援解放军作战的一个缩影。在辽沈、淮海、平津三大战役过程中,人民群众支援前方作战的规模之巨大,后方勤务任务之繁重,动用人力物力财力之众多,是古今中外战争史上罕见的。

人民解放军在三年解放战争中取得的一系列胜利,都是和解放区人民群众的全力支援分不开的。抗日战争时期,山东根据地的群众就帮助部队送粮食、当向导、照顾伤员,部队走到哪里,就吃在哪里,住在哪里。解放军过去没有健全的后勤部门,战争中的后勤保障都是依靠根据地政府组织,取之于民。到解放战争时期,解放军作战行动越来越频繁,战役规模越来越大,对后勤保障的需求也越来越多。陈毅1947年底在《一年来自卫战争总结》中说:"过去采取抗战时期临时就地动员的办法,这次战争证明不行了。临时就地动员无论如何不够用。在山东时,部队每天要80万斤粮食是无法供给的,临时只能动员民兵来捉俘虏。且弹药、粮食都在数百里外,运来后有时部队因情况变化又走了。运粮大车达两万辆,走起来长达二百余里,比野战军走起来还长。壮丁民工30万人,就需要组织领导。"一个战役打起来,"民工担架前方需要很大,弹药、粮食、菜蔬、伤员、鞋袜等都要运输"。陈毅高度评价山东解放区群众对华野作战的支持:"把落后的农村工具条件来供应现代化大兵团作战,这是自卫战争中最伟大的一面。"

辽沈战役是解放军与国民党军进行的第一场战略决战,能不能打这样大规模的会战,对后勤保障是全面、严峻的考验。当时解放

中国的 1948 年：两种命运的决战

军已控制了东北大多数城市和70%的铁路线，具备了雄厚的经济实力。在确定先打锦州的方针后，要将北满、西满的主力部队秘密输送到前线，铁路运输是最理想的方式。在罗荣桓政委和东北局指挥下，东北军区后勤部部长李富春总抓运输工作，军工部部长何长工负责调运军火弹药，铁路总局局长吕正操负责组织车辆调度。野战军后勤部在阜新车站设立前线指挥所，后勤部参谋长李聚奎负责接收和分发作战物资。

8月下旬，东北铁路总局接到东北野战军司令部的紧急命令，要在最短的时间内、最秘密的情况下，把驻在东丰、辽源地区的二纵、

东北人民积极修复铁路

三纵、六纵和炮纵部队,运到西线的新立屯、西阜新地区作战。要从哈尔滨、齐齐哈尔等地运两千万斤粮食和大量作战物资到前线。为代替主力纵队继续包围长春,要从后方向吉林、四平运送19个独立团。吕正操局长和铁路局党委研究后认为,要想运送大军,必须先做到线路畅通无阻。总局组织铁道纵队(又称铁道修复工程局)二万六千多干部、战士、铁路工程技术人员抢修沿线铁路。从西阜新到清河门一段30公里的铁路多处被毁。枕木被烧,钢轨翻到路基两侧,13座桥梁也都被破坏。铁道纵队一支队干部战士顶着国民党飞机的轰炸骚扰,顽强奋战,终于在短短的一个月内将这段线路修复,保证大军向锦州前进。

  第三支队担任修复陶赖昭松花江大桥的任务。这座大桥全长987米,桥墩被炸断7座,钢梁也受到严重损坏。因为缺乏工程机械和施工经验。东北局领导与苏联方面协商,此时苏方对中共的态度已有明显好转,派来了工程列车和机械、技术人员,与铁道纵队的干部战士一起抢修。大桥竣工通车典礼的那天,陈云亲临讲话,称赞"陶赖昭松花江大桥的修复,为东北人民修通了一条胜利之路"。他号召铁道纵队的干部战士继续勇往直前,保证野战军打到哪里,就把铁路修到哪里。[1]

  从9月10日起开始了大规模的输送部队和军用物资的行动。当时铁路运输线主要有两条:为主的一条线是从哈尔滨经齐齐哈尔、白城子、郑家屯、通辽、彰武、新立屯到阜新。另一条线是从哈尔滨经吉林、辽源、四平、郑家屯到阜新。火车运到的物资再用卡车、大车运往前线。为了隐蔽解放军的战略企图,铁路运输兵员物资都在夜间,白天则是空车回返。修好的15辆日式坦克在火车上目标太大,何长工叫人把它们都蒙上白布伪装,国民党飞机很难分辨出是什么东西。

---

[1] 郭维城:《辽沈战役中铁道兵部队战斗片断回忆》,《辽沈决战》上册,人民出版社1988年版,第603页。

中国的 1948 年：两种命运的决战

9月12日，三纵、二纵5师、六纵17师和炮纵部队在四平、梅河口等车站秘密登车，向辽西开去。运送部队的列车全用棚车，开车前车门加锁，贴上封条。列车运行时看不到部队人影，听不到说话声音，就连铁路员工也不知道运的是什么。在九天之内，共运送64个军列，将十万大军安全、迅速、秘密地运到西阜新。其他参战部队是步行赶往前线的。他们昼伏夜行，连续行军十二天到十五天。地方政府动员的民工队赶着大车、扛着担架，与部队形成一条平行的队伍。从火车上卸下的物资，又经过他们人拉肩扛运到前线。辽沈战役前，后勤部门和各地政府共筹划和运输粮食7000万斤，油料11000多吨，子弹1000万发，手榴弹15万枚，炮弹20万发，炸药5万斤，棉衣、棉帽、棉鞋等冬装近百万套，各省共动员民工160万人，其中76000民工直接随部队参战。抢修道路4370公里，搭架桥梁385座，出动担架13800副，马车6750辆，有力地保证了战役的顺利进行。

辽沈战役打响后，国民党军发觉解放军行动意图。9月22日后派出大批飞机对铁路狂轰滥炸。这时，运输大兵团的第一批空车还没返回，而西线的作战物资和民工列车，东线的炮兵纵队和后勤部队列车共69列又从北满接连发出，密集运行到郑家屯一带，造成堵塞。29日空袭更甚，彰武、通辽、西阜新等站先后遭受不同程度的破坏，通讯、给水中断，情况非常紧迫。铁路总局采取紧急措施：一是迅速组织抢修，白天躲避飞机轰炸，夜间照常通车；二是组织特别运输机车大队，由昂昂溪、北安，把军列一直送到郑家屯前线；三是组织"赶羊式"运输，即向着一个方向连续发车。很快疏通了堵塞，扭转了被动局面。

由于国民党飞机的封锁，运往锦州前线的军火列车连续被炸，连汽车车队也不断遭到空袭，而攻打锦州的部队又急需弹药补充。

九月下旬,总部决定在昂昂溪组织一列秘密军火列车——三〇〇五次,抢在国民党援军出来之前运到西阜新车站。三〇〇五次列车乘务组的16人都是党员和可靠的先进工人,9月28日军列开出,30日晨到达彰武附近。彰武是国民党飞机重点轰炸的目标,乘务组决定就地隐蔽。列车开到站外一处两侧有土岗的地方,押运战士和乘务员一起将列车分散到十三处,间隔百米左右,砍树枝、找高粱秸把车厢遮蔽起来。隐蔽了一个白天,夜晚继续前进。机车需要上水时,车站的给水设施被炸坏了。附近只有一个小村庄,共有三眼水井。乘务员和押运战士在村子挨门逐户借水桶,乡亲们知道是给前线解放军运货物时,都不约而同地来帮忙了。全村男女老少都跑出来了。有肩挑大水桶的,有手拎小水桶的,有端大饭盆的,也有端脸盆的,寂静的山村顿时热闹起来。一个多钟头,三眼井的水淘干了,机车上够了水,天黑时继续前进。在行程中又与敌机遭遇,司机跟敌机打游击。列车时开时停,时快时慢,敌机子弹不是打在列车的前方,就是打在列车过后的线路上。车开到一个小山坳里戛然停住。两侧高山耸立,把整个列车遮挡起来。这一下敌机不敢低飞了,只好高空盘旋,盲目扔下炸弹飞走了。经历最后的惊险,军列终于在10月2日凌晨到达西阜新的清河门车站。前线指战员们盼望的弹药安全地送到了,这一车弹药保证了锦州战役的胜利。[1]

在辽沈、平津战役的后勤保障大军中,还有一支特殊的队伍。参加战地救护的东北野战军三十多个野战医院、后方医院,是以日本籍医生、护士为主组成的。1945年解放军进入东北时,没有带医务人员。因为作战的伤员急需治疗,临时征用各地医院的日本医生护士。这些人当时既担心自己的生命安全,又对共产党缺乏了解,带着临时解决生计问题和雇佣思想为解放军服务。卫生部长贺诚要求对日本医务人员政治上帮助、生活上关心、工作上尊重,制

---

[1] 赵同济:《三〇〇五次列车和特殊包乘组》,《辽沈决战》上册,第612页。

定了相应的优待政策。解放军干部吃粗粮,保证日本人吃大米。解放军干部是供给制,日本医生拿薪金。黄克诚同志主持后勤工作时,特别提出了优待日本博士的问题。他说:我们在东北的专家大概不够500人,专门的博士100人也不到。我们应当尊重他们,爱护他们。至于政治学习,思想信仰,都可以让他们自由些。[1]这五千多名日本医生、护士在随部队征战过程中,受到解放军优良传统的熏陶,思想发生了很大变化,从被雇佣者逐渐转化成革命战士。辽沈战役期间,各医院随部队行动到达前线,进行紧张的战场救治工作。攻打锦州时,由于彰武被国民党军占领,一些后方医院不能及时赶到指定位置。伤员大批下来,日本医生护士昼夜工作,有的连续做了五天五夜手术。前线卫生部提出"村村办医院,家家设病房,人人当看护"的口号,动员老百姓支援医疗工作,挽救了许多伤员的生命。[2]

平津战役期间,四野的医疗救护工作达到能够从容救治大批伤员的新水平。当时第9后方医院驻独流镇,负责救护塘沽方面的伤员。在那滴水成冰的严寒冬季,指战员常在水中作战,伤员下来,被寒风一吹,棉衣冻成了冰的盔甲。医院一到独流镇,就搭起一个大席棚,一次可容纳150至200副担架。棚内设装满水的两口大铁锅及一排排的红砖。将砖烧红,放入水中一浸,立即用布包好,放在伤员腋下和脚下,为伤员保暖。中、日工作人员毫不犹豫地脱下自己的棉衣为伤员换上,做全身按摩防止冻伤,伤员们万分感激。遇到失血过多的重伤员,很多医护人员踊跃献血。几位血型适合的日本同志脱下棉衣袖,露出胳膊,拥在最前面喊着:"我身体好,来我的。"此情此景,感人肺腑。

前线打响后,成百副的担架把伤员抬来。日本医师护士紧急进

---

[1]《黄克诚自述》,人民出版社1994年版,第211页。
[2] 孙仪之:《留用日本人》,《中国人民解放军第四野战军卫生工作史资料选编》,人民军医出版社2000年版,第749页。

车轮滚滚的支前大军

跟随四野南下的日本医生护士

行止血或扩创手术,一丝不苟认真负责地工作。四个手术台中三台是日本医师主刀的,他们和中国医护人员一起,日以继夜地做手术,困极了,靠墙打个盹儿再干。主治医师山田守患着较重的胃病,须用超出常规剂量的小苏打才能抑制过多的胃酸。他站在手术台前主刀,护士在旁帮助他服药。做完手术就去巡视伤员。这种忘我的带病坚守岗位的精神,令人敬佩。重伤员不能进食,日本护士们用滴管顺着牙缝,将蛋白水、米汤、牛肉汤、稀藕粉等注进嘴里。护士班长金子每次抢救破伤风患者都进行口对口的呼吸,争取救活的一线希望。护士少伤员多。她们昼夜巡回,走街串户,尽职尽责地护理伤员。伤员们称她们"不是亲人胜似亲人",是"不辞辛苦的人"。[1]

把日本医生护士转变为中国人民解放军的干部,是解放军创造的一个奇迹。除了说日本话以外,他们在思想上、工作上都与中国战友毫无区别,艰苦奋斗、大公无私、英勇献身。辽沈战役结束后,几个被俘虏的新6军国民党军医被补充到第五纵队野战医院,向主

[1] 刘御:《第九后方医院的日本朋友》,《中国人民解放军第四野战军卫生工作史资料选编》,第756页。

中国的1948年：两种命运的决战

任医师新井侃博士报到。他们说着流利的英语和日语，显示他们的留学身份。但是新井博士发现他们在棉衣中藏着金条，顿生鄙夷，感觉他们"这种样子倒是很像国民党"。他向政委反映了情况，而政委表示宽大，没有命令他们上缴。这个事情虽小，但却反映出巨大的精神境界的差别。这些日本医生护士一直随四野行动，打到了海南岛和大西南，为解放战争立下卓越功勋，直到1953年后才陆续回国。[1]

3

中央军委和华东野战军负责人在酝酿淮海战役计划时，充分考虑到后勤保障工作的重要性。9月28日中央军委给饶漱石、粟裕、谭震林的电报中说："这一战役规模比济南战役规模要大，比睢杞战役的规模也可能要大。因此，你们必须有相当时间使攻济兵团获得休整补充，并对全军作战所需包括全部后勤工作在内有充分之准备，方能开始行动。"电报要求华野"准备两个月至两个半月的粮秣用品"。淮海战役的规模有多大，事先谁也没有准确的估计。11月16日战役开始后，毛泽东给中野、华野负责人的电报说："中原、华东两军，必须准备在现地区作战三个月至五个月（包括休整时间在内），吃饭的人数连同俘虏在内，将达八十万人。"[2]

根据华东局和华野的部署，淮海战役的后勤和支前工作的分工是：前方由华野后勤部负责，后勤部部长刘瑞龙随华野指挥部行动，负责掌握部队的情况和需求，对送到前方的粮食弹药和各种物资进行接收、调度和分配。后方由华东局支前委员会负责，傅秋涛为主任，负责筹划、征集和调运物资，组织民工和车辆、船只运送到前

---

[1] 新井侃：《我在解放军中的八年》，《中国人民解放军第四野战军卫生工作史资料选编》，第774页。
[2] 《毛泽东军事文集》第5卷，军事科学出版社1993年版，第230页。

方兵站。

为转运伤员,华东支前委员会组织了四条转运干线。隔30里设一小站,60里设一大站。每个纵队配备随军担架500副,每副配民工5人。还有机动担架7500副以供急需。各县都在交通要道上设立民站,供运输粮食物资的民工编组往来休息。民工根据任务不同分为三种:一线随军常备民工,每期三个月;二线转运民工,每期一到三个月;后方临时民工,每期一个月。民工以县、区、乡为单位,按军队编制为团、营、连,由各级干部带队。淮海战役发起后,随着华野主力的南下,后方七条运输干线上车轮滚滚,人流如织,像七条大血管向前方输送物资。这七条干线是:

由临朐向北转经沂城、临沂、郯城到新安镇、睢宁;

由日照、沭水、大兴庄、李埝、陈镇到新安镇;

由诸城、莒县、十字路、井家店至郯城;

由曲阜、邹县、滕县、枣庄至邳县;

由曲阜东绕泗水、平邑、向城,转向南至台儿庄、宿羊山、贾汪;

由临沂的丰程镇、磨山、铁佛寺、道河站、土山、占城至双沟;

由新安镇向西经炮车、运河站、曹八集到徐州,然后到萧县、瓦子口、大吴集(这条路线是徐州国民党军西逃后开辟的)。[1]

淮海战役第一阶段,后方支前工作进行得有条不紊。以承受任务最大的山东鲁中南分区为例,各县民工们先用小车将粮食运到泰安火车站,由火车运到兖州;再用小车运到济宁,装船经运河运到韩庄,再用小车分别运送到各纵队。随着战争规模的不断扩大,战线迅速向前推移,后方运输线延长,物资运输量大,转运工作日益紧张起来,许多以前没有遇到的问题和困难都发生了。

用小车、火车、船只进行联运,过去从未经历过。大批粮食运

---

[1] 何晓环等著:《淮海战役史》,上海人民出版社1983年版,第231页。

到，如何迅速装卸、转运，就成了大问题。后勤干部没有经验和专业知识，起初是"热情有余，科学不足"。从兖州运到济宁的2000万斤粮食要经运河南下，最初没有统一计划和周密安排，"开始是有船无粮运，随后是有粮无船运，最后是有粮无船拥挤不堪，卸不下车，装不上船。民工卸粮要等两天两夜，牛无草喂，人车露宿，街道阻塞，交通不便"。济宁地委及时总结经验，改进调度。将小车合理组织，事先经过联系和计算，确定火车的运载数量和到达时间，将任务分配给各县民工。每日火车到达兖州车站，由各县民工分头装卸指定的车皮。迅速卸粮装车，运往济宁。这样大大提高了效率，节省了不少人力物力。[1]

11月10日后，韩庄、台儿庄解放，运河从济宁至台儿庄一段完全通航。船只运粮载重大，损耗小，远比小车效率高。但当时运河的情况比较复杂：微山湖地区土匪的活动造成湖上的封锁状态；船民逃亡失散，不易征集船只；运河台儿庄至韩庄段有几道船闸，河道复杂，水流急，需要有经验的船工指引才能通过；新区船民对运粮有顾虑，怕用船搭浮桥，怕不给运费，因而逃避征用或藏匿船只。支前委员会根据具体情况，采取有效措施打消船工的顾虑。用运粮提成的办法给船工一定的收益，一面动员他们支援战争，一面又使其有利可图，调动了船工的积极性。政府将船只组织起来，派干部和部队武装押运，保证船只的安全。船只因大风或过船闸损坏，政府根据损失轻重予以补偿。一次装载400万斤粮食的船队因严寒被冻在湖中，政府对损坏的船只进行了赔偿。共产党的政策深得人心，大运河上舟楫往来，一片繁忙景象。战后统计，淮海战役期间共用船2841只，运粮2000万斤。每只船用4个船工，往返12天，可运粮4000至上万斤。而小车仅载300斤，两个民工运送往返需20天。相比之下，船运的高效率和优越性是非常明显的。[2]

---

[1] 华东局支前办事处调研室：《淮海战役粮食供应工作总结》。
[2] 华东支前总结委员会：《关于淮海战役中运河、汽车、火车运粮的总结》。

淮海战役第一阶段,华野在徐州以东同时进行围歼黄百韬兵团和阻击国民党援军的作战,中野和华中、豫皖苏地方部队也前来参战,战斗空前激烈。对弹药和粮食的需求剧增。华东局11月18日在济南召开干部会议,饶漱石号召华东党政军民紧急动员起来,向前线运送粮食弹药,保证作战的全胜。他强调:要及时迅速地把运输搞起来,保证弹药供给;把大量的粮食运上去,使我们战场上的指战员不要饿饭。他估计前方一个月作战大约需要1亿斤粮食,六个月就需要6亿斤。饶漱石说:"要有足够的民夫,足够的担架,足够的挑子,使前面的伤员能够及时地运下来,使粮食运输到前面。过去的民夫我们临时动员的时间很短,现在必须动员更长时间的民夫。过去我们估计一个纵队500副担架,应付这样大的战役是不够用的,现在初步提出要800副。常备民夫大量增加,加上部队运动非常迅速,失去联络,军需不能及时,对部队影响很大。加上战斗很残酷,猛烈的炮火,天上的飞机,没有经过训练的民夫逃亡很多,因此按我们原有民工的数目,差不多加倍才够用。"他要求各分区进行最大限度的动员,调集大量的干部、民工支援前线,后方要做好接收伤员、修复道路的工作,动员一切力量支援战争。

11月20日,华东局发出紧急指示:"1.一切后方机关汽车应服从后勤司令部调动运输弹药及其他军需供给,以保证前线供给。2.抽调大批地方基干团及大批县区武装,补充主力,并保证扩军及归队任务的完成,使主力得到源源的补充。3.动员足够民工担架、小车、挑夫及民兵子弟兵团到前线服务。4.运输大批粮食供给前线,保证前线战士及民工不饿饭。5.抽调足够医院到前线接收伤员,予伤员尽可能的救护及照料。6.修筑铁路、公路,架电话线,保证运输及通讯及时。"晋冀鲁豫、豫皖苏、华中、华北解放区政府也进行了相应的动员,一个更大规模的支前热潮在山东、河北、河南、江苏、安徽五省开展起来。

淮海战役第一阶段的战斗完成后,华野部队未经休整即投入第二阶段作战。部队调动频繁,一直处于运动之中,很少在一个地点停留上几天。战局瞬息万变,后方粮食、弹药运输跟不上,出现了相当严重的情况。华野后勤部总结说:"当战役发起,我前线部队当即展开跟踪追击,后续粮库、担架一开始就跟不上了。特别是在第二阶段,部队迅速南进淮海,迎击李、刘兵团之际,即形成前后方接不上气、找不到头的脱节现象。使前线弹药消耗、粮食补给、伤员后送上感受到了很大的限制和困难。而就战役总的进程来说,当第二阶段全期中,因战局几经变化,部队纵横转战,是后勤补给上最紧急、最忙乱的时期。"

粟陈张12月4日给军委的电报中说:杜聿明集团被华野围困于萧县以西,"战斗规模甚大"。要求华东军区"急运八二迫击炮弹30万发,山炮弹5万发,炸药30万斤及七九步枪子弹两个基数到徐州大湖车站附近"。15日华野给刘陈邓和军委的报告中反映:"战役第一阶段之供应,因事先粮食布置均从战区在运东这一情况出发,华东粮食在临(城)沭(阳),山东粮食在临城以北。战役开始战局速移运西后,运不过来。江淮干部少,大部系新收复区及新区,又经敌人抢掠,开始就地筹借,但筹借有限,拮据万分。"当时中野、华野部队随军转运民工共120万人,加上牲口和俘虏的消耗,每天需要粮食280万斤。华野后勤最大的转运站韩庄、窑湾兵站存粮有5000万斤,转运到前线需要时间和运力。附近江淮存粮不多,豫皖苏地区运力不足。华野后勤部的总结说:"战役发展迅速,调运粮食不及,后方粮食赶不上部队。敌迅速西逃,追击中随军之民工、挑子掉队,筹粮工作队未很好开展工作,加之该区连年灾荒,敌长期盘踞勒索。部队拥挤,筹粮政策掌握得不够,个别人发生了强派硬翻,将群众窖存的地瓜干子也吃光了。个别部队每天吃一顿或两顿菜煮稀饭。到围歼碾庄之敌时,后续粮食才源源运到运河、窑湾、占城、土山之线。"粟陈张指出:要将战争进行下去,必须投入更大的力量,向前方运送粮食弹药。这时,后勤运输成了决定战役胜利的关键。[1]

为了保证淮海战役第三阶段作战的胜利,华东局调动人力抢修兖州至徐州的铁路,冀鲁豫军区抢修开封至徐州的铁路。徐州军管会征集城里的公私车辆,为前方紧急运送粮食弹药。徐州刚刚解放,只能征用私营运输公司的车辆。华东支前委员会的干部回忆:"在开始组织时,抛弃了原有公会,不分车主和工人,统统采用集中管制,结果形成了他们的对抗与恐慌。有的竟开了小差,或将车故意弄坏,造成了极大的困难。后来转为利用原有公会,组织了公司,我们派干部分别掌握与进行教育,对工人主要进行以支前为主的阶级教育,开展立功运动,扭转了其对支前的怠工态度,才顺利地完成了任务。"为了保证私营运输公司出车运粮,支前委员会付了很高的运费。"在18天的时间中,共动员汽车257辆,除破旧外,参加运粮者共169辆。自徐州至萧县路程95华里,共运粮415万斤,解决了前方的粮食困难。"

为了解决前方弹药的燃眉之急,徐州军管会清查了国民党军未带走的库存弹药,迅速运往前方。有各种炮弹53000发,子弹520万发,炸药10万斤,防毒面具7500个。给中野子弹120万发,炮弹3000发,汽油1000桶。这批军火为淮海战役第三阶段的胜利起

---

[1] 三野后勤部:《1949年工作报告》。

了重要作用。

在后方粮食供应不及时,只能在战区附近就地筹粮。淮海战役第一阶段后勤供应分工是山东负责北线部队,华中负责南线部队。据11月27日华中工委向华东局的报告,淮海地区已运送粮食2000万斤,江淮地区运送3500万斤。而南线部队和民工用粮尚有1600万斤的缺口,需要就地筹借。到淮海战役第二阶段,山东粮食一时运不上来,华中区的压力明显增加。为了确保战争供应,华中工委于12月13日发布了《关于筹借公粮确保战争供应的决定》指出:"目前前线参战部队和民工已达一百数十万人,每月所需粮食在百万担以上;而战场又大部在新解放区,久经国民党掠夺,民穷财尽,困难就地取食,必须从数百里甚至千里以外(渤海、胶东、盐阜、苏中等产粮区)连续转运,才能满足前线供应。中间如稍有脱节,稍有疏忽,战争就会立刻直接受到影响。"

《决定》说:"目前供应线以华中距离较近,而战场主要是在华中地区,毫无疑问,拿出一切力量来保证前线的给养,应该是我华中党和人民当前最紧急也是最光荣而神圣的任务!但是目前华中存粮情况,离前方需要相差很远,现在运送到前线的粮食加上运耗已有90余万担,冻河以前仍须继续抢运加工粮50万担,运出以后,江淮和第二、五、六专区就几乎不再有存粮。"华中工委研究了形势与任务后,"认为除号召各地组织力量积极在新区征收公粮,加强老区粮食保管、运输工作,减少损失,各后方机关部队尽量节约减省开支以外,必须在全华中范围内筹借100万担粮食,才能确保前线的供给和军事发展的需要。"

江淮地区饱受国民党摧残,部分地区又遭受自然灾害,要在短时期内筹措100万担粮食,绝非易事。华中工委要求各地干部做好动员工作,同时根据实际情况合理负担,使群众的总负担率不超过

30%。在动员宣传时要让老百姓了解目前形势,"把前线将士如何忍饥耐劳浴血苦战告诉他们,把战区群众如何在国民党严重掠夺之后,还在继续借出粮食供给解放军作战讲给他们听;把山东人民如何交出细粮,自己吃粗粮甚至吃山芋叶子,忍受一切物质上的痛苦来支援前线,讲给他们听"。华中工委发出号召:"咬紧牙关忍受一时的痛苦,拿出一把力争取全华中人民的彻底解放!"在各级组织领导下,华中解放区迅速征集了上千万斤粮食,运往永城地区前线。

在新区借粮,要比老区困难得多。在群众情绪不稳,对共产党政策不了解的情况下,必须灵活掌握政策,采取适当的办法。起初个别部队在新区借粮,自行划分地主富农,叫民兵去起粮。结果只搞到3000斤,就引起当地群众恐慌。上级及时制止了这种搞法,指出:"必须要很好地动员教育群众。尤其是因为任务急,地区生,干部少,容易忽视教育,而采取简单化的办法硬摊、硬派、硬借,或封粮扒粮,或押人、打人,因为这些办法,其结果只能引起群众的恐慌,加深群众的顾虑,破坏我党的影响。假如予群众以形势教育,打破变天思想。以政策教育打破各种顾虑,认为公平合理。对地富个别户则召开单独会议,使群众能认识我之政策,自动的踊跃交粮。"在萧县、永城地区,支前委员会调动了支前干部、民工、部队到各村宣传借粮,并利用原有的保甲长协助工作,短短五天内就借粮300万斤。

12月17日,淮海战役第二阶段作战胜利结束,解放军进入休整阶段。华野首长以部队连续作战,日夜不停,经常吃不到油盐,甚为疲劳。建议华东局组织慰问,让指战员每人能分到香烟五包,猪肉半斤,举行会餐,恢复体力。他们电告中央军委,周恩来代军委复电说:"粟陈钟张所提,亟应照准。兹由军委决定,凡我华东、中原参战部队,前线人员,一律慰劳以每人猪肉1斤,香烟五包。

凡不吸香烟者,得以其他等价的物品代替。此项款物由华东、中原两军区按所属范围分担。"华野、中野后勤部门立即落实,决定中野所需由豫皖苏分区负责,华野所需由山东购买两批。第一批39万斤猪肉很快在1949年新年时运到,发给各部队。油盐和纸烟也陆续送到,让前线战士在战壕里过了一个愉快的新年。

华东局负责调运猪肉80万斤。支前委员会决定分两批收购调运。当鲁中南分区接到第二批征调猪肉40万斤的通知,已是1949年1月中旬。为了完成任务,鲁中南分区决定动员干部统一收购,以免猪肉涨价。他们一面从老百姓家里直接收购,一面到集市上以4斤麦子换1斤猪肉。那些天从城镇到乡村,到处屠宰生猪,收购猪肉。群众宁愿自己春节不吃肉,也要慰劳前线将士。仅用八天时间,鲁中南就完成征购40万斤猪肉的任务,用火车、马车运送到前线。新安镇和徐州的铁路职工看到堆积如山的猪肉,都感叹老区人民的革命热情。[1]

战争规模的不断扩大,促使解放军的后勤保障水平在短时期内有了明显的提高。淮海战役前期粮食、弹药供应上出现的紧急和混乱状态,使支前干部感到原来的一套已经不适应现代战争的需要,必须学会用先进的交通工具和管理手段完成繁重的运输任务。以铁路运输为例,华野支前干部总结说:"火车、汽车、船只运粮,在战役第二第三阶段,成为运粮之主要工具。以前没有使用过,无经验少常识。干部往往把我们农村习惯了的一套办法经验机械地搬去应用。如韩庄粮站主要是收卸河运粮与装粮上火车,搬运完全是使用三百余民工,有码头车站工人,也不知使用。后使用工人的效率比民工大三倍,还不误事。黄口车站收卸粮食使用工人,最初实行日工制,效率非常低;后改按件计薪的包工制,效率马上增加数倍。"

---

[1] 高克亭:《鲁中南支援淮海战役回忆片断》。

要提高效率必须实行科学管理。"首先是装粮工具于火车运粮之不相称,用小车、小挑运粮,大部是民工自带工具(口袋、席包、篓子等),后来虽购置不少面袋、麻袋,但都是大小不一、重量不一,每次装卸都得逐袋过秤和除皮,浪费时间,减低效率。如韩庄向徐州运粮时,五天时间还没有卸完一列车,粮食数目最后也没有查清。后改为适应火车运粮的科学办法,即粮食加工之后,按等量定量装袋子,划上斤数,转运起来,按袋折算,免去过秤,不管转运多少回,一劳永逸。在开始装卸火车时,一片混乱,粮食常被人偷走。用了很多干部指挥不了卸车工人,结果影响了工人的装卸速度,彼此埋怨。在不断地向工人学习后改为包装包卸、按件提成后,在效率上大为提高,装卸才有了秩序。"

掌握了火车运粮的运输、管理之后,效果是明显的。"济南至徐州750里,一列车即可运200万斤,一晚时间即到。如用小车运输则须6666辆小车(每车300斤),13332人至少需半个月(每天50里)才能到达。两相比较,其经济节约是明显而惊人的。在战役第二阶段时我们以全力突击抢修铁路,因而增强支前力量,是非常正确的措施。"[1]

淮海战役支前工作最动人的场面,是几百万推着小车运送粮食的民工大军。从后方到前方,从乡村到城镇,男女老少齐上阵,家家户户都为支前作贡献。据战后统计:华东、中原、冀鲁豫、华中四个解放区前后共出动民工543万人。其中随军常备民工22万人,二线转运民工130万人,后方临时民工391万人。征集担架20万副,

---

[1] 华东支前总结委员会:《关于淮海战役中运河、汽车、火车运粮的总结》。

大小车88万辆,挑子30万副,牲口76万头。总共筹运粮食96000万斤,前方实际用粮43400万斤。战役第三阶段,参战兵力与后方支前民工的比例为1∶9,大大超过战役初期1∶3的概算。民工支前负担最重的是鲁中南地区。根据鲁中南六分区的统计:该区人力动员为49万人(常备民工17万人,临时民工32万人,许多临时勤务尚未计算在内),占该区总人口300万的16%多。按照以往的战争统计,人民的负担能力一般不超过总人口的12%,即八个人里抽一个民工。去掉年龄和性别差距(老幼、妇女)实际上大多数青壮年的男性都参加了民工队伍。淮海战役对民力的动员,山东已经超过负担能力的最高点。

解放战争期间,山东一直是华野的主战场,经历多次战役。每一次都需要老百姓付出巨大的代价。莱芜战役时,贫困的沂蒙山群众就提出"破家支前"的口号。淮海战役是空前大规模的动员,要完成出人出粮出车的任务,实际上是非常困难的。以莒县为例,有自1947年以来常年出民工的,一年负担二三百个工,自己家里土地荒芜,春天挨饿。一个叫杨家圈的穷村子,出了36头驴,支前时死7头,病6头。受到这些损失,上级再动员支前时就出现叫谁去谁不去的现象。出工多的嫌吃亏,出工少的耍滑头。有的家确有困难,有人无车。有的家是有车没粮食。针对这些情况,华东局认真制定政策,既要保证战争需求,又要照顾民工的切身利益。这些政策归纳起来有三条:1.人工合理负担;2.工具合理顶工;3.照顾民工家属和生产。

所谓合理负担,就是根据各家实际情况,合理摊派任务。积极分子要带头,但是不能让他们老出工。对有条件出工的,要防止他们找借口不出工。只要公平合理,干部带头轮流去,群众也会跟上出工。对于群众出的车和牲口,要折工计算,损坏要折价赔偿或给予维修，总之不让出工具牲口的群众吃亏。对出工的家庭，由村里的变工队代替耕田，由耕作到收割一包到底。如果耕作不认真，由村里评议降低工值。这样出工的就没有后顾之忧了。实行这三项政策，群众支前的积极性大为提高。莒县一个区原来计划出900辆小车，估计已经到顶。县里让再出200辆，区里召开动员会后，群众又出了500辆车、700条麻袋，超额完成任务。[1]

随着战线不断南移，民工也随着部队越走越远。华东支前英雄唐和恩的小车队是模范的典型。他用的一根竹棍，上面刻着他们支前五个月内经过的路线：从家乡山东胶东区的莱东县(今莱阳万第镇)出发，经水沟头、平度、临淄、蒙阴、临沂、徐州、萧县、宿县，直到濉溪口。跨越三省88个城镇和乡村，行程上千里。他们跋山涉水，日夜奔走，自己吃的是高粱米、萝卜干，车上的白面、小米一点不动，留给前线战士们吃。这支小竹棍，拉车时挂着它走路，过河时用它探路，它不仅为支前作出了贡献，还作为历史的见证被收藏在博物馆里。

苏北地区小车队支前，正是寒冬腊月。白天有国民党飞机轰炸，民工都是夜里运输。每天太阳落山，一队队的小车就行进在条条公路上。小车上的油灯在漆黑的原野上星星点点，一望无际，非常壮观。华中五区的民工运送一批大米到前方，原来规定的终点是宿迁。到宿迁时部队已经西进，要他们运到睢宁。到睢宁还是没赶上部队，他们又跟到符离集。最后一直到达濉溪口，才将这批大米交到部队手中。这次运粮行程长达700里，民工出来时没想到走那么远，有的没带棉衣，有的鞋走烂了。[2]

民工支前极大地鼓舞了部队的士气，三纵炮兵团与渤海民工团并肩战斗，互相关照。部队和民工住在一个村里，战士们总是让出房子给民工住，自己在露天搭棚子睡。前方作战很难找到饭锅，部

---

[1] 华东局支前办事处调研室：《淮海战役人力支前工作中几个问题的总结》。
[2] 陈国栋：《华中人民支援淮海战役》。

队总是让民工先做饭。他们派人给民工讲防空防炮知识，指导民工挖防空壕，避免伤亡。民工没有棉衣穿，部队就将缴获的棉衣送给民工。[1]

人民的支援是战争胜利的根本保证。中野司令部在《淮海战役中双堆集歼灭战初步总结》中指出："这次作战中的物质供应，是达到较完满之要求的，无论在粮食弹药的接济与医术救济诸方面，都未感受到意外的特殊困难，这是此次作战胜利的有力保障。没有这种保障，要想取得这次的完满胜利，是不能设想的。"1951年2月陈毅在南京会见苏联驻华大使尤金，谈起淮海战役的胜利时说："支前民工达500万，遍地是运粮食、运弹药、抬伤员的群众，这是我们真正的优势。人民群众用小车、扁担保证了部队作战。"正如毛泽东所说："战争的伟力之最深厚的根源，存在于民众之中。"淮海战役证实了这个真理。

---

[1] 华东局支前办事处调研室：《淮海战役支前民工政治工作总结》。

20 东北野战军入关

中国的 **1948**年：**两种命运的决战**

1

辽沈战役结束后，毛泽东写了《中国军事形势的重大变化》一文。他指出："中国的军事形势现已进入一个新的转折点，即战争双方力量对比已经发生了根本的变化。人民解放军不但在质量上早已占有优势，而且在数量上现在也已经占有优势。这是中国革命的成功和中国和平的实现已经迫近的标志。……这样，就使我们原来预计的战争进程，大为缩短。原来预计，从一九四六年七月起，大约需要五年左右时间，便可能从根本上打倒国民党反动政府。现在看来，只需从现时起，再有一年左右的时间，就可能将国民党反动政府从根本上打倒了。"[1]

在东北野战军进行辽沈战役期间，华北解放军对华北"剿总"傅作义集团和太原绥靖公署阎锡山集团也发起了攻势。徐向前指挥第1兵团围攻太原。第3兵团举行察绥战役，攻占包头，包围归绥；这些作战配合了东北战场的决战，进一步削弱了华北国民党军的实力。傅作义和阎锡山的日子越来越不好过了。

在国民党军的几大集团中，华北"剿总"傅作义的情况算是最稳定的。因为华北解放军的力量相对薄弱一些，难以组织大规模的战役。傅作义则采取稳扎稳打的策略，也不轻易出战。当东北、华东、中原各战场打得热火朝天之时，华北则战事不多。傅作义集团60万之众，分布在以北平、天津为中心，北到承德、西到张家口、南到保定、东到唐山的区域内，绥远是他的老基地，由董其武分兵把守。原来傅作义依靠北有卫立煌，西有阎锡山，可以相互呼应支援。现在东北国民党军全军覆没，阎锡山困守孤城，傅作义顿时变得孤立无援，而且形势越来越严峻。

---

[1]《毛泽东军事文集》第5卷，军事科学出版社1993年版，第219页。

东北野战军入关

北平是文化古都,属消费型大城市。城里两百万居民、几十万军人和公教人员、大学生,生存就是一大问题。国统区报纸称华北是个"偏枯"地区,粮食物产都不丰富,而且远离江南国民党统治中心地区。国民党经济危机也影响到华北,百姓生活每况愈下。像清华大学这样的高等学府,朱自清教授因贫病交加去世,陈寅恪教授出卖自己的藏书来换取冬季的取暖

傅作义

煤。学生的伙食团,主食一律改吃混合面。大家都知道日子会越来越苦,学生也学会了囤积粮食。学生自治会发起了"储粮运动",短时期内就吸收了600个户头,存了两千袋面。家长汇来的金圆券,学生们到黑市换成美元,放在身边,以防不测。享受公费的大学生尚且如此,平民百姓就更不行了。最困难的是那些从东北逃到北平的流亡学生,在临时居所度日如年。由于得不到妥善安置,北平市政府要将他们"集中军训",实际就是要抓壮丁。东北学生激愤之下,1948年7月5日到市参议会游行请愿,砸了参议会的牌子。北平警备司令陈继承下令208师到场镇压,开枪打死打伤学生三十余人,酿成"七·五"惨案。东北士绅对傅作义大加讨伐,傅作义又赔钱,又赔罪,把陈继承调离,将208师调往唐山,才将众怒平息下去。

各地学潮和抗议活动一浪高过一浪,引起国民党当局的恐慌。8月中旬,国民党特别刑事法庭向各大学发出传票,并出动宪兵到各学校抓人,再次激起民愤。8月21日下午,当北平军警来到燕京大学,校方表示不与搜查者合作后,开了大门。陆志韦校长对在场

的学生、教职员和军警们发表了沉痛的讲话：

> 这样的聚集，在燕大的历史上还是头一回。从前有一回，跟今天的情形有点相像的，那是民国卅年十二月八日上午的聚集。所不同的，那一天来的是仇敌，是日本人，今天来的是我们的同胞。是同胞，将来共患难的日子多着呐！
>
> 下午两点多钟的时候，林团长来校，跟我商量搜查的手续。他的态度十分客气，他说是为执行公事来的。各位，我的处境的困难，就不说，你们也能明白了。拘票上传票上的学生，早已不在这儿了。受搜查的全都是跟这件事毫无关系的人。我当然可以用种种推辞把这件事情拖些时候，可是我不愿意借外势，也不愿意求人情，打官话。我并不怕事，我出生入死，是为中华民族经过患难的。我为你们选择了对于你们最少损失的一种方式，就是说开了条件，让宪警进学校来搜查。我要是做错了，我个人负责。我对我的同事负责，特别是对西籍的教职员。因为用民主的眼光来看，今天你们会看见看不惯的事情。我做中国人，只有惭愧。[1]

警察虽然进校搜查，但在全校同学和教职员的保护下，他们一无所获。在地下党安排下，一些进步学生脱离学校，投奔了解放区。《观察》有篇报道描述清华的课堂：

> 教室里的座位愈来愈空了，教授拿着名册叫着："×××！""……""哪里去了？几堂不见上课？"堂下默不作声，相互而笑，仿佛有什么秘密，心照不宣似的。"跑啦！"一句流行的口语，真的不少的人跑啦！这现象其实早在七月大逮捕时便已开始，不过今日更厉害罢了。有的固然由于逼迫，但大半都是为着实现他们的憧憬，他

---

[1]《时与文》第3卷第20期，第10页。

们的理想,暂时搁下书本而出走的。其中包括不少成绩优异,服务热心的高才生,一位只差几个学分便登"学士"宝座的,也忍耐不住最后五分钟了![1]

  1948年9月,华东野战军攻克济南。10月,东北野战军攻克锦州,长春和平解放,整个辽沈战役已近尾声。为了摆脱不利的局面,蒋介石、傅作义在北平制定了偷袭石家庄的计划,企图扭转战局。石家庄是1947年11月解放的。从此,石家庄即成为华北解放区的中心城市。1948年5月,中共中央及中国人民解放军总部移驻石家庄西北平山县西柏坡。周恩来说过:"西柏坡是毛主席和党中央进入北平、解放全中国的最后一个农村指挥所。"

  蒋介石打算像1947年进攻延安那样袭击西柏坡。因为当时人民解放军在石家庄地区的兵力不多,就命令傅作义实施偷袭计划,企图打掉解放军的中枢指挥机构,借以缓和东北和华东的局势。10月23日上午,傅作义在北平的华北"剿总"司令部召集军事会议,调集94军三个师的兵力,外加百余辆汽车,大批炸药,由94军军长郑挺锋指挥,准备27日在保定集结,分三路向石家庄进攻。

  当这项秘密的军事行动即将实施时,北平地下党得到了情报。《益世报》采访主任刘时平借着职业的便利,经常接触国民党将领。23日晚,他与绥远同乡、骑兵第12旅旅长鄂友三吃饭。酒过三巡后,鄂友三说:"委座下令要老傅明天去端共产党的老窝,这次为兄的要大显身手了,老弟等着瞧吧。"刘时平为之一惊,摸清情况后,当夜赶到《平明日报》社,与采编部主任李炳泉(中共党员)紧急前往中共北平地下党负责人崔月犁那里汇报。崔月犁和地下电台工作人员冒着被特务监听的危险,破例在上午开机,将这份加急情报报告了中共华北局城工部部长刘仁。[2]

---

[1]《烽火边沿的清华园》,《观察》第5卷第16期。
[2] 张新吾:《傅作义一生》,群众出版社1995年版,第232页。

中国的 1948 年：两种命运的决战

与此同时，华北军区安插在傅作义总部里的一个刻蜡板的文书甘霖也看到了偷袭石家庄的书面命令。看完这份文件，他当天秘密搭车到了徐水，从徐水县政府给华北军区打了电话；接电话的华北军区司令部作战处处长唐永健知道这一情况后，立即向聂荣臻报告。

10月24日晚上，西柏坡大院正在放映露天电影。任弼时和周恩来坐下不久，机要人员送来一份急电，任和周当即回到办公室。这份电报是北平地下党城工部发来的，具体报告了傅作义部队的偷袭计划和北平西直门火车站匆忙运输的情况。周恩来和任弼时立即报告毛泽东，并和华北军区司令员聂荣臻联系，核实情况，作出紧急部署。[1]

当时的情况确实危急。保定以西只有华北军区第七纵队，这是冀中军区部队组建的，武器装备都不强。主力部队距离最近的是郑维山的第三纵队，正在涿鹿一带作战。保定以南直到石家庄，就只有地方部队和民兵了。这形势真像"空城计"，如果国民党军行动迅速，后果不堪设想。聂荣臻命令三纵向满城方向急行军，五百里山路限三天赶到。命令七纵司令员孙毅、政委林铁在保定以南进行阻击，坚持到三纵到达。如果七纵堵不住，就在正定以北的滹沱河放水抬高水位，还命令各分区、县区领导组织民兵在公路上布雷、破路，组织村村联防，用一切办法迟滞国民党军。

这时，毛泽东显示出大智慧。他给傅作义唱了一出《空城计》。自10月25日至31日，他为新华社写了三篇新闻稿，让秘书胡乔木送到广播电台公开播送。第一篇名为《蒋傅匪军妄图突击石家庄》，26日播出。全文如下：

新华社华北二十五日电：确息：当我解放军在华北和全国各战场连获巨大胜利之际，在北平的蒋匪介石和傅匪作义，妄想以突击

---

[1] 章学新主编：《任弼时传》，人民出版社1994年版，第701页。

石家庄,破坏人民的生命财产。据前线消息:蒋傅匪首决定集中九十四军三个师及新二军两个师经保定向石家庄进袭,其中九十四军已在涿县定兴间地区开始出动。消息又称:该匪部配有汽车,并带炸药,准备进行破坏。但是蒋傅匪首此种穷极无聊的举动是注定要失败的。华北党政军各首长正在号召人民动员起来,配合解放军,坚决、彻底、干净、全部地歼灭敢于冒险的匪军。[1]

这是要告诉蒋介石、傅作义,他们突袭石家庄的计划中共中央已经知道了,并已作好了一切准备。第二天早晨傅作义看到秘书为他抄录的新华社电讯,大吃一惊。兵力尚未集结,人家就全都知道了。军事机密不保,偷袭又岂能成功?!傅作义拿起电话找秘书长王克俊:"德明,昨天夜里中共方面广播了我们的'援晋'行动,你听到了吗?看来不妙,人家既然了如指掌,就会有所准备,我们的行动,将难以成功。你要通知郑挺锋,一切行动要谨慎小心,不要中了共军的埋伏……"这天郑挺锋正在保定集结部队,部下看到从石家庄乘火车过来的商人手里拿着《号外》,知道他们的计划已经泄密,郑挺锋等大骂司令部里共产党太多,估计此行成功的可能性已不大了。[2]

虽然毛泽东公开表示不怕国民党军偷袭,但必要的防范措施还得抓紧。在周恩来、任弼时的指挥下,中央机关作好了疏散准备。同时命令驻石家庄的华北局机关和所属单位,紧急撤离到安全地带。在正定城里的华北大学接到通知,高级知识分子和科研人员要撤退到邢台的华北大学原驻地。用解放区的习惯用语,叫"逃情况"。通知说:大家的日常生活用具和书籍,暂留原地不动,由留守人员保管。大家都轻装转移。历史学家赵俪生教授夫妇和成仿吾副校长、何干之夫妇同乘一辆大马车,经元氏、高邑、赞皇,走了几天,才

---

[1] 袁德金:《华北解放战争纪实》,人民出版社2001年版,第435页。
[2] 由竹生:《偷袭石家庄经过》,《平津战役亲历记》,中国文史出版社1989年版,第37页。

到达邢台。在那里安顿下来。日子过得轻松悠闲,感觉不到什么战争气氛。两个月后再返回正定时,北平都快解放了。[1]

  转移最艰难的是石家庄国际和平医院。这是华北军区建设的第一个现代化医院,10月24日举行开院典礼。大家高兴地一起会餐、看电影。电影刚演完,华北军区滕代远副司令员突然到来,马上召集党委会说,驻保定的敌人准备奔袭石家庄。医院明天就要往衡水备战转移,已与铁路局联系好,明天中午医院全体伤病员必须上车运走。这真是意外而又紧迫的任务。事关重大,院长李新农立即召集干部,连夜布置。派人到附近农村要大车,装运伤病员。各科的技术装备,能够携带的重要装备装箱运走,笨重的分别坚壁清野。简单布置之后就开始行动了。幸亏大家都有战争经验,不用多说,都懂得任务的严重性和时间的紧迫性,于是彻夜奋战,赶快收拾,很多医疗设备刚刚搬来,还未完全装好,现在又突然拆下装箱搬运,真是忙上加忙、乱上加乱。派出去找大车的人,大部分空手而归,因为当时石家庄全市各机关都要搬家,各村的大车都被征用了,只好自己再想办法。医院原有两辆大车和10副正规担架,远不够使用,于是自己动手,拆门板,绑担架,用以抬重伤员,轻伤员则或是自己走,或是各病房的医护人员背、扶而行。铁路局在极困难的条件下,设法为医院腾出几节车皮,使伤员乘火车安全转移。行动仓促,重伤员只能躺在稻草上。但是经过战争考验的人有极强的适应能力,没有人叫苦发牢骚,全院在互相帮助和体谅中完成了转移。[2]

  10月28日,在保定集结的国民党军开始南进。因为知道走漏了消息,解放区已有准备,郑挺锋等指挥部队小心翼翼地前进,行动缓慢。29日左翼鄂友三的骑兵进到正定以北的唐河,刚要进村宿营,突然遭到七纵和地方部队的猛烈袭击。经过一番激战,国民党军骑兵被迫北撤。步兵在行军途中几次踩上地雷,迫使他们边探雷

---

[1] 赵俪生:《篱槿堂自叙》,上海古籍出版社1999年版,第133页。
[2] 李新农:《书生革命》,解放军出版社2003年版,第77页。

边前进,行动更加迟缓。

从 10 月 26 日下午,郑维山率领三纵开始急行军。他们翻山越岭,日行百里,途中不顾疲劳,一再轻装,向望都急进。当他们按时赶到望都时,聂荣臻司令员告诉他们国民党军已经南进,要三纵赶到沙河与七纵会合。三纵没有休息,连夜上路,终于在 31 日凌晨赶到沙河的指定地域。傅作义得知解放军主力已经赶到,怕部队遭到夹击,连忙下令郑挺锋等撤回保定。偷袭石家庄的计划就这样失败了。

2

经历这一场有惊无险的较量,毛泽东决心尽快解决傅作义集团。在年初,毛泽东提出先东北后华北的战略构想。东北解放后,华北就成了中央军委和毛泽东考虑的中心问题。主要目标是消灭傅作义和阎锡山集团,解放北平、天津和太原等大城市。毛泽东原来的方案是先阎后傅。先取归绥(今内蒙古呼和浩特市),继取太原。绥远、山西解放后,集中华北和东北野战军主力,解决傅作义集团。辽沈战役结束后,中央军委指示东北野战军休整一个月,再入关攻击平津地区。10 月 31 日毛泽东给林彪、罗荣桓、刘亚楼的电报中指出:

东北主力除四纵、十一纵等部即行南下外,其余在沈营线战斗结束后,应休整一个月左右,约于十二月上旬或中旬开始出动,攻击平津一带,准备于战争第三年的下半年即明年一月至六月期间,协同华北力量歼灭傅作义主力,夺取平津及北宁、平绥、平承、平保各线,完成东北与华北的统一,以便于战争第四年的第一季即明年秋季,即有可能以主力向长江流域出动,并使政治协商会议能于明年夏季在北平开会。[1]

毛泽东的计划本来是比较从容的,但形势的发展比毛的预料还快。就在东北野战军开始休整时,华野和中野打响了淮海战役。蒋介石鉴于东北国民党军灭亡的教训,与傅作义加紧商讨华北是撤还是守的问题。

辽沈战役后,蒋介石一方面承认东北的失败,另一方面又认为,"东北军事虽然失利,但在关内政治、经济、军事各方面的基础丝毫没有动摇。与共匪实力比较,仍然居于优势"。"东北战事虽告失利,但共匪主力尚难遽予华北局势直接威胁。"傅作义虽然意识到,"东北不保,华北亦难独存"。但他自恃还有相当强的实力,解放军一时对他还无可奈何。他说:"目前局势严重,但其严重程度还不至于威胁华北的生存。"

由于蒋介石与傅作义对华北战局的估计尚存有幻想,加上蒋、傅之间的矛盾,在华北作战方针问题上,又陷于或撤或守的两难之中。傅作义对平津退守问题是早就有考虑的。他就任华北"剿总"总司令不久,即去太原与阎锡山商量。阎作为傅作义的老上司,纵论华北形势后,提出了上、中、下三策:上策是筑坚强碉堡1万个至2万个,密布于唐山至塘沽及天津一线,以阻止东北林彪部进关;中策是退守北平,守张家口至包头一线,与山西形成犄角之势;下策才是坚守北平。

在东北局面未逆转之前,傅作义基于华北的兵力优势,采取了"以机动战术保北平"的方针。即以北平为中心,以平津保三角地区为作战重点,在北宁、平绥、平保各线往返机动作战。辽沈战役

---

[1]《毛泽东军事文集》第5卷,第156页。

开始后,傅作义感到华北面临危机了,平津退守问题务必尽快定夺,即指示参谋部速拟行动方案。参谋部提出三个方案:一、适时放弃热、察、冀,将全军转至绥远省境附近,以便控制西北,休养生息,便于尔后作战;二、适时放弃承德、张家口、保定各大城市,以一部兵力暂时控制北平,将主力集中于天津、塘沽而坚守之,确保华北的滩头阵地,以便尔后行动自如;三、必要时将原来察、绥军转退绥远,将中央军集中于天津、塘沽,分别守备该地区,以便尔后运动。傅作义征求各兵团司令官和军长们的意见,他们比较倾向于第二案。傅作义不愿意撤往江南,因为傅作义的根据地在绥远,其嫡系部队绝大部分是绥远人,故土难离。傅作义深知蒋的为人与秉性,也不愿退到江南依附于他。所以,傅作义采取了坚守平津张的决策。从11月中旬起,他调整部署,主动放弃承德、保定,将部队沿唐山、张家口、天津一线展开。利用铁路、公路的便利交通,形成呼应之势,确保平津安全。在部队分布上,傅系部队摆在北平以西,国民党中央军摆在北平以东。其目的是:先让蒋的嫡系部队去抵挡林彪,挡不住就让他们从塘沽南逃。自己的部队保存实力,不行就西撤绥远。[1]

就在蒋、傅研究对策,调整部署时,徐向前、周士第正指挥华北第1兵团围攻太原。太原是阎锡山的老巢,城防坚固,一时攻不下来。徐向前向中央建议增兵,以打破僵局。中央军委认真地分析了华北形势,认为应该同意徐向前的要求。这样,"可助徐、周攻下太原,并使徐、周早日南下接替刘、邓在中原的任务,以利刘、邓明年渡江"。毛泽东还估计,在解放军攻太原时,傅作义"可能按兵不动",也有可能乘我华北兵力较空虚之际,"再度进扰石家庄"。果真如此,对我攻克太原并抑留傅作义集团于平、津、张、保地区是有利的。

---

[1] 王道平等:《震撼世界的大决战》,解放军出版社1990年版,第170页。

中国的1948年：两种命运的决战

林彪、罗荣桓、刘亚楼11月15日致电中央军委，建议"暂不攻太原"。他们认为，淮海战役发起后，徐州国民党军已处于一片混乱状态。"在我刘(伯承)陈(毅)大军的进攻下，该处敌人已有迅速被歼和瓦解的可能。在此情况下，蒋介石必更加企图将傅作义及其所属之中央军调至南方增防和避免在平津地域遭受歼灭。而傅作义则为了保存自己，可能企图向西逃回绥远，使东北我军入关将会扑空，不能发挥歼敌作用。"为避免这种可能情况的发生，建议除华北第3兵团暂不攻归绥外，华北第1、第2兵团目前"亦可暂不攻太原，而集中力量迅速包围保定或张家口(除留一部监视太原外)，在这两处中何处敌人较多可能达到包围的目的，则包围何处，切断其与北平的联络。对所包围之敌，采取围而不攻的办法，以达到拖住敌人的目的。使傅作义及其所属之中央军，既不能撒手南下，亦不能撤退绥远，亦不能集中兵力守天津或守北平"。等到东北野战军主力南下与华北部队会合，全歼傅作义集团。至于太原，"在我军歼灭傅作义及其所属之中央军后，届时可随时轻易拿下。故太原之敌横直可歼灭的，并可有意留在打了平津之后作为无仗可打时的目标"。[1]

林罗刘的建议立即为毛泽东采纳。16日，毛泽东致电太原前线的徐向前、周士第，建议推迟攻击太原。但是毛泽东认为，撤围归绥、缓攻太原，这一系列欲擒故纵，以退求进的做法，'只能在心理上起减轻傅作义迅速决定逃跑的作用，如果傅作义主动放弃平津，华北部队难以阻止其逃跑，这是毛泽东最不放心的。毛泽东认为，华北的第2、第3兵团集结在一起，可以阻止傅作义嫡系部队向绥远撤退，但不能阻止蒋、傅两系部队向海上撤退。淮海战役打响后，对华北国民党军震动极大。他们很可能迅速作出决策，如果向江南撤退，将会给以后的解放战争造成重大困难。因此，东北野战军主力需要尽快入关，切断国民党军从海上南撤的道路，与傅作义决战。

---

[1] 《中国人民解放军历史资料丛书·平津战役》，解放军出版社1991年版，第60页。

东北野战军入关

3

原来毛泽东计划让东北野战军休整到1949年1月再入关,没想到战争进程是如此之快,只能让林彪结束休整,提前入关了。11月6日,毛泽东致电林罗刘,提出"傅部主力均在北平附近。我们曾考虑你们主力早日入关,包围津沽、唐山,在包围姿态下进行休整,则敌无从从海上逃跑。请你们考虑,你们究以早日入关为好,还是在东北完成休整计划然后入关为好。"[1]

林罗刘次日复电,表示"东北主力提早入关很困难"。一是东北解放后部队思想发生很大波动,东北籍战士怕离开家乡,怕走路太远,某些干部已开始滋长享受情绪;二是新兵与俘虏战士的补充还未就绪,争取工作也要相当时间,否则逃亡减员会更为严重;三是部队冬装(大衣、棉帽、棉鞋)尚未发下。他们认为要解决部队思想问题,解决实际困难,都需要时间,而且各纵队的指挥员"均提出要求延长休整时间"。

对于东北野战军大战后的实际困难,毛泽东、周恩来是完全理解的。但是现在情况发生了变化,淮海战役已进入紧张时刻,华北国民党军有迅速撤退可能,必须予以阻止。否则就会丧失时机,犯最大的错误。基于战略上的需要,中共中央军委于11月18日电令林罗刘:"望你们立即令各纵以一二天时间完成出发准备,于21日或22日全军或至少八个纵队取捷径以最快速度行进,突然包围唐山、塘沽、天津三处敌人,不使逃跑并争取使中央军不战投降。""望你们在发出出发命令后,先行出发到冀东指挥。"19日,林彪、罗荣桓、刘亚楼报告中央:"我们决遵来电于22日出发。"

傅作义当然会预见到林彪大军入关这步棋。为了争取主动,他

---

[1]《毛泽东军事文集》第5卷,第226页。

中国的1948年：两种命运的决战

希望与中共中央对等谈判，用和平方式解决华北问题。11月下旬，他通过关系，委托毛泽东的同乡符定一去石家庄，试探中共的口气。傅来谈判，毛泽东表示欢迎。但在没有分出胜负之前，共产党是不会与傅作义进行和平谈判的。谈判不过是稳住他的一个策略。11月26日毛泽东在给林罗刘的电报中说：

> 所谓傅作义反正问题是傅之策士侯某与李济深代表彭泽湘谈的，彭有信托符定一带来给毛，据符面谈，在大势上看，傅无出路，有与中共谈和保存实力可能。惟傅本人尚未与彭泽湘见面，据说傅称一见面就要行动，我们已用聂荣臻名义致信彭泽湘表示欢迎傅派代表来石家庄谈判，同时由聂找一傅部俘虏军官，数日内派往北平见傅谈此问题。这些做法都是为了稳定傅不走，以便解决傅蒋两系夺取平津，不是真想与傅谈和。因为不解决傅部，即使占领平津也是不稳固的。但在尚未解决蒋系以前，假如傅真愿谈判我们应当和他谈判，以便分化傅蒋，首先解决蒋系，但不给傅以任何政治上的借口。这是我们的第一个计划。同时我们也准备第二个计划，即在有某种确定需要时真正允许傅作义反正，但现时不作此项实际决定。[1]

从23日开始，东北野战军开始了进关的大进军。10个步兵纵队和特种兵纵队70余万人，火炮1000门，坦克100辆，装甲车130辆，随军民工15万人告别战斗过的东北，踏上了新的征程。浩浩荡荡、绵延不断的炮车人马，在黄尘滚滚中一路开进。三纵副政委刘西元回忆："夕阳西下，晚霞如火。我和纵队几位领导同志站在大路旁，深情地注视着眼前那动人的场面。只见通往关内的一条条山路上，到处是满载物资的汽车、马车，威风凛凛的火炮，全副武装、步伐矫健的战士，赶着大车、挑着担子的民工，一眼望不到头。那

---

[1]《毛泽东年谱》下卷，人民出版社1993年版，第401页。

川流不息的行军队伍，似滚滚铁流向前奔腾。"当东北野战军的先头部队已在平古线上打响的时候，它的后尾还在沈阳。

为了不使蒋介石、傅作义过早发现东北野战军主力入关行动，达到出其不意的目的，毛泽东采取了一系列战略伪装措施。他要求部队夜行晓宿，不走山海关，而走热河境内经冷口、喜峰口出冀东。他还要新华社及东北各广播电台在今后两星期内，多发沈阳、锦州各地部队庆功祝捷、练兵、开会的消息。他指示林罗刘带轻便指挥机构先行，并于走后一星期左右在沈阳报纸上登出一条表示林彪还在沈阳的新闻，由新华社广播。他还命令沈阳附近的部队推迟出发时间。这一系列的伪装措施，还真的迷惑了国民党。

30日，林罗刘乘火车由沈阳出发，到锦州后改乘汽车，经义县、朝阳、建平、平泉、宽城，从喜峰口入关，12月7日到达了蓟县南的孟家楼村。这时，国民党空军终于发现了东北野战军主力入关的行动，已无密可保。林彪当机立断，命令各部队改为白天急行军，日夜兼程。由沈阳出发的三个纵队和特种兵纵队取捷径，由山海关向冀东猛进。事后他向中央军委报告："由于山海关以北地区及平泉至遵化这条路上人烟稀少，所过部队太多，同时，我们大量部队已经长途行军南下，每日每夜均有敌机侦察轰炸，已无秘密可言。昨已令我最后三个纵队经山海关入关。"

东北野战军像洪流一样涌进了山海关，极大地震动了傅作义。华北国统区惊呼："东北虎"入关了！

东北野战军主力入关，拉开了平津战役的序幕。这个战役怎么打，中央军委与东北野战军领导人电报往来，认真磋商。傅作义集团的部署是个长蛇阵，蛇头在唐山、天津，蛇腹是北平，蛇尾在张家口。11月18日，中央军委给东北野战军入关作战命令中规定，第一步目标是包围唐山、塘沽、天津三处国民党军，重点是防止津、

中国的1948年：两种命运的决战

东北野战军入关

塘、唐地区的国民党5个军从海上逃跑。只要抓住了这一地区的敌人，就达成了抑留傅作义集团在华北的主要目的。俗话说，打蛇先打头。林彪主张先打唐山，但毛泽东认为不够妥当。因为在没有将傅作义集团的退路尤其是海上退路切断，在东北野战军主力距离唐山、天津尚远的情况下，先以一部兵力去打唐山，无异于打草惊蛇，会促使"敌以中央系在北平附近各军甚至加傅军一部或大部或全部进至津、塘、唐线，而以主力位于塘沽，则可以接出唐山之敌，并完成从海路撤退的准备，我军入关很难歼灭该敌"。所以，毛泽东认为平津战役应首先从西线开始,即歼灭北平、张家口一线之敌,包围张家口。因为绥远是傅作义的根据地,平绥路是他从平、津地区退守绥远的惟一交通线,张家口是其军事基地,它西连绥远,东接平、津,在东北野战军尚未到达平、津、唐地区之前,从这一线开刀,傅作义势必由平、津地区增援张家口,确保该线畅通。这就是先揪蛇尾,迫蛇回头的打法。傅作义要保护与绥远老巢的联系,就来不及从海上逃跑。西线的攻击可以掩护东北野战军主力在平津地区的展开和分割包围行动,到时候傅作义部队既不能东逃,也不能西窜,就达到了解放军的战略目标。后来的战役进程表明,从西线打起,是一着绝妙的好棋![1]

为了稳住傅作义集团,完成战役的部署,毛泽东命令东北野战军主力加速向平津地区推进。在两个星期内,对张家口、新保安之敌围而不打。以便吸引平津国民党军,不好下从海上逃走的决心。对平津、通县等地之敌则是隔而不围,隔断傅作义诸部联系,而不作战役包围,以待部署完成后各个歼灭。

遵照上述指示,东北野战军于12日开始行动,第三、第四、第五、第十一纵队和华北军区第七纵队分别由顺义、怀来和涿县地区出发,至17日先后占领海淀、门头沟、南口、通县、南苑等地,完成对北平的包围。第一、第六、第十纵队由蓟县地区南下,至20日先后进抵宝坻附近和廊坊等地,隔断了平津之间的联系。第七、第八、第九纵队则完成了对天津的包围并隔断了津塘联系。至此,华北和东北人民解放军在东起乐亭,西至张家口的600公里战线上,完全封闭了傅作义集团西逃和南逃的道路,将其分割于张家口、新保安、北平、天津、塘沽五个地区,傅作义集团从"惊弓之鸟"变成了"笼中之鸟"。战役第一阶段的目的顺利达到。[2]

12月16日左右,北平国民党军总部得到惊人的情报,已在颐

---

[1] 王道平等:《震撼世界的大决战》,第216页。
[2] 胡哲峰、于化民:《毛泽东与林彪》,广西人民出版社1998年版,第407页。

和园附近发现东北野战军的前锋部队。傅作义怕解放军从西山插过来袭击他的司令部,便紧急决定总部立即撤入北平城内。这次是轮到傅作义的部队"逃情况"了,北平城里城外所有能动用的汽车,都开到了公主坟。大家你争我夺抢着上车,乱成一团。大官的家属住城里,不用着急;狼狈的是那些小官的家属。她们住集体宿舍,突然通知搬家,车子一来,大人喊小孩哭,好像大难临头。由于仓皇撤离,笨重东西几乎全扔了。就是警卫部队,除了武器弹药随身带,所有粮秣被服全丢了。当晚,解放军就进占了公主坟。

傅作义总部撤入北平城里,在中南海原国民党北平行辕办公。但是几百家属却无法安置。大杂院里人满为患,深宅大院虽然空房很多,但多是阔人的府第,不让住。军官们拖儿带女到处乱碰,大街小巷行李乱堆,吵吵嚷嚷,一片混乱。

傅作义军队进入北平城内以后,首先要加强城防工事。北平城郊没有坚固的永久性工事,除了古老的城墙外,可以说无险可守。为了扫清射界,总部勒令将紧靠城墙附近的房屋全部拆除,引起城外居民的强烈反对。起初答应折价赔偿损失,或战事结束重新修盖,均遭居民拒绝;后来干脆施用武力,强制拆除,引起百姓的极大愤慨。西直门外居民自动组织起来把守家门,坚决抵抗,引起冲突,还有死伤的。

最难解决的是给养问题。此时北平内外隔绝,二百多万军民,每天要吃要喝。百姓买不到粮食、蔬菜、煤炭,贫苦市民眼看处于绝境。每天各城门拥挤着大批市民,要求出城。当局最初一律不准出城,后来看到如不让出城,不仅粮、菜、煤的问题不能解决,城内治安亦成严重问题。最后确定只许出不许进。部分居民固然可以用这个办法解决,军队补给就成了大问题。几十万军队只好靠空运解决。起初南苑机场可以使用,自解放军合围后,南苑机场已被解

东北野战军入关

放军占领。飞机不能着陆,空运受到很大限制。为了摆脱这一困境,乃开辟了天坛机场,参天古树损坏了几百棵。机场跑道刚修成,就遭到解放军的密集炮火轰击,飞机不敢降落。不得已又开辟东单机场,利用柏油马路作跑道,勉强让小飞机起落。但是不拆除东单牌楼飞机是无法起落的。这个牌楼是明清建筑,非常宏伟壮丽,是北平有名的古建筑。傅作义不愿承担破坏文物古迹的罪名,于是他想了个两全之策,决定招商拆除。合同规定拆不许损坏一砖一瓦,战事平息之后照原样修复。东单机场虽然修成了,可是问题又来了。这个临时飞机场只能起落轻型飞机,重型运输机则不行。最后只好采取空投的办法,在城里选了几个空投场,可是满载大米白面的运输机一飞临北平上空,就不敢低飞。只能利用降落伞投掷。由于空投技术很差,一袋一袋的大米白面投到北海中喂了鱼。傅作义的官兵痛骂空军是孬种,不负责任。[1]

12月21日,平津战役第二阶段作战开始,解放军先打"蛇尾",消灭新保安、张家口之敌。为了吸引傅作义主力,华北军区第3兵团于11月底包围了张家口。傅作义错误判断形势,认为这是华北解放军继察绥战役之后的又一次局部行动。他决心乘东北野战军尚未入关,华北解放军兵力分散的有利时机,以主力第35军驰援张家口,集中兵力给华北解放军一个"歼灭性打击",回过头来固守平、津。于是命令驻丰台的35军主力与驻怀来的104军一个师星夜赶赴张家口解围。35军军长郭景云受领任务后对部属们说:"总司令要我们去救援孙兰峰,我想不会有什么麻烦。不过你们要注意,北

---

[1] 方正之:《平津战役记略》,《平津战役亲历记》,第20—24页。

中国的 1948 年：两种命运的决战

平没有我们35军，总司令是不放心的。所以他要我们快去、快打，打了快回来。"11月29日下午，35军分乘400余辆汽车出发，30日下午全部抵达张家口。35军出来后，华北解放军主动撤离。

就在35军等候傅作义命令时，12月5日，东北野战军先遣兵团攻克密云。国民党中央系的13军抵挡不住，狼狈溃败下来。傅作义听说林彪主力来了，大惊失色，命令35军火速撤回北平。这时，杨得志、罗瑞卿、耿飚指挥的华北野战军第2兵团正由涿鹿向下花园急进，阻截35军。双方的机会相等。如果郭景云不轻敌，不恋战，完全可以突围回北平。但是他舍不得丢弃400辆卡车，还是走大路东返。12月7日晚到达新保安城，郭下令休息一夜，犯下致命的错误。

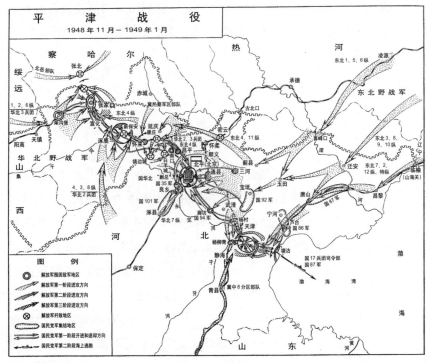

平津战役地图

杨罗耿兵团与35军相差一日的路程，毛泽东担心抓不住35军，将对未来战役形势产生不利影响，7日下了严厉的命令："如果该敌由下花园、新保安向东逃掉，则由杨罗耿负责。"[1]杨罗耿兵团日夜兼程，终于在8日拂晓到达新保安以东，包围了35军。傅作义闻讯万分焦急，一面向35军空投粮食，一面命令怀来的104军西进解围。没想到强大的东北野战军四纵向西猛进，12月11日堵住了104军，将其全歼。军长安春山等幸免逃回北平。待四纵前进到张家口，与围城的华北第3兵团会合后，解放军统一发起了歼灭张家口、新保安之敌的总攻。郭景云突围不成，绝望自杀，35军被歼灭。守卫张家口的11兵团司令孙兰峰23日弃城逃往绥远，105军等部被全歼。短短几天内，解放军连续歼灭傅作义嫡系部队三个军10万之众，取得了辉煌的胜利。

傅作义西去绥远和南走海上的道路都被堵死，华北国民党军变成一盘死棋。是战还是和？傅作义日夜思考，下不了决心。他环顾左右，没有替他排忧解愁的人。他认为胡适能够替他出主意，把胡适接到怀仁堂秘谈，事后有人透露，傅问计于胡适，胡送了八个字，即"和比战难，坚持待变"。而胡博士自己并没有"坚持待变"，几天后就坐上南京教育部派来接华北"名流"的专机飞到南京去了。[2]傅作义对胡极为失望，命令守城门的岗哨不放胡适出城。胡适费了半天口舌，说自己是送陈寅恪教授去南京，才得以脱身。[3]

傅作义又与身边亲信商量。他提出几个问题：1．和谈是不是投降？2.不讲道德还能做人吗？3.咱们过去的历史就完了吗？多数部下认为打肯定是没有前途的，但是谈能谈到什么程度，共产党会怎样处置他们，谁也说不准。这时，北平地下党通过多种渠道，对傅作义进行说服。中共华北局城市工作部部长刘仁指示北平地下学

---

[1]《毛泽东军事文集》第5卷，军事科学出版社1993年版，第337页。
[2] 方正之：《平津战役记略》，《平津战役亲历记》，第29页。
[3] 浦江清：《清华园日记》，三联书店1987年版，第265页。

中国的1948年：两种命运的决战

委书记佘涤清找到傅作义的女儿傅冬菊，要她出面试探，看傅作义的反应如何。当时傅冬菊在天津《大公报》工作，由王汉斌领导。佘涤清向傅冬菊交代任务："现在解放战争形势发展很快，你父亲有接受和谈的可能，希望他能放下武器，与共产党合作，和平解放北平。"傅冬菊当即去找她父亲，向他转达共产党的意思。傅作义怕是"军统"特务的圈套，问女儿："是真共产党还是'军统'？你可别上当！要遇上假共产党，那就麻烦了。"

傅冬菊说："是我们同学，是真共产党员，不是'军统'。"

傅作义又问："是毛泽东派来的，还是聂荣臻派来的？"

傅冬菊一下答不出，又去问佘涤清如何回答。佘明确告诉傅冬菊，叫她说是毛泽东派来的。傅作义表示可以考虑。12月15日，他派《平明日报》社长崔载之和记者李炳泉秘密出城，找到东北野战军第11纵队阵地，会见贺晋年司令员，说明来意。贺立即将情况报告林罗刘，并转报中央：

(一)由北平地下党南方局支部关系人李炳泉来接头称：他们经过李腾九(傅之联络处长)、傅冬菊(傅的女儿，系准备吸收的党员)劝说傅作义投降。八日开始，十日傅答复条件：(1)参加联合政府，军队归联合政府指挥。(2)一定时间起义，要我为他保密。(3)要求林彪停止战斗，双方谈判。十四日晚的条件：(1)军队不要了。(2)两军后撤，谈判缴械。(3)由傅发通电缴械。上述过程已于十三日晚由电台报告了华北中央局。

(二)参加此事的还有傅之平明日报社社长崔载之。该员已与李炳泉到了我部，他们带有电台(留在城内)、密本与傅通报(报务员、译电员与李、崔均已到我部)。[1]

---

[1] 《中国人民解放军历史资料丛书·平津战役》，第177页。

中共中央认为，傅的基本立场是对等谈判，组成联合政府，这是不能接受的。16日中央军委答复林罗刘："对傅作义代表谈判内容以争取敌人放下武器为基本原则,但是达到这个目的可以运用某些策略。""具体策略现在不作决定。"12月19日当崔载之再次来访时，东北野战军司令部参谋处长苏静代表解放军明确表示：和平解决平津问题，以放下武器，解除武装为前提，绝不允许保存其反动武装力量，更不允许通电全国建立华北联合政府。如对方同意我方条件，可以保障傅本人及其部属生命安全和私人财产免受损失。蒋系顽固军官反抗，可先将其逮捕。[1]

12月22日新保安战役结束，35军被歼，给傅作义以沉重打击。为了表示自己的和平诚意，他于23日给毛泽东发了一封电报：

毛先生：

（一）今后治华建国之道，应交由贵方任之，以达成共同政治目的。

（二）为求人民迅即得救，拟即通电全国，停止战斗，促成全国和平统一。

（三）余绝不保持军队，亦无任何政治企图。

（四）在过渡阶段，为避免破坏事件及糜烂地方，通电发出后，国军即将停止任何攻击行动，暂维现状，贵方军队亦请稍向后撤，恢复交通，安定秩序，细节问题请指派人员在平商谈解决。在此转圜时期，盼勿以缴械方式责余为难。过此阶段之后，军队如何处理，均由先生决定，望能顾及事实，妥善处理。余相信先生之政治主张及政治风度，谅能大有助于全国之底定。

傅作义 12月23日[2]

---

[1] 苏静：《回忆北平和平谈判》，《中国人民解放军历史资料丛书·平津战役》，第626页。
[2] 张新吾：《傅作义一生》，第315页。

中国的 1948 年：两种命运的决战

毛泽东不为所动，25日，中共中央公布国民党43名战犯名单，傅作义名列其中。这使傅大受刺激。他对参谋长李世杰说："你好好准备打仗吧，两方条件相距太远，根本不能谈。"[1]事情本来就是这样，不在战场上见个高低，和平解决是不可能实现的。但是双方都没有把路堵死，还是明里准备打，暗中继续谈。

在双方相持过程中，中共地下党的情报工作十分出色。北平城里各方面的动态，特别是傅作义的一举一动，都在掌握之中。崔月犁同志回忆："我作为共产党代表与傅方谈判后，给傅冬菊的主要任务则是了解傅作义的动态。那时我和傅冬菊见面是在东皇城根李中同志家里，我们几乎每天见一次面。那时她还是一个青年知识分子，每次见我总是高高兴兴，满面笑容，不慌不忙地把她父亲的情况原原本本地告诉我。傅作义有时思想斗争激烈，唉声叹气，发脾气，咬火柴头，甚至想自杀，对他这些细微的情绪变化，我们都很清楚。有时头天晚上发生的事情，第二天一早就知道了；上午发生的事，下午就知道了。这些都及时写成电文，刘仁同志及时转给前线总指挥部。"解放后，有一次刘仁同志谈起这事，说："聂司令员(聂荣臻同志)还表扬了你们的情报工作。聂司令员说：'你们对傅作义的动态了解得可真清楚，在战场上，像这样迅速、准确地了解敌军最高指挥官的动态乃至情绪变化，在战争史上是罕见的。这对我军作出正确判断，定下正确的决心，进行正确的部署，具有重要的作用。'在我们和傅作义谈判过程中，傅冬菊是一个好情报员。由于对傅作义的情况了解得准确及时，中央在组织解放北平的工作中，在军事进攻与政治争取的配合上，结合得非常紧密，在用武力解放北平已毫无问题的情况下，掌握了用和平谈判的方式解放北平的主动权。"[2]

---

[1] 李世杰：《北平和平解放中我的经历与见闻》，《平津战役亲历记》，第270页。
[2] 崔月犁：《争取傅作义将军起义和平解放北平》，《华北军区敌军工作史》，第540页。

东北野战军入关

5

　　解放军兵临城下，北平解放只是时间问题。在新旧交替的历史关头，何去何从，不仅是对傅作义集团官兵的考验，也是对北平众多高级知识分子的考验。从11月开始，南京方面就预感平津不保，蒋介石指示"中央研究院"院长傅斯年将北平的一批名教授接到南京来。并策划北大、清华等学校南迁事宜。并派曾任北大训导长、教授的国民党青年部长陈雪屏飞到北平承办此事。事关重大，各校都展开了热烈的讨论。清华校长梅贻琦约了冯友兰等几位教授请陈雪屏吃饭。陈当场宣布，南京派了专机来接诸位先生，如果愿意走，可以同他一起出发。在座的人反应冷淡，不置可否。几天后，梅贻琦在家里召开了最后一次校务会议。散会后他对冯友兰说："我是属牛的，有一点牛性，就是不能改。以后我们就各奔前程了。"梅贻琦已被孙科内阁任命为教育部长，不走不行。而冯友兰等教授都看清了局势，决心留下来。梅走后，冯以校务会议主持人身份管理清华，等待解放。[1]

　　北大接到国民党"抢救"教授的名单后，秘书长郑天挺觉得事情难办，于是公开征询意见。结果名单上的教授大多数不想走。当时大家最关心校长胡适的态度。因为12月17日是北大五十周年校庆，胡适没有说要走。一天，季羡林教授到办公室找胡适说事，忽然有人来告诉胡适：昨天夜里解放区广播电台有专门广播，劝胡适不要走，并说将来仍然让他当北大校长兼北京图书馆馆长。而胡适微笑着反问了一句："他们要我吗？"季羡林感觉胡已经胸有成竹，要跟国民党跑。但又不能说他对共产党有刻骨的仇恨。在政治上，他有时候想下水，但又怕湿了衣裳。胡适的立场与北大教授学生不

---

[1] 冯友兰：《三松堂自序》，人民出版社1998年版，第121页。

同，使他作出了投奔南京的决定。[1]

　　北平是文化古都，还有大量珍贵文物。南京行政院下命令给故宫博物院院长马衡，将故宫的珍贵文物装箱运往南京。这时，在故宫工作的朱家溍接到中共华北局城工部的密信，要他坚守岗位，保护文物。当马衡指示他"抓紧准备，但不要慌"时，他与同事商定，尽量拖延。其实当时装箱的器材很充裕，几天就可以将文物装妥。然而朱家溍他们登记目录就用了好几天，马衡也不催问。当行政院再次催促起运文物时，马衡表示飞机场不安全，文物暂时不能运，以后派专人押送。到北平解放，这件事也没办。后来朱家溍问马院长："是不是有意拖延？"马笑答："会心不远。"原来他也接到了地下党的通知，要他保护文物，留在北平。但是抗战胜利后从重庆迁移到南京的2972箱国宝(其中大部分是故宫的珍品)，则在南京解放前夕，被国民党政府运到台湾。[2]

　　在城里的北平艺术专科学校，校长徐悲鸿也接到南京要他们迁校的通知，并汇来一笔"应变费"。徐悲鸿召集校务会议，在会上第一个发言，提出不迁校的主张，得到吴作人、叶浅予等多数教授的赞同。虽有少数人反对，在表决时赞成不走的占了压倒多数。于是徐悲鸿将南京汇来的钱给全校教职员发了生活费，并留下一部分钱给学生会，购买一批粮食，预防围城期间可能出现的饥荒。徐悲鸿不仅自己不走，还动员齐白石等艺术家也不要走，大家一起迎接解放。[3]

　　当解放军的炮声在北平城外响起的时候，乘飞机离开北平的只有清华校长梅贻琦、北师大校长袁同礼、北平研究院院长李书华等极少数人，国民党"抢救"名单上的教授绝大部分都没走。梅贻琦等搭乘的第二架飞机到了南京，教育部官员到机场去接，以为有许

---

[1] 蔡德贵：《季羡林传》，人民出版社2000年版，第320页。
[2] 朱家溍：《遵照党的指示完成保护故宫文物的任务》，《解放战争时期北平第二条战线的文化斗争》，北京出版社1998年版，第474页。
[3] 廖静文：《徐悲鸿一生》，山东画报出版社2001年版，第276页。

多名教授过来了。不料大失所望,下来许多不相干的人。因为飞机有空位,袁同礼的老妈子也上了飞机。傅斯年一怒之下,通知停派飞机。[1]胡适的出走是临时决定的,家中的藏书、信件、日记全都扔下了。12月15日下午飞机到达南京后,教育部长朱家骅、中央研究院历史语言研究所所长傅斯年和蒋经国等都到机场迎接,蒋介石还设宴款待他。但这些礼遇都没让胡适感到高兴。17日是北大校庆,在南京的北大校友举行纪念会。胡适致辞时痛责自己是"北大的逃兵","而且是一极不名誉的逃兵"。他在台上声泪俱下,在座的也神色黯然。[2]

与此同时,北大也在举行校庆。原本准备大操大办的盛事,因胡校长的飞去而告吹。城外炮声隆隆,城内惶惶不安。大家都在猜测,学校会不会受损失,还有谁会飞走。主持学校行政事务的秘书长郑天挺教授对学生发表谈话,表示他绝不走,一定和大家一起保护好学校。他说他平生注重"敦品",即信守诺言,不会说不走而又走了。郑天挺的表态起到了稳定人心的作用。学校照常开课,行政工作井然有序。为了表达对郑先生的敬意,校庆那天,学生自治会向郑先生赠送一面锦旗,上面写着"北大舵手"四个大字。[3]

在南下的少数教授中,最引人注目的是史学家陈寅恪。12月12日,浦江清教授去拜访他,陈已表示南下之意。陈说:他不反对共产主义,但不赞成俄国式的共产主义。一旦形势变化,"那时左右分明,中间人难于立足。"[4]当天夜里,清华园北面炮声隆隆,陈寅恪一家迁入城内中央研究院宿舍躲避。两天后傅斯年来电话,说有专机接他们去南京。15日晨,陈寅恪、胡适两家在中南海勤政殿前上车,去南苑机场上飞机飞往南京。[5]他在南京只住了一夜,便乘火

---

[1] 浦江清:《清华园日记》,第265页。
[2] 《申报》,1948年12月18日。
[3] 张守常:《怀念郑天挺先生》,《郑天挺先生百年诞辰纪念文集》,中华书局2000年版,第21页。
[4] 浦江清:《清华园日记》,第223页。
[5] 蒋天枢:《陈寅恪先生编年事辑》,上海古籍出版社1997年版,第143页。

中国的**1948年：两种命运的决战**

陈寅恪

车到上海，再乘轮船南下广州。

如果说陈先生是响应了国民党"抢救教授"的号召，那是不符合历史事实的。陈先生对国民党的黑暗统治早已看透。1940年春，他到重庆出席中央研究院会议，蒋介石宴请各位学者。这是陈第一次与蒋接触，"深觉其人不足为，有负厥职"。在《庚辰暮春重庆夜宴归作》诗中写了"食蛤那知天下事，看花愁近最高楼"之句。[1] 1948年金圆券风潮后，一向言行谨慎、很少评论时政的陈寅恪在1949年夏写了长诗《哀金圆》，辛辣地讽刺"睦亲坊中大腹贾，字画四角能安排"的王云五(王曾发明"四角号码字典"，大发其财)和"指挥缇骑贵公子，闯户掘地搜私埋"的蒋经国。他以历史学家的春秋笔调写道："金圆数月便废罢，可恨可叹还可哈。党家专政二十载，大厦一旦梁栋摧。乱源虽多主因一，民怨所至非兵灾。"[2]

陈寅恪一生久经战乱的颠沛流离，渴望过上安定生活。1948年夏，他接受岭南大学校长陈序经的聘请，已经决定离开清华，到广州执教。所以他事先就将书籍等物托运南下，可谓是有备而去，不像胡适仓皇出走。但是离开北平之前，他还是充满了伤感。在《戊子阳历十二月十五日于北平中南海公园勤政殿前登车至南苑乘飞机途中作并寄亲友》诗中写道：

临老三回值乱离，北平卢沟桥事变、香港太平洋战争、及此次

---

[1]《陈寅恪诗集》，清华大学出版社1993年版，第27页。
[2] 同上书，第59页。

蔡威泪尽血犹垂。
众生颠倒成何说，残命维持转自疑。
去眼池台成永诀，销魂巷陌记当时。
北归一梦原知短，如此匆匆更可悲。[1]

既然如此，非走不可么？陈寅恪矛盾心情是很复杂的，他写的一份自述中说："当广州尚未解放时，伪中央研究院历史语言研究所所长傅斯年多次来电催往台湾。我坚决不去。至于香港，是英帝国主义殖民地。殖民地的生活是我平生所鄙视的。所以我也不去香港，愿留在国内。"[2]但是对新中国，他又感到陌生，怀着忐忑不安的心情。1950年3月广州解放后，他写了《庚寅元夕用东坡韵》：

过岭南来便隔天，一冬无雪有花妍。
山河已入宜春槛，身世真同失水船。
明月满床思旧节，惊雷破柱报新年。是夕有空袭。
鱼龙寂寞江城暗，知否姮娥换纪元。[3]

在"换纪元"的历史时刻，陈寅恪却表现出一种失落，如同船离开了水。当中国进入一个新纪元的时候，就是同一社会阶层的人士也会产生分化和动荡。有的兴高采烈，有的黯然伤神，还有的虽然感到了变化，还想置身在外，静静地观察一下，陈寅恪显然属于最后一类。

梅贻琦、陈寅恪走了，清华留下来的众多教授学生却在兴奋的心情中等待解放。12月16日早晨，国民党军队全部撤到城里，解放军还没有到，清华、燕京大学所在的海淀镇这一带成为"真空"地

---

[1]《陈寅恪诗集》，第55页。
[2] 蒋天枢：《陈寅恪先生编年事辑》，第147页。
[3]《陈寅恪诗集》，第63页。

中国的 1948 年：两种命运的决战

带。可是社会秩序很好，人民安居乐业。清华校内，也很平静，师生们生活照常。过了几天，解放军才开到海淀。他们没有进清华，只在校门口设置了一个岗哨，有一个解放军在那里站岗。清华的师生都出去欢迎解放军，同他们谈话，很是亲热。冯友兰的夫人也出去了一趟，回来对冯说：她看见在校门口站岗的那位解放军同志，是赤着脚穿鞋，她打算送他一双袜子。冯说："你去送试试，恐怕他们不要。"她拿了一双袜子，去了不久，回来说："他果然不要。"冯友兰想："常看见书上说，某某军所到之处'秋毫无犯'，以为这是溢美之词，未必真有那样的军队。可能过去是没有的，解放军可真是'秋毫无犯'。我还想到，不记得什么书上说的一句话：'王者之师，有征无战。'这次解放清华，不就是'有征无战'吗？后来才知道，称解放军为'王者之师'还是不恰当的，他们是人民的子弟兵。"[1]

12 月 19 日，国民党的飞机打破了西郊的平静。那天下午，清华和燕京大学都遭到空袭。国民党飞机一共扔了十几个炸弹。虽然没有人员伤亡，但大家都表示了对国民党反动政权的愤恨。中外教授联名写了抗议信，送到城里去。与其形成鲜明对照的是：18 日晚上，张奚若教授带了两位解放军干部来到梁思成、林徽因教授家里，他们向梁思成、林徽因行着标准的军礼，自我介绍说："梁教授，我们受解放军攻城部队的委托，来向先生请教，城里哪些文物建筑需要保护。请你在这张地图上标示出来，以便我军攻城的炮火能够避开。"梁思成和林徽因激动了，他们顾不上多说什么，在两位军人带来的那张军事地图上一一标出北京市重要的文物古迹和建筑群落，那是他们视为生命一般宝贵的文化遗产。临走时，一位军人对他们说："请你们放心，只要能保护文化古迹，我们就是流血牺牲也在所不惜！"那天，梁思成、林徽因久久不能入睡，他们感到：这样的政党、这样的军队，是值得信赖和拥护的。[2]

[1] 冯友兰：《三松堂自序》，第 123 页。
[2] 张清平：《林徽因》，百花文艺出版社 2002 年版，第 361 页。

21 将革命进行到底

1948

中国的**1948年**：两种命运的决战

当国民党政权在军事上全面溃败，在经济上全面崩溃的时候，蒋介石把挽救败局的最后希望寄托在美国的援助上。

1948年4月，美国国会通过《援华法案》。决定向国民党政府提供总数为4.83亿美元的经济和军事援助。其中3.63亿美元是商品援助，包括农村和工业的重建项目。1.2亿美元是赠款，用于总统认为可行的"中国政府所决定的任何用途"，就是军事援助。这些援助将在15个月内陆续给予国民党政府。[1]蒋介石急切盼望这些援助能及时到位，但是美国政府却像一个吝啬的施舍者，迟迟不肯兑现自己的承诺。

国民党政府驻美大使顾维钧感到："1948年初，中美之间的关系已经恶化到美国政府似乎对中国政府本身所处的困境已毫无同情的地步。他们勒紧钱袋。不肯对中国扩大军事援助与经济援助。对中国政府处理中共问题的态度和政策存在着明显的不满，对军事情况更加不满。在压力之下，美国政府最后决定对中国扩大经济援助，但绝不扩大军事援助。就是在经济援助方面，也好像仅着眼于纾解人民所受的苦难，而不愿为减轻政府及共国库的财力重负而提供经济援助。"[2]

美国大使司徒雷登博士亲眼目睹了国民党政府的失败，他认为中国的问题不是给几个钱就能解决的，关键是国民党必须革除腐败，实行民主改革。美援就是他迫蒋改革的一张牌，中美关系史专家邹谠先生写道：

在华的美国官员们与国民党政府之间在政治目的上有矛盾，可

---

[1]《顾维钧回忆录》第6卷，中华书局1988年版，第328页。
[2] 同上书，第331页。

能这是在援华法令下装运军火到中国发生迟滞现象的主要原因。在一个时期内,司徒雷登大使企图用美援为工具对蒋委员长施加压力,促使他任用适当的人担任关键职务,并执行改革的方案。最高统帅的手腕比司徒雷登大使更高明,他呼吁美国国会内支持他的力量对政府施加足以迫使它重新考虑对华政策的压力,迫使它提出对蒋的经济援助方案。正如司徒雷登在5月10日给国务卿马歇尔的一封公文

司徒雷登

中所灰心地论述的:"当国会通过了1948年的援华法令之后,一切能与中国政府讨价还价的有利地位和回旋余地,全都消失了。"但司徒雷登大使在执行这个法令的过程中,不是没有希望对蒋施以一定程度的压力的。按法令条文,美国经济援助的使用应按两国政府签订的协定进行管理。因此,司徒雷登在同一公文中对马歇尔说:美国应利用双边谈判援助协定的时机,压迫中国政府采取某些自助的和改革的措施。司徒雷登建议说,美国政府在谈判时不要急于求成,至少先要知道他们委派哪些人在直接有关援助方面的各部委任职,并使谈判期限延长,以便运用美国的压力。[1]

司徒雷登运用各种努力,在国民党内扶植反对派。他不止一次劝蒋介石交出军事指挥权,不要使已经很不利的军事形势继续恶化下去。他在6月24日给国务院的报告中写道:

我曾一直希望,任命了何应钦将军为国防部长之后,军事调度

---

[1] 邹谠:《美国在中国的失败》,上海人民出版社1997年版,第417页。

的实权将交托给他,巴大维将军可以与他密切合作。我曾力劝总统这样做,他也确切表示同意。不料总统恰恰发布了一个命令:一切调度均须按照他自己的指示,通过参谋总长——不称职的顾祝同来执行。

  白崇禧被解除了国防部长的职务,大概是因为他在选举中帮助了李宗仁。其后他被指派担任指挥黄河长江间五省军队的重要任务,在犹豫许久之后,他接受了这个委任,但是他又获悉不准在该地区组织民团——这是他一贯强烈主张的事情——并且某些地区,如武汉周围,将不在其管辖范围之内。他因此不愿就职,并怏怏赴沪。总统并无遗憾之意,并说这无关紧要。他似乎怀疑桂系阴谋反对他,因此疏远了那些久经考验的忠实于他自己和国家利益的人,或者至少是正在失去他们的有效合作。[1]

  面对司徒雷登不断施加压力,蒋介石因为有求于美国,表面上认真听取,但实际却不实行。当7月份司徒雷登获悉中国共产党即将举行会议,组建新的联合政府,16日他紧急约见蒋介石,要他认真团结反对派,并明确点出了李宗仁、白崇禧、李济深、傅作义的名字。但蒋依然不予考虑。

  蒋介石的态度使美国朝野都对他失去了信心。军援所以迟迟不落实,是因为谁也不愿将大批的武器弹药交给一个不可信任的军事统帅。司徒雷登与美军顾问团自作主张,把部分武器装备给了华北的傅作义。8月30日,司徒雷登、顾问团巴尔将军与何应钦在一次会上议定:从美国运来的全部装备的60%送到上海,30%送到傅将军指挥下的华北的天津;10%送到青岛,供山东半岛的防务之用。这是第一次越过蒋介石,把美国军援直接交给国民党战区指挥官。[2]

  国民党政府驻美大使顾维钧天天在华盛顿游说,催促军援。但他不止一次地遭遇这样的尴尬:美国朝野对蒋冷嘲热讽,对中国共

---

[1]《中美关系资料汇编》第1辑,世界知识出版社1957年版,第318页。
[2] 邹谠:《美国在中国的失败》,第416页。

产党人倒是印象不错。他在回忆录中写道：

> 美国官员不止一次说过，中共并不那么坏嘛，他们不是俄国式的共产党人，他们是农业改革者，他们希望建立一个为中国人民的利益，尤其是为占中国人口百分之八十以上的农民的利益的政府。另一方面，他们也屡屡发现，国民党政府所采取的某些或大部分治国之策，并非良策，同美国民主政府、民主政治的概念相去甚远。这是不幸的一面。共产党人是很善于宣传的，他们利用了美国的这种思潮。当我出使法、英、美三国期间，在新闻报道和记者采访中遇到许多对国民政府很不利的宣传；它们不仅出自像中国共产主义事业杰出代言人之一——孙中山夫人这样富于辩才的宣传家，而且也出自像埃德加·斯诺和安娜·路易斯·斯特朗女士。[1]

马歇尔国务卿也是这种态度。7月15日顾维钧拜访他的时候，他强调了民主政治和联合政府的问题。"国务卿说，中国是一个古老的国家，具有古老的文化。但缺乏民主政治的经验。可能需要一些时间才能建成民主政府。但作为开端，需要有几个反对党对执政党进行监督，监督其政策，制止其极端行为。他在中国时建议把共产党纳入中国政府，其故在此。有共产党在内的联合政府会给中国树立一个有效的对立面，有助于实行民主政治。……马歇尔断定，就中国而言，他仍然相信把共产党纳入政府中使其在会议桌上争论问题，比将其留在外面，为实现其目的而诉诸武力要好得多。"[2]

1948年4月批准的1.2亿美元军援，到9月底尚未交到国民党政府手里。这时，国共双方的战略决战已经展开。9月29日，顾维钧收到蒋介石要他转交杜鲁门总统的急电，请他采取紧急措施，加速军用物资的采办和运输。但是这件事办得极不顺利。装运军火武

---

[1]《顾维钧回忆录》第6卷，第314页。
[2] 同上书，第383页。

中国的1948年：两种命运的决战

器到中国的计划，在美中两国的官僚烦琐手续的迷宫中，两国官员们互相矛盾的意图中，缓慢地进行。激烈的讨价还价，耽搁了一个月的时间。11月16日，美国援助国民党政府的首批总值约200万美元的1200吨的轻武器和弹药，才运到天津。规模最大的一批价值1600万美元的武器弹药，于1948年12月1日抵达上海。但这已经来得太迟，无法扭转淮海战役和平津战役的颓势。所以，尔后运往中国的军火，应蒋介石的要求被转送到台湾。在美国批准的1.2亿美元的军援中，1948年内支付的只有6090万美元。

美国政府在军援问题上的消极，是因为他们对国民党的腐败已经看得太多，不相信军援能起到什么作用。美国驻华的外交官和军事顾问团的军官一致认为：即使军援能提前几个月到达中国，仍不可能避免自6月开始执行援华方案以后的七个月内，国民党军连续的四个大败仗。济南战役、辽沈战役及淮海战役都不同程度地暴露了国民党军队失败的共同原因——缺乏斗志和士气。巴大维将军在1948年11月16日报告说："自我到任以后，没有一仗是由于缺乏军火装备而被打败的。按我的看法：他们的军事败绩完全是由于世界上最拙劣的领导及其他许多败坏士气的因素造成的。这些因素导致了战斗意志的彻底丧失。"当魏德迈将军在听证会上被问到他认为什么是中国国民党被共产党打败的原因时，他回答说："先生，我在军事上的看法是：缺乏意志。主要是缺乏意志，而不是缺乏装备。"当它的政权的政治基础已被侵蚀掉的时候，国民党军队又怎么能有战斗意志呢？[1]

11月6日，在巴黎的联合国大会上，国民党政府代表团团长蒋廷黻将国民党外交部长的一封信交给美国国务卿马歇尔。这封信提出了四点要求：

1. 美国是否同意任命美国军官以顾问名义实际指挥中国军队？
2. 美国可否任命一高级军官领导特别代表团，主要为对于紧急

---

[1] 邹谠：《美国在中国的失败》，第416—419页。

情况提出意见及计划?

3.美国是否将加速军火之供应?

4.中国因苏联训练并装备日本军人与朝鲜人而向联合国提出呼吁一事是否可行?

马歇尔和美国政府断然拒绝了国民党政府的要求。马歇尔表示:"派遣一位高级美国军官赴中国是不合时宜并不起作用。即使无中国政府在过去屡次不接受美国劝告之情形,当此中国政府在民政和军事两方面的权威分崩离析之际,美国从事如此荒唐不经之冒险,实是勇而无谋之举。"[1]

美国政府的严厉态度,迫使蒋介石不得不低声下气,运用各种方式向美国乞求援助。当辽沈战役败局已定,淮海战役形势恶化的时刻,蒋介石派夫人宋美龄赴美求援。1942年,宋美龄曾应罗斯福总统的邀请正式访问美国,呼吁支持中国的抗日战争。她以生动的演讲和频繁的外交活动,倾倒了美国朝野。但是时过境迁,美国政府拒绝了宋美龄以第一夫人身份公开出访的要求,而是让她以"马歇尔夫人的朋友"身份作私人访问。并且规定了苛刻的条件。[2]

非正式的身份和低调的接待,使宋美龄的美国之行充满了辛酸和屈辱。当她到达华盛顿的时候,马歇尔国务卿称病住进了医院。宋美龄只得去医院看望马歇尔,这种做法不符合正常的外交礼仪,引起了新闻界的议论。当宋美龄去医院与马歇尔进行了45分钟谈话后,出来沉着面孔一言不发。她要顾维钧代她向记者发表一个声明:她来美国未经两国间正式商量,因为只有尽心报国,心神才得安宁。她特别强调:"我访问的后果由我个人负责,而且由我一个人负责。"[3]

宋美龄到华盛顿后,就等待杜鲁门总统的接见。但是美国官方一再拖延,不定具体日期。除了少数的社交活动外,美国国会的参

---

[1]《中美关系资料汇编》第1辑,世界知识出版社1957年版,第900页。
[2]《顾维钧回忆录》第6卷,第560页。
[3] 同上书,第565页。

中国的 **1948**年：两种命运的决战

议院外交委员会和众议院都未要求宋美龄去发表演讲。12月10日，在宋美龄到华盛顿的第十天，杜鲁门才会见了她，宋美龄渴望商谈美援大计的会谈只不过是一次礼节性的会见，短短时间就结束了。当等候的记者们围上来问有何结果时，宋美龄表示无可奉告。白宫新闻秘书打着官腔发布消息说："蒋夫人陈述了中国的情况，总统同情地予以倾听。"[1]

尽管国民党官方舆论还在那里遮遮掩掩，《申报》在12月15日发表了驻美记者发来的通讯《蒋夫人美国行》，披露了真相。文章说：

> 蒋夫人的内心是伤感的，比二千多年前的楚国大夫申包胥更要难受，申包胥当年在秦国痛哭，对他个人，还是有生以来第一遭。蒋夫人今天为了祖国而来华盛顿承受各种各样的难堪，虽说出发点跟申包胥当年相像，但就她个人的际遇来说，不是一个平常的女性能胜任的。时光仅相隔短短六年，六年前的同一天日子，同一个飞机场上，蒋夫人被美国朝野像宝贝一样前呼后拥。六年以后的今天？还是同一个蒋夫人，却遭遇到这样难堪的冷遇。
>
> 全美国的报纸，都用"冷淡"一个字描写蒋夫人的"秦廷"之行。杜鲁门平常万事都含含糊糊的，惟独对中国问题，斩钉截铁，态度非常倨傲。杜鲁门全力支持援助欧洲的"马歇尔计划"，亚洲呢？费用太大了，暂时冷观吧。就这样，杜鲁门发表了一连串对华政策的声明，借款不借，麦克阿瑟不派，侨民撤退，甚而至于发表声明"官方没有邀请蒋夫人"！
>
> 勇敢的蒋夫人，她跑去医院找马歇尔，作了两次长谈。内容还没有发表，ABC广播电台报告说：马歇尔态度之傲慢，如若接见德国和日本的人民代表。WBC电台幽默地报告说：杜鲁门这几天正忙于重新安排美国的宝藏，让勇敢的蒋夫人找不着美国的金银何在。

---

[1]《顾维钧回忆录》第6卷，第574页。

宋美龄访美的失败传达了一个信息，美国政府已经决定不再支持蒋介石。国民党内议论纷纷，司徒雷登感到应该表明立场了。蒋介石12月13日派张群约见司徒雷登，想打听一下美国政府的态度。司徒雷登直言不讳地告诉张群，大多数美国人确实认为，"广大人民群众感到蒋委员长是结束战争的主要障碍，应该削除他的权位。而中国人民的思想和要求是美国制定政策的主要因素"。12月17日，司徒雷登又对国民党行政院长孙科表示："如果劝告总统放弃他的紧急权力，并将更多权力委托给行政院，那对于总统是有好处的。要是这样过于难堪的话，则将权力委托给一个他所信任的而能真正地代表或至少是表达人民的意志的一小群人。"[1]

美国政府摊牌了，要蒋介石下台。没有美国的援助，国民党的战争也打不下去了。12月31日晚，蒋介石召集李宗仁、白崇禧、孙科等开会，多数人认为蒋应当下野，把权力移交给李宗仁。在国民党内反对派和美国政府的双重压力下，蒋介石被迫在1949年1月宣布下野。

1949年1月1日，蒋介石发表元旦文告，承认"戡乱"的失败，转而呼吁和平。他表示："只要和议无害于国家的独立完整，而有助于人民的休养生息；只要神圣的宪法不由我而违反，民主宪政不因此而破坏，中华民国的国体能够确保，中华民国的法统不致中断，军队有确实的保障，人民能够维持其自由生活方式与目前最低生活水准，则我个人更无复他求。中正毕生革命，只知为国效忠，为民服务，实行三民主义，从而履行一革命者之神圣任务。和平果能实现，则个人的进退出处，绝不萦怀。而一惟国民的公意是从。"[2]

为了表示"诚意"，1月4日，蒋介石来到李宗仁的官邸，宣称自己要引退，请李出面与共产党谈判。李宗仁坚决推辞说："现在

---

[1]《中美关系资料汇编》第1辑，世界知识出版社1957年版，第908—909页。
[2]《中央日报》，1949年1月1日。

的局面,你尚且干不了,我如何能顶得起?!"

蒋说:"共产党绝不同我讲和。你出来,最低限度可以变一变。"

李说:"我出来,共产党一定要我无条件投降!"

蒋说:"你谈谈看,我做你后盾!我做你后盾!"

第二天,美国大使司徒雷登的私人秘书傅泾波就找到李宗仁,说:"美驻华军事代表团团长巴大维将军闻悉蒋总统有放弃大陆经营台湾的计划,巴大维为此事曾与司徒大使商议。司徒大使愿知道李将军的意思。"傅氏的话使李大为吃惊,美国大使馆的情报远比他灵通。原来蒋介石要李宗仁在前台当替死鬼,自己已经在安排后路了。[1]

那些天,南京政府的"和谈"之声高唱入云,一些"第三方人士"也随声附和。继张申府的《呼吁和平》之后,1949年2月12日,梁漱溟在上海《大公报》上发表《敬告中国共产党》一文。表示:"好战者今天既不存在,内战不应该再有。任何问题要用政治方式解决,不要用武力。"他"郑重请求中国共产党,你们必须容许一切异己者之存在"。他"承认今日国内腐恶势力仍然遍处都是,终须加以铲除。但武力却用到今天这样恰好,不可再用"。他表示:"我对于中共之滥用武力,却一直是不赞成。"他援引1938年1月在延安对毛泽东讲过的话,指出中共"过去最大错误":

一是(民国)十六七年北伐时,革命军的武力不知小过那时全国军阀的武力多少倍,而北伐卒能成功。这成功全是在政治上适合当时大势需要,并非成功于军事。对照来看,过去十年间(1927—1937)共产党革命之无成,甚且党命几乎不保,即证之其在政治上失败了——政治路线错误。若在政治上是适合时势需要的话,那配合你们的军事早当成功了。

又一是自抗战前夕到现在(指谈话时),共产党博得国内大多数

---

[1]《李宗仁回忆录》,广西人民出版社1988年版,第646页。

的同情拥护和期待,声光出于各党之上。试问这何尝靠武力得来,只为倡导团结抗日,放弃了对内斗争,适合人心要求,政治路线上走对了,所以就成功。对照来看,则过去十年之劳而无功,仅恃军事维持一条党命者,显然是政治路线不对可知。

2

面对这些言论,共产党人如何应对?毛泽东胸有成竹,于1949年1月1日发表了新年献词——《将革命进行到底》,开门见山地宣告:

中国人民将要在伟大的解放战争中获得最后胜利,这一点,现在甚至我们的敌人也不怀疑了。

毛泽东回顾了人民解放战争走过的曲折路程,总结了1948年战争的特点:

战争在第二年(一九四七年七月至一九四八年六月)发生了一个根本的变化。已经消灭了大量国民党正规军的人民解放军,在南线和北线都由防御转入了进攻,国民党方面则不得不由进攻转入防御。人民解放军不但在东北、山东和陕北都恢复了绝大部分的失地,而且把战线伸到了长江和渭水以北的国民党统治区。同时,在攻克石家庄、运城、四平、洛阳、宜川、宝鸡、潍县、临汾、开封等城市的作战中学会了攻坚战术。人民解放军组成了自己的炮兵和工兵。不要忘记,人民解放军是没有飞机和坦克的,但是自从人民解放军形成了超过国民党军的炮兵和工兵以后,国民党的防御体系,连同他的飞机和坦克就

中国的 1948 年：两种命运的决战

显得渺小了。人民解放军已经不但能打运动战，而且能打阵地战。战争第三年的头半年(一九四八年七月至十二月)发生了另一个根本的变化。人民解放军在数量上由长期的劣势转入了优势。人民解放军不但已经能够攻克国民党坚固设防的城市，而且能够一次包围和歼灭成十万人甚至几十万人的国民党的强大精锐兵团。

敌人的战略上的战线已经全部瓦解。东北的敌人已经完全消灭，华北的敌人即将完全消灭，华东和中原的敌人只剩下少数。国民党的主力在长江以北被消灭的结果，大大地便利了人民解放军今后渡江南进解放全中国的作战。同军事战线上的胜利同时，中国人民在政治战线上和经济战线上也取得了伟大的胜利。因为这样，中国人民解放战争在全国范围内的胜利，现在在全世界的舆论界，包括一切帝国主义的报纸，都完全没有争论了。

毛泽东笔锋一转，痛斥了国民党反动派和帝国主义势力的"和平"阴谋，表示了将中国革命进行到底的坚定信心。他写道：

敌人是不会自行消灭的。无论是中国的反动派，或是美国帝国主义在中国的侵略势力，都不会自行退出历史舞台。……现在摆在中国人民、各民主党派、各人民团体面前的问题，是将革命进行到底呢，还是使革命半途而废呢？如果要使革命进行到底，那就是用革命的方法，坚决彻底干净全部地消灭一切反动势力，不动摇地坚持打倒帝国主义，打倒封建主义，打倒官僚资本主义，在全国范围内推翻国民党的反动统治，在全国范围内建立无产阶级领导的以工农联盟为主体的人民民主专政的共和国。这样，就可以使中华民族来一个大翻身，由半殖民地变为真正的独立国，使中国人民来一个大解放，将自己头上的封建的压迫和官僚资本(即中国的垄断资本)

的压迫一起掀掉,并由此造成统一的民主的和平局面,造成由农业国变为工业国的先决条件,造成由人剥削人的社会向着社会主义社会发展的可能性。如果要使革命半途而废,那就是违背人民的意志,接受外国侵略者和中国反动派的意志,使国民党赢得养好创伤的机会,然后在一个早上猛扑过来,将革命扼死,使全国回到黑暗世界。现在的问题就是一个这样明白地这样尖锐地摆着的问题。两条路究竟选择哪一条呢?中国每一个民主党派,每一个人民团体,都必须考虑这个问题,都必须选择自己要走的路,都必须表明自己的态度。

为了说明将革命进行到底的必要性,毛泽东生动地引用了古代希腊的一段寓言:

一个农夫在冬天看见一条蛇冻僵着。他很可怜它,便拿来放在自己的胸口上。那蛇受了暖气就苏醒了,等到回复了它的天性,便把它的恩人咬了一口,使他受了致命的伤。农夫临死的时候说:我怜惜恶人,应该受这个恶报。外国和中国的毒蛇们希望中国人民还像这个农夫一样地死去,希望中国共产党,中国的一切革命民主派,都像这个农夫一样地怀有对于毒蛇的好心肠。但是中国人民、中国共产党和中国真正的革命民主派,却听见了并且记住了这个劳动者的遗嘱。况且盘踞在大部分中国土地上的大蛇和小蛇,黑蛇和白蛇,露出毒牙的蛇和化成美女的蛇,虽然它们已经感觉到冬天的威胁,但是还没有冻僵呢!

毛泽东豪迈地宣布了中国共产党1949年的任务:

一九四九年中国人民解放军将向长江以南进军,将要获得比一

中国的1948年：两种命运的决战

九四八年更加伟大的胜利。

一九四九年我们在经济战线上将要获得比一九四八年更加伟大的成就。我们的农业生产和工业生产将要比过去提高一步，铁路公路交通将要全部恢复。人民解放军主力兵团的作战将要摆脱现在还存在的某些游击性，进入更高程度的正规化。

一九四九年将要召集没有反动分子参加的以完成人民革命任务为目标的政治协商会议，宣告中华人民共和国的成立，并组成共和国的中央政府。这个政府将是一个在中国共产党领导之下的、有各民主党派各人民团体的适当的代表人物参加的民主联合政府。[1]

毛泽东的这篇文章，揭露了南京政府和美国方面的"和谈"阴谋，澄清了民主人士的模糊观念，鼓舞了战斗中的中共党员、解放军官兵和广大群众。在另一个意义上，也是说给斯大林听的。抗日战争胜利后，斯大林由于过高估计美国直接卷入中国内战的可能和危险，过低估计中国共产党的力量，主张在蒋介石的"领袖地位"下实现中国的统一，不赞成中国共产党领导人民进行推翻国民党的武装斗争。斯大林直接打电报给中共中央，要中共不要反对蒋介石，不要打内战，说是"如果打内战，中华民族有毁灭的危险"。这种立场当然给中国共产党，中国人民的解放事业带来了困难。在得不到苏联任何援助的情况下，中国共产党坚持独立自主、自力更生的方针，领导解放区军民粉碎了蒋介石的进攻。

1947年中共中央撤离延安之前，毛泽东曾与美国记者安娜·路易斯·斯特朗女士谈话，要她把中国共产党领导下的解放战争的真实情况介绍给各国共产党。斯特朗到了苏联后，却发现苏联人都认为中国革命已经失败了。斯特朗一有机会，就向苏联人宣传毛泽东的战略战术，但是很少有人相信她的话。她丈夫前妻的女儿也说中

---

[1]《毛泽东选集》第4卷，人民出版社1991年版，第1372—1379页。

共"已经失败了"。并且说,"他们不会战胜的。他们没有工业,没有无产阶级"。[1]

毛泽东一直希望有机会向斯大林介绍中国革命的情况,求得苏联的支持。在解放战争的关键时刻,毛泽东几次提出访问苏联,都被斯大林拒绝。1948年4月,毛泽东到达河北阜平县城南庄,打算亲自访问苏联,就解放战争胜利后的一些重大问题同斯大林商量。他对秘书叶子龙说:"太阳出来了。我要与斯大林同志谈谈东方日出的问题。"为此,做了大量的准备工作。但当电询斯大林的意见时,斯大林认为中国人民解放战争正处在关键的时刻,毛泽东同志不能离开指挥作战的岗位。同时也考虑到安全问题,再次谢绝了毛泽东的要求。

毛泽东把电报扔在桌上,说:"随他去吧。"

直到新中国成立后的1949年12月,毛泽东才踏上了访问苏联的路程。在火车上他看到一轮初升的红日,若有所思地说:"这个太阳在延安没看到,在西柏坡也没看到呢。"[2]毛泽东憋了一口气,他要让斯大林看看,中国共产党人是怎样凭着自己的力量,凭着将革命进行到底的坚定信念,打败了美式飞机大炮武装的国民党军队,建立了一个新中国的。

"将革命进行到底"是战斗的号令。几天之后,淮海战役发起最后的总攻,彻底消灭了杜聿明集团。傅作义还打算固守天津。他指示天津警备司令陈长捷:"你们打好仗,就好办,要能打才能和。"1月13日他派邓宝珊与林、罗、聂谈判,再次提出解放军让出南苑机场和成立联合政府等条件,遭到林彪、聂荣臻的严词拒绝。

邓宝珊问:"你们要打天津了?"

林彪说:"是,我们已经下达命令了。"

邓宝珊问:"你们打天津准备打几天?"

---

[1]《安娜·路易斯·斯特朗回忆录》,三联书店1982年版,第14页。
[2]《叶子龙回忆录》,中央文献出版社2000年版,第173页。

中国的 1948 年：两种命运的决战

林彪说："三天。"

邓宝珊笑着说："恐怕 30 天你们也打不下来。"

傅作义、邓宝珊根本不会想到，林彪给部队下达的命令是 30 个小时拿下天津。1 月 14 日，东北野战军主力以排山倒海之势总攻天津，陈长捷还没来得及组织有效的抵抗，就当了俘虏。天津战役仅用了 29 个小时。在解放军强大威力震慑下，傅作义终于接受了和平改编的方案。人民解放军整齐列队，从前门大街进入北平，群众夹道欢呼，古都北平和平解放了。[1]

1949 年 3 月 23 日，毛泽东率领中共中央机关离开西柏坡，向北平进发。毛泽东对周恩来说："今天是进京的日子，进京赶考去！"

周恩来笑着说："我们应当都能考试及格，不要退回来。"

毛泽东说："退回来就失败了，我们绝不当李自成，我们都希望考个好成绩。"[2]

没有任何力量能够阻挡中国革命前进的步伐了。1949 年 4 月 20 日，中国人民解放军横渡长江，占领了国民党的首都南京，把红旗插在"总统府"上。南京政府如鸟兽散，李宗仁逃到广州，蒋介石则乘军舰逃往台湾。毛泽东兴奋地写了《七律·人民解放军占领南京》："宜将剩勇追穷寇，不可沽名学霸王。天若有情天亦老，人间正道是沧桑。"再次表达了将革命进行到底的决心。

1949 年 10 月 1 日早晨，一轮红日从东方喷薄而出，照耀在北京的天安门广场上。毛泽东庄严宣告中华人民共和国成立。当人们欢呼万岁之时，人民解放军各部队还在紧张地向西北、西南和东南沿海进军，为扫荡国民党在中国大陆最后的残余势力，将革命进行到底而奋勇作战。

---

[1] 苏静：《回忆北平和平谈判》，《中国人民解放军历史资料丛书·平津战役》，解放军出版社 1991 年版，第 632 页。

[2] 《毛泽东年谱》下卷，人民出版社 1993 年版，第 469 页。

征引文献

一、文献、日记、档案

中央档案馆编：《中共中央文件选集》第 15 册，中共中央党校出版社 1991 年版。

中央档案馆编：《中共中央文件选集》第 16 册，中共中央党校出版社 1992 年版。

新华通讯社编：《新华社评论集(1945—1950)》，新华通讯社 1980 年编印。

《中国的土地改革》编辑部、中国社会科学院经济研究所现代经济史组编：《中国土地改革史料选编》，国防大学出版社 1988 年版。

中央档案馆编：《解放战争时期土地改革文件选编》，中共中央党校出版社 1981 年版。

陕西省档案馆编：《解放战争时期陕甘宁边区财政经济史资料选辑》，三秦出版社 1989 年版。

季星如等主编：《中共冀鲁豫边区党史资料丛书——财经工作资料选编》，山东大学出版社 1989 年版。

黑龙江省档案馆编：《黑龙江革命历史档案史料丛编——城市工作》，1987 年内部版。

《东北人民解放军司令部阵中日记》，中共党史资料出版社 1987 年版。

卜广恩主编：《中国人民解放军后勤史资料选编》，金盾出版社 1992 年版。

高恩显主编：《中国人民解放军第四野战军卫生工作史资料选编》，人民军医出版社 2000 年版。

中国第二历史档案馆编：《中华民国史档案资料汇编》第 5 辑第 3 编、政治(一)、(二)，江苏古籍出版社 2000 年版。

中国第二历史档案馆编：《中华民国史档案资料汇编》第5辑第3编、军事(二)，
　　江苏古籍出版社2000年版。
《中美关系资料汇编》第1辑，世界知识出版社1957年版。
中国民主同盟中央文史资料委员会编：《中国民主同盟历史文献(1941—1949)》，
　　文史资料出版社1983年版。
中国人民大学中共党史教研室编：《批判中国资产阶级中间路线参考资料》第4
　　辑，中国人民大学1959年印。
《王恩茂日记——解放战争》，中央文献出版社1995年9月版。
浦江清：《清华园日记》，三联书店1987年版。
叶圣陶：《旅途日记五种》，三联书店2002年版。

二、文集

《毛泽东选集》第4卷，人民出版社1991年版。
《毛泽东文集》第4卷、第5卷，人民出版社1996年版。
《毛泽东军事文集》第4卷、第5卷，军事科学出版社　中央文献出版社1993年
　　版。
《周恩来选集》，人民出版社1980年版。
《周恩来军事文选》第3卷，人民出版社1997年版。
《朱德选集》，人民出版社1983年版。
《邓小平文选》第1卷，人民出版社1994年版。
《邓小平文选》第3卷，人民出版社1993年版。
《邓小平军事文集》第2卷，军事科学出版社　中央文献出版社2004年版。
《张闻天选集》，人民出版社1985年版。
《彭德怀军事文选》，中央文献出版社1988年版。
《刘伯承军事文集》，战士出版社1982年版。
《陈毅军事文集》，解放军出版社1996年版。
《粟裕军事文集》，解放军出版社1989年版。
《邓子恢文集》，人民出版社1996年版。
《景晓村纪念文集》，中共党史出版社1997年版。
《总统蒋公思想言论总集》卷22，(台北)中国国民党中央委员会党史委员会1984年
　　印。

三、报纸、刊物

《解放日报》(延安)

《东北日报》(哈尔滨)

《大公报》(天津、上海、香港)

《申报》(上海)

《中央日报》(南京)

《民主》(上海)

《观察》(上海)

《时与文》(上海)

《群众》(香港)

《群众》(中共中央东北局编)

《大众文艺丛刊》第1辑,香港生活书店1948年版。

四、回忆录、口述历史

胡乔木著:《胡乔木回忆毛泽东》,人民出版社1994年版。

师哲著:《在历史巨人身边》,中央文献出版社1991年版。

《彭德怀自述》,人民出版社1981年版。

《聂荣臻回忆录》,解放军出版社1984年版。

《粟裕战争回忆录》,解放军出版社1988年版。

《萧劲光回忆录》,解放军出版社1987年版。

《黄克诚自述》,人民出版社1994年版。

《李一氓回忆录》,人民出版社2001年版。

《何长工回忆录》,解放军出版社1987年版。

《杨得志回忆录》,解放军出版社1993年版。

《陈再道回忆录》,解放军出版社1998年版。

《秦基伟回忆录》,解放军出版社1996年版。

《李德生回忆录》,解放军出版社1997年版。

《王世泰回忆录》,中央文献出版社2002年版。

伍修权著:《回忆与怀念》,中共中央党校出版社1991年版。

陈士榘著:《天翻地覆三年间——解放战争回忆录》,中共中央党校出版社1995年版。

郑维山著:《从华北到西北》,解放军出版社1985年版。

薛暮桥著：《抗日战争时期和解放战争时期山东解放区的经济工作》，人民出版社1979年版。
《李宗仁回忆录》，广西人民出版社1988年版。
《张治中回忆录》，文史资料出版社1985年版。
《我的戎马生涯——郑洞国回忆录》，团结出版社1992年版。
《杨伯涛回忆录》，中国文史出版社1996年版。
《叶子龙回忆录》，中央文献出版社2000年版。
《安娜·路易斯·斯特朗回忆录》，三联书店1982年版。
《徐铸成回忆录》，三联书店1998年版。
《顾维钧回忆录》第6卷，中华书局1988年版。
谭云鹤著：《见证历史》，中国工人出版社2002年版。
李新著：《回望流年》，北京图书馆出版社1998年版。
赵俪生著：《篱槿堂自叙》，上海古籍出版社1999年版。
李新农著：《书生革命》，解放军出版社2003年版。
程思远著：《政坛回忆》，广西人民出版社1983年版。
赵荣声著：《回忆卫立煌先生》，文史资料出版社1985年版。
冯友兰：《三松堂自序》，人民出版社1998年版。
董竹君著：《我的一个世纪》，三联书店1997年版。
《从名记者到幕僚长——陈布雷》，浙江人民出版社1988年版。
谢泳主编：《追寻储安平》，广州出版社1998年版。
(美)舒衡哲著：《张申府访谈录》，北京图书馆出版社2001年版。
(美)司徒雷登著：《在华五十年》，北京出版社1982年版。

五、综合资料

红旗飘飘编辑部编：《解放战争回忆录》，中国青年出版社1961年版。
中国人民解放军历史资料丛书编审委员会编：《解放战争战略进攻·回忆史料》，解放军出版社1997年版。
中国人民解放军历史资料丛书编审委员会编：《解放战争战略防御·回忆史料》，解放军出版社1994年版。
《全国解放战争时期山东重要战役资料丛书——济南战役》，山东人民出版1988年版。
中共中央党史资料征集委员会等合编：《辽沈决战》，人民出版社1988年版。

辽沈战役纪念馆、《辽沈决战》编审小组合编:《辽沈决战》续集,人民出版社1992年版。
《中国共产党历史资料丛书——淮海战役》,中共党史资料出版社1988年版。
中国人民解放军历史资料丛书编审委员会编:《中国人民解放军历史资料丛书·平津战役》,解放军出版社1991年版。
《辽沈战役亲历记》,文史资料出版社1985年版。
《淮海战役亲历记》,文史资料出版社1983年版。
《平津战役亲历记》,中国文史出版社1989年版。
《百万国民党军起义投诚纪实》,中国文史出版社1989年版。
《解放战争时期北平第二条战线的文化斗争》,北京出版社1998年版。
《文史资料选辑》上海解放三十周年专辑,上海人民出版社1979年版。
中共大连党史工作委员会编:《大连建新公司兵工生产史料》,《大连党史资料丛书》之五,1988年印刷。
《中国人民解放军历史资料图集》第5册,解放军出版社2004年版。
《中国共产党七十年图集》上册,上海人民出版社1991年版。
《上海人民革命斗争史画册》,上海人民出版社1989年版。
《老照片》,山东画报出版社。
《老战士摄影》,辽宁美术出版社1983年版。
(美)杰克·伯恩斯摄影,吴呵融译:《内战结束的前夜》,广西师范大学出版社2005年版。

六、传记、年谱

中共中央文献研究室编:《毛泽东年谱》,人民出版社1993年版。
中共中央文献研究室编:《刘少奇年谱》下卷,中央文献出版社1996年版。
中共中央文献研究室编:《周恩来年谱》,人民出版社、中央文献出版1989年版。
刘树发主编:《陈毅年谱》,人民出版社1995年版。
李烈主编:《贺龙年谱》,人民出版社1996年版。
《毛泽东传》,中央文献出版社1996年版。
《刘少奇传》,中央文献出版社1998年版。
《周恩来传》,中央文献出版社1998年版。
《朱德传》,人民出版社1993年版。
《任弼时传》,人民出版社1994年版。

《彭德怀传》,当代中国出版社1993年版。
《陈毅传》,当代中国出版社1991年版。
《刘伯承传》,当代中国出版社1992年版。
《罗荣桓传》,当代中国出版社1991年版。
《粟裕传》,当代中国出版社2000年版。
《黄药眠口述自传》,中国社会科学出版社2003年版。
程中原著:《张闻天传》,当代中国出版社1993年版。
穆欣著:《陈赓大将军》,上海人民出版社1999年版。
郑建英著:《朱瑞传》,中央文献出版社1995年版。
李辉著:《萧乾传》,江苏文艺出版社1993年版。
江南著:《蒋经国传》,中国友谊出版公司1984年版。
杨者圣著:《胡宗南这个人》,上海人民出版社1996年版。
杨者圣著:《国民党"军机大臣"陈布雷》,上海人民出版社1999年版。
王泰栋著:《陈布雷传》,东方出版社1998年版。
张新吾著:《傅作义一生》,群众出版社1995年版。
蔡德贵著:《季羡林传》,人民出版社2000年版。
廖静文著:《徐悲鸿一生》,山东画报出版社2001年版。
张清平著:《林徽因》,百花文艺出版社2002年版。
王成斌主编:《民国高级将领列传》,解放军出版社1989年版。

七、专著

中国人民解放军军事科学院军事历史研究部编著《中国人民解放军战史》,军事科学出版社1987年版。

中国人民解放军军事科学院军事历史研究部编著:《中国人民解放军全国解放战争史》第2卷、第3卷,军事科学出版社1996年版。

王道平等著:《震撼世界的大决战》,解放军出版社1990年版。
《中国人民解放军第一野战军战史》,解放军出版社1995年版。
《中国人民解放军第二野战军战史》第2卷,解放军出版社1990年版。
《中国人民解放军第三野战军战史》,解放军出版社1996年版。
《中国人民解放军第四野战军战史》,解放军出版社1998年版。
袁德金:《西北解放战争纪实》,人民出版社2003年版。
袁德金:《华北解放战争纪实》,人民出版社2001年版。

胡哲峰、于化民：《毛泽东与林彪》，广西人民出版社1998年版。

何晓环等著：《淮海战役史》，上海人民出版社1983年版。

(美)邹谠著　王宁、周先进译：《美国在中国的失败》，上海人民出版社1997年版。

周雨：《大公报史》，江苏古籍出版社1993年版。

王芝琛、刘自立编：《1949年以前的大公报》，山东画报出版社2002年版。

王芝琛：《百年沧桑》，中国工人出版社2001年版。

费正清主编：《剑桥中国晚清史》上卷，中国社会科学出版社1993年版。

(美)胡素珊：《中国的内战：1945—1949年的政治斗争》，中国青年出版社1997年版。

韩丁：《翻身》，北京出版社1980年版。

《郑天挺先生百年诞辰纪念文集》，中华书局2000年版。

蒋天枢：《陈寅恪先生编年事辑》，上海古籍出版社1997年版。

《陈寅恪诗集》，清华大学出版社1993年版。

八、工具书

《中国军事百科全书》，军事科学出版社1995年版。

星火燎原编辑部编：《中国人民解放军将帅名录》，解放军出版社1987年版。

军事科学院图书馆编著：《中国人民解放军组织沿革和各级领导成员名录》，军事科学出版社1990年版。

姚夫等编：《解放战争纪事》，解放军出版社1987年版。